皮书系列为
"十二五""十三五"国家重点图书出版规划项目

金蜜蜂企业社会责任蓝皮书

BLUE BOOK OF GOLDENBEE RESEARCH
ON CORPORATE SOCIAL RESPONSIBILITY

金蜜蜂中国企业社会责任报告研究（2019）

GOLDENBEE RESEARCH ON CORPORATE SOCIAL
RESPONSIBILITY REPORTING IN CHINA (2019)

主　编／殷格非　于志宏　管竹笋
副主编／代奕波　林　波　贾　丽

社会科学文献出版社
SOCIAL SCIENCES ACADEMIC PRESS (CHINA)

图书在版编目（CIP）数据

金蜜蜂中国企业社会责任报告研究. 2019／殷格非，于志宏，管竹笋主编. --北京：社会科学文献出版社，2019.12

（金蜜蜂企业社会责任蓝皮书）

ISBN 978－7－5201－5796－4

Ⅰ.①金… Ⅱ.①殷… ②于… ③管… Ⅲ.①企业责任－社会责任－研究报告－中国－2019 Ⅳ.①F279.23

中国版本图书馆 CIP 数据核字（2019）第 248920 号

金蜜蜂企业社会责任蓝皮书

金蜜蜂中国企业社会责任报告研究（2019）

主　　编／殷格非　于志宏　管竹笋
副 主 编／代奕波　林　波　贾　丽

出 版 人／谢寿光
责任编辑／谢蕊芬
文稿编辑／黄　丹　庄士龙 等

出　　版／社会科学文献出版社·群学出版分社（010）59366453
　　　　　　地址：北京市北三环中路甲 29 号院华龙大厦　邮编：100029
　　　　　　网址：www.ssap.com.cn
发　　行／市场营销中心（010）59367081　59367083
印　　装／天津千鹤文化传播有限公司

规　　格／开　本：787mm×1092mm　1/16
　　　　　　印　张：25.75　字　数：387 千字
版　　次／2019 年 12 月第 1 版　2019 年 12 月第 1 次印刷
书　　号／ISBN 978－7－5201－5796－4
定　　价／158.00 元

本书如有印装质量问题，请与读者服务中心（010－59367028）联系

责扬天下（北京）管理顾问
有限公司简介

责扬天下是一家长期致力于推动中国社会责任与可持续发展事业的专业咨询机构。公司拥有一支具备国际视野与丰富经验的社会责任专家团队，持续为客户提供高质量的社会责任咨询项目服务，借助丰富的实践与研究经验，与企业一同创新管理模式，协助客户成长为真正面向未来的可持续发展企业。

作为中国企业社会责任发展的重要推动者和中国企业社会责任管理咨询的先锋和开拓者，公司已成为社会责任与可持续发展领域的研究、咨询、培训及可持续品牌传播和建设的领先的综合服务提供商。公司成立十多年来提出的一系列企业社会责任思想既是中国企业社会责任领域的重要创新，也是公司服务和推动中国企业社会责任发展的重要理论武器和工具。这些理论和工具包括以企业责任竞争力、产业责任竞争力、国家责任竞争力构成的责任竞争力理论体系，以必尽责任、应尽责任和愿尽责任构成的社会责任三层次理论，以利益相关方为导向以可持续发展为目标的可持续品牌理论，以蜜蜂和谐共生为模型的金蜜蜂可持续发展思想，金蜜蜂企业社会责任报告评估体系、金蜜蜂企业社会实践评估体系、金蜜蜂可持续品牌评估体系等。截至2019年10月，责扬天下已累计出版社会责任相关著作28部，参与国际社会责任标准 ISO 26000、ISO IWA 26、ISO20121 等的制定，是 GB 36000 系列四项社会责任国家标准的起草单位。

责扬天下主要面向政府相关机构、行业组织和国际相关专业机构、企业社会责任先锋公司开展专业服务。为其提供服务的企业中有世界500强企业超过70家，已基本建立了数据信息最全面、最准确，数据引用最多的中国社会责任实践信息库、社会责任报告数据库、社会责任案例库。

责扬天下也是最早投身于社会责任教育的专业机构，于2009年成立金蜜蜂社会责任教育中心，面向企业、非企业组织及CSR经理人等提供专业、领先的社会责任培训指导，旨在以培训帮助客户掌握国际商业发展的趋势、创新管理模式、提升可持续发展能力，是社会责任与可持续发展的人才培养基地。截至2019年10月，责扬天下已累计培训超过3.8万人次。

欢迎各界与我们沟通交流。

地址：中国北京市海淀区中关村南大街12号百欣科技楼4001室

邮编：100081

电话：＋86 10 62137913

传真：＋86 10 62137910

邮箱：csrreport@ goldenbeechina. com

网址：www. goldenbeechina. com

编委会名单

主要编撰者简介

殷格非　金蜜蜂智库首席专家，责扬天下（北京）管理顾问有限公司创始人。ISO 26000 利益相关方全球网络联席秘书长。

德国勃兰登堡应用技术大学技术与创新管理理学硕士。《可持续发展经济导刊》学术委员会委员。ISO 26000 社会责任国际标准起草组专家，GB 36000 社会责任国家系列标准主要起草人之一。华中科技大学兼职教授、清华大学 EMBA/MBA 企业社会责任课程客座讲师。

长期专注于企业社会责任、企业公民和可持续发展的研究、咨询、培训与推广，对企业社会责任管理和可持续品牌有创新研究和独到的见解。率先提出企业责任竞争力理念，并推动形成企业责任竞争力、产业责任竞争力、区域/国家责任竞争力理念体系，"金蜜蜂"企业社会责任品牌和"金蜜蜂 2030 倡议"的主要创建人和发起人之一。曾参与国务院国资委"中央企业社会责任研究"，担任科技部科技支撑计划项目"社会责任国际标准风险控制及企业社会责任评价技术研究"子课题负责人，国务院国资委"中央企业'十三五'社会责任战略规划"、"加强企业社会责任立法研究"以及"中央企业与国际一流企业社会责任管理对标研究"课题主要负责人。

主要研究成果：独著《责任竞争力——解码企业可持续发展》和《企业社会责任管理——解码责任竞争力》；主编《如何编制企业社会责任报告》（我国第一部关于企业社会责任报告的专著）、《企业社会责任管理基础教程》（我国第一部企业社会责任管理专著）、《企业社会责任行动指南》、《责任竞争力——全球最佳企业社会责任实践》、《中国企业社会责任发展报告 2006～2013》和《ISO 26000 一百五十问》；翻译《全球企业公民必读——负责任企业的战略路径》，《企业责任联盟——过去、现在和未来》；编译《国家责任竞争力》等 20 余部著作。

于志宏　在社会责任领域拥有 15 年的工作经验。北京大学法学硕士，责扬天下首席专家。擅长为政府和行业协会制定相关的政策和标准，为企业和相关机构制定社会责任战略与规划、企业社会责任品牌传播方案。在中国企业海外社会责任管理方面积累了丰富经验。主编《如何编制企业社会责任报告》《企业社会责任管理基础教程》《责任竞争力——全球最佳企业社会责任实践》《中国企业社会责任发展报告（2006—2013）》《企业社会责任行动指南》《企业社会责任在中国》《中国外商投资企业履行社会责任优秀案例集 2014》《融合创造价值——中国电子信息 CSR 典型实践案例集》，编译《国家责任竞争力》和《企业责任联盟》。

管竹笋　责扬天下（北京）管理顾问有限公司常务副总裁兼首席运营官，中国企业联合会管理现代化工作委员会专家，华中科技大学金蜜蜂社会责任研究院执行院长。先后参与 ISO 26000 社会责任国际标准和 GB 36000 社会责任国家标准的研究和制定工作，参与国务院国资委中央企业"十三五"社会责任战略规划课题研究，在企业社会责任战略规划及管理体系建设方面富有经验。持有高等学校教师、国际注册咨询师、国际注册项目管理师等资格证书。主编《ISO 26000 一百五十问》《ESG 管理与信息披露实务》《金蜜蜂中国企业社会责任报告研究（2017）》《金蜜蜂中国企业社会责任报告研究（2018）》等。

代奕波　责扬天下（北京）管理顾问有限公司副总裁，荷兰屯特大学 MBA。专长于为企业建立社会责任管理体系，包括制定战略和规划、建立指标体系、开发部门管理工具等。积累近百份社会责任报告编制咨询服务经验，包括各类社会责任白皮书、议题式专项报告。参与编制社会责任国际标准 ISO/IWA 26、国家标准 GB/T 36001《社会责任报告编制指南》，是全球报告倡议组织 GRI 可持续发展报告标准的中文审校组组长，《ESG 管理与信息披露实务》主编。

林　波　责扬天下（北京）管理顾问有限公司副总裁，毕业于中国政法大学，新闻、法律双学位，中科院心理所心理学在职研究生。长期从事企业社会责任领域研究、咨询工作，发表个人专栏、专题研究逾40万字，中国电子信息行业社会责任系列标准专家组成员，《电子信息行业社会责任指南》（SJ/T16000－2016）、《电子信息行业社会责任治理评价指标体系》（T/CESA16003－2017）主要编写人之一。《中国外商投资企业社会责任报告编写指南》（CAFEICSR1.0）主要编写人之一。IPC－1401A《供应链社会责任管理体系指南》技术组副主席。主编《ESG 指标管理与信息披露指南》，参与编写《金蜜蜂中国企业社会责任报告研究》《中国企业社会责任发展报告》《外资企业社会责任案例集》《电子信息行业绿色供应链案例集》等，著有《权利的缺陷》等。

贾　丽　责扬天下（北京）管理顾问有限公司咨询副总监。先后参与国务院国资委"国有企业社会责任信息披露研究""中央企业精准扶贫研究"等课题，连续四年参与金蜜蜂"企业社会责任实践指数""企业社会责任报告指数"等系列研究。为建筑、采掘等行业领先企业编制超过35份社会责任报告。2017、2018年《金蜜蜂中国企业社会责任报告研究》副主编。

摘　要

2018 年 1 月，责扬天下（北京）管理顾问有限公司发布第一本金蜜蜂企业社会责任蓝皮书，系统分析 2017 年中国企业社会责任报告整体发展状况，并提出了相应建议。沿用 2017 年金蜜蜂企业社会责任蓝皮书的研究方法，责扬天下对中国 2019 年 1 月 1 日至 10 月 31 日发布的企业社会责任报告进行系统分析，编写了《金蜜蜂中国企业社会责任报告研究（2019）》。研究报告由总报告、分报告、行业报告、专题报告、案例报告五大部分构成。

总报告依据"金蜜蜂中国企业社会责任报告评估体系 2018"，从基础信息、核心内容、基本原则三个层面，实质性、完整性、可信性、可读性、可比性、创新性六个维度，对 2019 年企业社会责任报告质量进行整体研究。结合 2009 年以来的研究成果，分析 2009 年到 2019 年中国企业社会责任报告整体发展趋势，总结发展特征，提出改进建议。

分报告选取不同性质的企业为研究对象，分别详细解读其社会责任报告的年度特征，分析其报告指数的发展趋势，便于不同受众了解特定类型企业的社会责任报告发展情况。2019 年，在对中央企业、在华外商投资企业、内地在港交所上市企业、上海市属国有企业进行持续分析的基础上，本书新增对深圳市属国有企业的专项研究报告。

行业报告选取了采掘业、汽车制造业、电力行业、建筑行业、ICT 行业、银行业、房地产行业、食品行业等 8 个主要行业为研究对象，详细分析其在框架、核心议题、管理方法、展现形式等方面的特征和发展趋势，为不同行业的受众提供参考借鉴。

专题报告中共有四篇研究报告，相比去年有较大的变化，一是对中国企业社会责任报告中性别平等信息披露情况和儿童权利相关信息披露情况的研究报告,这两份研究报告从 ICT 行业的研究扩展到所有企业。二是新增了企业 SDGs 信息披露研究报告和生物多样性信息披露研究报告。

案例报告是对中国优秀企业社会责任报告的研究,本年度选取了报告综合质量较高的南方电网、中国建筑、交通银行三家企业为研究对象,系统分析其 2019 年社会责任报告在主题、框架、内容、设计、传播等方面的特征,并从专家视角对报告的亮点进行剖析,为其他企业提供更为具体的参考和指导。

封底二维码为 2019 年 1 月 1 日至 10 月 31 日,从公开渠道搜集到的企业社会责任报告发布名单。

关键词: 社会责任 评估体系 报告指数

目 录

Ⅰ 总报告

Ⅱ 分报告

Ⅲ 行业报告

Ⅳ 专题报告

Ⅴ　案例报告

皮书数据库阅读**使用指南**

总 报 告

General Report

B.1

金蜜蜂中国企业社会责任报告研究

殷格非　管竹笋　贾丽　李若楠　仝素

摘　要： 本报告依据"金蜜蜂中国企业社会责任报告评估体系2018"，对2019年1月1日至10月31日在中国大陆公开发布的1598份中文社会责任报告进行评估，结合2009年以来的研究成果，发现如下特征：超过八成报告的发布主体为上市公司；名称为"社会责任报告"的报告仍居主导地位，"环境、社会及管治报告"比例达到新高；报告数量同比大幅增长，报告综合指数稳定在1300点水平，质量同比略有上升；对政府、员工、环境、社区和客户等利益相关方的信息披露率较高；中央企业报告始终处于领先水平，民营企业、外资及港澳台企业报告质量提升快；世界500强中国企业和中国500强企业的报告发布数量重回历史高点，质量显著高于中国企业平均水平；内地在港上市公司报告水平显著高于沪深交易所上市公司等。本报告提出如下建议：推动中国500强企业社会责任报告全覆盖，加强对上市公司社会责任信息披露的规范和指导，建立鼓励企业披露高质量社会责任信息的市场机制，增强报告实质性、可信性和可比性，加强社会责任管理信息披露，发挥报告"国际语言"优势等。

关键词： 企业社会责任报告　中国500强　上市公司

一　金蜜蜂中国企业社会责任报告分析

（一）企业社会责任报告概况

从2001年到2019年，在中国发布的社会责任报告数量逐年增长。截至2019年10月31日，我们通过网络查询、企业主动寄送、企业官方网站下载等渠道，共搜集到各类社会责任报告1993份，其中非企业组织报告81份，企业报告1912份，纳入评估的企业报告有1598份。报告发布数量同比有较大增幅（见图1、图2）。[①]

1. 报告结构化参数分析

（1）发布次数

2019年所评估的企业报告中，发布报告5~10次的数量最多，有671份，占比41.99%。发布报告10次以上的达229份，占比14.33%。发布报告5次及以上的报告总计900份，占比56.32%。首次发布的报告数量为197份（见图3）。

---

① 上海、苏州等地的工业经济联合会集中公开发布了一批企业社会责任报告，报告总量与往年同期相比有较大幅度增长。由于部分报告只获取到发布信息，未纳入评估。

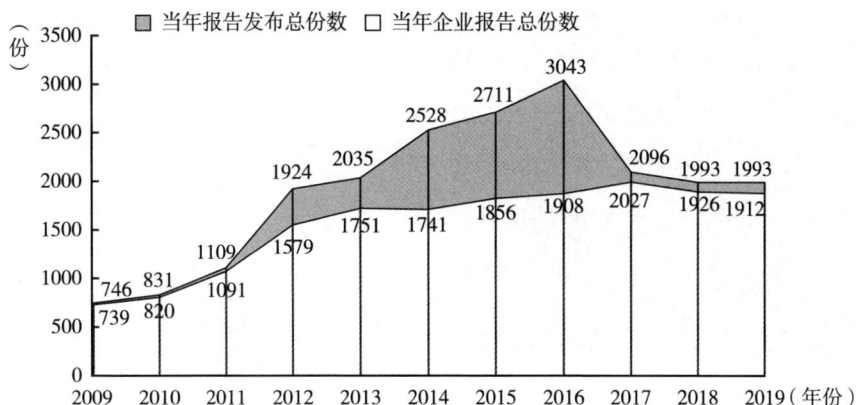

图1　2009～2019年社会责任报告发布数量

说明：2019年的数据为当年1月1日至10月31日的数据。

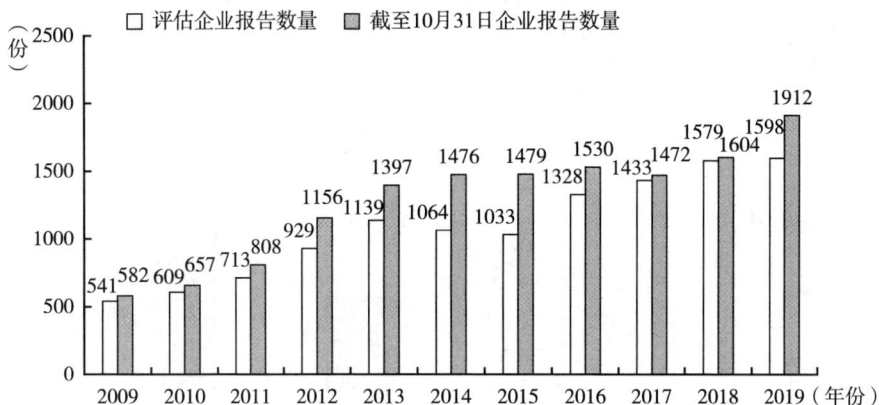

图2　截至2019年10月31日企业报告发布及评估数量

（2）发布周期

2019年报告以年度报告为主，占比98.62%，仅有22份为非年度报告。从2016～2019年报告发布周期来看，这四年的非年度报告比例呈现连续下降趋势（见图4）。

（3）报告篇幅

2019年，六成以上的报告篇幅在30页及以上，30页以下的报告数量占

图3 2019年报告发布次数统计

说明：书中所用数据来源于金蜜蜂中国企业社会责任报告数据库，主要为责扬天下对2019年1月1日至10月31日在中国大陆公开发布的中文社会责任报告评估的结果，并参考2009年以来历年评估结果。

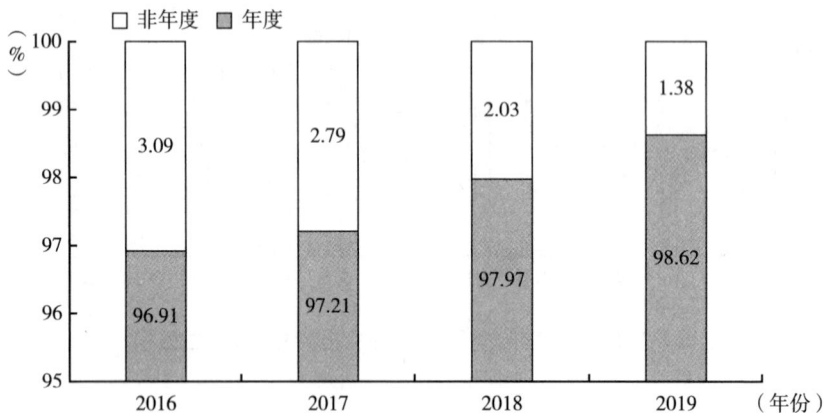

图4 2016～2019年报告发布周期统计

比仅为38.61%。近三年来，篇幅在30页以上的报告占比均保持在60%以上（见图5）。

（4）报告时效

2019年，在距财年4个月以内发布的报告数量最多，有1133份，占比

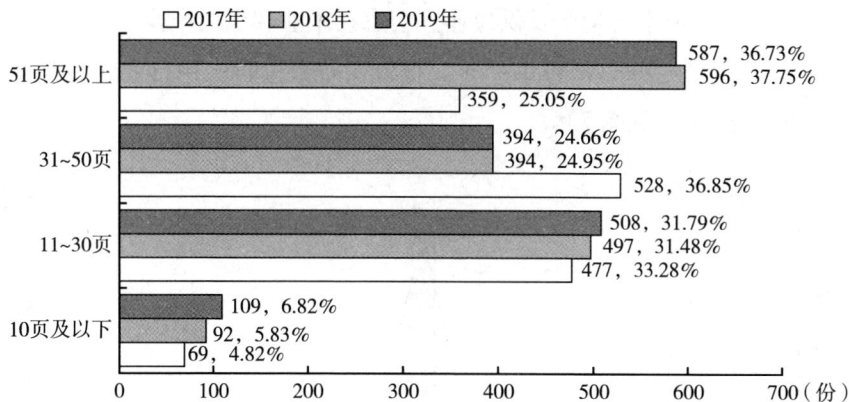

图5　2017～2019 年报告篇幅统计

70.90%；在距财年6 个月以上发布的报告为160 份，仅占比10.01%。近三年来，距离财年4 个月内发布报告的比例逐年递增，2019 年较2017 年（900 份，62.80%）同比增长8.1 个百分点（见图6）。

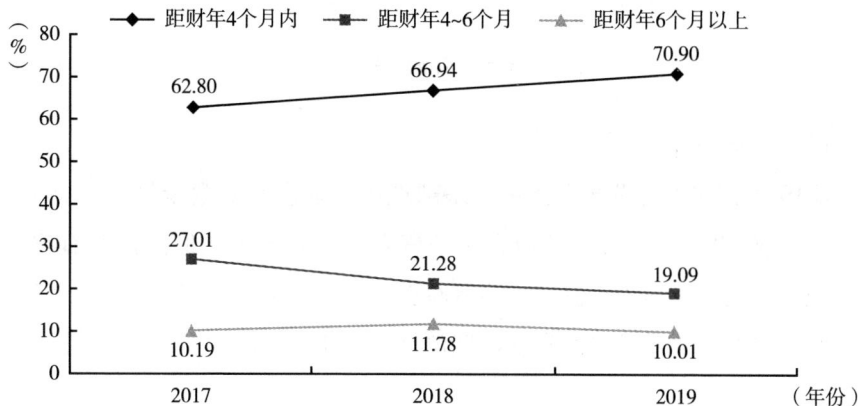

图6　2017～2019 年报告时效统计

2. 报告主题参数分析

（1）行业分布

2019 年报告发布的重要主体是制造业，发布的报告数量占比达39.49%，较2017 年占比（45.48%）和2018 年占比（41.10%）略有降低；其次为金融保险业、电煤水气生产及供应业、信息技术业和房地产业，占比分别为 10.14%、6.95%、6.88% 和 6.45%。报告发布数量较少的行业为农林牧渔业，占比 1.38%（见图7）。

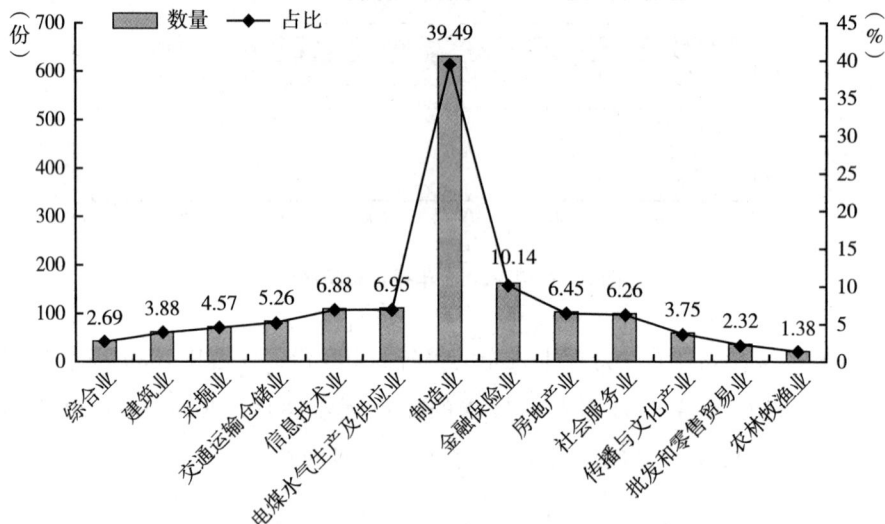

图7 报告主体所在行业分布

（2）地区分布

2019年，在报告发布主体中，东部地区企业发布的数量最多，有1112份，占比69.59%。东部与港澳台及外资企业发布报告比例同比略有增长，西部地区企业发布报告比例同比略有减少。北京、上海、广东、浙江连续三年蝉联报告发布数量最多的省份前四位（见表1、图8）。

表1 报告发布主体区域分布

单位：家，%

区域	省、自治区、直辖市	企业数量	所占比重
东部	北 京	287	17.96
	上 海	234	14.64
	广 东	197	12.33
	浙 江	105	6.57

续表

区域	省、自治区、直辖市	企业数量	所占比重
	福　建	75	4.69
	江　苏	79	4.94
	山　东	58	3.63
	辽　宁	26	1.63
	天　津	17	1.06
	河　北	20	1.25
	海　南	14	0.88
东部小计		1112	69.59
中部	湖　北	33	2.07
	安　徽	39	2.44
	河　南	39	2.44
	山　西	12	0.75
	湖　南	22	1.38
	江　西	18	1.13
	吉　林	13	0.81
	黑龙江	12	0.75
中部小计		188	11.76
西部	四　川	34	2.13
	云　南	21	1.31
	陕　西	16	1.00
	重　庆	17	1.06
	新　疆	15	0.94
	贵　州	13	0.81
	广　西	11	0.69
	内蒙古	9	0.56
	青　海	6	0.38
	甘　肃	7	0.44
	宁　夏	4	0.25
	西　藏	2	0.13
西部小计		155	9.70
港澳台及国外		143	8.95
总　计		1598	100.00

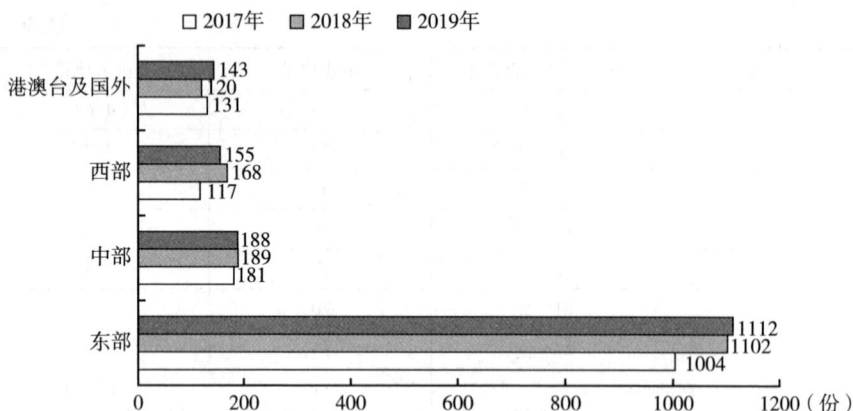

图8　2017～2019年各地区报告发布数量统计

（3）规模分布

企业年度营业收入大于283亿元人民币的归类为领袖型企业，反之为成长型企业。① 2019年，在报告发布主体中，成长型企业为1262家，占比78.97%；领袖型企业为336家，占比21.03%。对比2017～2019年三年数据，领袖型企业占比有所回升（见图9）。

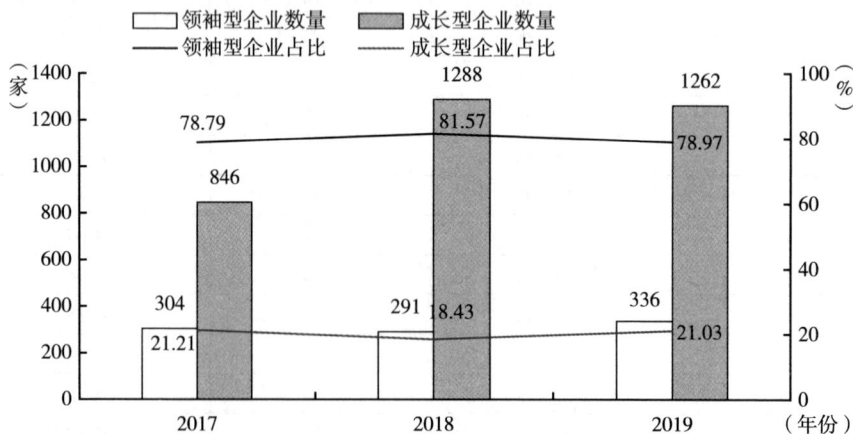

图9　2017～2019年报告发布企业规模分布

---

① 根据中国企业联合会在前一年份公布的中国企业500强中最后一家企业的年营业收入进行划分。

2019 年，世界 500 强中国企业和中国 500 强企业中发布报告的比例均回升至近五年历史高点。中国有 129 家企业进入《财富》世界 500 强，其中 114 家企业发布了报告，占比 88.37%。在中国企业联合会、中国企业家协会发布的 2019 年中国企业 500 强中，有 217 家企业发布了社会责任报告，占比 43.40%（见图 10）。

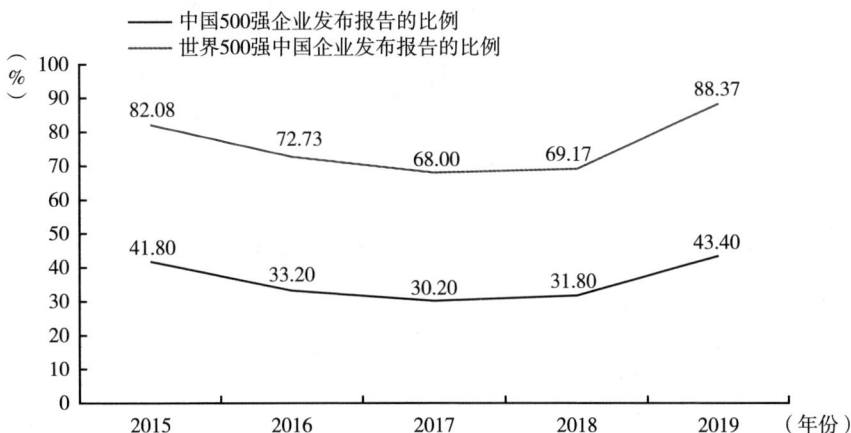

图 10　2015～2019 年世界 500 强中国企业和中国 500 强企业发布报告比例

（4）性质分布

2019 年，在报告发布主体中，国有及国有控股企业有 881 家，占比 55.13%。民营企业有 518 家，占比 32.42%。外资及港澳台企业有 138 家，占比 8.64%。对比近三年数据，民营企业发布报告的比例和数量均略有上升，国有企业、外资及港澳台企业发布数量略有增加（见图 11）。

（5）上市情况

2019 年，在报告发布主体中，82.67% 的企业是上市公司，数量为 1321 家。277 家企业为非上市公司，占比 17.33%。2017～2019 年，上市公司发布报告数量和比例逐年递增明显，非上市公司发布报告数量和比例逐年递减明显，由 2017 年的 587 家减少到 2019 年的 277 家。2019 年度未发布报告的非上市公司主要集中于一些集团公司的下属企业，报告未连续

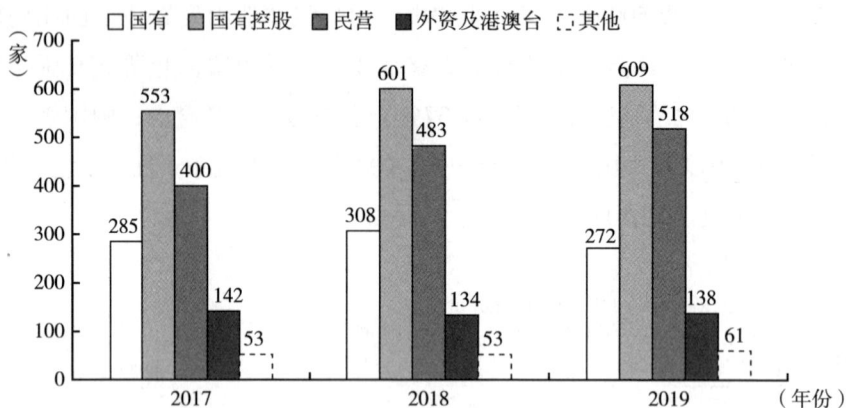

图11 2017～2019年发布报告的企业性质统计

发布，还有部分外资及港澳台企业的中国区社会责任报告尚未发布（见图12、图13）。

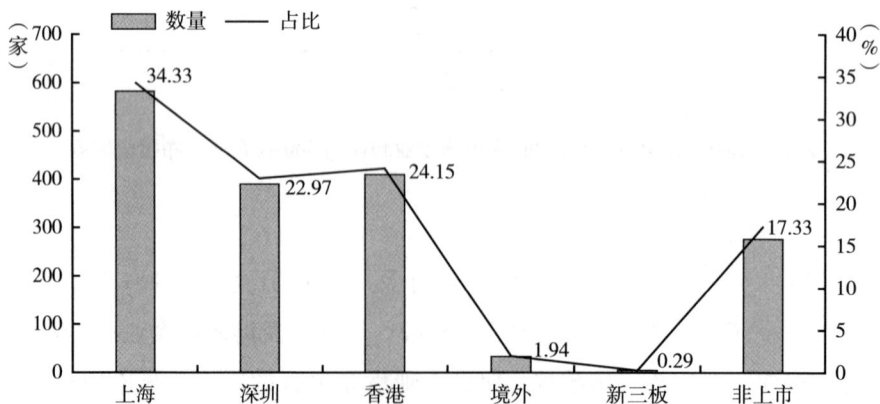

图12 2019年发布报告企业上市情况

3. 报告技术参数分析

（1）报告名称

2019年，名称为"社会责任报告"的报告有1217份，占比76.16%。2017～2019年，名称为"环境、社会及管治报告"的报告占比从2.02%增长到16.58%，发布企业均为港交所上市公司（见图14）。

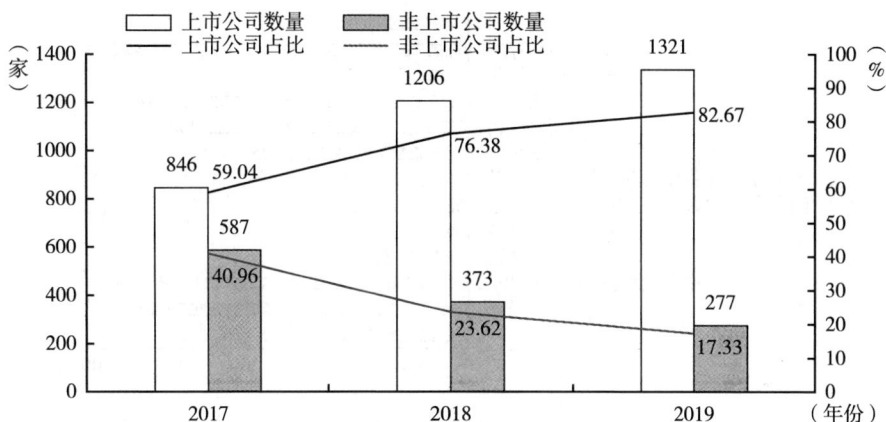

图13　2017～2019年发布报告企业上市情况

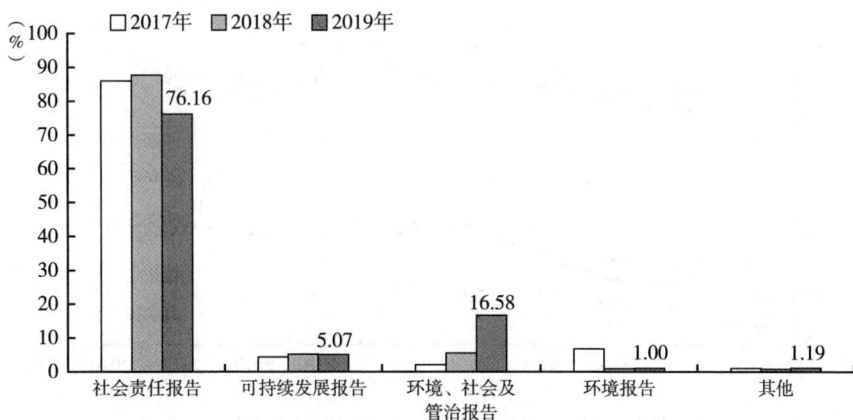

图14　2017～2019年报告名称占比

（2）编制依据

报告编制参考最多的是全球报告倡议组织的《可持续发展报告指南》（GRI标准），总计423份，占比26.47%。港交所指引、上交所指引、深交所指引以及中国社科院的CASS－CSR4.0也被较多企业参考（见图15）。

自2010年ISO 26000发布以来，参考ISO 26000、GRI标准的报告比例增长幅度较大，分别增长了近10个和9个百分点，参考联合国全球契约的比例无显著变化（见图16）。

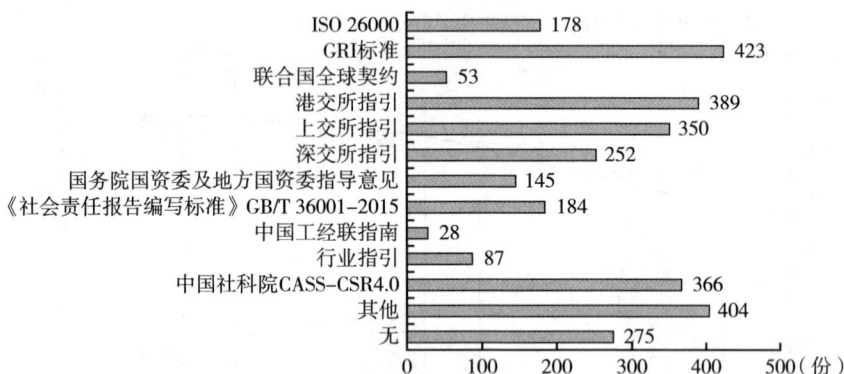

图15 报告编制参考依据

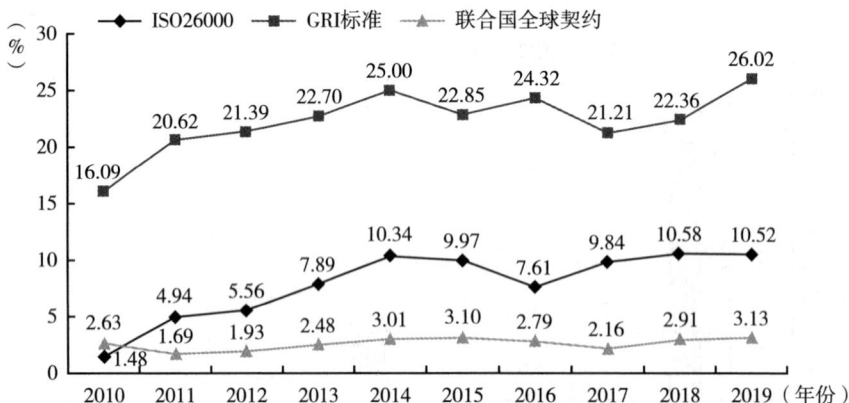

图16 2010～2019年国际通用规则的参考情况

（3）报告审验

2019年，83份报告经过专业机构审验，占比为5.19%，经审验报告数量同比有所下降（见图17）。

（4）意见反馈渠道

2019年，超过50%的报告有注明邮箱、电话等反馈意见渠道，相较前两年比例有较为明显的增长（见图18）。

（5）报告覆盖区域

国别报告包括外资企业发布的中国区报告和中国企业发布的海外社会责

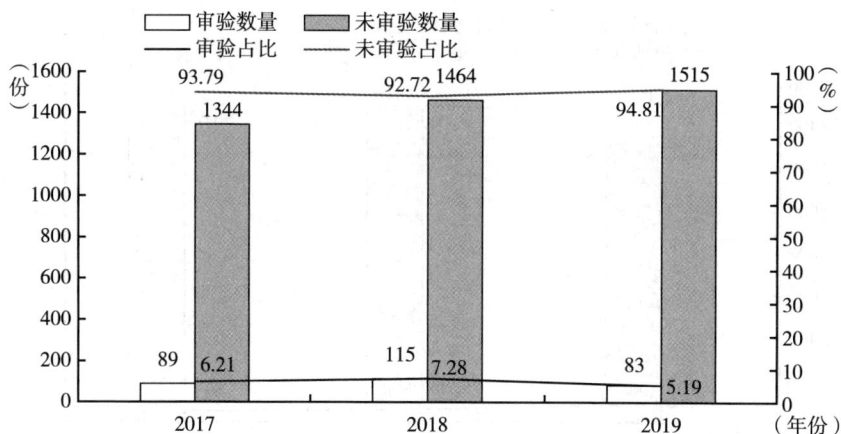

图 17　2017～2019 年报告审验情况

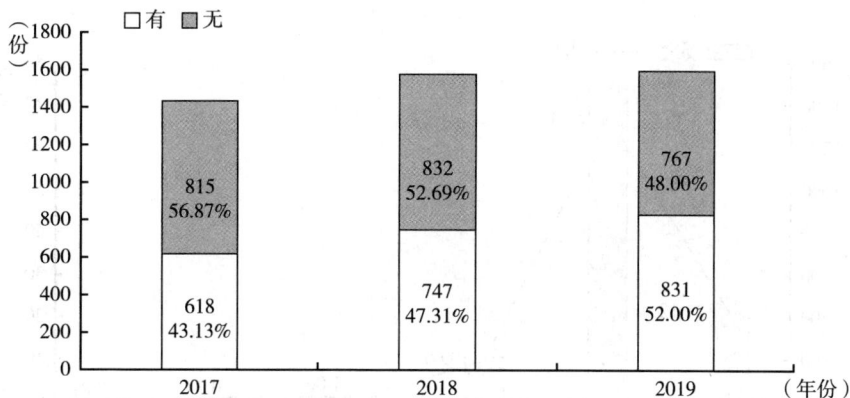

图 18　2017～2019 年意见反馈渠道情况

任报告。2019 年国别报告有 54 份，占比 3.38%；非国别报告有 1544 份，占比 96.62%。国别报告数量和占比均略有降低（见图 19）。

（6）报告介质

电子版式报告是报告发布的主要介质，占比 67.41%（见图 20）。

（7）语言类型

2019 年，八成以上的报告为中文版报告；同时发布中英文版本报告的

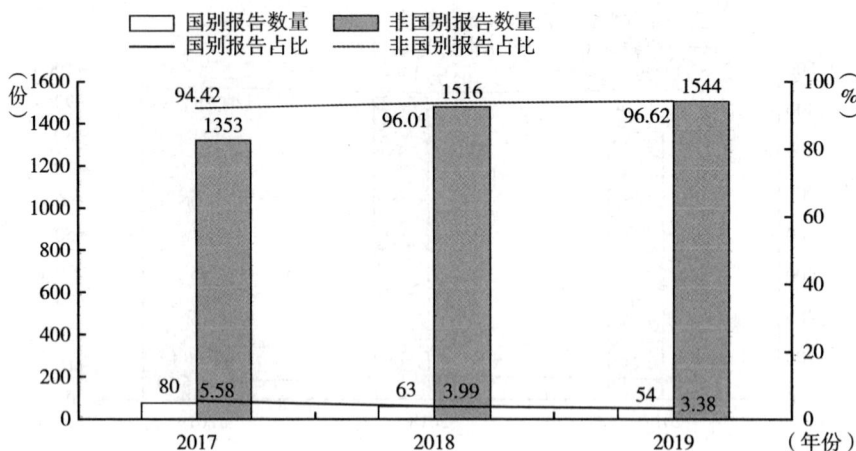

图19　2017～2019年报告覆盖区域

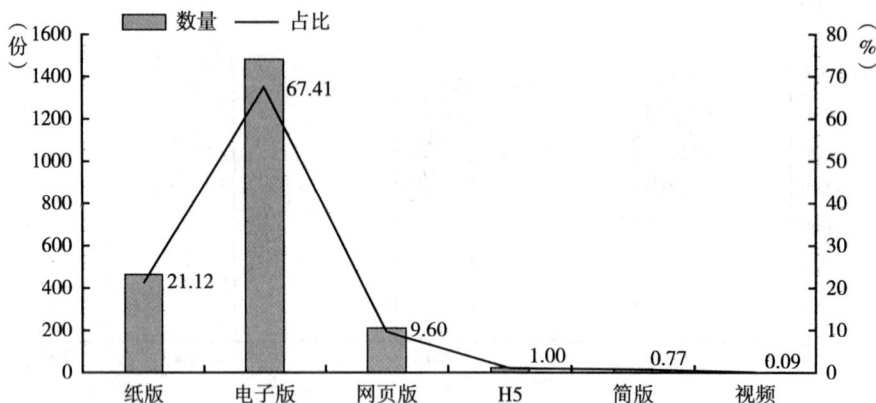

图20　报告介质

数量为229份，占比14.33%，比例提升3.25个百分点，说明企业更加重视向海外利益相关方披露履责进展（见图21）。

（8）报告独立性

绝大多数报告为完全独立报告，仅有17份报告为企业发布的年报附件或是作为年报中的具体章节（见图22）。

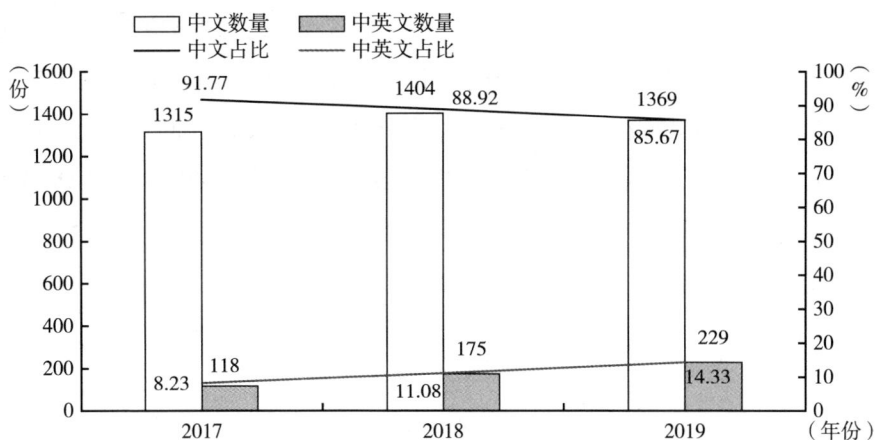

图 21　2017～2019 年报告语言类型

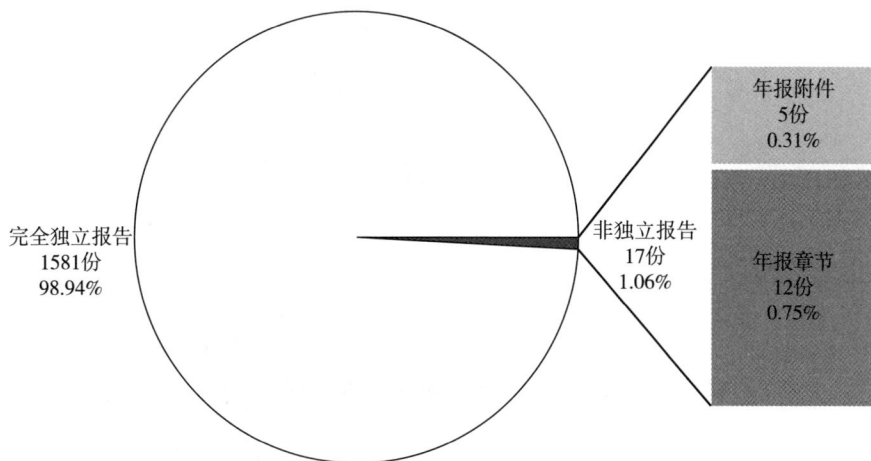

图 22　报告独立性

（二）企业社会责任报告分析

1. 总体分析

（1）整体得分情况

2019 年，报告整体平均得分为 54.27 分，平均得分率①为 54.27%。其

---

① 得分率统计于每一个维度的得分占维度总分的百分比，各维度总分合计 100 分；后文涉及的"覆盖率"指的是对评估指标覆盖程度的统计。

中，内容实质性得分为 38.0 分，得分率为 57.67%；结构完整性得分为 9.49 分，得分率为 52.72%；报告可信性得分为 1.26 分，得分率为 31.50%；报告可读性得分为 2.18 分，得分率为 54.50%；报告可比性得分为 1.78 分，得分率为 44.50%；报告创新性得分为 1.49 分，得分率为 37.25%（见图 23）。

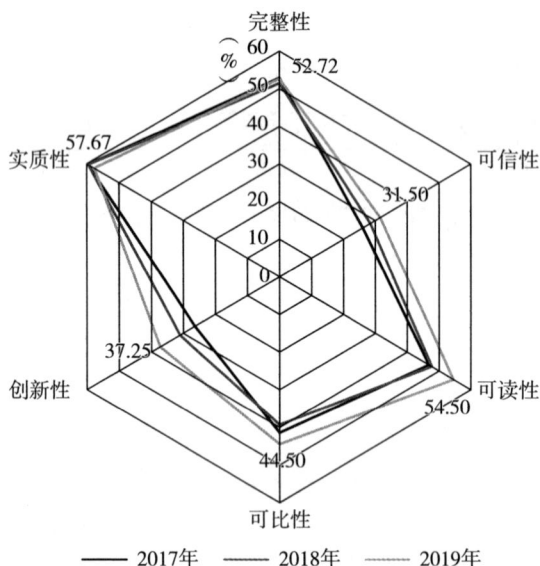

图 23 报告六个维度平均得分率

2019 年，报告在创新性、可读性、可信性和可比性方面得分均有较大提升，同比分别提升了 10.89 个百分点、7.69 个百分点、5.42 个百分点和 3.08 个百分点，在实质性和完整性方面略有下降。越来越多的企业在社会责任报告信息披露时注重报告的可信性和可比性，更多的报告采用客观中立的表达方式，适时披露企业的负面信息并采取后续措施，对报告中的绩效数据进行跨年度比较、同行业比较，使利益相关方能更全面、深入地了解企业的履责情况。

优秀水平以上的报告有 371 份，占比 23.21%。处于发展阶段的报告数量最多，有 599 份，占比 37.48%（见表 2）。

表2　2019年企业社会责任报告质量等级分布

单位：份，%

报告类型（级别）	得分区间	报告特征	报告数量	占比
卓越（A+）	80分及以上	报告结构完整,信息披露系统且层次清晰,具有高度的可比性、可信性和创新性,以及极好的可读性	152	9.51
优秀（A）	[70,80)分	报告结构比较完整,信息披露较为全面且层次较为清晰,具有较高的可比性、可信性和创新性,以及良好的可读性	219	13.70
追赶（B）	[60,70)分	报告结构基本完整,信息披露全面且具有一定的层次性,具有一定的可比性、可信性和创新性,以及一定的可读性	290	18.15
发展（C）	[40,60)分	报告结构不太完整,信息披露尚完整,具有一定的可比性、可信性,以及一定的可读性	599	37.48
起步（D）	40分以下	报告结构不太完整,信息披露缺乏层次性	338	21.15

整体来看，中国企业社会责任报告整体依然处于从发展向追赶过渡的阶段。处于发展阶段的报告占比最高，且比例连续四年上升。处于卓越、优秀和追赶阶段的报告数量有所增加，占比无明显提升（见图24）。

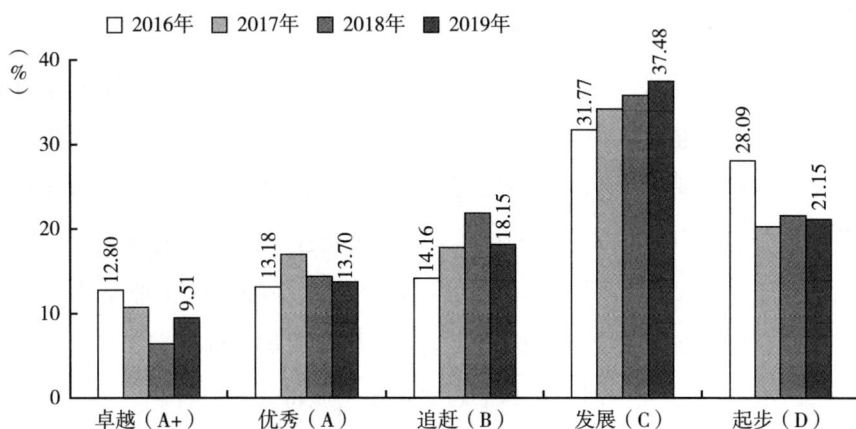

图24　2016～2019年报告质量等级分布

从行业来看,交通运输、仓储业企业报告质量最高,其次是采掘业企业、建筑业企业、电煤水气生产及供应业企业的社会责任报告,这些行业的报告得分率均在60%以上。信息技术业、金融保险业等企业的报告得分率均在50%以上。传播与文化产业的报告整体质量不高,依然处于起步阶段(见图25)。

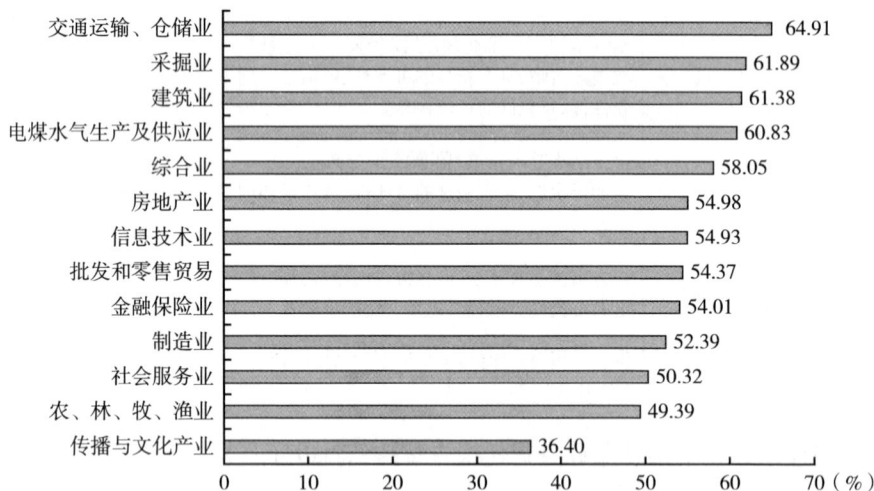

图25 各行业报告得分率

(2)不同性质企业得分情况

2019年,中央企业社会责任报告总体得分率为75.34%,处于优秀阶段。其次是国有企业,得分率为62.67%,处于追赶阶段。外资及港澳台企业和国有控股企业报告水平接近,总体得分率分别为57.36%和54.88%。民营企业报告得分率最低,为50.04%。中央企业和外资及港澳台企业的报告水平高于企业整体水平,国有控股企业报告水平和中国企业整体水平接近,民营企业报告水平低于中国企业整体水平(见图26)。

(3)世界500强中国企业和中国500强企业得分情况

世界500强中国企业和中国500强企业报告质量显著高于中国企业整体水平,分别高出18.19个百分点和12.79个百分点。世界500强中国企业报

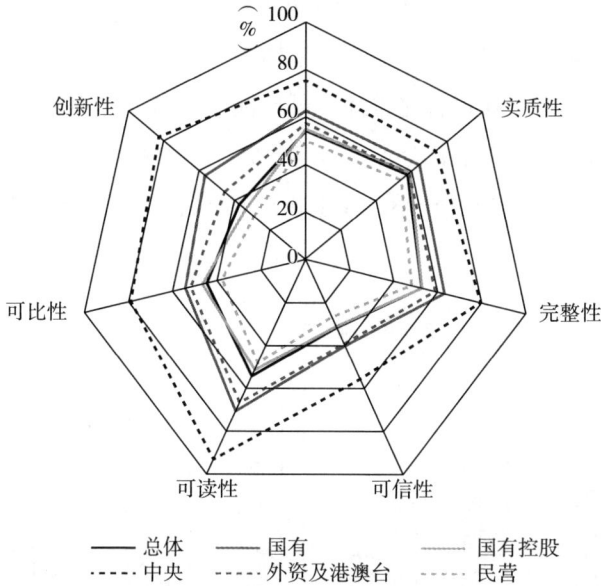

图26 不同性质企业六个维度得分率

告质量高于中国500强企业报告质量，在报告可比性、可信性和完整性上，分别比中国500强企业高出10.79个百分点、9.34个百分点和7.43个百分点（见图27）。

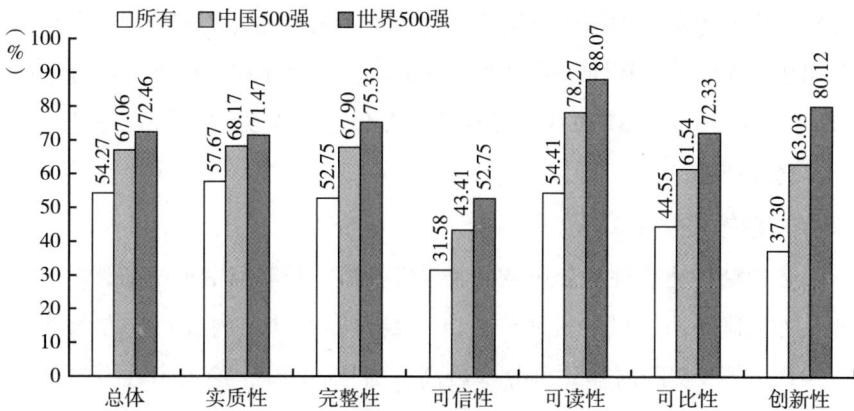

图27 世界500强中国企业和中国500强企业报告六个维度得分率

（4）非上市公司和上市公司得分情况

非上市公司报告得分率明显高于整体平均水平，上市公司报告得分率略低于整体平均水平。在报告完整性、可比性和可信性方面，非上市公司比上市公司分别高出13.12个百分点、11.72个百分点和11.52个百分点。两者在实质性方面的差距相对较小，非上市公司比上市公司高出4.36个百分点（见图28）。

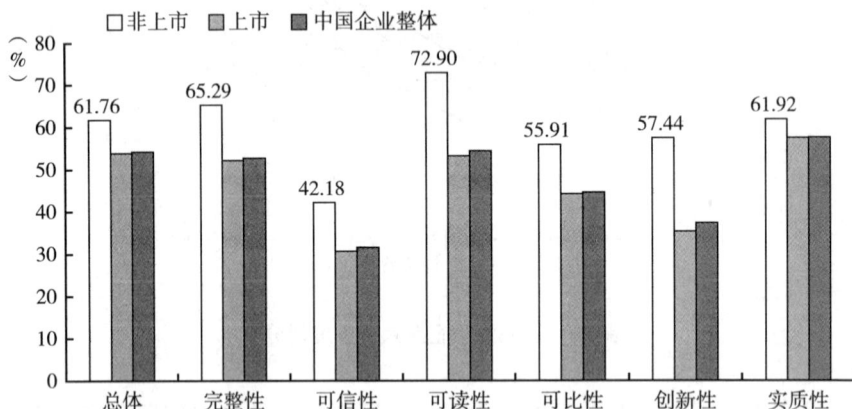

图28　上市和非上市公司报告六个维度得分率

内地在港上市公司报告水平高于中国企业整体平均水平，沪深交易所上市公司报告质量低于中国企业整体平均水平。内地在港上市公司比深交所上市公司在可读性、创新性、可比性、完整性、可信性和实质性的得分率高出24.99个、18.16个、10.39个、8.31个、7.40个和5.63个百分点（见图29）。

2.具体分析

（1）结构完整性

报告的结构完整性从公司概况、报告参数、战略与治理、高管声明、利益相关方明确说明、风险机遇分析、实践内容和计划内容八个方面进行评价。2019年，"实践内容"得分率最高，为96.44%，绝大多数报告都涉及经济、环境和社会三方面的实践内容。"高管声明""计划内容""风险机遇分析"和"战略与治理"得分率相对较低。与2018年同期相比，"报告参

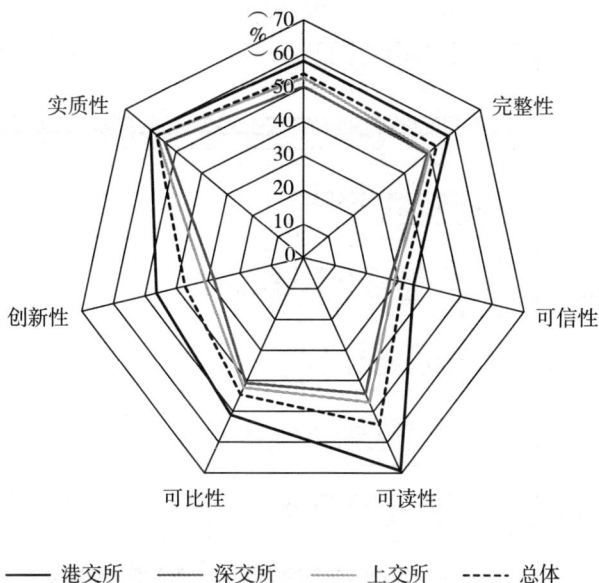

图 29 上交所、深交所、港交所上市公司报告六个维度得分率

数"和"利益相关方明确说明"得分率分别提高了 3.99 个和 5.36 个百分点。"计划内容"得分率持续走低，报告对未来企业社会责任工作计划的披露有较大提升空间（见图 30）。

①公司概况

企业重视对主营业务、服务市场等基础信息的披露，尤其是国有企业和国有控股企业。2019 年，各项指标得分率较上一年度有明显的提高（见图 31、表 3）。

②报告参数

过半报告披露了报告发布周期、时间范围、范围界限、数据说明、编制依据等信息。各项指标三年来得分率均有所增长，其中编制依据、范围界限、数据说明增长较为明显；编写流程得分率从 6% 左右增长至 9.07%，但相较于其他指标仍有较大提升空间。国有企业对报告参数信息的披露最为充分，民营企业对报告参数信息的披露有待加强（见图 32、表 4）。

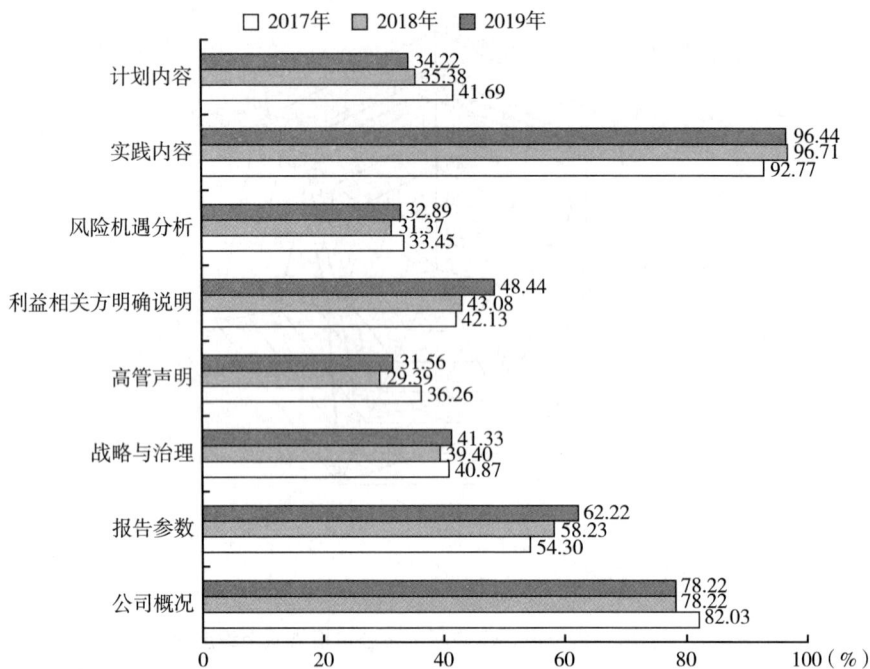

图30 2017～2019年"公司概况"各项指标平均得分率

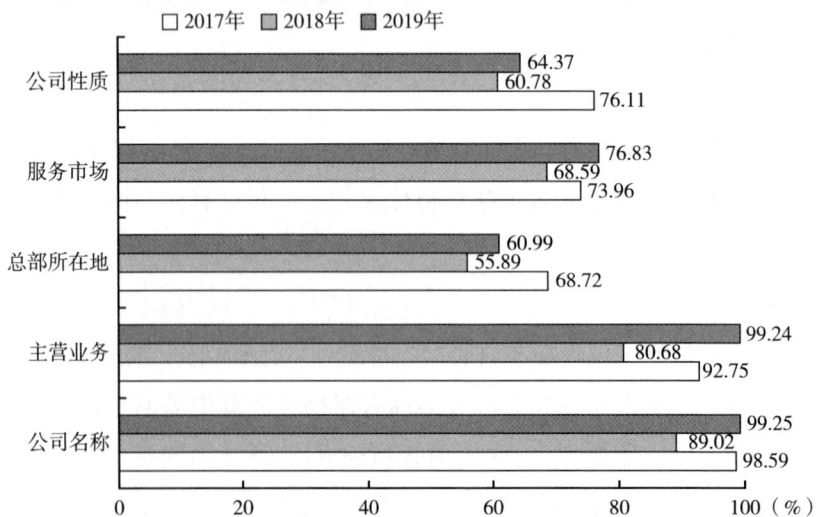

图31 2017～2019年"公司概况"各项指标平均得分率

表3 不同性质企业"公司概况"得分情况

得分情况	企业性质			
	国有	国有控股	外资及港澳台	民营
平均得分	1.94	1.77	1.70	1.69
平均得分率(%)	86.22	78.67	75.56	75.11

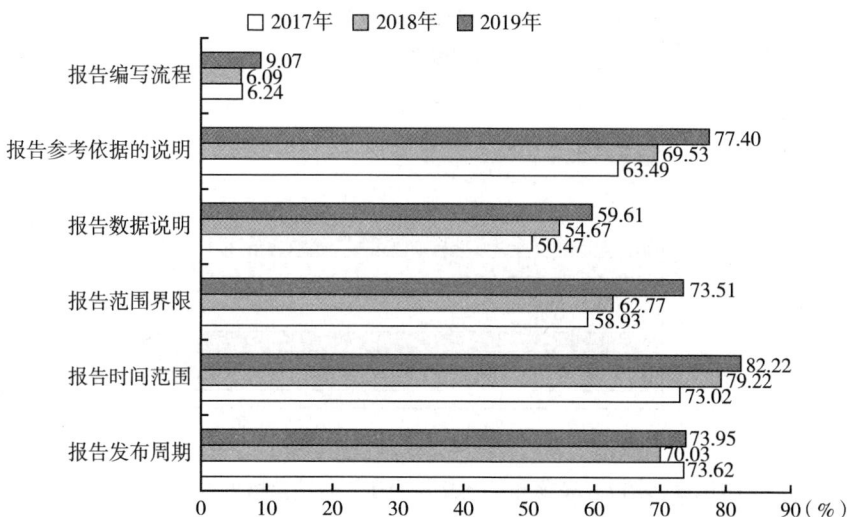

图32 2017～2019年"报告参数"各项指标平均得分率

表4 不同性质企业"报告参数"得分情况

得分情况	企业性质			
	国有	国有控股	外资及港澳台	民营
平均得分	1.62	1.37	1.52	1.35
平均得分率(%)	72.00	60.89	67.56	60.00

例如，中国南方电网有限责任公司发布的《中国南方电网有限责任公司2018社会责任报告》中，在"关于本报告"部分将报告的时间范围、范围边界、发布周期、数据说明、编制依据等内容进行集中说明，相关方能够较为清晰地获取到报告在这些方面的基本信息。

③战略与治理

结合近三年"战略与治理"中四项指标得分情况，2019年披露"社会责任管理机构"的报告比2017年增长7.47个百分点。领袖型企业"战略与治理"得分率明显高于成长型企业，它们更加重视公司战略、治理架构和社会责任管理方面的信息披露（见图33、图34）。

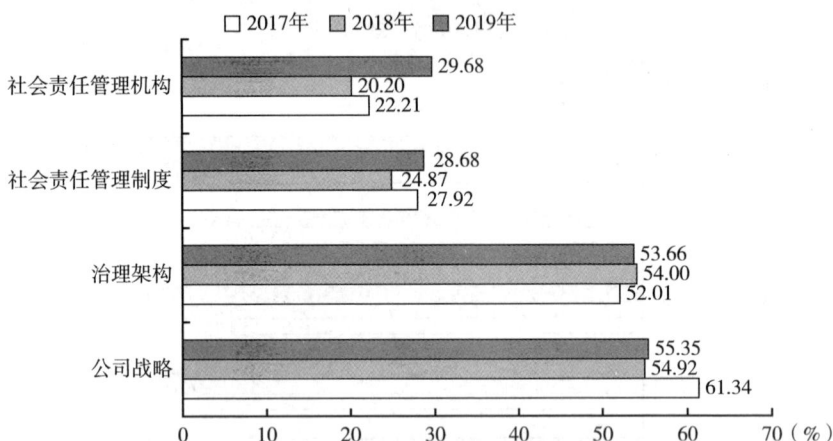

图33 2017～2019年"战略与治理"各项指标平均得分率

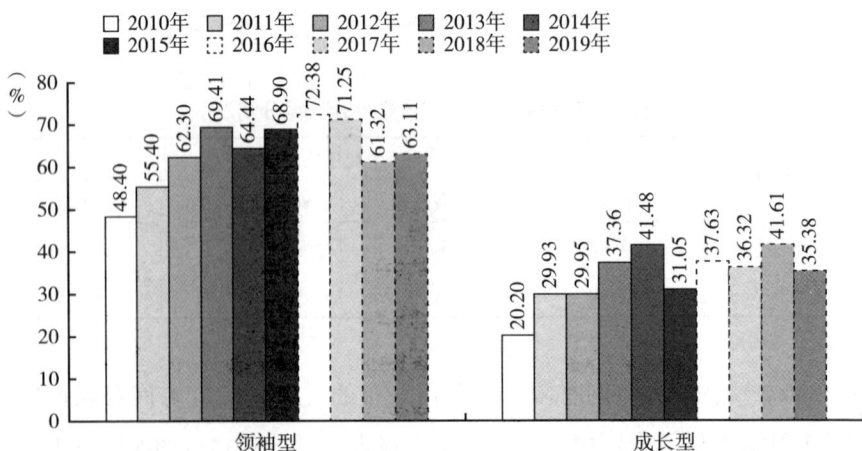

图34 不同规模企业"战略与治理"得分率

④高管声明

近三年数据显示，2019 年度"高管声明"各指标平均得分率均好于2018 年同期，与 2017 年同期基本持平。在"社会责任工作方面的计划"的披露水平明显低于其他三个指标。2019 年度国有企业"高管声明"平均得分率最高，民营企业披露相关信息的水平较弱。国有企业更加重视从高层管理者层面披露他们对社会责任的认识、承诺、实践和计划等信息（见图 35、表 5）。

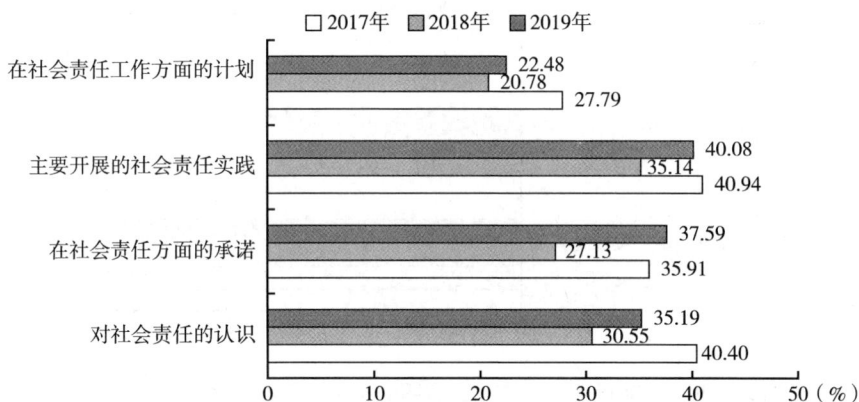

图 35　2017～2019 年"高管声明"各项指标平均得分率

表 5　不同性质企业"高管声明"得分情况

得分情况	企业性质			
	国有	国有控股	外资及港澳台	民营
平均得分	1.15	0.64	1.07	0.51
平均得分率(%)	51.11	28.44	47.56	22.67

例如，在《佳能（中国）2018～2019 企业社会责任报告》中，公司首席执行官阐明对社会责任的认识，明确指出"消除外界对企业的顾虑，满足社会对企业的期待是企业必须要肩负的社会责任"，提出"围绕联合国2030 可持续发展目标，为实现更好的社会做出贡献，竭力成为下一个百年、两百年都持续繁荣的企业"的计划和承诺。

⑤利益相关方明确说明

2017～2019年，"利益相关方明确说明"中"利益相关方及重要议题的识别和排序"指标的得分率有明显上升，较2017年增长15.1个百分点。交通运输仓储业企业、采掘业企业更加重视对利益相关方识别、沟通及关键社会责任议题排序等信息的披露，得分率均超过60%，传播文化业在此项得分最低（见图36、图37）。

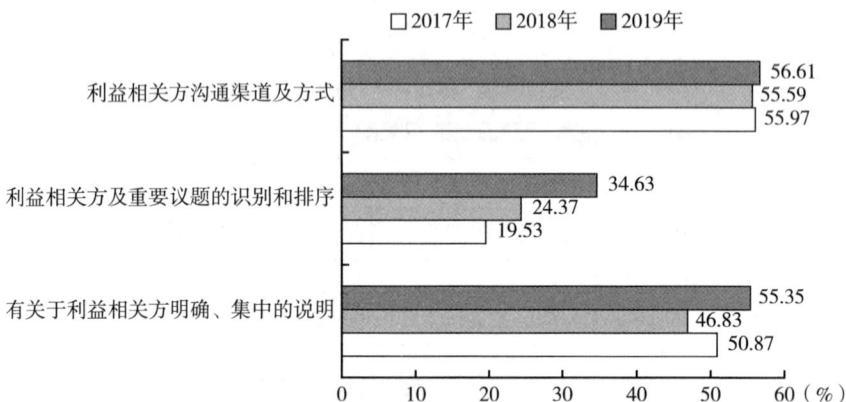

图36 2017～2019年"利益相关方明确说明"各项指标平均得分率

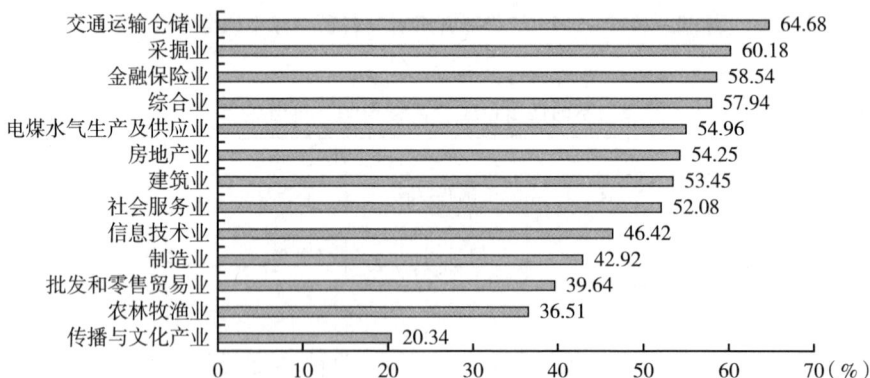

图37 不同行业"利益相关方明确说明"得分率

例如，《中国五矿集团有限公司2018可持续发展报告》披露公司社会责任议题筛选、议题优先级排序等社会责任议题管理过程，维护与股东、地方政府、客户、供应商和承包商、员工、合作伙伴、同行、非政府组织、社区、媒体等利益相关方的关系等信息。

⑥风险机遇分析

2019年，"说明企业面临的风险"和"说明企业采取的应对措施"两项的得分率有所提升，"说明企业面临的发展机遇"得分率有所下降。越来越多的企业正以负责任的态度正视发展中的问题，以可持续的理念积极应对可能发生的风险。领袖型企业"风险机遇分析"得分率普遍高于成长型企业，对企业发展机遇、面临的风险和应对措施等方面信息的披露率更高（见图38、图39）。

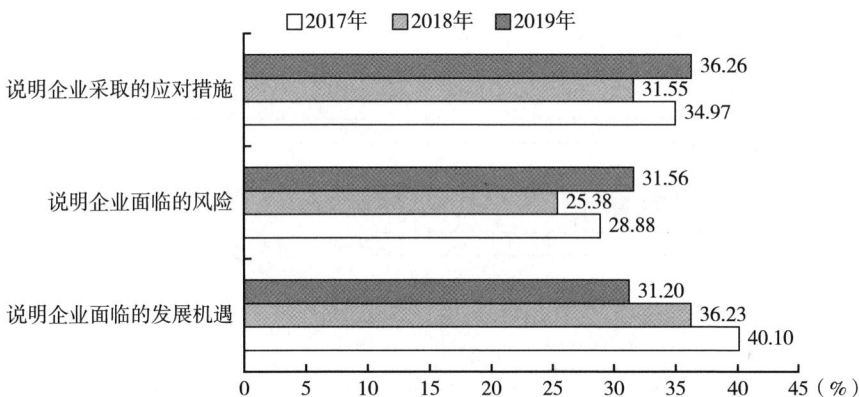

图38　2017～2019年"风险机遇分析"各项指标平均得分率

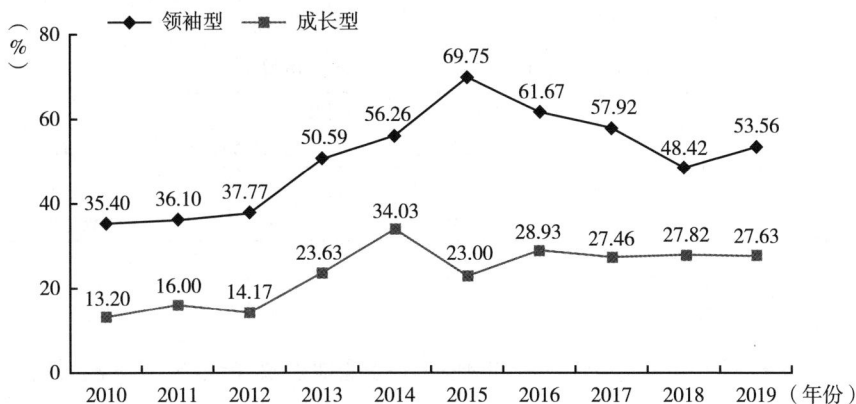

图39　不同规模企业"风险机遇分析"得分率

例如，《中国通用技术集团 2018 企业社会责任报告》详细分析了公司在新时代背景下面临的发展风险与机遇，并介绍公司如何通过聚焦科技创新、推动绿色发展、打造技术强企等举措抓住发展机遇，应对潜在风险。

⑦实践内容

2019 年度"社会责任""环境责任""经济责任"得分率都保持在较高水平，其中"环境责任"比 2017 年同期提高 2.04 个百分点。国有、国有控股、民营、外资及港澳台等不同性质的企业，都比较重视在社会责任报告中披露经济责任、环境责任和社会责任方面的实践信息（见图 40、表 6）。

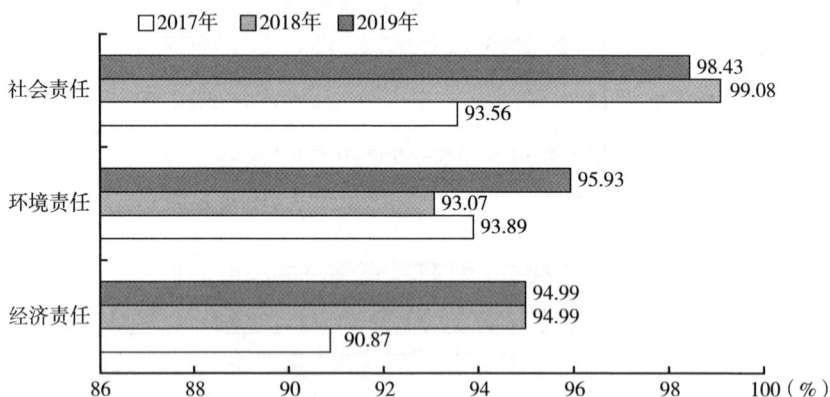

图 40　2017～2019 年"实践内容"各项指标平均得分率

表 6　不同性质企业"实践内容"得分情况

得分情况	企业性质			
	国有	国有控股	外资及港澳台	民营
平均得分	2.20	2.19	2.13	2.17
平均得分率(%)	97.78	97.33	94.67	96.44

⑧计划内容

计划内容主要描述企业社会责任的总体规划以及在经济、环境、社会等具体责任履行方面的规划。2017～2019 年，"计划内容"中四项指标得分率均呈现下降趋势，有较大提升空间。2019 年，领袖型企业"计划内容"得分率为 48.76%，比成长型企业高出 18.38 个百分点，但两者都呈现回落趋势（见图 41、图 42）。

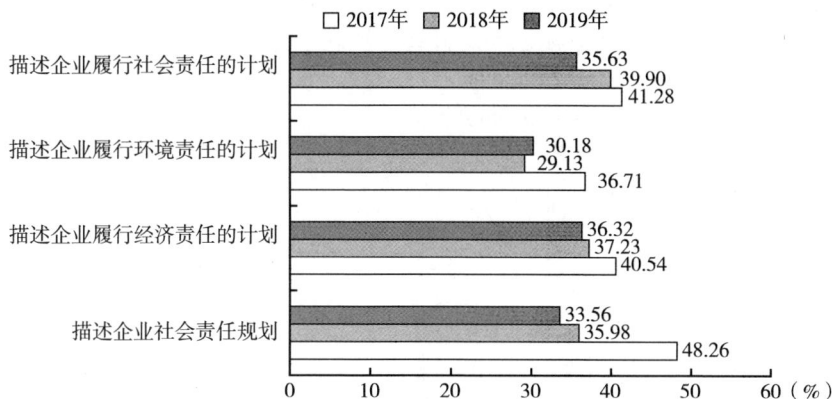

图 41　2017～2019 年"计划内容"各项指标平均得分率

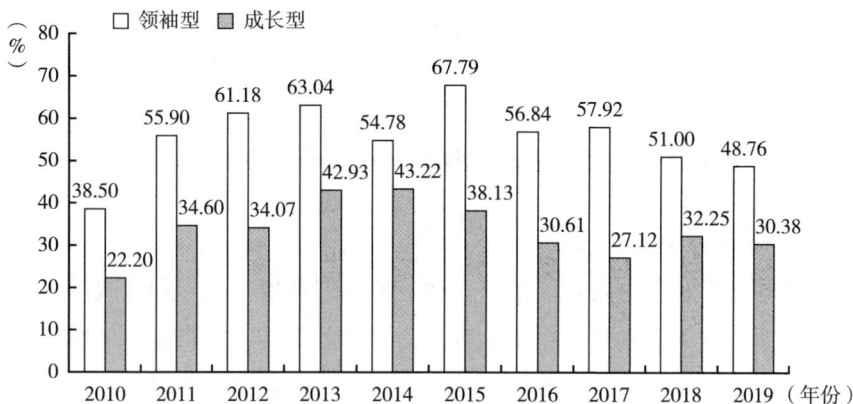

图 42　2010～2019 年不同规模企业"计划内容"得分率

（2）报告可信性

报告可信性从表述的客观性（含负面信息披露和中立、客观表达两个指标）、利益相关方评价、CSR 专家评价、第三方审验和标注信息来源等五个方面考察。2019 年，报告可信性得分率整体有明显提升。除了第三方审验得分率略有降低外，其余都有所提升。其中 2019 年负面信息披露得分率较上一年增幅达 11.63 个百分点，大幅增长。达九成的报告都采用了中立、客观的表达，但在 CSR 专家评价和第三方审验方面得分率较低。2017～2019 年，披露负面信息和利益相关方评价的得分率连续三年提升，CSR 专家评价和第三方审验得分率变化不明显（见图 43）。

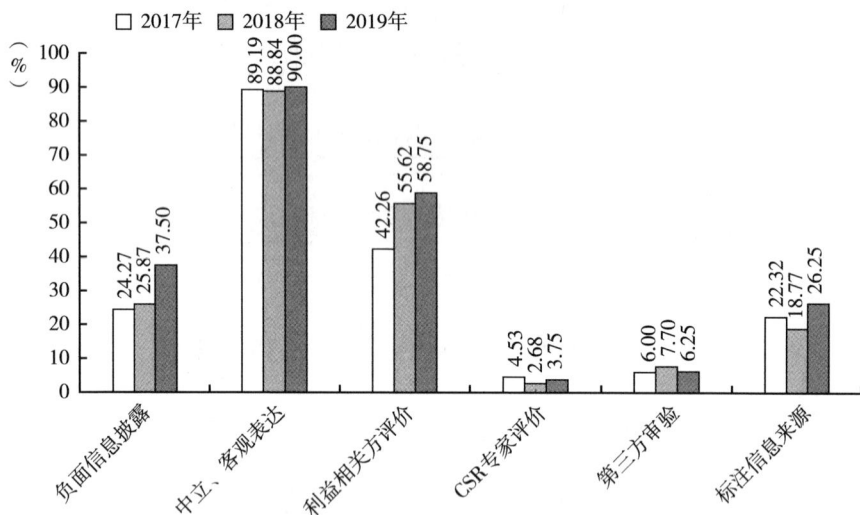

图 43　2017～2019 年"报告可信性"各项指标得分率

（3）报告可读性

报告可读性从信息定位、信息表达、信息饱和度、色彩和版式等五个方面进行考察，其中信息定位考察是否有信息导航工具，信息表达考察表达形式是否丰富，文字、图片、表格应用是否合理，信息饱和度考察篇幅是否适中，色彩考察色彩搭配是否和谐，能否体现公司企业文化，版式考察字体、字号、行间距、页面布局是否合适。对比近三年数据，2019 年各项指标得分率均有显著提升，过半的企业社会责任报告较为重视版式、信息饱和度和信息表达，但是通过导航栏等方式清晰定位信息方面还有待提升（见图 44）。

（4）绩效可比性

绩效可比性从纵向可比（含跨年度绩效对比和绩效目标实现程度对比两个指标）、行业内可比和跨行业可比等三个方面进行考察。"绩效目标实

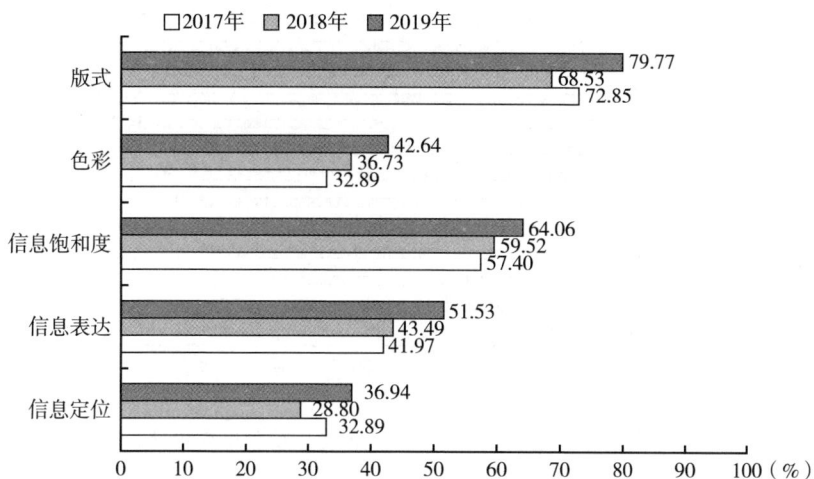

□2017年　▨2018年　■2019年

版式	79.77 / 68.53 / 72.85
色彩	42.64 / 36.73 / 32.89
信息饱和度	64.06 / 59.52 / 57.40
信息表达	51.53 / 43.49 / 41.97
信息定位	36.94 / 28.80 / 32.89

图44　2017～2019年"报告可读性"各项指标平均得分率

现程度对比"较过往偏低，其他三项指标得分率均有所上升，上升幅度最大的是"行业内可比"，比2017年同期增长10.85个百分点。披露跨年度绩效对比和行业内可比的报告相对较多，披露绩效目标实现程度对比和跨行业可比的报告相对较少。交通运输仓储业和电煤水气生产及供应业在绩效可比性方面优于其他行业。农林牧渔业、综合业、建筑业绩效可比性得分率较往年有明显的提高，传播与文化产业较过去两年则降低较多（见图45、图46）。

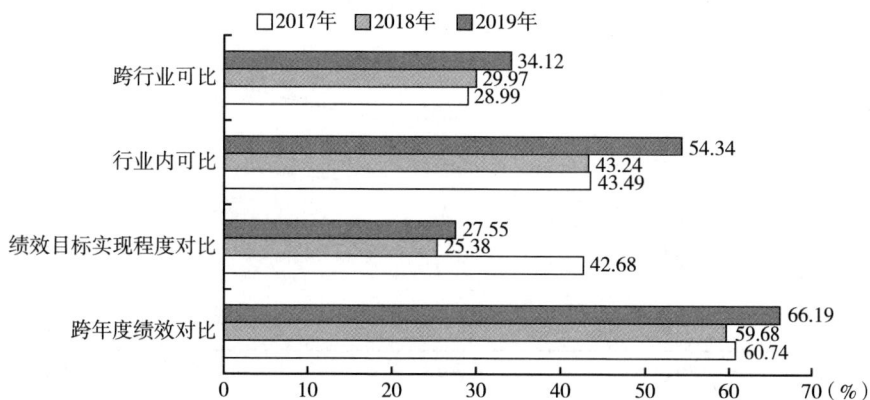

□2017年　▨2018年　■2019年

跨行业可比	34.12 / 29.97 / 28.99
行业内可比	54.34 / 43.24 / 43.49
绩效目标实现程度对比	27.55 / 25.38 / 42.68
跨年度绩效对比	66.19 / 59.68 / 60.74

图45　2017～2019年"绩效可比性"各项指标平均得分率

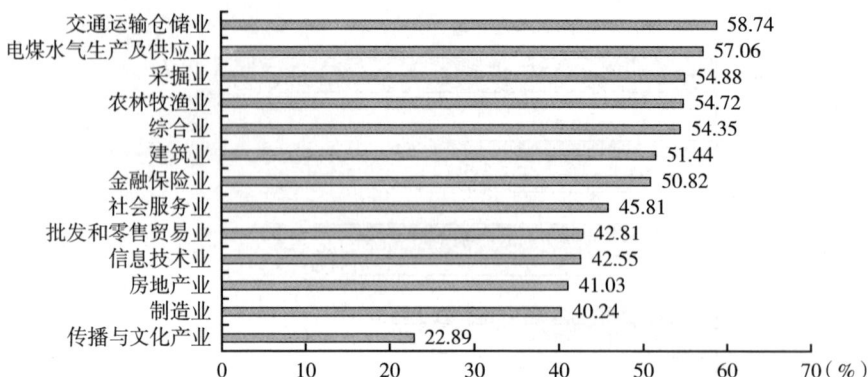

图46 不同行业企业报告"绩效可比性"平均得分率

（5）报告创新性

报告创新性从内容、结构和形式等三个方面进行考察。报告相对更重视内容创新，报告主题更契合时代热点，责任理念更能体现行业特色，披露内容更具有企业特色。从 2017~2019 年的得分情况来看，报告的内容、结构和形式创新等指标得分率逐年上升，其中提升最多的是内容创新性。从行业来看，电煤水气生产及供应业、交通运输仓储业和综合类企业的报告，在创新性方面优于其他行业企业报告（见图47、表7）。

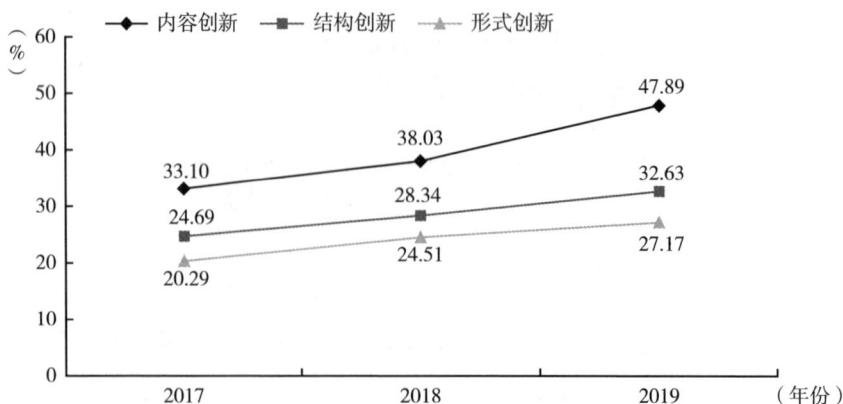

图47 2017~2019 年"报告创新性"各项指标得分率

表7 不同行业企业报告"报告创新性"得分情况

得分情况	行业					
	交通运输仓储业	采掘业	信息技术业	金融保险业	电煤水气生产及供应业	建筑业
平均得分	1.49	2.09	1.24	1.57	2.09	1.65
平均得分率(%)	52.16	42.53	30.98	39.19	52.23	41.20

得分情况	行业						
	制造业	房地产业	社会服务业	批发和零售贸易业	综合业	农林牧渔业	传播与文化产业
平均得分	1.22	1.67	1.66	1.10	2.05	1.59	0.94
平均得分率(%)	30.58	41.66	41.55	27.50	51.30	39.63	23.55

例如,《美团点评2018企业社会责任报告》采用美团商标主题色进行设计,封面"帮大家吃得更好、生活更好"的责任理念醒目鲜明,章节标题以"用户篇——让美好生活触手可及""社会篇——为了更美好的未来"等彰显企业特色和行业特点。

(6)报告实质性

报告内容实质性包括利益相关方识别、利益相关方的要求与期望、沟通渠道和方式、利益相关方的内容、利益相关方的理念与方针、议题披露的程度、对利益相关方的责任绩效、利益相关方责任理念和机构战略相关八个方面,其中每个方面都涉及出资人、员工、客户、环境、社区、政府、供应商、同行、社会组织、媒体、金融机构、监管机构十二个利益相关方。此部分重点考察报告对于识别出的利益相关方的信息披露程度。[①]

①内容实质性评价的整体情况

2019年,报告在实质性八个方面对应的指标覆盖率分别为67.18%、39.35%、44.47%、61.68%、36.37%、30.67%、40.67%、18.96%。整体上看,报告对于利益相关方的识别率超过了60%,但对于利益相关方的信息披露程度仅为30%左右,说明报告对于关键利益相关方的信息披露全

---

① 对于报告实质性的评价主要分为以下几个步骤:①报告识别出了哪些利益相关方,其中出资人、员工、客户、环境、社区是默认利益相关方;②对于识别出的利益相关方,是否全面披露了他们的要求与期望、沟通渠道与方式,对利益相关方的责任理念与方针、履责内容和绩效等信息。

面性还有待进一步加强（见图48）。

报告在利益相关方的要求与期望、议题披露的程度方面覆盖率有所提高。在利益相关方的责任理念与方针、利益相关方的责任绩效、利益相关方责任理念和机构战略相关方面的指标覆盖率略有降低（见图48）。

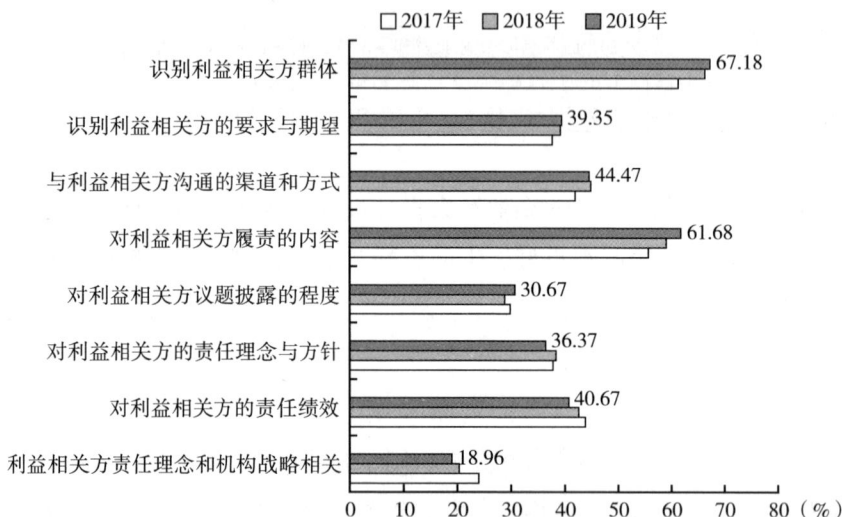

图48　内容实质性指标覆盖率

②内容实质性评价的具体情况

识别利益相关方群体

2019年，识别出员工、客户、社区和环境的报告比例均在90%以上，其次是识别出出资人和政府的报告，占比约88%。识别出供应商的报告也较多，占比约79%。报告整体上识别出员工、客户、社区、环境、出资人、政府和供应商七大利益相关方。报告识别出监管机构、社会组织、同行和媒体的相对较少，识别出金融机构的报告最少，仅有17.92%。2019年识别出监管机构、同行、社会组织、供应商、客户、金融机构、媒体为相关方的报告比例有较大幅度增长，与2017年相比分别增长了8.71个百分点、8.02个百分点、7.78个百分点、7.53个百分点、6.08个百分点、5.99个百分点和4.67个百分点（见图49）。

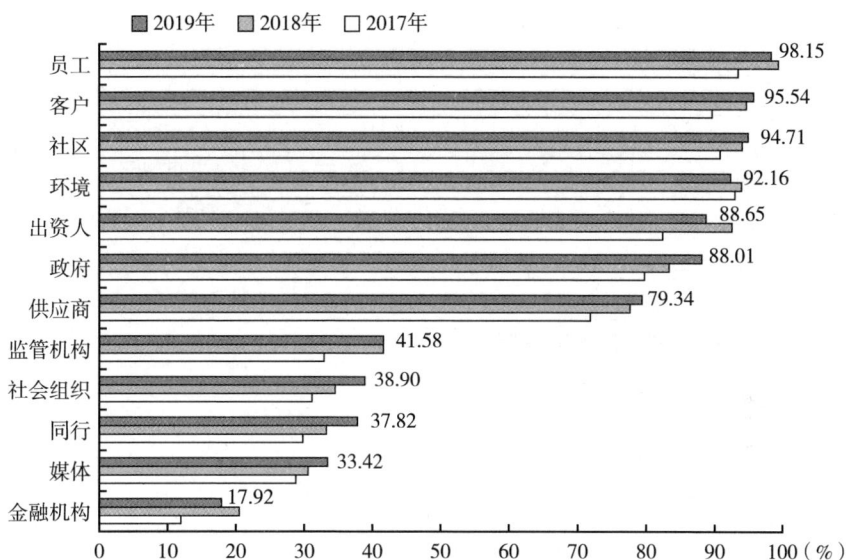

图49 利益相关方识别情况

识别利益相关方的要求与期望

识别出利益相关方的要求与期望能够使企业和组织有效回应利益相关方。报告中识别出员工和客户的要求与期望的指标覆盖率较高，超过60%，其次是识别出社区、出资人、政府和环境的要求与期望的指标覆盖率超过50%。识别出供应商的要求与期望的指标覆盖率为47.64%，对监管机构、同行、社会组织和媒体的要求与期望的识别率低于25%，对金融机构的要求与期望的识别率最低。近三年，识别出监管机构、媒体和供应商的要求与期望的指标覆盖率逐年增长，分别比2017年增长了5.77个百分点、4.04个百分点和2.35个百分点（见图50）。

与利益相关方沟通的渠道和方式

披露与员工、出资人、客户、社区沟通的渠道的报告数量超过60%，披露与供应商、政府、环境沟通的渠道的报告超过50%；指出与监管机构、同行、社会组织、媒体的沟通渠道和方式的报告所占比重在15%~25%；指出金融机构沟通渠道和方式的报告比重较低，未达到10%。近三年，越

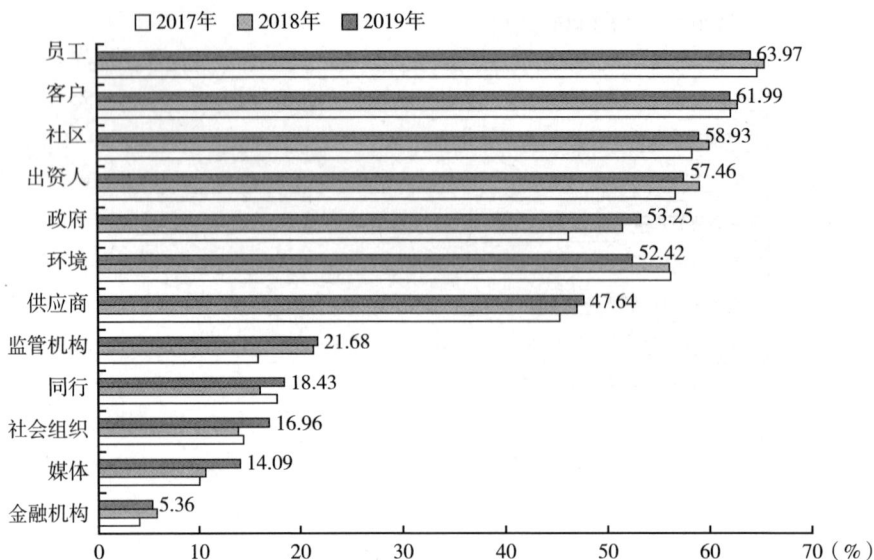

图50 识别利益相关方的要求与期望情况

来越多的报告中披露与监管机构、媒体、社会组织和同行的沟通渠道和方式，与2017年相比分别增长了5.48个百分点、4.92个百分点、4.76个百分点和2.38个百分点（见图51）。

对利益相关方履责的内容

披露员工、社区、环境和客户履责内容的报告较多，占比均在90%以上；其次是披露出资人、政府和供应商履责内容，占比在70%以上；披露社会组织、同行、监管机构和媒体履责内容的在20%～35%；披露金融机构履责内容的报告较少，比例在20%以下。与2018年相比，披露社会组织、同行、政府和媒体履责内容的报告数量增长明显，表明更多企业将其视为重要相关方（见图52）。

对利益相关方议题披露的程度

2019年报告中利益相关方信息披露较为充分的是政府和员工，覆盖率分别为51.05%、42.39%，其次是环境、社区、客户、供应商、监管机构、出资人等，指标覆盖率在20%～35%。对媒体、同行、社会组织、金融机

图51

员工 ——— 76.91
出资人 ——— 73.41
客户 ——— 71.56
社区 ——— 62.31
供应商 ——— 53.51
政府 ——— 53.00
环境 ——— 51.21
监管机构 ——— 23.41
同行 ——— 21.36
社会组织 ——— 21.23
媒体 ——— 18.81
金融机构 ——— 6.89

□2017年　▨2018年　■2019年

0　10　20　30　40　50　60　70　80　90（%）

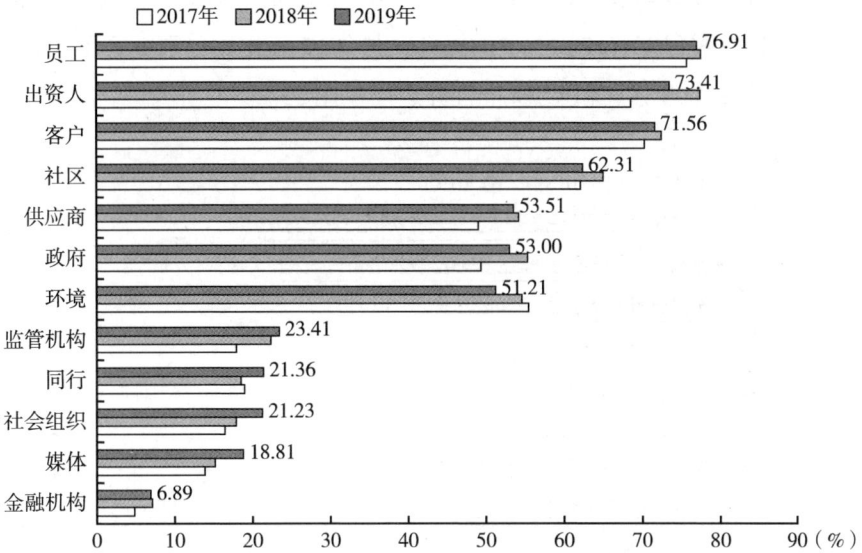

图51　与利益相关方沟通的渠道和方式情况

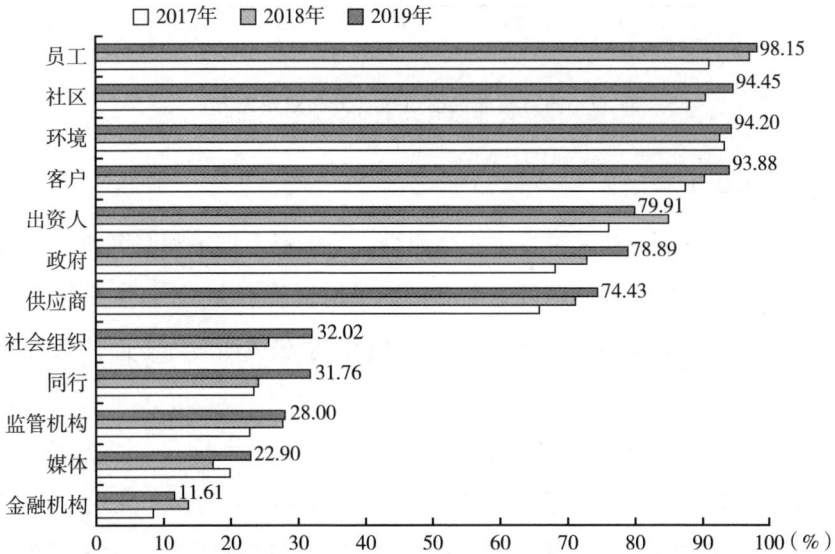

□2017年　▨2018年　■2019年

员工 ——— 98.15
社区 ——— 94.45
环境 ——— 94.20
客户 ——— 93.88
出资人 ——— 79.91
政府 ——— 78.89
供应商 ——— 74.43
社会组织 ——— 32.02
同行 ——— 31.76
监管机构 ——— 28.00
媒体 ——— 22.90
金融机构 ——— 11.61

0　10　20　30　40　50　60　70　80　90　100（%）

图52　对利益相关方履责的内容

构信息披露的覆盖率较低，不到20%。2019年，报告对同行、媒体和监管机构的信息披露程度有较为明显的提升，与2017年相比分别提升了8.58个百分点、4.91个百分点和3.79个百分点（见图53）。

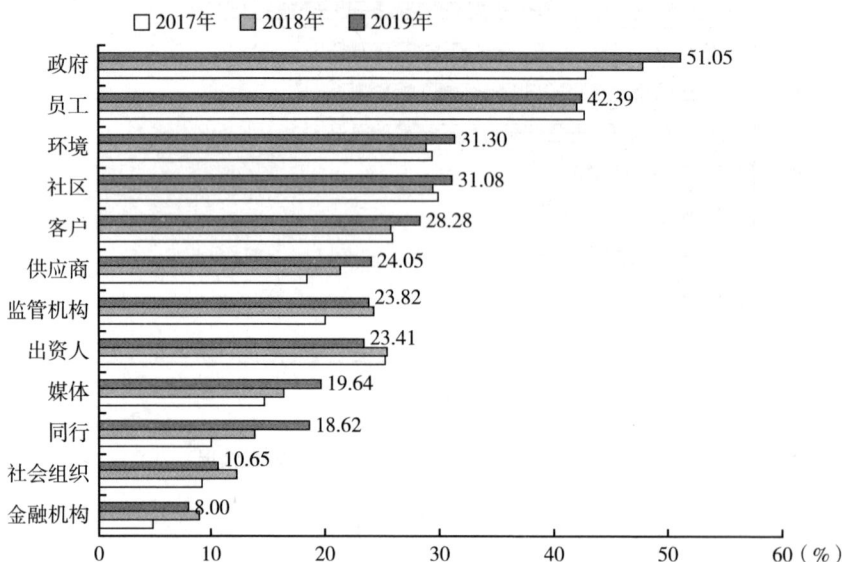

图53　内容实质性覆盖率（分利益相关方）

——出资人

在出资人方面，从是否发生法律纠纷、为出资人带来利润等四个方面对报告进行评价。出资人议题披露程度指标平均覆盖率为23.41%，其中，为出资人带来利润的披露情况较好，但对是否发生法律纠纷等方面信息的披露率较低。

——员工

在员工责任方面，从劳资、职业健康与安全、社会保障、工会、培训与发展等5个议题的20项指标对报告信息披露情况进行评价。劳资、职业健康与安全、社会保障、培训与发展的指标覆盖率均在40%以上，其中，社会保障的指标覆盖率较高，工会议题的指标覆盖率较差。近三年，在员工信息披露方面，工会的指标覆盖率有所上升，劳资、职业健康与安全、社会保障和培训与发展方面的指标覆盖率有所下降（见图54）。

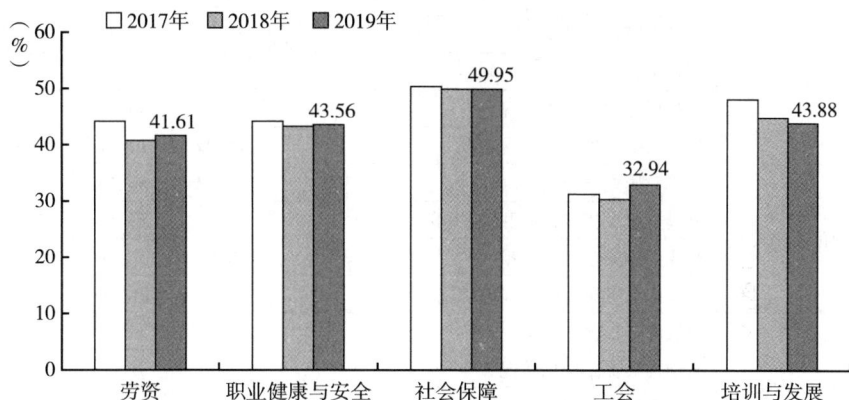

图54 员工责任议题披露情况

2019年，在20项指标中，劳动合同签订情况、依法参与社会保障情况、员工技能培训和升迁制度等3个指标的覆盖率超过70%，其中员工技能培训和升迁制度的指标覆盖率连续三年最高，2019年超过90%；薪酬增加制度建设情况、提供健康安全用具和设施、职业健康安全管理体系、对困难员工提供额外帮助、成立工会等5个指标的覆盖率超过50%，其他指标的指标覆盖率均低于50%；员工薪酬合理规划倡导情况、健康安全设施及劳保用品的预算和支出、为工会及民主活动提供足够经费、员工培训发展预算的披露率最低，指标覆盖率不到20%。近三年，在员工技能培训和升迁制度、研发降低健康安全风险的措施、符合当地文化习俗的必要福利、成立工会的指标覆盖率增长较快，与2017年相比增长均超过8个百分点，这表明在中国发布的社会责任报告逐渐注重披露对员工的培训培养、研发降低安全风险措施等与员工相关的信息（见表8）。

——客户

在客户责任方面，从产品和服务、营销信息、客户信息与隐私保护等3个议题和12项指标对报告信息披露情况进行评价。2019年，产品和服务、

表8　员工责任议题指标覆盖率

单位：%

员工责任议题	具体指标	2019 年	2018 年	2017 年
劳资	劳动合同签订情况	71.36	69.46	70.55
	薪酬发放情况	28.06	34.52	37.68
	薪酬增加制度建设情况	51.53	46.71	47.59
	员工薪酬合理规划倡导情况	15.00	12.11	20.80
职业健康与安全	提供健康安全用具、设施	57.72	56.40	61.62
	健康安全设施、劳保用品的预算和支出	16.84	23.27	28.40
	职业健康安全管理体系	60.84	56.49	57.78
	研发降低健康安全风险的措施	38.84	36.76	28.89
社会保障	依法参与社会保障情况	78.06	75.78	73.90
	缴纳社会保障费用情况	28.51	31.06	40.47
	符合当地文化习俗的必要福利	34.69	33.48	26.45
	对困难员工提供额外帮助	58.55	59.17	60.78
工会	成立工会	60.01	53.63	49.55
	为工会及民主活动提供足够经费	6.06	5.54	10.54
	保障工会在民主管理、重大问题决策方面的权益	34.76	34.08	39.08
	分享工会活动经验	30.93	28.11	25.89
培训与发展	国家规定的特定岗位技能培训	36.16	40.48	46.06
	员工培训发展预算	19.39	20.07	30.00
	员工技能培训,升迁制度	90.37	87.72	82.34
	职业生涯规划,学历教育	29.59	30.88	34.12

营销信息和客户信息与隐私保护 3 个议题的信息披露指标覆盖率分别为 48.09%、21.89%、14.86%。近三年，客户责任议题的指标覆盖率均有一定程度的提高，客户信息与隐私保护、产品和服务、营销信息指标覆盖率与 2018 年相比分别提高了 4.13 个百分点、0.77 个百分点和 2.60 个百分点（见图 55）。

2019 年，从 12 项指标来看，客户信息与隐私保护议题的各个指标的覆盖率均较低。近九成的企业社会责任报告披露产品/服务质量相关信息；产品/服务质量的制度体系指标覆盖率超过 50%；产品/服务价格合理，向客户提供产品/服务营销成本情况，明确说明信息收集目的并仅收集提供产品和服务的必需信息、客户信息保护负责人联系方式的可获取性等绩效指标的

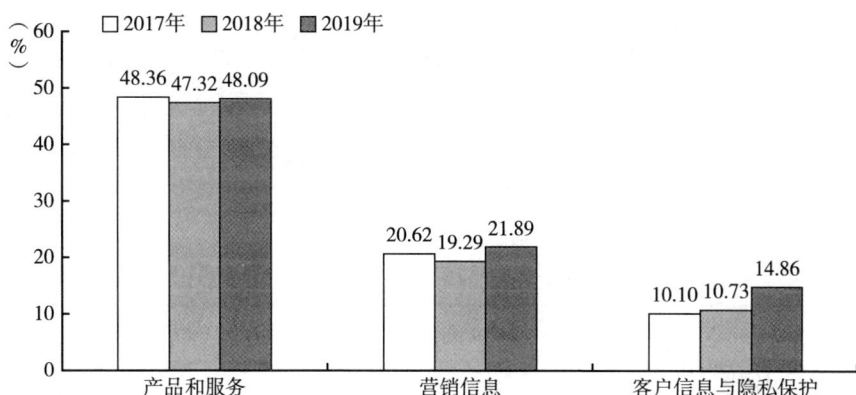

图 55　客户责任议题披露情况

覆盖率较低，均低于 10% 。2019 年，建立客户信息获取、使用和保护制度的指标覆盖率达到 30% ，与 2017 年相比增长了 9.59 个百分点；其次是通过合法且公正的方式获取客户信息，提供完整、真实、准确的产品/服务信息情况，分别增长了 6.12 个百分点和 4.37 个百分点。这说明在中国发布的社会责任报告逐渐注重对客户进行更深层次的信息披露，主动披露客户信息保护制度、客户信息获取等相关内容，进一步获得客户对企业的信任和支持（见表 9）。

表 9　客户责任议题指标覆盖率

单位：%

客户责任议题	具体指标	2019 年	2018 年	2017 年
产品和服务	产品/服务质量	89.80	90.31	86.32
	产品/服务价格合理	7.91	10.03	8.44
	产品/服务质量的制度体系	55.48	52.16	59.60
	研发可持续的产品/服务	39.16	36.76	39.08
营销信息	提供完整、真实、准确的产品/服务信息情况	51.40	47.75	47.03
	向客户提供产品/服务营销成本情况	2.30	1.82	2.44
	向客户（包括特殊人群,如盲人、聋哑人）提供产品/服务信息的渠道情况	22.64	19.98	19.19
	引导鼓励责任消费	11.22	7.53	13.82

续表

客户责任议题	具体指标	2019 年	2018 年	2017 年
客户信息与隐私保护	通过合法且公正的方式获取客户信息	20.15	14.71	14.03
	明确说明信息收集目的,仅收集提供产品和服务的必需信息	6.82	5.28	3.98
	建立客户信息获取、使用和保护制度	30.04	21.02	20.45
	客户信息保护负责人联系方式的可获取性	2.42	1.90	1.95

——环境

在环境责任方面,从环境管理、环境保护意识和能力建设、降污减排、资源节约与利用、生态系统保护等5个议题对报告信息披露情况进行评价。2019年,5个议题中,环境管理、环境保护意识和能力建设、降污减排、资源节约与利用4个议题的披露覆盖率相对较高,都在30%以上;生态系统保护议题的披露覆盖率最低,仅有9.60%。2019年,5个议题指标覆盖率同比均有较大提升,资源节约与利用、环境管理、环境保护意识和能力建设、生态系统保护和降污减排的指标覆盖率分别比2018年增加了6.61个百分点、4.18个百分点、4.00个百分点、1.14个百分点和1.12个百分点(见图56)。

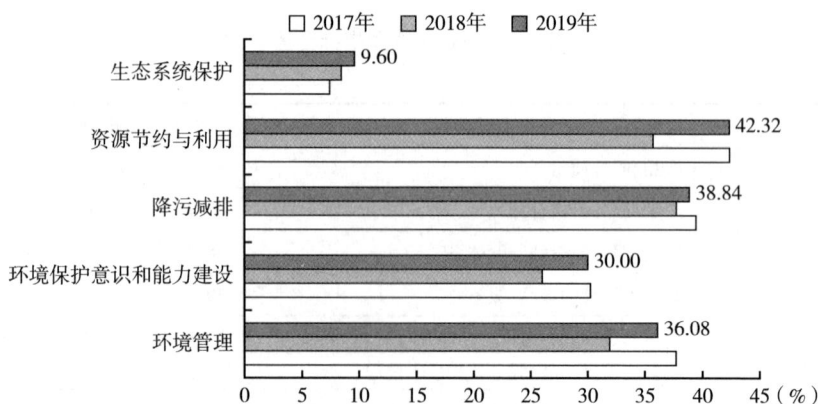

图 56 环境责任议题披露情况

2019 年，从环境责任的 21 项具体指标披露情况来看，建立环境管理体系、减少垃圾和废弃物的排放、降污减排制度、资源使用和能耗符合国家规定、资源和废旧物品综合再利用制度及措施等 5 项指标的披露覆盖率相对较高，均在 50% 以上，其中减少垃圾和废弃物排放的指标覆盖率超过 80%，说明绝大多数企业都注重披露垃圾和废弃物排放的相关信息。涉及环保资金投入相关数据的指标覆盖率普遍不高，如投入环保资金、设立环保培训经费、控制废弃物排放的资金、进行碳捕获/碳补偿、支持资源节约与利用的专项资金、生态保护资金等。2019 年，实施环境影响评价、建立环境管理体系和推行绿色办公的指标覆盖率同比增长超过 8 个百分点，说明企业更加注重环境影响评价，完善环境管理体系，推行绿色办公，并在社会责任报告中重点披露（见表 10）。

表 10　环境责任议题指标覆盖率

单位：%

环境责任议题	具体指标	2019 年	2018 年	2017 年
环境管理	实施环境影响评价	29.02	19.90	27.08
	投入环保资金	33.10	34.08	/
	建立环境管理体系	59.82	50.87	60.43
	为行业提高环境管理水平贡献经验	22.39	22.75	21.00
环境保护意识和能力建设	环境保护意识培训	37.82	31.92	39.29
	设立环保培训经费	4.02	4.76	5.30
	建立环保培训制度	11.10	11.25	14.45
	推行绿色办公	59.44	49.48	50.73
	倡导公众参与环保公益活动	37.63	32.61	41.38
降污减排	减少垃圾和废弃物的排放	81.89	79.58	78.37
	有控制废弃物排放的资金	16.26	16.96	24.08
	降污减排制度	52.23	49.83	51.01
	进行碳捕获/碳补偿	4.97	4.50	4.26
资源节约与利用	资源使用和能耗符合国家规定	62.24	60.81	64.97
	有支持资源节约与利用的专项资金	12.82	13.06	20.52
	资源、废旧物品综合再利用制度及措施	54.66	50.87	49.90
	使用新材料、新能源	39.54	38.24	34.05

续表

环境责任议题	具体指标	2019 年	2018 年	2017 年
生态系统保护	减少运营对生物多样性影响的措施	18.62	15.57	14.72
	生态保护资金	2.42	2.94	3.14
	生态系统保护制度	6.63	5.54	4.68
	倡导公众采取恢复生态系统的行动	10.71	9.78	7.19

——社区

在社区责任方面，从社区沟通、就业培训、社区发展、文化教育、捐款救灾等 5 个议题的 16 项具体指标对报告信息披露情况进行评价。社区发展和文化教育议题的指标覆盖率相对较高，社区沟通、就业培训、捐赠救灾 3 个议题的覆盖率相对较低。就业培训、社区发展、文化教育和社区沟通的指标覆盖率同比均有一定的增长，捐赠救灾的指标覆盖率同比有所降低（见图 57）。

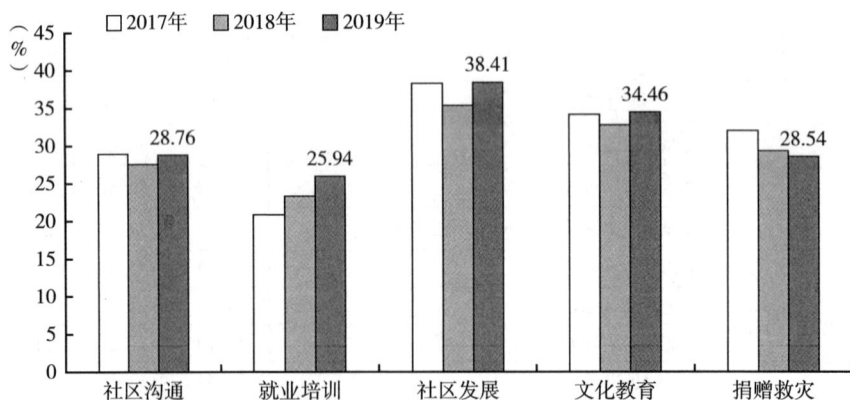

图 57　社区责任议题披露情况

2019 年，从社区责任 16 项具体指标来看，"组织和支持员工参与社区志愿活动""支持社区教育发展"两项指标覆盖率最高，分别为 68.49%、54.34%。"评估社区影响，了解社区需求并确认优先发展事项""处理社区纠纷""尊重和保护社区文化传统和遗产，为社区文化活动和项目提供便利""发挥技术和设备优势，参与社区防灾减灾活动"等 4 项指标的覆盖率相对较低，都在20%以下。"开发特色资源，帮助社区发展特色产业""组织和支持员工参与社区志愿活动"指标覆盖率同比增长超过6%，"促进就业平等""提升社区居民技能水平""帮助社区学校改善教育设施，提高教育质量"的指标覆盖率同比也有一定程度的增长（见表11）。

表11　社区责任议题指标覆盖率

单位：%

社区责任议题	具体指标	2019年	2018年	2017年
社区沟通	评估社区影响，了解社区需求并确认优先发展事项	19.45	18.77	14.10
	主动与社区沟通，了解并回应利益相关方的意见和建议	27.81	30.97	30.36
	处理社区纠纷	0.51	0.17	0.77
	制定社区参与计划，参与社区公共服务和管理	27.55	25.78	32.17
	组织和支持员工参与社区志愿活动	68.49	61.94	67.20
就业培训	雇佣本地员工	30.36	28.72	24.21
	促进就业平等	27.04	23.18	21.14
	提升社区居民技能水平	20.41	18.08	17.24
社区发展	支持社区公共基础设施建设	42.03	42.47	47.24
	帮助提高社区公共服务、管理水平和卫生医疗水平	40.69	39.10	47.10
	开发特色资源，帮助社区发展特色产业	32.53	24.39	20.59
文化教育	尊重和保护社区文化传统和遗产，为社区文化活动和项目提供便利	11.73	11.59	11.93
	支持社区教育发展，增加社区儿童和弱势群体受教育机会，减少社区文盲	54.34	53.55	52.97
	帮助社区学校改善教育设施，提高教育质量	37.31	32.96	37.61
捐赠救灾	支持社区慈善事业发展，为社区发展和防灾减灾提供捐赠	44.96	45.85	49.69
	发挥技术和设备优势，参与社区防灾减灾活动	12.12	12.80	14.38

——政府

在对政府的责任方面，从"遵守法律法规及政策情况""纳税情况""响应政府倡导的产业投资活动，如产业扶贫、基础设施建设""向政府进行合理化建议,积极响应政府号召的慈善公益活动"等 4 项具体指标对报告信息披露的情况进行评价。其中,80% 以上的企业社会责任报告披露了遵守法律法规及政策情况,对"向政府进行合理化建议,积极响应政府号召的慈善公益活动"的披露覆盖率最低,不到 30%。与 2017 年相比,2019年,"响应政府倡导的产业投资活动,如产业扶贫、基础设施建设"和"向政府进行合理化建议,积极响应政府号召的慈善公益活动"的指标覆盖率增长较快,分别增长 9.12 个百分点和 8.22 个百分点,遵守法律法规及政策情况的指标覆盖率也有一定程度的增长(见表 12)。

表 12　政府责任议题指标覆盖率

单位:%

具体指标	2019 年	2018 年	2017 年
遵守法律法规及政策情况	80.68	77.60	77.74
纳税情况	46.11	47.32	50.17
响应政府倡导的产业投资活动,如产业扶贫、基础设施建设	47.64	44.12	38.52
向政府进行合理化建议,积极响应政府号召的慈善公益活动	29.78	22.06	21.56

——供应商

在供应商责任方面,从采购原则、供应商资质、供应商管理 3 个议题的 11 项具体指标对报告信息披露情况进行评价。供应商 3 个议题的指标覆盖率从高到低依次为采购原则、供应商资质、供应商管理,覆盖率分别为 30.36%、24.52%、15.03%。近三年,供应商责任议题的指标覆盖率均有较大的增长,供应商资质、供应商管理和采购原则的指标覆盖率与 2017 年相比分别增长了 5.85 个百分点、3.86 个百分点和 3.82 个百分点(见图 58)。

采购原则公开和合同签订执行情况、对供应商资质要求 2 项指标覆盖率相对较高,都在 50% 左右;对供应商因社会责任审核认证所增加的成本的分担、供应商社会责任管理信息披露 2 项指标的覆盖率最低,不到 10%。2017~2019 年,提高供应商社会责任水平、采购合同对道德环境的考虑、鼓励负责任的供应商、供应商社会责任管理制度和供应商社会责任管理机制

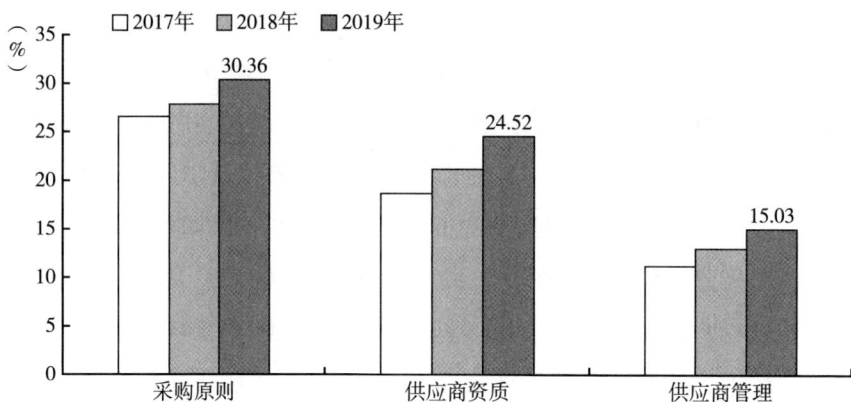

图58 供应商责任议题披露情况

5 个指标的覆盖率均连续三年增加，与 2017 年相比，分别增长了 8.78 个百分点、8.72 个百分点、8.34 个百分点、6.62 个百分点和 4.16 个百分点。企业越来越注重对供应链合作伙伴的社会责任管理，帮助合作伙伴提升履责能力和水平（见表 13）。

表13 供应商责任议题指标覆盖率

单位：%

供应商责任议题	具体指标	2019 年	2018 年	2017 年
采购原则	采购原则公开，合同签订执行情况	49.04	45.67	48.22
	采购价格合理，按期付款	10.52	9.95	13.12
	采购合同对道德、环境的考虑	29.72	25.43	21.00
	鼓励负责任的供应商	32.14	30.28	23.80
供应商资质	对供应商资质要求	54.27	48.96	41.80
	对供应商因社会责任审核认证所增加的成本的分担	1.08	1.73	0.77
	提高供应商社会责任水平的做法，包括审核、培训、辅导等活动	32.65	25.00	23.87
	为行业内供应链社会责任水平提高贡献经验的情况	10.08	9.00	8.23
供应商管理	供应商社会责任管理制度	23.09	21.02	16.47
	供应商社会责任管理机制	16.58	13.15	12.42
	供应商社会责任管理信息披露	5.42	4.76	4.61

——同行、社会组织、媒体、金融机构和监管机构

企业社会责任报告在同行、社会组织、媒体、金融机构、监管机构5个利益相关方的披露情况，涉及15项具体评价指标。从数据分析来看，15项指标的覆盖率整体偏低，都在30%以下，其中，报告对实施行业标准和规范的预算、回应NGO等民间组织的诉求、对金融机构的履约情况3项指标的披露情况最差，覆盖率都在10%以下。与2017年相比，尊重和保护知识产权、促进行业发展的活动情况、行业标准与规范制定的参与情况的指标覆盖率增长较大，分别增长了9.86个百分点、5.02个百分点和4.16个百分点，主动向媒体公开信息情况的指标覆盖率同比增长5.17个百分点。企业逐渐重视在报告中向同行、社会组织、媒体披露履责情况（见表14）。

表14　同行、社会组织、媒体、金融机构和监管机构指标覆盖率

单位：%

利益相关方责任议题	具体指标	2019年	2018年	2017年
同行	依法公平竞争，杜绝价格联盟	13.14	10.99	12.07
	尊重竞争对手，维护公平竞争环境	16.33	12.54	14.52
	尊重和保护知识产权	26.40	18.17	16.54
社会组织	行业标准与规范的遵守情况	27.87	21.54	24.42
	实施行业标准和规范的预算	1.15	0.69	1.05
	行业标准与规范制定的参与情况	18.05	13.75	13.89
	促进行业发展的活动情况	27.42	21.63	22.40
	回应NGO等民间组织的诉求	5.80	3.29	4.82
	与NGO等民间组织积极合作	15.50	13.06	13.33
媒体	主动向媒体公开信息情况	19.01	13.84	17.73
	重视媒体监督，关注媒体评价	20.28	18.94	18.91
金融机构	对金融机构的履约情况	7.02	8.74	5.44
	与金融机构建立战略合作关系	8.99	9.17	7.54
监管机构	主动接受监管部门的监督	28.00	26.90	27.42
	配合监管部门的检查	19.64	21.63	22.47

不同性质企业内容实质性覆盖率

在不同性质的企业中，中央企业报告对政府、社区、环境、员工、社会

组织、媒体等利益相关方的信息披露相对更全面。外资及港澳台企业对客户、供应商的信息披露水平最高（见图59）。

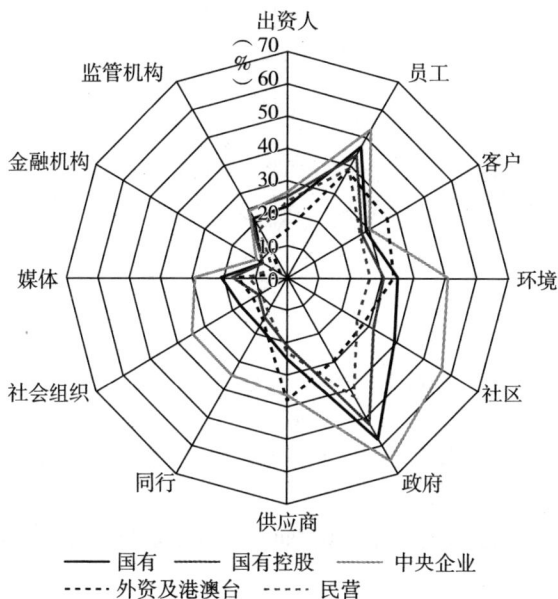

图59 不同性质企业各利益相关方指标覆盖率

世界 500 强中国企业和中国 500 强企业内容实质性覆盖率

世界 500 强中国企业和中国 500 强企业对利益相关方信息披露的覆盖率比中国企业整体水平高，它们在对金融机构的信息披露方面差距较小。世界 500 强中国企业更加注重对社区、同行、社会组织、环境等利益相关方的信息披露，比中国 500 强企业高出 11. 54 个百分点、8. 28 个百分点、7. 22 个百分点和 6. 14 个百分点，它们在对员工和媒体的信息披露水平上差距较小（见图60）。

上市公司和非上市公司内容实质性覆盖率

非上市公司更加注重对员工、客户、环境、社区、政府、同行、媒体、社会组织等利益相关方的信息披露，披露水平远远高于上市公司和中国企业整体水平。上市公司更注重对出资人、监管机构和金融机构的信息披露，上市公司对各利益相关方的信息披露水平与中国企业整体水平基本持平（见图61）。

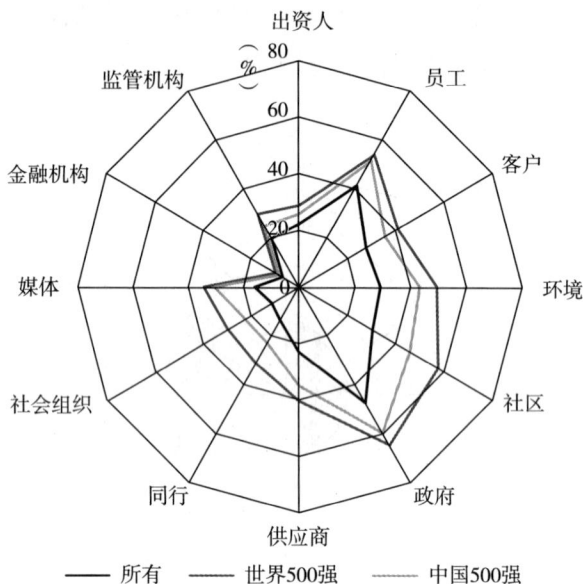

图60　世界500强中国企业和中国500强企业报告各利益相关方指标覆盖率

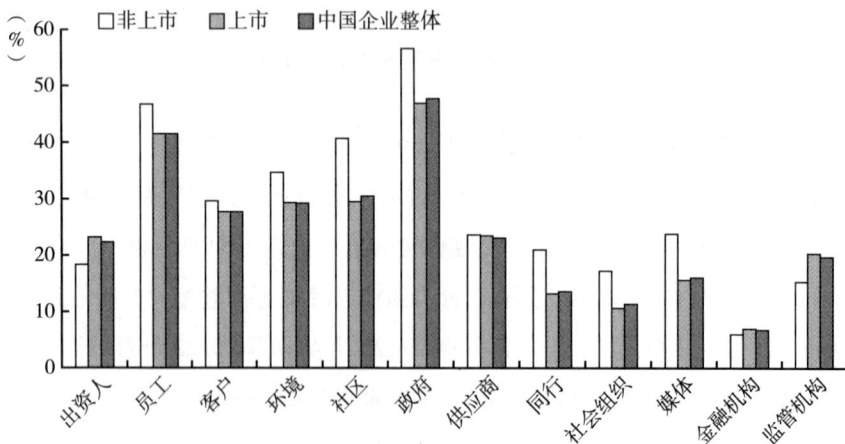

图61　上市和非上市企业报告中各利益相关方信息披露指标覆盖率

　　不同交易所上市公司社会责任信息披露中关注的利益相关方有所不同。港交所上市公司更加注重对客户、环境、供应商的信息披露，指标覆盖率分别为35%、34%和33%，上交所上市公司更加注重对政府的信息披露，指标覆盖率为54%，深交所上市公司更加注重对监管机构的信息披露，指标覆盖率为25%（见图62）。

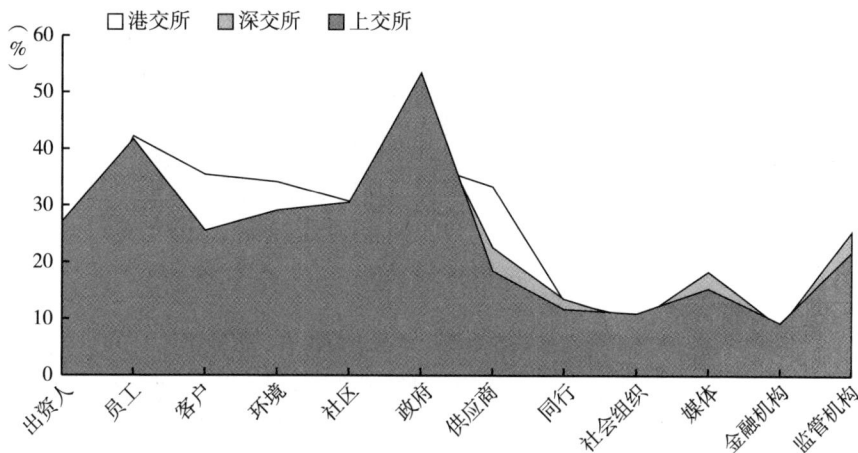

图62 上交所、深交所、港交所上市公司各利益相关方指标覆盖率

对利益相关方的责任理念与方针

对员工、环境、客户、社区等利益相关方的责任理念与方针的指标覆盖率较高，均超过60%；对出资人、供应商和政府等利益相关方的责任理念与方针的指标覆盖率在30%～50%；对金融机构、媒体、监管机构、社会组织、同行等利益相关方的责任理念与方针的披露较少，指标覆盖率尚未达到10%。2019年对利益相关方的责任理念与方针的指标覆盖率整体略有下降（见图63）。

对利益相关方的责任绩效

超过70%的报告披露员工、环境、社区等利益相关方的责任绩效；客户和出资人等利益相关方的责任绩效指标覆盖率超过60%；供应商和政府的责任绩效指标覆盖率在30%～50%；金融机构、媒体、同行、监管机构等利益相关方的责任绩效指标覆盖率较低，均未达到10%。近三年，利益相关方责任绩效的指标覆盖率有所下降（见图64）。

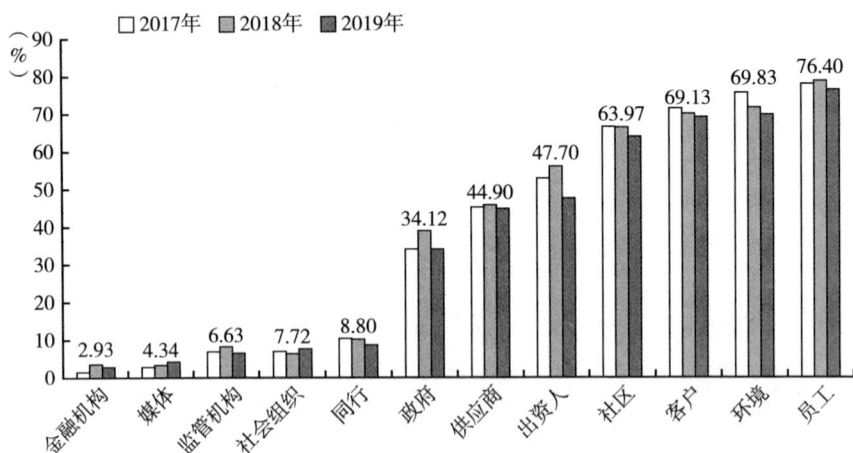

图63 利益相关方责任理念与方针的指标覆盖率

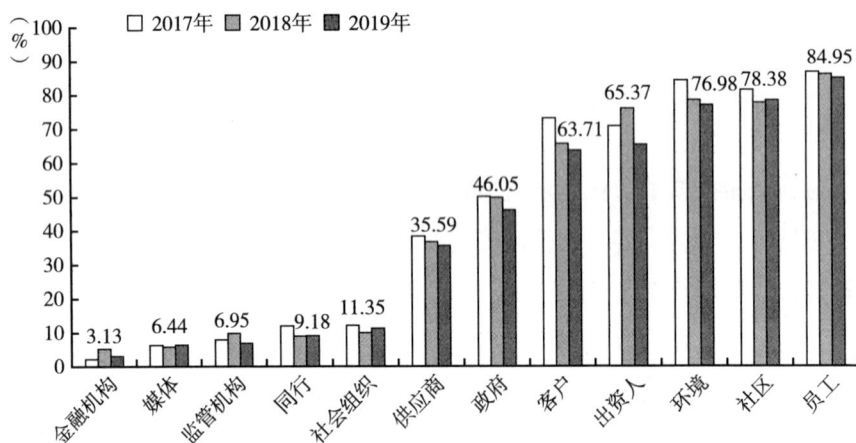

图64 利益相关方责任绩效的指标覆盖率

利益相关方责任理念和机构战略相关

2019年，识别出客户的责任理念和机构战略相关的指标覆盖率最高，为40.05%；其次为员工、环境、出资人等利益相关方，责任理念和机构战略相关的指标覆盖率超过30%；而金融机构、媒体、监管机构、社会组织和同行等利益相关方，识别出的责任理念和机构战略相关比例不到10%。

近三年，识别出的利益相关方责任理念与机构战略相关的指标覆盖率有所下降（见图65）。

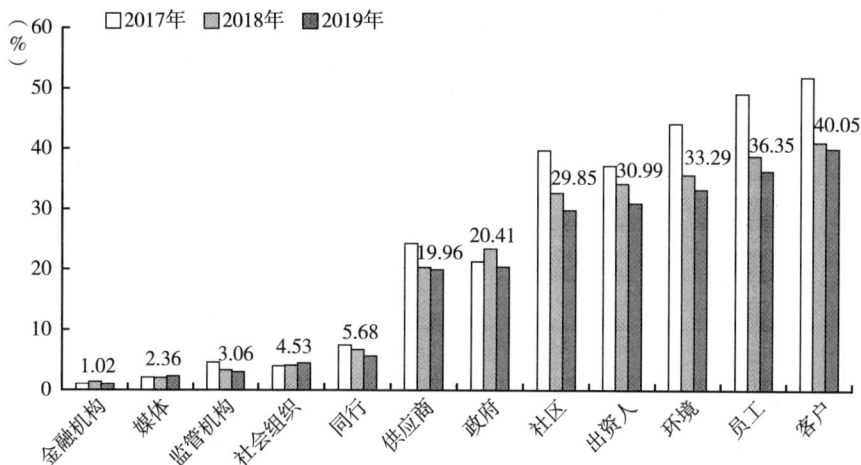

图65 识别出的利益相关方责任理念与机构战略相关的指标覆盖率

二 企业社会责任报告阶段性特征

（一）"十三五"以来报告综合指数稳定在1300点水平，2019年报告质量和优秀水平以上报告数量同比略有上升

从2009年到2018年，中国企业社会责任报告质量总体呈上升趋势。2009～2011年，报告综合指数维持在1000点的基准水平；2012～2015年，报告综合指数达到1200点；2016～2019年，报告综合指数升级到1300点以上。2019年报告质量与2018年相比略有提升（见图66）。

中国企业社会责任报告整体处于发展阶段后期，比较接近追赶阶段。2019年报告平均得分为54.27分。优秀水平以上的报告数量有371份，占比23.22%，同比略有增长。卓越型报告，比2018年增加2.8个百分点（见图67）。

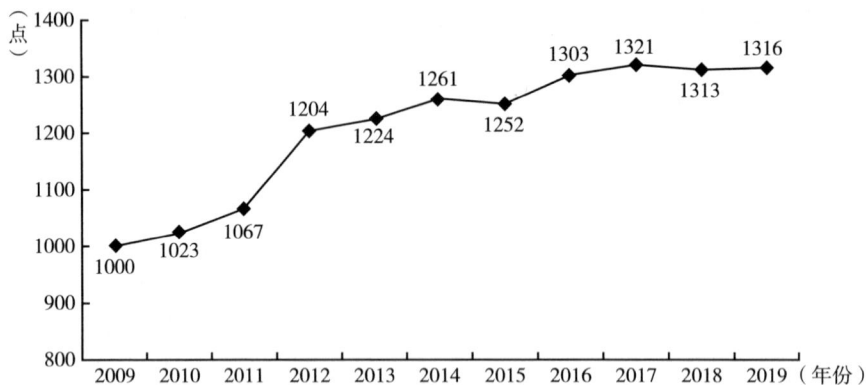

图66 报告综合指数

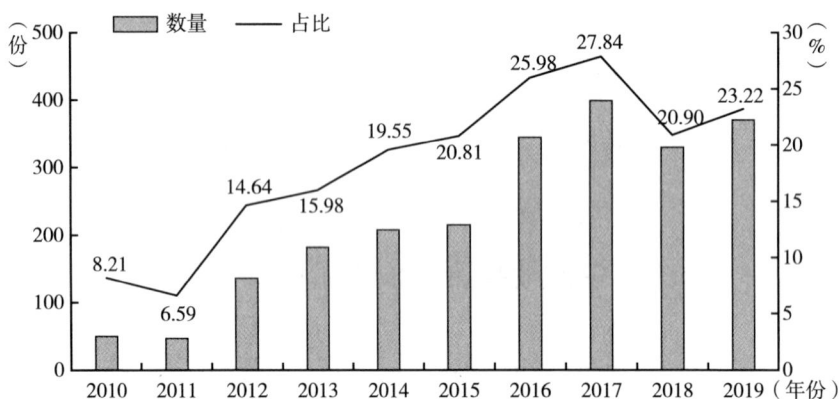

图67 优秀水平以上报告数量及占比

（二）与基期相比，报告创新性、可读性、可信性增长显著，实质性、可比性、完整性持续增长，但增速相对滞后。2019年，报告可信性和可比性明显提升，实质性略有下降

从2009年到2019年，中国企业社会责任报告完整性、可比性、实质性、可信性、可读性、创新性指数均呈现增长趋势。报告创新性指数增长到6783点。其次是可读性指数，增长到2941点。可信性指数、完整性指数、

实质性指数和可比性指数分别增长到 1754 点、1283 点、1241 点和 1180 点。
（见图 68、图 69）

2019 年，报告创新性指数、可比性指数、可读性指数和可信性指数同
比增幅较大，分别增长了 16.81%、15.46%、14.75% 和 9.28%，报告完整
性指数略有增长，实质性指数略有下降（见图 68、图 69）。

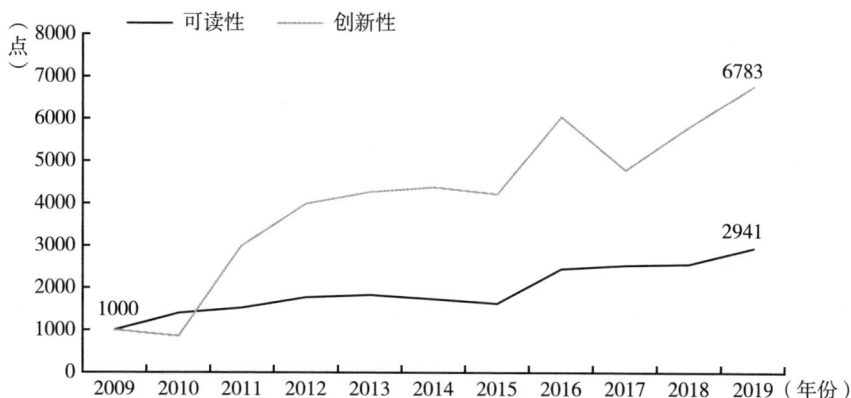

图 68　历年报告可读性、创新性指数

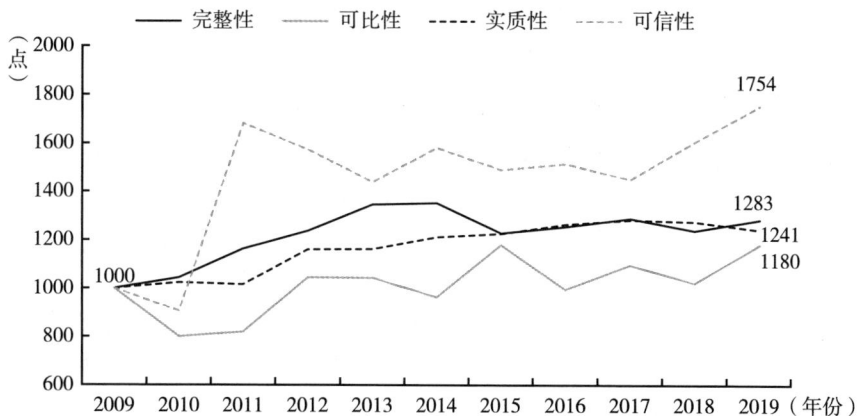

图 69　历年报告完整性、可比性、实质性、可信性指数

近年来，企业在社会责任信息披露时更加注重报告的可信性和可比性，
九成的报告采用了中立、客观的表达方式，也更加注重企业负面信息的披

露，一些领先型企业在报告中引入利益相关方评价和 CSR 专家评价，以进一步增强报告的可信性。企业在社会责任报告中注重绩效数据的跨年度比较，在报告中采用行业、国家标准或跨行业标准，让利益相关方通过对比分析更好地了解企业履责绩效。

然而，随着报告数量的快速增长，通过专业方法和工具开展实质性议题分析，并且完整、全面地披露相应实质性议题核心信息的报告比例有所下降。与 2018 年相比，虽然更多企业能识别出社会组织、同行、媒体、监管机构等利益相关方，但是对这些相关方的信息披露还不全面，对于各相关方的责任理念与方针、责任绩效等的披露率有所下降，影响报告实质性水平的提升。

（三）报告更加重视披露供应商社会责任管理、降污减排、客户隐私保护等相关指标。与基期相比，报告对同行、供应商和媒体的信息披露指数增长明显

员工、客户、社区、环境、出资人、政府和供应商是报告中识别出的 7 个关键利益相关方。其中，供应商指数比基期增长 1561 点，环境、客户指数比基期增长超过 400 点。2017～2019 年，报告在供应商社会责任能力建设，采购合同考察，道德、环境表现，供应链社会责任管理制度和机制等方面的披露率连续提升，对供应链社会责任管理的重视程度日益凸显。企业更加注重在报告中披露环境影响评价、环境管理体系、降污减排、绿色办公等方面的信息。披露客户信息获取、使用和保护制度情况的报告也有明显增加。由于 2016 年对社区责任部分的评价指标进行了较大调整，新增指标较多，所以与 2016 年之前的指数情况可比性不强。2017～2019 年，披露社区沟通、文化教育、就业培训等信息的报告比例有所增长。

员工、政府指数比基期仅增长 100 点左右。同行、媒体、监管机构指数增长明显，分别增长了 1717 点、1009 点和 793 点。金融机构、出资人指数有所下降（见图 70）。自 2009 年以来，披露劳动合同签订、社会保障、员工培训、健康安全等基本信息的报告比例始终保持在相对较高的水平，披露

倡导员工规划薪酬、研发降低职业健康安全风险的措施、工会活动等相关信息的报告增长有限，所以员工指数整体增长有限。近三年的数据表明，企业社会责任报告越来越注重披露员工培养、研发降低健康安全风险措施等信息。2019 年，员工技能培训和升迁制度、研发降低健康安全风险的措施、员工福利、成立工会等指标覆盖率比 2017 年增长超过 8 个百分点。

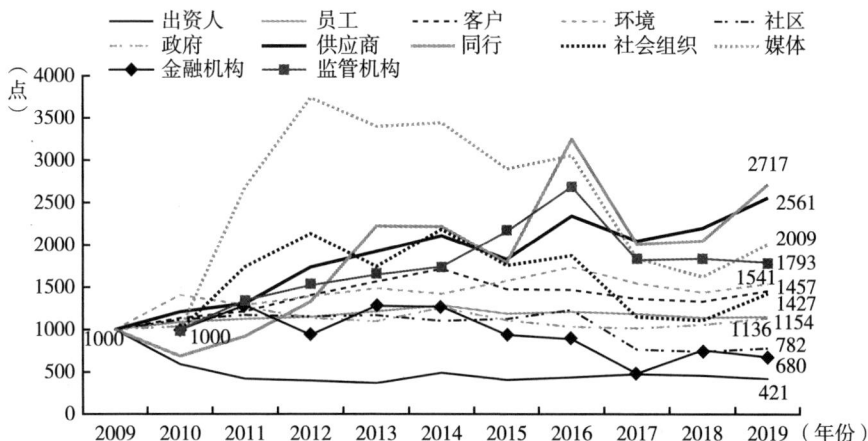

图 70　历年各利益相关方指数

（四）必尽责任信息披露呈下降趋势，应尽责任信息和愿尽责任信息披露呈增加趋势。2019 年责任三层次①的信息披露同比略有增长。企业信息披露主动性和互动性增强

按照责任三层次理论对评估指标进行分类后发现，必尽责任信息披露率整体呈下降趋势，应尽责任和愿尽责任信息披露率整体呈上升趋势。与基期

---

① 责任三层次理论为金蜜蜂首次独创提出。责任三层次理论将企业社会责任分为必尽责任、应尽责任和愿尽责任三个层次。必尽责任是企业必须履行的责任，即法律法规规定的责任和义务，有助于企业降低运营的法律法规风险。应尽责任是企业应该履行的责任，即利益相关方有普遍期望的道德伦理责任，高于必尽责任，有助于保障企业平稳运行。愿尽责任是企业自愿履行的责任，即利益相关方并没有明确的普遍期望，是企业从可持续发展的角度解决重大问题而自愿承担的责任，高于应尽责任，有助于企业实现差异化竞争。

相比，必尽责任信息披露率降低了 4.64 个百分点，应尽责任和愿尽责任信息披露率增加了 6.14 个百分点和 6.34 个百分点。2019 年，必尽责任、应尽责任和愿尽责任信息披露率同比增加了 0.45、2.72 和 1.80 个百分点（见图 71）。

企业对于法律规定的社会责任信息披露减少，对于利益相关方有普遍期望的道德伦理责任和企业从可持续发展角度而自愿承担的责任的信息披露程度不断加强。这在一定程度上表明企业社会责任工作及社会责任信息披露的主动性正在提升，更加注重从满足利益相关方诉求角度披露履责信息。

图 71 理念报告必尽责任、应尽责任和愿尽责任信息披露指标覆盖率

（五）与基期相比，交通运输仓储业和采掘业报告整体质量较高，其次是建筑业和电煤水气生产及供应业，信息技术业、金融保险业、房地产业报告质量接近中国企业整体水平

2009～2019 年，各行业报告质量整体不断提升。建筑业、房地产行业、交通运输仓储业的报告质量提升较快，比基期分别提升了 632 点、532 点和 522 点。其次是信息技术业、电煤水气生产及供应业和采掘业报告，比基期分别提升了 431 点、381 点和 323 点。金融保险业报告质量仅比基期提升了 124 点（见图 72）。

2019 年，交通运输仓储业、采掘业报告整体质量最高，报告综合指数分别为 1574 点和 1501 点，比报告综合指数分别高出 258 点和 185 点。建筑业、电煤水气生产及供应业报告综合指数也比较高，分别为 1488 点和 1475 点，比综合指数分别高出 172 点和 159 点。房地产业、信息技术业报告指数从基期低于 1000 点水平增长到与综合指数基本持平的 1300 点左右。金融保险业报告指数增长较慢，仅从基期高于综合指数的 1178 点发展到与综合指数基本持平（见图 72）。

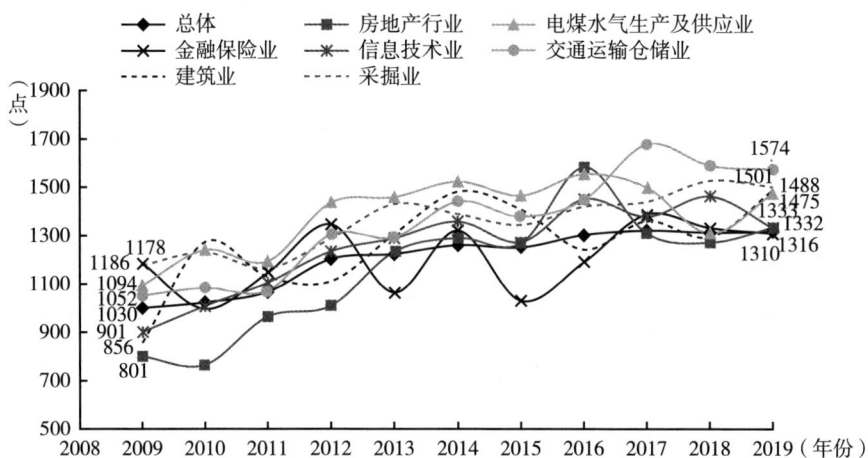

图 72　各行业报告历年综合指数

（六）报告更加注重对社会责任管理方面的信息披露，重视披露社会责任制度与管理架构，加强风险机遇分析、利益相关方识别和排序，责任理念和责任绩效的披露有待提升

报告更加注重对社会责任管理方面的信息披露。与基期相比，社会责任制度与机构和风险机遇分析的披露明显提升。社会责任制度与机构和风险机遇分析的指标覆盖率增长明显，比基期分别增长了 18.69 个百分点和 22.70 个百分点。利益相关方识别和排序、责任理念和方针以及计划内容与基期相比也有一定程度的增长（见图 73）。

2019 年，利益相关方的识别和排序指标覆盖率同比增长 26.60 个百分点，社会责任制度与机构和风险机遇分析分别增长 2.50 个百分点和 1.60 个百分点。企业在社会责任报告编制过程中，更加注重对利益相关方进行识别和排序，确定社会责任关键议题，并按照"理念、管理、绩效、改进"的完整闭环进行信息披露，企业社会责任工作的战略性、计划性和系统性更强。

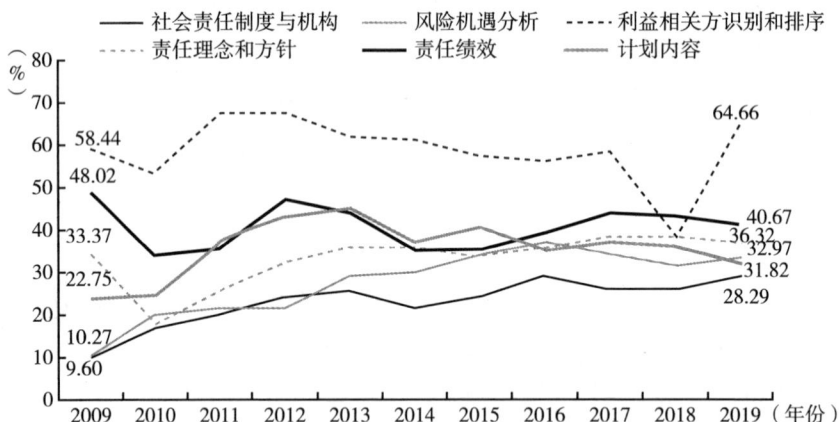

图73　关键社会责任议题管理方法指标覆盖率

（七）中央企业报告质量始终处于领先水平，民营企业、外资及港澳台企业报告质量相比基期提升幅度大。中央企业引领对环境、社区、同行和社会组织的信息披露，外资及港澳台企业引领对客户和供应商的信息披露

2009～2019 年，中央企业报告质量始终处于领先水平。2019 年中央企业社会责任报告综合指数为 1868 点，比中国企业整体水平高出了 552 个点。国有企业报告综合指数比中国企业整体水平高出 204 点。在深圳国资委、陕西国资委等地方国资委的推动下，地方国有企业社会责任报告质量有较大提升，与中央企业的差距缩小。外资及港澳台企业报告水平和中国企业整体水平接近。与基期相比，民营企业和外资企业报告水平提升幅度较大，分别提升了 326 点和 319 点（见图74）。

中央企业在对环境、社区、同行和社会组织的信息披露方面具有一定的引领性作用。中央企业在社会责任报告中注重披露环境管理、环保意识和能力建设、降污减排等环境议题，着重披露精准扶贫等相关信息。外资及港澳台企业在客户和供应商的信息披露方面比较完善，加强质量管理，引导责任消费，重视保护客户信息与隐私，加强供应商社会责任管理，帮助供应商提高社会责任能力和水平。

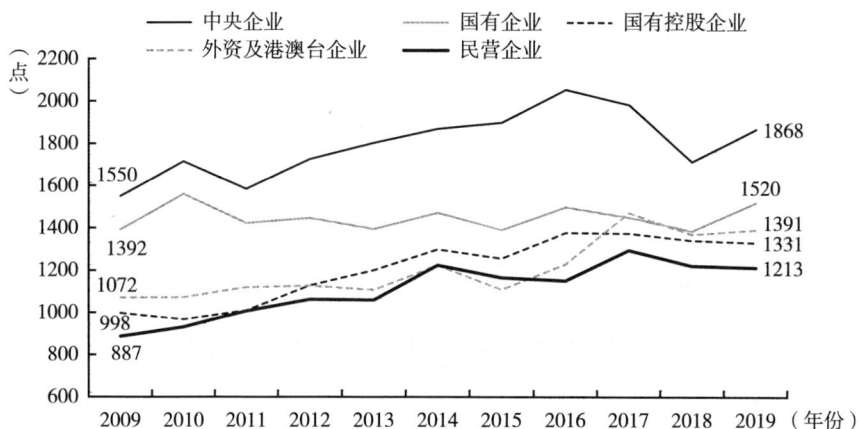

图74　不同性质企业报告综合指数

（八）世界500强中国企业和中国500强企业发布报告数量重返高点，报告质量显著高于中国企业平均水平。中国500强企业发布报告的数量和质量均有较大提升空间

世界500强中国企业和中国500强企业发布报告的比例经历2016～2018年的较低水平后重返高点，达到84.5%和41.6%。并且报告质量稳步上升，显著高于中国企业整体水平。世界500强中国企业报告质量显著高于中国500强企业，且两者差距并未缩小。2019年，世界500强中国企业报告综合指数比中国500强企业高出125点，而这一差距在基期仅为69点。可以看出，中国500强企业发布报告的数量和质量均有较大提升空间（见图75）。

世界500强中国企业和中国500强企业对各利益相关方的信息披露覆盖率均高于中国企业整体水平。与中国500强企业相比，世界500强中国企业更注重对社区、同行、社会组织、环境等利益相关方的信息披露，两者对员工和媒体的信息披露水平差距较小。

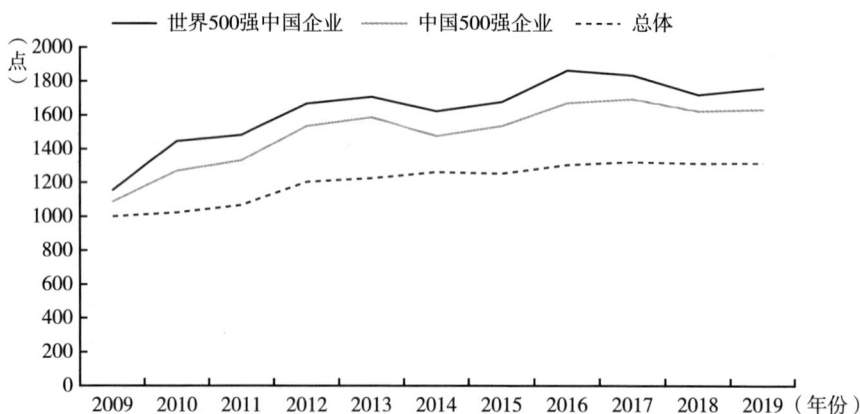

图 75　世界 500 强中国企业和中国 500 强企业综合指数

（九）上市公司是报告发布主体，但非上市公司报告水平明显高于上市公司。内地在港上市公司报告水平高于整体水平，沪深上市公司报告水平低于整体水平

2019年，82.67%的报告由上市公司发布，非上市公司发布报告的占比仅为17.33%。上市公司发布报告的数量和比例逐年递增。在报告质量方面，非上市公司发布报告的整体得分显著高于上市公司。

相当比例的上市公司主要依据交易所等监管机构要求编制报告，参考监管机构指引等披露履责信息，以符合监管机构的要求。若监管机构对于披露内容无具体要求，则报告平均质量处于较低水平。港交所发布 ESG指引后，报告质量显著提升。沪深交易所上市公司发布的报告平均水平仍较低。非上市公司则主动性更强，尤其是一些中央企业、外资及港澳台企业以及领先民营企业，从利益相关方需要和诉求出发，参考国际、国家标准，主动披露履责理念、实践和绩效，报告中涵盖的利益相关方较为全面，议题披露程度较高。

（十）参考国际标准比例逐年增加，发布英文报告同比大幅增加，且更加注重响应联合国2030可持续发展目标、气候变化等可持续议题

中国企业发布中英文版本的社会责任报告比例逐渐增加，2019年的英文报告同比大幅增长14.5个百分点。企业社会责任报告注重参考 GRI 标准、ISO26000 等国际社会责任相关标准和指南，参考国际标准和指南的占比整体呈增长态势。中国企业社会责任报告不断融入国际社会，面向更广泛的利益相关方披露企业履责信息，展现中国企业为全球可持续发展所做出的努力和成效。

报告编制参考 SDGs，披露企业落实 SDGs 目标的相关内容，注重气候变化、减贫等全球可持续发展议题的披露，同时积极响应"一带一路"倡议，披露员工本地化率、海外社区参与沟通等海外履责信息。一些领先企业率先探索中国企业、中国专业机构、外国专业机构三方合作的方式，向海外利益相关方披露海外履责信息，赢得海外相关方的认可和支持。据不完全统计，中国企业 2019 年发布了 15 份海外社会责任报告，比 2018 年发布的海外社会责任报告增加了 5 份。

三 企业社会责任报告建议

（一）建立适宜的机制和环境，推动中国500强企业实现社会责任报告发布全覆盖

中国 500 强企业为我国及全球的经济社会发展做出了显著贡献，但与世界 500 强企业相比，在社会责任信息披露数量和质量方面仍有较大差距。中国 500 强企业是中国企业的标杆，一定程度上代表了中国企业的形象和发展

趋势，应更好地融入全球可持续发展潮流。建议在中国 500 强企业评选活动中，将发布社会责任报告纳入评选条件之一，并通过社会责任报告评估参选企业在社会责任方面的综合表现，推动中国领先企业提升社会责任意识和能力，加强社会责任沟通，更好地参与和为新一轮的经济全球化发展做贡献。

（二）加强对上市公司社会责任信息披露的规范指导，推动上市公司提升社会责任报告质量

政策、规范等对企业提升社会责任信息披露质量有显著的推动作用。建议政府、监管机构、行业组织等进一步加强对企业社会责任信息披露的规范，明确企业社会责任报告编制的原则、方法和核心指标，根据实际提升社会责任信息披露的强制性范围，从信息披露的角度推动企业提升社会责任意识，增加实践，增强高质量发展能力。

上市公司作为我国企业社会责任信息披露的主力军，社会责任信息披露存在"多而不强"的现象，证监会、交易所等机构有必要加强对上市公司社会责任信息披露的规制，参考港交所及国外交易所对上市公司环境、社会及管治（ESG）信息披露的相关经验，从报告编制的方法、披露的指标等方面加以规范，推动中国上市公司提升社会责任报告质量，提高社会责任信息披露水平。

（三）建立鼓励企业高质量披露社会责任信息的市场机制，形成市场回馈和企业履责之间的正向循环

在当前经济发展进入新常态的背景下，责任消费、可持续品牌在企业追求高质量增长中的作用逐渐凸显。绿色金融、责任投资快速发展，成为推动上市公司加强社会责任管治、提升社会责任绩效和披露社会责任信息的重要力量。

建议社会各界进一步提升对于企业社会责任信息披露的重视程度，推动企业通过高质量社会责任信息披露，进而促进社会责任意识、管理和绩效的提升。企业应加强对责任投资、责任消费等的关注和分析，增强关键利益相

关方互动，有意识地提升社会责任信息披露的有效性，建立市场绩效和社会责任之间的正相关关系和循环效应，共同营造推动企业高质量社会责任信息披露的市场氛围。

（四）加强社会责任核心议题的识别和全面披露，进一步提升报告的实质性，让报告能够更为系统有效地呈现企业社会责任进展

国际标准和指南对社会责任报告的实质性有明确的规范和要求，企业社会责任报告应参考社会责任国际标准、指南的要求和建议，结合企业自身的特性，科学识别企业社会责任实质性议题，进行全面深入的披露，充分发挥报告在社会责任评价方面的作用。在披露关键社会责任议题的进展时，应完整披露对利益相关方履行责任的理念、管理、实践和绩效，避免选择性披露。对于出资人、客户、员工、社区、环境等关键利益相关方的信息披露，要注重应尽责任和愿尽责任层面的披露，对于逐渐被更多企业识别为重要利益相关方的供应商、政府、社会组织、行业、金融机构等，要注重相应议题下信息披露的全面性。如相关信息已在其他渠道公开，可通过链接等形式披露，方便相关方获取资料。报告实质性的提升，可让重要利益相关方能够通过报告获取真正所需的关键信息，更加真实和有效地对企业社会责任情况作出判断，并据此进行相关决策。

（五）提升利益相关方和独立第三方在报告编制过程中的参与度，避免选择性披露等情况，进一步提升报告的可信性水平

近年来，企业社会责任报告可信性水平逐步提升，披露负面信息的报告占比明显增加，利益相关方和第三方的评价在报告中出现得也越来越多。建议企业注重社会责任报告的中立和客观性，尽可能确保在关键议题内指标披露的完整性，关键数据标明信息来源，不避重就轻，不故意回避负面信息。加强利益相关方在报告编制过程中的参与度，通过报告编制前的议题识别、报告编制过程中的相关方评价、报告编制后的第三方审验等方式，进一步提升报告的可信性水平。

（六）进一步增强报告可比性水平，便于利益相关方对企业社会责任绩效进行比较，更全面、系统地了解企业履责进展

建议企业参考社会责任标准、指南的建议，在社会责任报告中披露企业连续 3 ~ 5 年的社会责任关键绩效数据，尽可能保证数据统计方法的相对稳定，对范围变化明确说明。披露的数据尽可能采用行业内通行或者在更广范围内通行的计量方法和计量单位，并在可获取的情况下与同行企业、行业平均水平等进行横向对比，便于相关方了解企业社会责任绩效水平。增强可比性也有利于企业进行先进对标，提升自身社会责任管理和绩效水平。

（七）加强社会责任管理信息披露，向利益相关方传达企业在"计划－执行－检查－改进"等管理过程中的社会责任工作进展

高质量社会责任信息披露的基础是优秀的社会责任管理实践。披露社会责任管理信息，有助于提升报告的实质性、可信性和可比性。建议企业进一步健全社会责任管理、实践与信息披露的关联机制。通过优秀的社会责任管理和实践，为社会责任报告质量奠定扎实基础；通过全面、完整和实质性强的社会责任报告，为社会责任管理和实践提供方向，以高质量的社会责任报告促进企业社会责任管理；同时还要加强社会责任报告相关标准、指南的对标和应用，提升报告编制方法的科学性，保证报告质量。

（八）发挥社会责任报告作为国际通行"语言"的优势，提升报告国际化水准，促进企业海外运营中的文化融合

中国质量、中国速度等已经在海外获得较高的认可度，而在文化交流、本土融入等方面则面临挑战。社会责任和可持续发展作为国际通行的语言，对于中国企业融入东道国发展能够起到较好的作用。

建议企业在社会责任报告中加强对 ISO 26000、GRI 标准等国际社会责任标准、指南的应用，加大加深对联合国 2030 可持续发展目标的回应。有海外业务的企业需根据所在国别、区域市场的特点，适时发布海外社会责任报告。在编制海外社会责任报告时，可参考"中中外"模式，与经验丰富的中国咨询机构和海外咨询机构方加强协作，共同编制高质量的海外社会责任报告，加强与海外利益相关方的沟通，为企业长远发展奠基。

分 报 告

Sub Reports

B.2

金蜜蜂中国中央企业社会责任报告研究

柴子淇　管竹笋

摘　要： 本报告依据"金蜜蜂企业社会责任报告评估体系2018"，对收集到的72家由国务院国资委监管的中央企业2019年发布的社会责任报告进行评估和分析，并提出针对性建议。研究发现，中央企业的报告质量整体居于优秀水平，具有注重披露特色社会责任计划、积极回应社会热点、参考报告主流规范、展示形式丰富多样等阶段性特征。

关键词： 中央企业　社会责任报告　企业履责

中央企业是维护政治稳定、巩固经济基础、保护生态环境、促进社会和谐的重要支柱。中央企业在创造自身经济、社会和环境综合价值的同时，在国家可持续发展的进程中扮演着重要角色。国务院国资委重视企业履行社会责任，2012 年所有中央企业均发布了社会责任报告。2016 年 7 月，国务院国资委印发《关于国有企业更好履行社会责任的指导意见》，促进国有企业成为履行社会责任的表率。2017 年 1 月，国务院国资委印发《关于推进中央企业信息公开的指导意见》，帮助中央企业更好地开展社会责任信息披露工作。2019 年 8 月，在国务院国资委的领导与推动下，《中央企业社会责任蓝皮书（2019）》发布会暨中央企业社会责任报告集中发布仪式在京召开，中央企业首次集中发布社会责任报告，实现"全方位、全覆盖、全响应"。

一 中央企业社会责任报告概况

截至 2019 年 10 月 31 日，国务院国资委监管的中央企业共有 96 家，其中 89 家企业已发布社会责任报告，在尚未发布报告的 7 家企业中，有 3 家企业的报告正在编制中，将于年底之前发布；有 3 家企业的报告发布周期为 2 年；还有 1 家企业成立时间不足 3 个月，不具备发布条件。通过企业主动寄送、企业官方网站下载及网络查询等方法，截至 10 月底，我们共收集到 72 家中央企业发布的 74 份企业社会责任报告，其中中国石油化工集团和中国三峡集团各发布两份报告。发布报告的中央企业数量占中央企业总数量的 75%，是去年的 1.33 倍。我们依据"金蜜蜂企业社会责任报告评估体系 2018"对这些报告进行了评估。

在发布报告的中央企业中，有 77.03% 的报告名称为社会责任报告，有 18.92% 的报告名称为可持续发展报告，其余 3 份报告的名称分别为社会价值报告、"一带一路"可持续发展报告和环境、社会及管治报告。

在收集到的 74 份中央企业社会责任报告中，有 67 份报告的篇幅均超过 50 页，占比为 90.54%；有 6 份报告的篇幅在 31 页至 50 页，占比 8.11%；仅有 1 份报告的篇幅少于 10 页，占比 1.35%（见图 1）。

在发布报告的中央企业中，有 63 家领袖型企业，占比为 87.50%。制造业企业发布报告 18 份，占比 24.32%（见图 2）。

中央企业已建立常态化的社会责任报告发布机制，47.62% 的中央企业

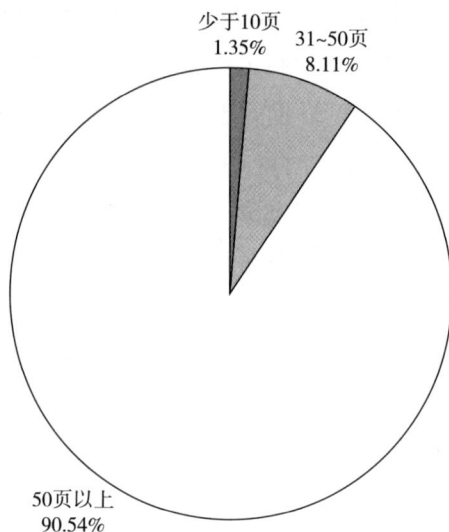

图1　中央企业社会责任报告的篇幅占比

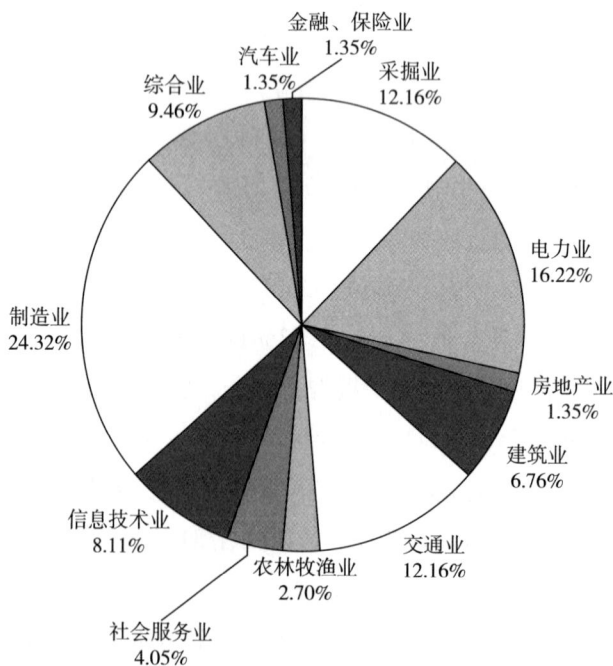

图2　中央企业社会责任报告行业分布

已连续 5~10 次发布社会责任报告，34.92% 的中央企业已连续发布报告超过 10 次（见图 3）。

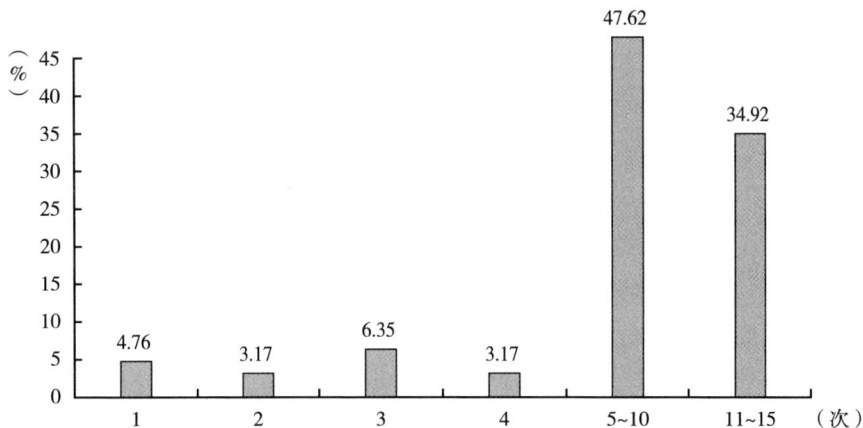

图 3　中央企业社会责任报告发布次数

中央企业在编制报告时主要参考了国务院国资委《关于中央企业履行社会责任的指导意见》、中国社会科学院《中国企业社会责任报告编写指南》（CASS－CSR 4.0）、全球报告倡议组织《可持续发展报告标准》（GRI Standards）。此外，ISO 26000、《社会责任报告编写指南》、联合国全球契约均为编制报告的重要依据（见图 4）。

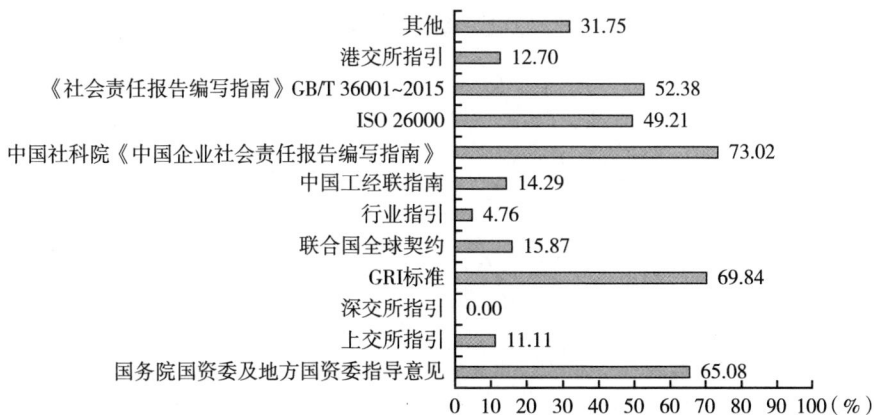

图 4　中央企业社会责任报告编制依据

基于报告评估结果，对中央企业发布的企业社会责任报告进行整体描述，并结合在企业社会责任报告编制咨询方面的经验，对这些报告的整体质量进行比较、分析和判断，总结中央企业社会责任报告的特点，并在此基础上提出相关的建议。

二　中央企业社会责任报告分析

（一）报告总体情况

中央企业社会责任报告平均得分率为 77.04%（见图 5），是去年的 1.05 倍，是总体报告得分率的 1.42 倍，在六个维度的平均得分率均明显高于总体报告的水平。其中，报告在可读性和创新性方面的得分尤为突出，由此看出，中央企业普遍注重对报告呈现效果的优化，重视企业社会责任理念展现，表现企业及行业可持续发展特色，整体自成体系，并结合社会最新动

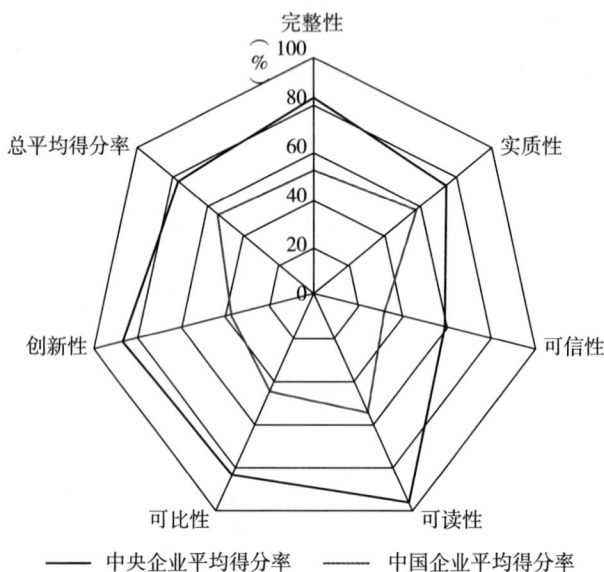

图 5　中央企业社会责任报告的六个维度得分

向，赋予报告更丰富的时代内涵，同时，注重报告内容、形式和传播渠道的创新，契合时代热点，具有较好的沟通功能和阅读体验。

（二）具体分析

1. 结构完整性

报告完整性覆盖率高——形成了相对成熟的信息披露规范。中央企业社会责任报告在完整性方面的平均覆盖率为 83.15%。其中，战略与治理、高管声明、风险机遇分析和计划内容的覆盖率分别为 80.16%、77.38%、70.90% 和 73.02%（见图 6），明显高于总体报告水平。所有的报告在实践内容上都包含了经济责任、环境责任和社会责任三部分。由此可看出，中央企业社会责任报告普遍注重报告结构和内容的完整性，社会责任信息披露相对成熟和规范。

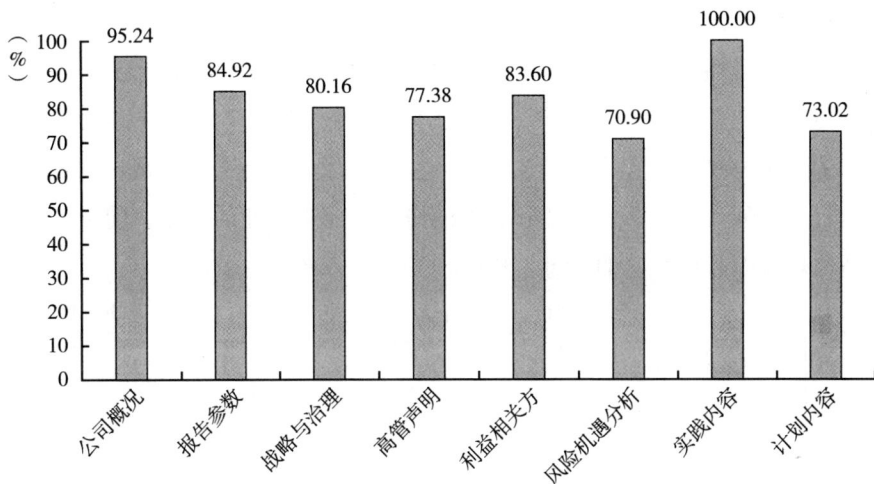

图 6 中央企业社会责任报告结构完整性指标覆盖率

2. 报告可信性

报告可信性不足——负面信息披露仍待加强。中央企业社会责任报告在可信性方面的平均覆盖率为 58.89%，是六个维度中得分率最低的一项。其中，利益相关方评价的覆盖率为 92.06%，因负面信息披露略有不足，覆盖率为65.08%，降低了表述客观性覆盖率；有CSR专家评价和第三方审验的报告较少，覆盖率分别为31.75%和14.29%，均低于去年的覆盖率（见图7）。

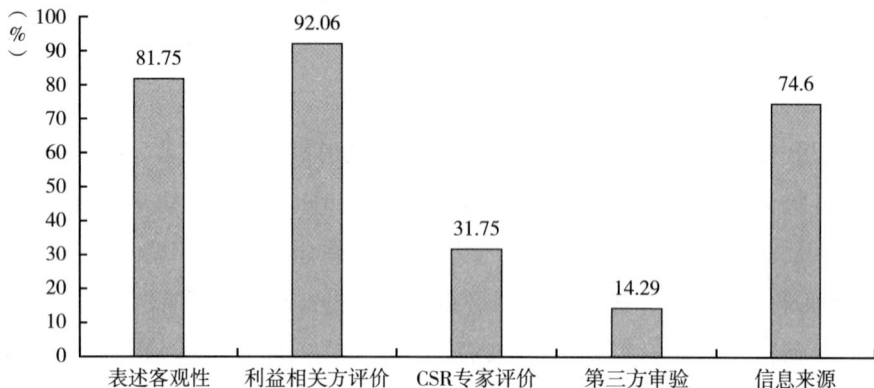

图7 中央企业社会责任报告可信性指标覆盖率

3. 报告可读性

报告可读性强——提升了沟通的效率及效果。中央企业社会责任报告在可读性方面的平均覆盖率为96.19%（见图8），为六个维度中得分率最高的。中央企业在报告版式、信息表达、色彩搭配等方面出色，报告的表现形式丰富，合理运用文字、图片和表格的搭配，展现企业的文化，使读者能够清晰地理解报告所传达的信息，更好地发挥报告的沟通价值。

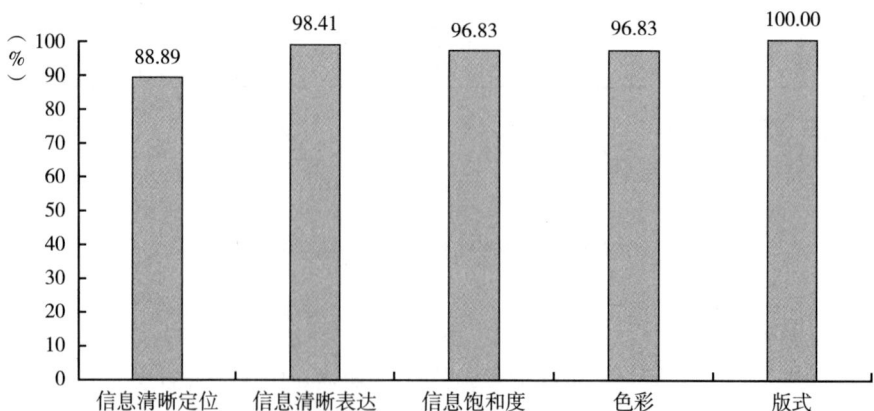

图8 中央企业社会责任报告可读性指标覆盖率

4. 绩效可比性

报告可比性强——披露了丰富的绩效信息。中央企业社会责任报告在可比性方面的平均覆盖率为83.33%，是去年的1.28倍。其中，92.06%的报告采用了行业标准或国家标准，76.19%的报告采用了跨行业标准，具有较强的行业内及跨行业可比性（见图9）。中央企业注重跨年度的绩效对比，覆盖率高达98.41%，但对绩效目标实现程度的披露有待加强，覆盖率为65.08%。

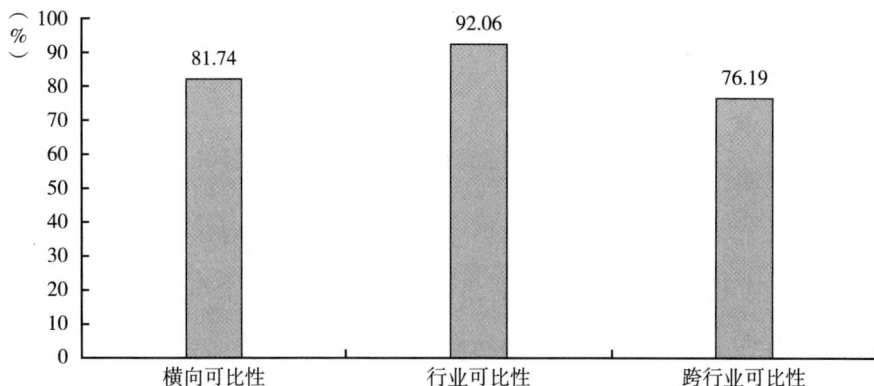

图9 中央企业社会责任报告绩效可比性指标覆盖率

5. 报告创新性

报告创新性突出——展现了时代特征和企业特色。中央企业社会责任报告在创新性方面的平均覆盖率为86.75%，是总体报告得分率37.30%的2.33倍（见图10）。中央企业在报告的内容、形式和结构上注重创新，结合社会最新动态，契合时代特点，展现行业与企业特色，提炼具有企业特点的社会责任理念并对其进行深入解读，体现企业对社会责任的积极思考。

6. 报告实质性

报告实质性强——积极回应了相关方期望与诉求。中央企业社会责任报告在实质性方面的平均覆盖率为74.35%。报告对各利益相关方关注度的整体情况与中国企业整体情况基本一致，但对各利益相关方的重视程度均高于总体水平。中央企业侧重对具有明显影响的利益相关方履行信息披露职责，如

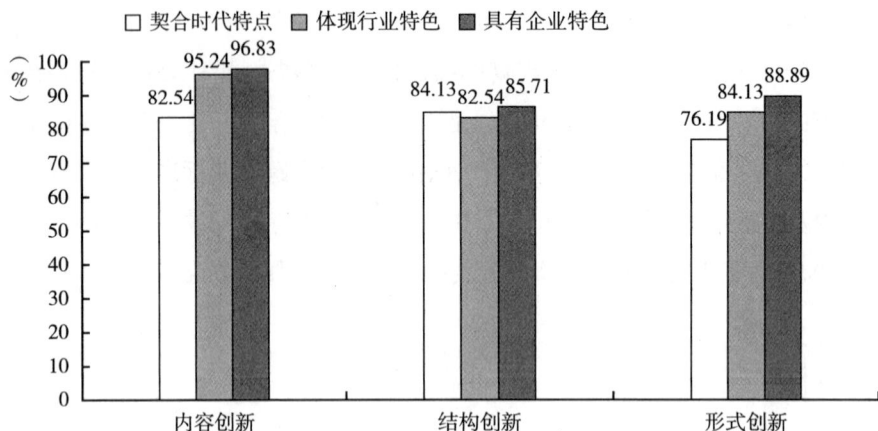

图10 中央企业社会责任报告创新性指标覆盖率

出资人、员工、客户、环境、社区、政府、供应商、监管机构等，而在一定程度上疏忽了具有潜在影响的利益相关方，如同行、社会组织、媒体和金融机构等（见图11），这可能会为中央企业的社会责任管理带来潜在的风险。

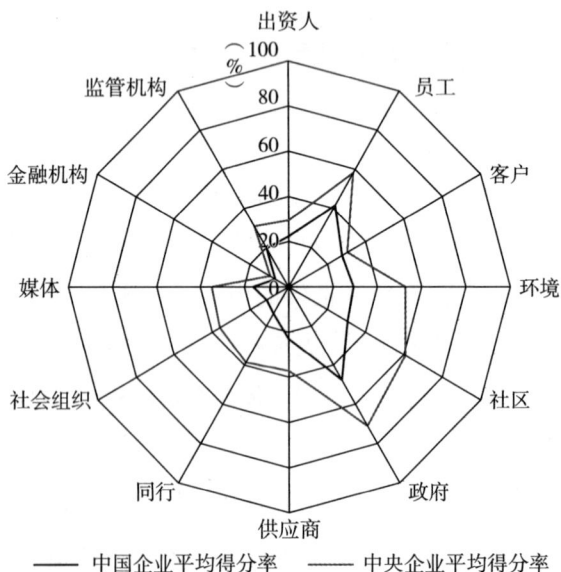

图11 中央企业社会责任报告各利益相关方指标覆盖率

三 中央企业社会责任报告的阶段性特征

（一）报告质量领先，综合指数有所提升

中央企业社会责任报告平均得分率为 77.04%，是总体报告得分率 54.27% 的 1.42 倍。大部分的报告得分率都超过了 70%，都在优秀或以上水平，其中处于卓越水平的报告数量占比为 49.21%（见图 12）。中央企业社会责任报告的综合指数发展趋势与总体综合指数基本保持一致，2019 年有明显增长，且始终保持高于总体的水平（见图 13），为其他企业做出了良好的示范。其中，中央企业报告在可信性、可比性和创新性方面的得分率显著高于总体参评报告的平均得分率。

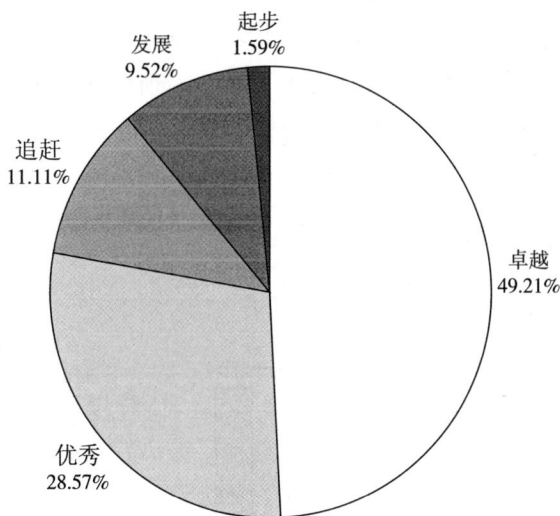

起步 1.59%
发展 9.52%
追赶 11.11%
卓越 49.21%
优秀 28.57%

图 12 中央企业社会责任报告质量水平

（二）对社会责任管理和利益相关方责任理念、绩效的披露程度有所提升，对社会责任方面计划的披露程度有所下降

与 2018 年相比，2019 年中央企业社会责任报告在社会责任管理方面的

图13 企业社会责任报告综合指数趋势

披露程度有大幅度提升，社会责任管理制度的覆盖率增长了12.71个百分点，社会责任管理机构覆盖率增长了20.64个百分点。同时，对利益相关方责任理念和利益相关方责任绩效的信息披露也有所增加，覆盖率分别增长了6.35个百分点和5.59个百分点。而披露社会责任方面计划信息的程度有所下降，覆盖率下降了5.36个百分点（见图14）。

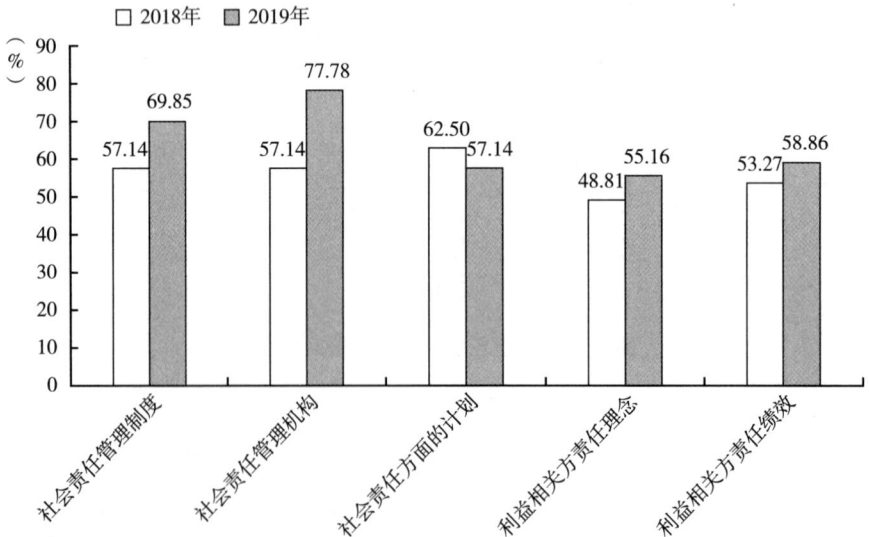

图14 2018～2019年社会责任管理信息指标覆盖率

（三）积极响应"一带一路"倡议、精准扶贫等国家发展战略

中央企业积极践行"一带一路"倡议，加强海外信息披露，在海外项目中积极与当地利益相关方交流沟通，树立负责任的形象。一方面，在报告中设立专题、专门章节等披露海外履责信息；另一方面，积极发布海外社会责任报告，如"一带一路"报告、国别报告、海外项目报告等，增强海外社会责任信息披露。例如，中国三峡集团有限公司发布了《"一带一路"可持续发展报告》，详细披露了中国三峡集团有限公司在海外的履责情况，树立中国企业良好的海外履责形象（见图15）。中国石油化工集团有限公司发布了《中国石化服务"一带一路"可持续发展报

图15　《中国三峡集团有限公司"一带一路"可持续发展报告》封面

告——中国石化在沙特阿拉伯》，是中国企业首次在沙特发布相关报告。中国广核集团发布了《2018年全球可持续发展报告》，这是中国企业首次在法国发布可持续发展报告。此外，中央企业关注全球热点，披露社会实践对联合国2030可持续发展目标（SDGs）和减缓全球气候变化等的贡献。

作为打赢精准扶贫攻坚战的主力军，中央企业从产业扶贫、教育扶贫、基础设施扶贫、消费扶贫等方面，将"输血"与"造血"相结合，帮助贫困人口改善生活条件，推动贫困地区经济发展，展示中央企业的责任担当。在报告中设立专题、专门章节披露精准扶贫的实践与成效。如中国五矿集团有限公司、中国建筑股份有限公司、中国铝业集团有限公司、中国兵器装备集团有限公司等中央企业均在报告中设立了精准扶贫章节。

（四）积极与利益相关方沟通互动

中央企业注重与员工、环境、社区和政府等重要利益相关方的全面沟通。88.89%的报告有针对利益相关方明确、集中的说明，90.48%的报告披露了与利益相关方的沟通渠道与方式，71.43%的企业在报告中识别了利益相关方并对重要议题进行了排序，92.06%的企业在报告中包含了利益相关方评价，90.48%的企业在报告中包含了反馈意见渠道。与2018年相比，中央企业在利益相关方沟通互动方面的信息披露均有提升，利益相关方明确、集中的说明，与利益相关方的沟通渠道与方式，利益相关方对重要议题进行排序，利益相关方评价，反馈意见渠道的覆盖率分别增长了31.75个百分点、33.34个百分点、14.29个百分点、9.92个百分点和4.77个百分点（见图16）。

例如，中国南方电网报告通过讲述封面故事，阐述南方电网报告封面内涵、展示南方电网履责理念，增进与各利益相关方的沟通。

（五）注重参考社会责任报告主流规则

中央企业在参考国务院国资委《关于中央企业履行社会责任的指导

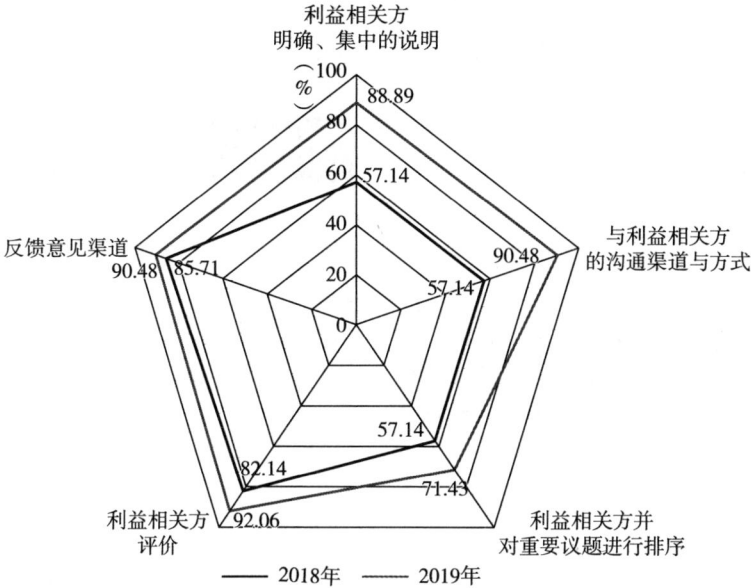

图16　中央企业利益相关方沟通指标覆盖率

意见》、《社会责任报告编写指南》、中国社会科学院《中国企业社会责任报告编写指南》等国内主流规范的同时，对全球报告倡议组织《可持续发展报告标准》（GRI Standards）、ISO 26000《社会责任国际标准》、相关联合交易所《环境、社会及治理（ESG）报告指引》等国际主流规范也十分重视。

　　例如，中国移动通信集团公司不仅将国内外主流规范作为报告编制依据，同时还参考了联合国全球契约十项原则、《GB/36002－2015 社会责任绩效分类指引》和联合国《2030 年可持续发展议程》。国家电网有限公司的报告将《GB/T 36001－2015 社会责任报告编写指南》、联合国《2030 年可持续发展议程》、GRI Standards、国务院国资委《关于中央企业履行社会责任的指导意见》、国务院国资委《关于国有企业更好履行社会责任的指导意见》、《国家电网公司履行社会责任指南》等九项标准作为报告编制依据，并通过了 GRI 提供的"实质性披露（Materiality Disclosures）"

和"可持续发展目标指引（SDG Mapping）"服务的审核，获得了相应的标识(见图 17)。

图 17   国家电网有限公司社会责任报告对标表及 GRI 认证标识

（六）报告传播形式丰富多样

除发布纸质和电子版报告外，中央企业通过网页版、H5 版、简版、视频版等多样的形式发布报告，满足不同利益相关方的阅读需求。其中有 14.29% 的中央企业发布了 H5 版报告，让社会责任报告内容更加精练、形式更加亲和，大大提升了企业与利益相关方的沟通效率；有7.94% 的中央企业发布了网页版报告，为利益相关方获取社会责任信息提供了便利。

例如，中国华能集团公司发布了动画版报告，以生动、形象、活泼的形式吸引利益相关方关注，丰富与利益相关方的沟通途径。中国石油化工集团有限公司构建了"1 + N"报告体系，包括发布集团社会责任报告、精准扶贫报告、海外履责报告、环境履责报告、区域发展报告、集团所属企业社会责任报告等，创新了责任报告沟通机制，有效传播了责任理念与实践成果(见图 18)。

中国石化"1+N"报告体系			
"1"	·集团社会责任报告	·连续发布12份年度社会责任报告	·连续8年被中国企业社会责任报告评级委员会评为五星级（最高级别）
"N"	·精准扶贫报告	·连续发布2份中国石化精准扶贫白皮书	·《中国石化精准扶贫白皮书（2002~2016）》 ·《中国石化精准扶贫白皮书（2017~2018）》
	·海外履责报告	·连续发布2份海外履责报告	·《中国石化在巴西》《中国石化在非洲》
	·环境履责报告	·发布2份环境履责报告	·《中国石化环境保护白皮书（2012）》《中国石化页岩气开发环境、社会、治理报告》
	·区域发展报告	·连续发布11份中国石化区域发展报告	·《中国石化在安徽》《中国石化在广西》《中国石化在湖北》《中国石化在湖南》《中国石化在山东》《中国石化在天津》《中国石化在新疆》《中国石化在浙江》等
	·集团所属企业社会责任报告	·所属企业连续多年发布社会责任报告、可持续发展报告	·中国石化股份、中国石化油服等

图18　中国石油化工集团有限公司"1＋N"报告体系

四　中央企业社会责任报告建议

（一）更好地发挥中央企业表率作用

引领报告创新趋势。将中央企业自身的行业属性、发展战略、履责理念、履责实践，与全球社会责任发展方向、联合国2030年可持续发展议程、"一带一路"倡议、脱贫攻坚、培育具有全球竞争力的世界一流企业等时代重点话题相结合，总结提炼出不但具有企业特色，而且与国际接轨的报告框架，赋予报告更丰富的时代内涵。

引领企业履责新趋势。创造经济、社会和环境的综合价值是中央企业履行社会责任的主要目标之一，也是成为具有全球竞争力的世界一流企业的途径之一。中央企业应在报告中进一步平衡经济、社会和环境的内容占比，披露中央企业在创造经济、社会和环境综合价值过程中的履责理念、履责实践、履责绩效。积极回应来自经济效益、社会需求、环境目标等方面的多元化利益诉求，引领中国企业迈入履责新时代。

（二）增强社会责任信息披露的有效性和客观性

积极回应利益相关方的关注。将同行、社会组织、媒体和金融机构等具有潜在影响力的利益相关方纳入利益相关方识别的范围，重视其期望与诉求，扩展利益相关方识别的范围，拓宽信息披露的广度。将利益相关方诉求和期望与报告实质性议题分析相融合，重点回应与企业运营、履责行为相关的利益相关方的期望与诉求，提升信息沟通的深度与效率。

加强社会责任信息披露的客观性。将履责绩效与履责举措相结合，使报告内容、企业履责实践等信息更具有说服力，赢得更广泛利益相关方对企业履责举措的认可与信任。及时更新社会责任管理进展的同时，不回避企业负面信息，进行客观回应。比如，员工离职率、安全生产事故发生率较高等负面信息。

（三）更好地发挥报告与利益相关方的沟通交流价值

丰富报告的传播形式。通过多种语言版本、简版、H5 版、动画版等多样的报告类型，丰富报告的传播形式，满足不同利益相关方的阅读需求。此外，在发布传统综合性年度社会责任报告的基础上，积极尝试发布企业国别报告、区域报告或项目专项报告，与更广泛的利益相关方沟通，帮助企业树立海外履责形象。

提升报告的使用效率。全方位拓宽报告的传播渠道，充分利用微博、电子杂志、微信等新兴媒体，满足更广泛的传播需求。同时，可增加报告在国内外企业可持续管理相关论坛上的报告次数、把报告作为企业重要的对外宣传刊物等，并可通过信息反馈表、二维码、网络链接等形式加强与利益相关方的互动，为利益相关方对报告提出意见和建议提供渠道，并对反馈信息进行及时和充分的回应。

（四）提升社会责任信息披露的实质性

提高议题披露的深度。从议题的深度出发，进一步加强对环境、供应商、客户等已识别的利益相关方社会责任信息的披露，提高报告实质性得分，提升报告质量。比如，加强对客户信息与隐私保护、生态系统保护、供应商社会责任管理举措等社会责任信息的披露，提升报告实质性。

拓宽议题披露的广度。在保证对社区、员工、环境、政府等重要利益相关方信息披露的基础上，进一步加大对其他利益相关方的披露强度。继续加强对客户、媒体、金融机构和监管机构等的社会责任信息披露，全方位地披露履责信息、平衡利益相关方的诉求。

B.3

金蜜蜂在华外商投资企业
社会责任报告研究

乔童　姜龙　吴亚楠　林波　管竹笋

摘　要： 本报告依据"金蜜蜂企业社会责任报告评估体系2018"，对收集到的在华外商投资企业2019年发布的128份社会责任报告进行评估和分析，并提出针对性建议。研究发现，在华外商投资企业社会责任报告的实质性、创新性、可读性、可信性、完整性、可比性均高于中国企业整体平均水平，并呈现以下阶段性特征：报告质量基本与去年持平；编制依据多样化，部分先锋企业将SDGs作为编制依据；注重披露本土化管理制度，积极对接中国重大战略；注重供应链议题披露，关注供应商资质要求；注重披露社区议题，开展社区沟通与参与；注重客观披露公司履责负面信息，报告可信性有所增强。

关键词： 在华外商投资企业　SDGs　本土化管理　供应商资质　社区沟通与参与

在华外商投资企业（以下简称外资企业）是指全部或者部分由外国投资者投资，依照中国法律在中国境内经登记注册设立的企业。① 在与中国共同发展的进程中，外资企业主动适应中国发展形势，发挥自身优势，参与解

---

① 外资企业的定义参见《中华人民共和国外商投资企业法》，http://www.gov.cn/xinwen/2019-03/20/content_5375360.htm。

决可持续发展问题，成为中国社会责任发展的助力者，实现根植中国，与中国共赢。2019 年初，中国颁布新的《中华人民共和国外商投资法》，建立外资准入前国民待遇加负面清单模式，并宣布一系列投资便利化以及市场开放的措施，这将有利于进一步吸引外资，更好地与中国经济迈向高质量发展形成共鸣、实现共赢。

一 在华外商投资企业社会责任报告概况

截至 2019 年 10 月 31 日，通过企业主动寄送、企业官方网站下载及网络查询等方式，我们收集到外资企业发布的企业社会责任报告 128 份，其中126 份为综合性社会责任报告，2 份为环境专项报告。与去年同期相比，报告总数减少了 6 份，综合性社会责任报告增加了 3 份，有一定比例的提升，环境专项报告减少了 9 份。依据"金蜜蜂企业社会责任报告评估体系2018"，我们对 128 份外资企业社会责任报告进行了评估。①

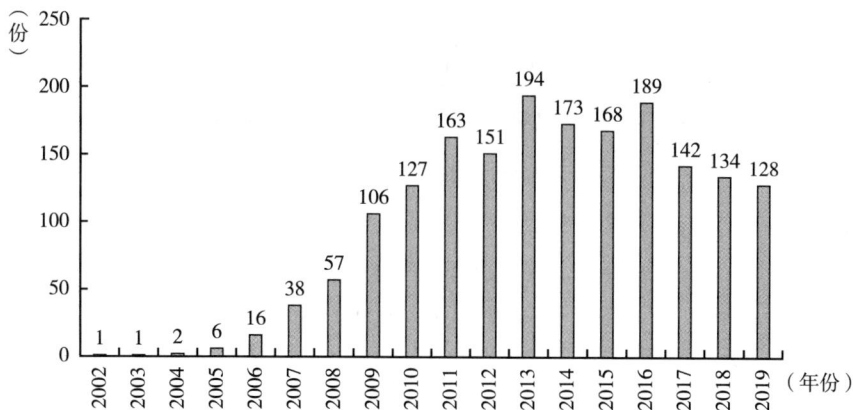

图 1 外资企业社会责任报告发布数量

---

① 2019 年的数据截至 2019 年 10 月 31 日。本次研究样本的选取原则为外资企业发布的社会责任报告、可持续发展报告等披露企业经济、环境和社会绩效信息的综合性报告。

在评估样本中，有 36.72％的外资企业已连续 5 次或 5 次以上发布社会责任报告，连续性较好，这表明部分外资企业已逐步建立起常态化的社会责任报告发布机制（见图 2）。其中，发布报告 10 次以上的企业有 11 家，占到了 8.59％，这表明外资企业对持续发布社会责任报告的重视。

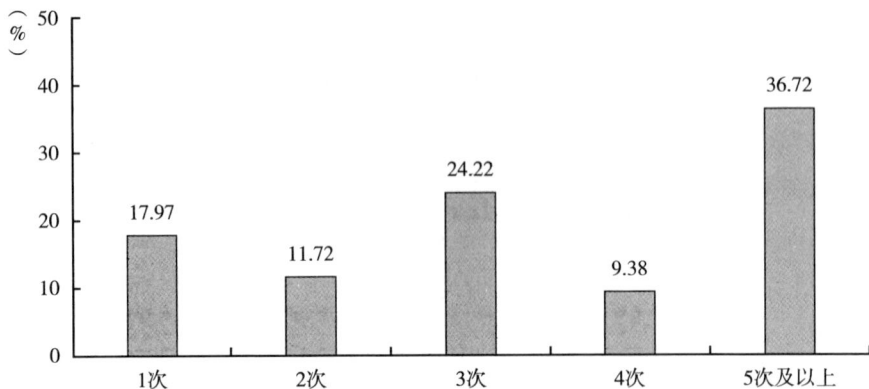

图 2　外资企业社会责任报告发布次数

在评估样本中，外资企业社会责任报告行业分布排在第一位的是制造业，占比达 41.41％；排在第二位的是房地产业，占比达 12.50％（见图 3）。这凸显了外资企业中的制造业企业对编制并发布社会责任报告的重视。

44.53％的外资企业社会责任报告页数超过 50 页，比 2018 年略有增加，反映了外资企业社会责任报告的丰富性和详实性，也侧面表明了外资企业希望进一步通过报告这一社会责任信息披露机制，提升运营透明度，加强与利益相关方的良好互动与沟通，以期获得利益相关方的认可、理解和支持（见图 4）。

外资企业在报告编制参考依据上呈现多元化的特征。其中，参考港交所指引、GRI 等标准的比例较大，分别达到 58.59％和 35.16％（见图 5）。

92.19％的外资企业社会责任报告采用电子版形式发布，采用纸质版的比例也较高，H5 版、简版、视频版等传播形式的报告数量同比仍呈现减少趋势（见图 6）。

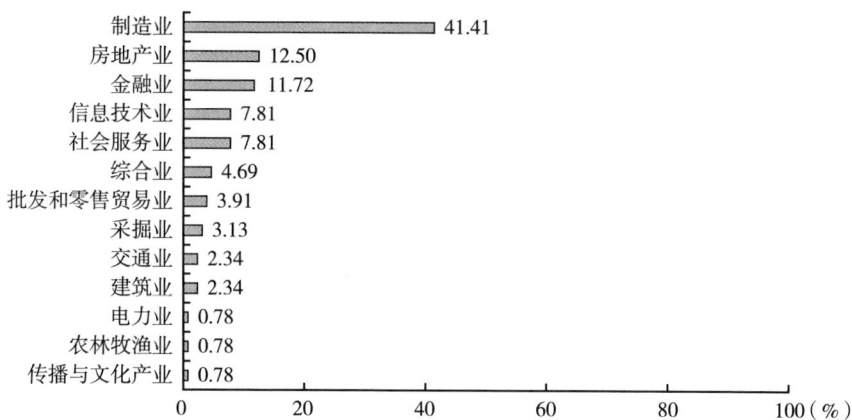

图 3 外资企业社会责任报告行业分布

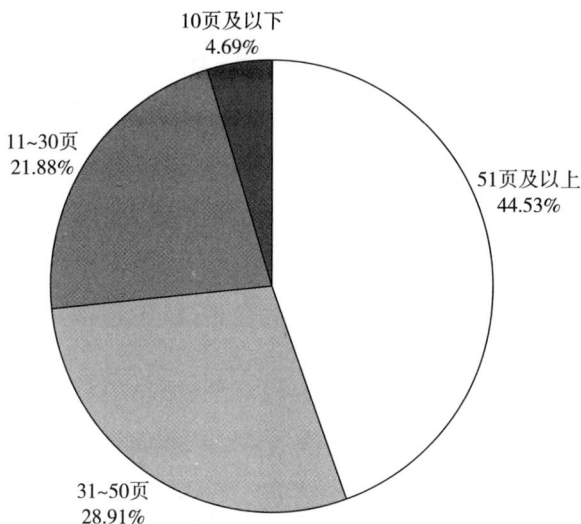

图 4 外资企业社会责任报告页数

　　基于报告参数，我们对外资企业发布的企业社会责任报告进行整体描述，并结合在企业社会责任报告编制咨询方面的经验，对这些报告的整体质量进行比较、分析和判断，尝试总结外资企业社会责任报告的特点，并在此基础上提出相关建议。

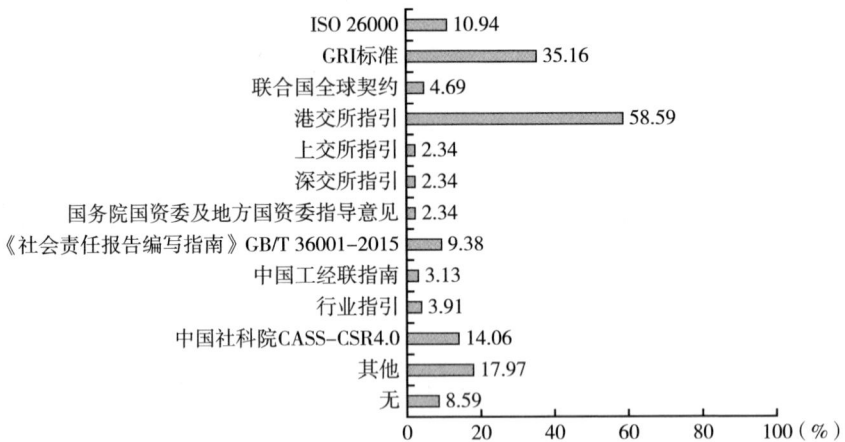

图5 外资企业社会责任报告编制参考依据

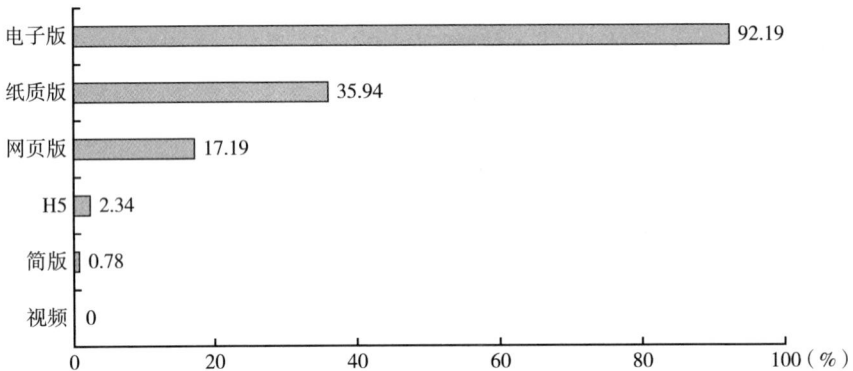

图6 外资企业社会责任报告发布形式

二 在华外商投资企业社会责任报告分析

(一)报告总体情况

外资企业报告质量整体高于中国企业平均水平,平均得分率为57.36%。其报告在实质性、创新性、可读性、可信性、完整性、可比性六个维度的平均得分率均高于中国企业整体的平均得分率（见图7）。其中，可读性平均得分率最高，表明外资企业更加注重报告沟通的有效性和利益相关方阅读的友好性。

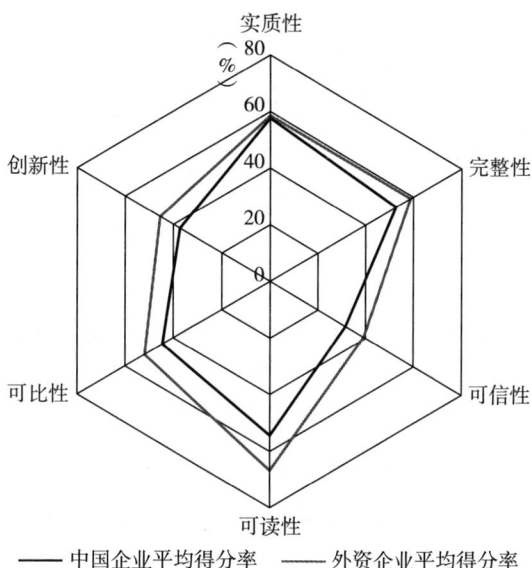

图7 外资企业社会责任报告整体质量分析

从利益相关方角度来看，2019年的指标覆盖率从大到小依次为员工（38.24%）、供应商（38.00%）、客户（36.52%）、环境（33.67%）、政府（29.49%）、社区（28.08%）、媒体（15.63%）、同行（15.10%）、出资人（15.04%）、社会组织（12.50%）、监管机构（12.11%）、金融机构（2.34%）（见图8）。这说明外资企业在报告中披露员工、供应商、客户、环境、政府、社区等利益相关方的信息较多，但对媒体、同行、出资人、社会组织、监管机构、金融机构等利益相关方的信息披露有待增强。

（二）具体分析

1. 结构完整性

外资企业报告的结构完整性高于中国企业平均水平，实践内容披露较

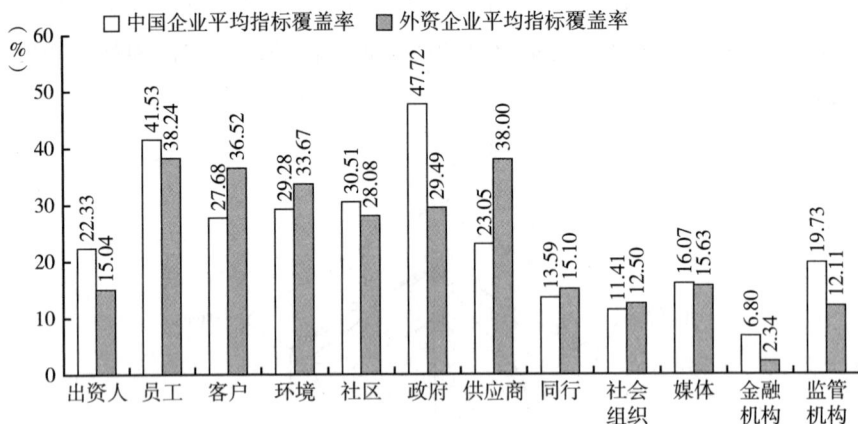

图 8　外资企业 2019 年社会责任报告利益相关方覆盖率

为完整。其报告完整性指标平均覆盖率为 58.84%，比中国企业的完整性指标平均覆盖率 52.75% 高出 6.09 个百分点。战略与治理、高管声明、风险机遇分析、实践内容和计划内容的指标覆盖率分别为 42.19%、48.63%、38.80%、94.79% 和 35.35%（见图 9）。94.79% 的外资企业的社会责任报告在实践内容发布方面都涵盖了经济责任、环境责任、社会责任的信息。

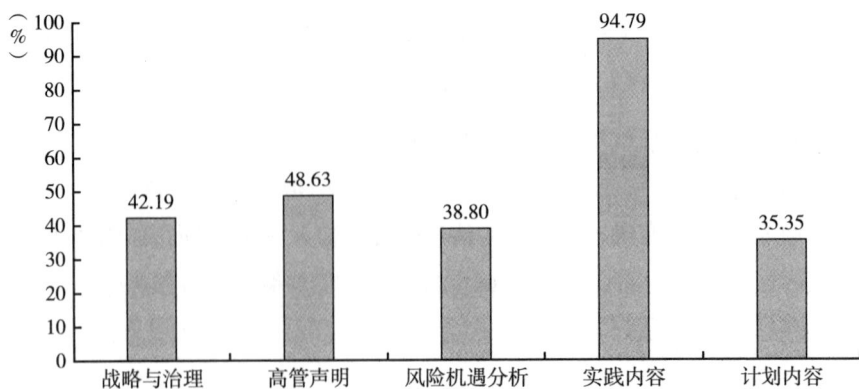

图 9　外资企业社会责任报告完整性指标覆盖率

2. 报告可信性

外资企业报告的可信性高于中国企业平均水平，但与可读性、完整性、实质性、可比性等相比程度最低。外资企业报告的可信性指标平均覆盖率为 39.14%，比中国企业报告的可信性指标平均覆盖率高出 7.56 个百分点。其中，表述的客观性和利益相关方评价两项指标覆盖率最高，分别为 71.48%、60.16%；信息来源的覆盖率较高，为 41.41%；CSR 专家评价和第三方审验的覆盖率略低（见图 10）。相较于 2018 年，2019 年外资企业报告在表述的客观性和信息来源两项指标上覆盖率分别提升了 6.44 个百分点、8.08 个百分点，利益相关方评价指标覆盖率也略有提升。这表明，外资企业正在努力通过利益相关方的评价、标明信息来源等方式提高报告的可信性。

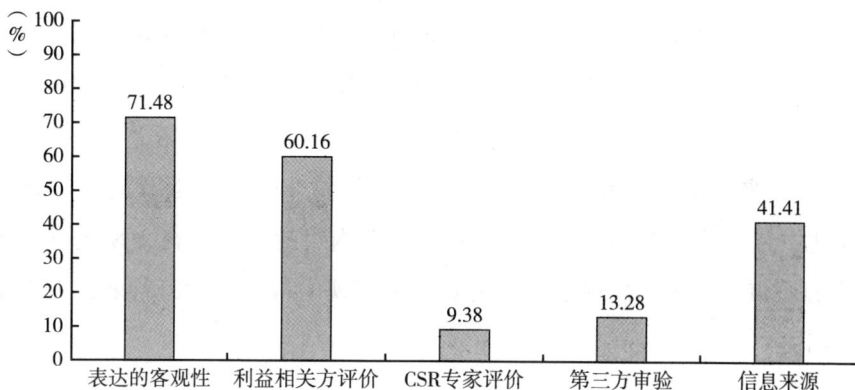

图 10　外资企业报告可信性指标覆盖率

3. 报告可读性

外资企业报告的可读性是六个维度中指标平均覆盖率最高的一项，履责信息传递和利益相关方沟通效果较好（见图 11）。外资企业社会责任报告的可读性指标平均覆盖率为 66.72%，比中国企业的平均水平高出 12.31 个百分点。但与 2018 年相比，在可读性指标的各表现方面均略有下降。

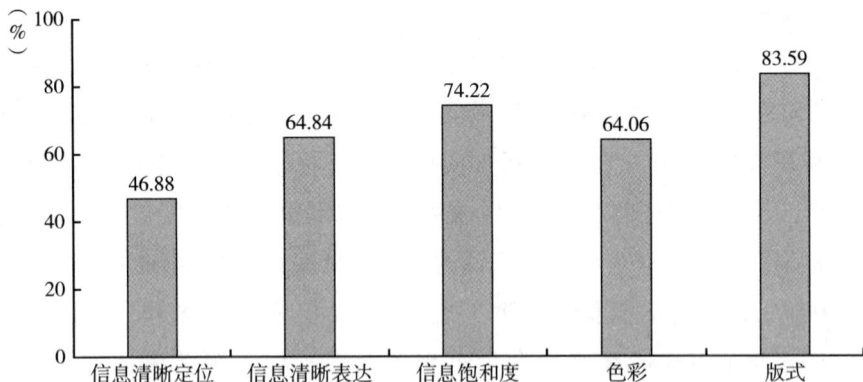

图11 外资企业报告可读性指标覆盖率

4. 绩效可比性

外资企业报告的绩效可比性高于中国企业平均水平，绩效信息披露机制较为完善。外资企业社会责任报告绩效可比性指标平均覆盖率为51.83%，比中国企业可比性指标平均覆盖率44.55%高出7.28个百分点。其中，行业内可比性指标覆盖率最高，为57.81%；纵向可比性指标覆盖率次之，为53.91%；跨行业可比性指标覆盖率最低，为43.75%（见图12）。与2018年相比，各项数据均有明显上升，其中行业内可比性指标覆盖率提升了近10个百分点。这表明外资企业对绩效目标实现的行业内和跨行业比较更加

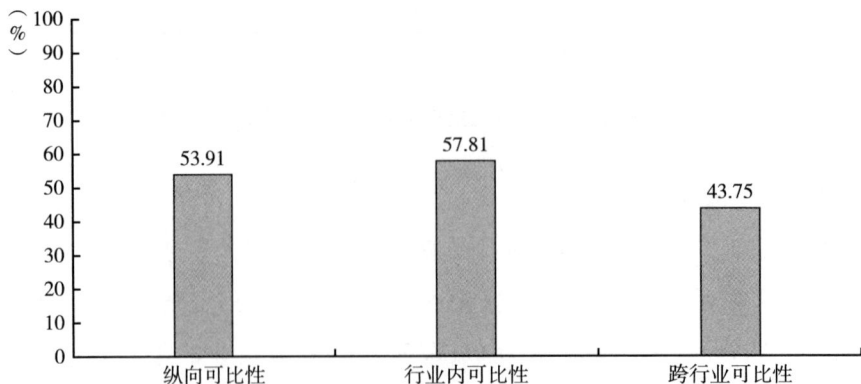

图12 外资企业报告可比性指标覆盖率

重视，有助于利益相关方更好地了解外资企业社会责任实践水平。

5. 报告创新性

外资企业报告的创新性指标平均覆盖率为 45.57%，比中国企业报告的创新性指标平均覆盖率 37.3% 高出了 8.27 个百分点。具体来讲，外资企业报告内容创新、结构创新、形式创新指标的覆盖率分别为 53.13%、42.45%、38.80%（见图 13），均高出中国整体企业平均水平。这说明，外资企业注重在报告内容、结构、形式上的创新与改进，报告具备鲜明的企业特色和行业特色。

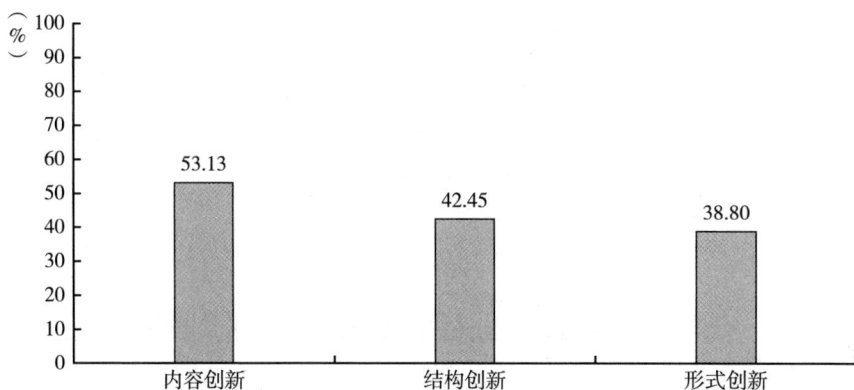

图 13　外资企业报告创新性指标覆盖率

6. 报告实质性

报告实质性在六个维度中相对偏低，对利益相关方要求与期望回应的披露有待加强。外资企业社会责任报告的实质性指标平均覆盖率为 58.54%，略高于中国企业整体平均水平 57.67%，但较 2018 年下降了 2.85 个百分点。具体来说，外资企业社会责任报告可识别出大部分利益相关方群体，覆盖率为 68.23%；对于识别出的利益相关方，外资企业也能够披露有关社会责任信息与内容，这一指标覆盖率为 61.72%。但在回应利益相关方的要求与期望方面的指标覆盖率为 40.63%，沟通渠道和方式方面的指标覆盖率为 50.52%（见图 14），说明外资企业虽然识别出了利益相关方，但在披露满足利益相关方的要求与期望，以及建立与利益相关方的沟通渠道和方式上还有不足。

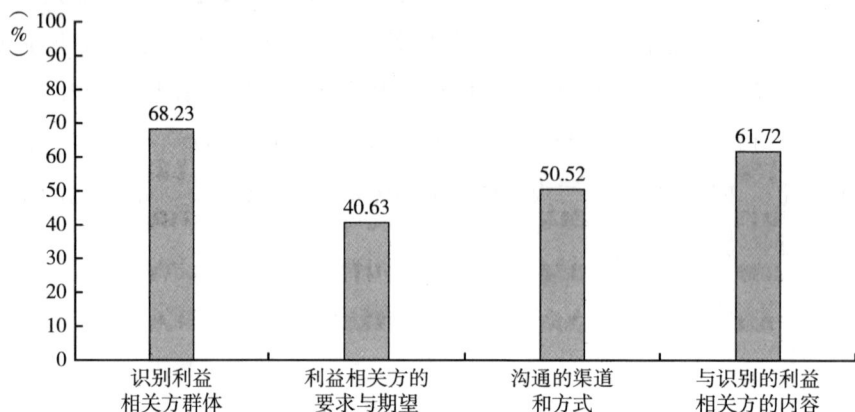

图 14　外资企业报告实质性指标覆盖率

三　在华外商投资企业社会责任报告的阶段性特征

（一）报告质量基本与去年持平

2019 年，外资企业报告的平均得分为 57.36 分，报告质量与 2018 年基本持平，整体仍处于发展阶段。其中，卓越和优秀水平的报告占比为 22.66%（见图 15），与上一年相比下降了 2.86 个百分点；发展水平的报告占比为 44.53%，与上一年相比，增长了 16.89 个百分点。外资企业社会责任报告的综合指数连续三年超过中国企业报告的综合指数（见图 16），报告的实质性、完整性、可信性、可读性、可比性、创新性六个维度均高于中国企业平均水平。

（二）编制依据多样化，部分先锋企业将 SDGs 作为编制依据

外资企业社会责任报告编制依据呈现多样化特点。评估样本中，

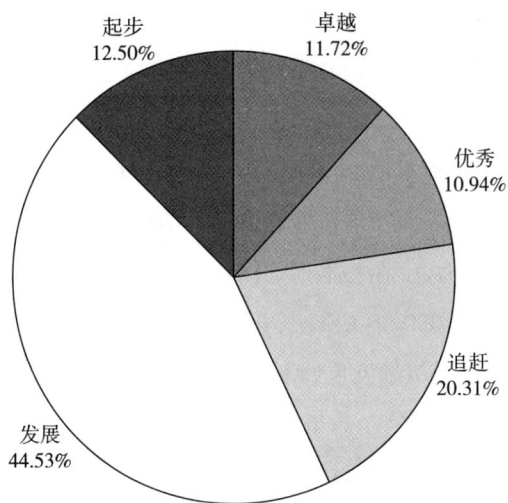

图 15 外资企业社会责任报告级别

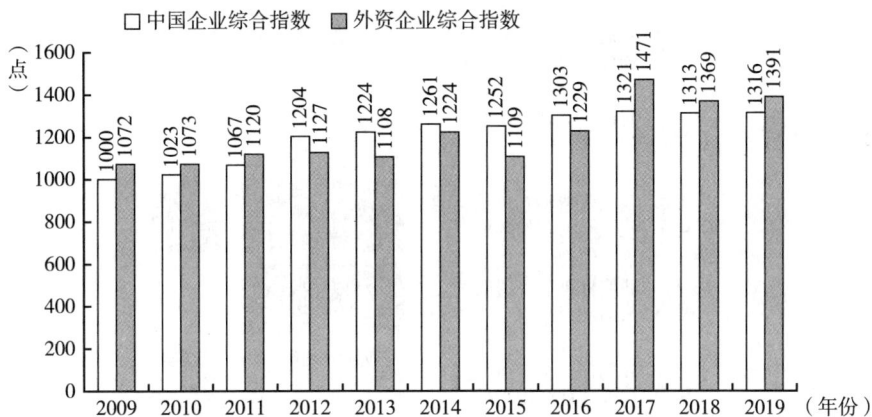

图 16 外资企业社会责任报告综合指数

58.59% 的外资企业将港交所指引作为编制参考依据，较上一年增长了 32.3 个百分点，这表明外资企业也在通过发布社会责任报告的方式进一步满足投资者对于港交所 ESG 信息披露的实际需要，主动顺应资本市场的 ESG 投资趋势；35.16% 的外资企业参考了 GRI 标准，较上一年增长了 15.06 个百分点。此外，部分外资企业在编制报告时注重参考联合国全球契约和国际标准化组织的《ISO 26000：社会责任指南（2010）》等国际标准。

联合国可持续发展目标（SDGs）自提出以来，正成为全球企业发展和管理的重要工具。在评估样本中有11.72%的外资企业将SDGs作为编制参考标准，开展了SDGs对标；14.06%的外资企业在报告中表明将SDGs融入战略发展目标；21.09%的外资企业在报告中阐述了落实SDGs目标的内容。例如，富士施乐（中国）在报告中设置了"Sustainable Value Plan（SVP）2030"内容，阐述其2030年CSR长期可持续发展目标和特点；松下（中国）在报告中增设"可持续发展特辑"，主动识别出与自身经营活动密切关联的重点议题及其应对措施；永旺（中国）在报告中明确自身关注的可持续发展议题及行动内容，开展有针对性的履责行动（见图17）。

图17　永旺（中国）CSR行动

资料来源：《永旺中国报告2019》。

（三）注重披露本土化管理制度，积极对接中国重大战略

在评估样本中，38.28%的外资企业披露了社会责任管理制度，45.31%的外资企业在社会责任报告中明确了社会责任管理机构，均较上一年有所增

加。这表明部分外资企业能够持续地结合中国的可持续发展背景与战略，并制定长期适应中国的本土化社会责任管理制度和推进机制。高管声明指标覆盖率达 48.63%，可以看出外资企业的高层管理者对在华发布社会责任报告一如既往地重视。

近年来，中国提出了"创新、协调、绿色、开放、共享"五大发展理念、经济新常态、新型城镇化、"互联网＋"、"一带一路"倡议、精准扶贫、"新时代"等一系列新理念和新政策，外资企业也在本土化的过程中不断披露其响应中国发展和需求的战略与措施。例如，上海诺基亚贝尔在报告中设置"连接中国——与改革开放同行"特辑，以四十年责任足迹叙述与中国共同发展进程；佳能（中国）制定"佳能（中国）2020 可持续发展规划"，指导开展社会责任实践，实现根植中国（见图18）；辉瑞中国通过医药科学创新，助力"健康中国2030"。

共生 kyosei

感动常在

佳能（中国）可持续发展战略

根植中国，佳能事业与中国社会发展的有机结合	可持续发展战略、责任治理、责任沟通

基础责任：感动常为 建立以社会责任国际标准和中国国家标准为主线的CSR管理体系

守法合规	客户责任	伙伴责任	员工责任	环境责任

责任品牌：影像公益 以影像技术践行社会公益，通过协助解决社会热点问题，创造最大化的社会价值

文化传承	环境保护	教育启蒙	社区关怀	人道援助

图18 佳能（中国）2020 可持续发展规划

资料来源：《佳能（中国）企业社会责任报告 2018～2019》。

（四）注重供应链议题披露，关注供应商资质要求

外资企业对供应链信息披露的重视程度逐年提高，供应链议题指标覆盖

率较高，为38%，较上一年增长了2.89个百分点，采购原则、供应商资质、供应商管理三个子议题的指标覆盖率分别为43.95%、42.58%、25.26%。从供应链议题的各项子指标平均覆盖率来看，"对供应商资质的要求"指标覆盖率最高，达到84.38%；"鼓励负责任的供应商"指标覆盖率次之，达到65.63%；"采购合同对道德、环境的考虑"指标覆盖率排第三位，达到59.38%（见图19）。这表明，外资企业关注供应链上下游的可持续发展能力，注重通过加强对采购、供应商资质的要求等方式提升供应链企业的履责能力。例如，日产在华企业不仅在报告中披露了明确的绿色采购方针，制定绿色采购体系，同时针对供应商质量能力提升提供相应的支持和服务，打造可持续绿色供应链；鸿海精密工业股份有限公司除要求供应商遵守相应守则，也要求供应商履行社会责任及环保责任，并实施可持续发展措施；巴斯夫作为"携手可持续发展"倡议（TfS）的创始成员之一，与华东理工大学合作，指导供应商优化可持续发展实践，2018年有100多家供应商接受培训；通用汽车每年开展"绿色供应链"项目，通过培训、现场勘查、能源审计以及其他支持，帮助供应商提高环保能力，减少能源、原材料消耗。

（五）注重披露社区议题，开展社区沟通与参与

外资企业较为关注社区相关议题，社区议题指标覆盖率达到28.08%，社区沟通、就业培训、社区发展、文化教育、捐赠救灾五个子议题的指标覆盖率分别为29.69%、25.26%、25.26%、35.94%、27.73%。从社区议题的各项子指标平均覆盖率来看，"组织和支持员工参与社区志愿活动"指标覆盖率最高，达到77.34%，其次为"支持社区教育发展，增加社区儿童和弱势群体受教育机会，减少社区文盲"指标覆盖率和"支持社区慈善事业发展，为社区发展和防灾减灾提供捐赠"指标覆盖率，分别达到52.34%和46.88%；此外，"雇用本地员工""促进就业平等""提升社区居民技能水平"三项指标的覆盖率也分别达到了31.25%、28.13%和16.41%，有19.53%的外资企业披露响应政府倡导

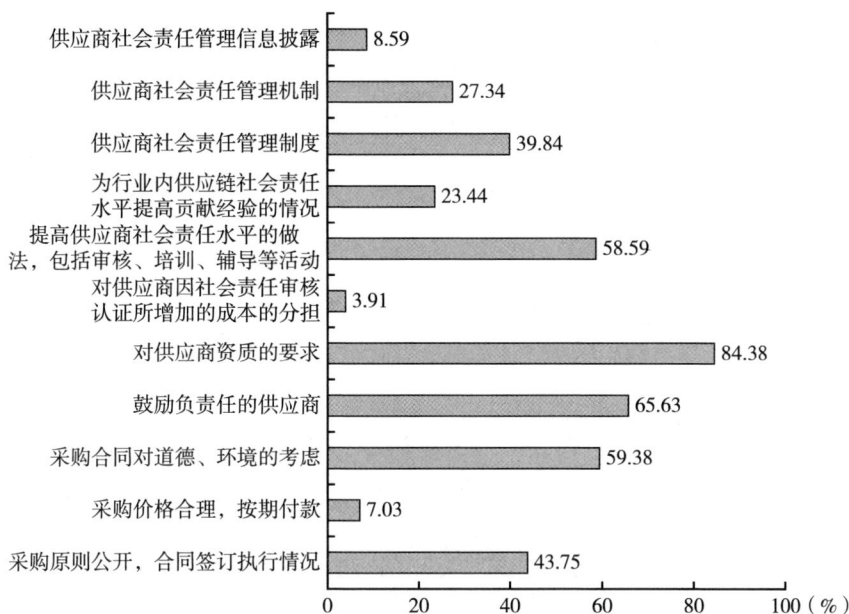

图 19　外资企业供应链议题各项子指标平均覆盖率

的产业投资活动，如产业扶贫、基础设施建设。这表明外资企业在植根中国的过程中，作为社区重要的利益共同体，能够结合自身实际情况与专业优势，积极关注社区发展，促进社区建设。例如，索尼通过自身优势，在"为了下一代"的企业社会责任理念的指引下，按照指导方针在业务运营所在地积极开展社区公益活动；苹果公司在报告中披露了"智惠计划"，号召"人人参与，惠及人人，让世界更美好"，通过教育资源的整合和数字化教学建设，为中国贫困地区的教育发展提供更多助力；麦德龙支持中国贫困地区的教育事业发展，每年援建一所希望小学，并与中国青少年发展基金会共同设立麦德龙"麦麦相传"助学基金。

（六）注重客观披露公司履责负面信息，报告可信性有所增强

2019 年，外资企业社会责任报告的可信性整体较上一年有所增强，从报告可信性的各项子指标的覆盖率来看：标注信息来源、有利益相关方评

价、负面信息的披露三项指标覆盖率与上一年相比均有不同程度的提高，其中负面信息的披露指标覆盖率提升最多，较往年增长了14.89个百分点。外资企业报告整体可信性有所增强，但仍需进一步提升，应增加第三方审验和CSR专家评价（见图20）。

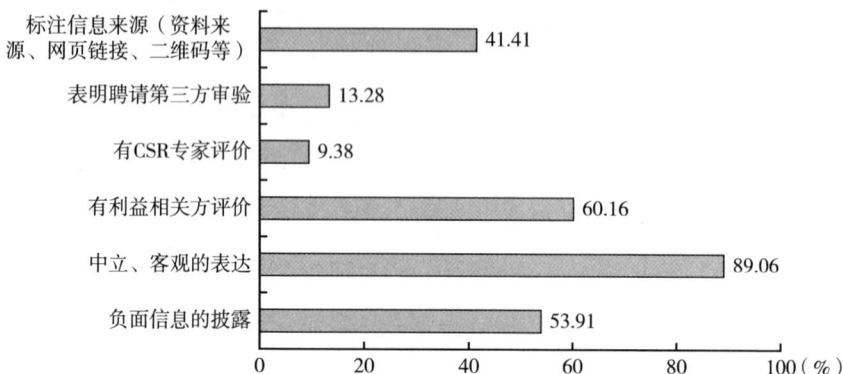

图20　外资企业报告可信性各项子指标平均覆盖率

四　在华外商投资企业社会责任报告的建议

（一）积极发布社会责任报告，塑造负责任的企业形象

十八大以来，中国坚持以深化"放管服"改革优化营商环境，政务服务水平不断提升，简政放权持续深化，外资市场准入大幅放宽，外资企业的数量也有了大幅增长，2019年1～8月新设立的外商投资企业达到27704家，但发布报告的外资企业数量仅为128家，跟外资企业的整体数量相比极不相称。中国不断扩大的开放格局，不仅为外资企业在中国发展提供了机遇，相关监管机构也对外资企业的信息披露提出更多要求。建议尚未发布中国区社会责任报告的外资企业重视在中国发布社会责任报告的价值和作用，更加主动地发布社会责任报告，积极披露在华运营对经济、环境和社会带来的影响和相关履责信息，通过广泛的媒体传播形式，全面系统地与各利益相

关方展开对话沟通，为利益相关方深入了解外资企业在中国的发展提供更详实的信息和更多样便利的渠道。同时，建议外资企业在报告中增加 CSR 专家点评、第三方审验等内容，通过意见领袖、第三方渠道进一步为报告提升可信性，增进认同，消除误解，塑造负责任的企业形象，为实现在华长期稳定发展构筑责任基础。

（二）积极应用《中国外商投资企业社会责任报告编写指南》

2017 年，《中国外商投资企业社会责任报告编写指南》（CEFI - CSR1.0）正式发布，以社会责任报告的编制流程为主体框架，结合外资企业的实际情况考虑普遍适用性，筛选出符合外资企业社会责任履责重点和特征的 40 个核心指标，对在华外资企业社会责任履责披露提供了指导。外资企业在紧跟全球可持续发展趋势的同时，需要主动应用和参考中国本土的社会责任报告标准，对要求进行精准深度的探索与回应。在报告编写过程中，对信息披露要遵循完整全面、客观准确、明确回应、及时可比、易读易懂、获取方便等原则，发布具有中国地区特点的企业报告，披露本土化的社会责任政策、目标、实践、绩效和承诺，通过报告与中国利益相关方持续开展有效沟通，并获得理解与支持。

（三）深度对标联合国可持续发展目标（SDGs），提升报告的国际化水准

在把握中国发展脉搏的同时，关注全球可持续发展趋势对于外资企业在中国的发展仍不可或缺。尽管联合国可持续发展目标（SDGs）已经提出了4 年，评估样本显示，在社会责任报告中披露遵循联合国可持续发展目标（SDGs）并制订落实计划的外资企业仍为少数，仅有部分先锋外资企业响应SDGs。建议外资企业在编制社会责任报告时，主动将 SDGs 作为编制参考标准，积极开展 SDGs 对标，有效披露企业更为细致的落实 SDGs 目标的计划及实现情况等，不仅能彰显企业贡献全球可持续发展的行动和成效，也能进一步发挥 SDGs 对企业管理运营的促进作用。

（四）进一步增强社会责任报告的实质性

获得利益相关方的认同和支持是外资企业在中国获得良好的外部发展环境、实现与中国发展共赢愿望的必要措施。评估样本显示，外资企业社会责任报告的实质性平均得分率为58.54%，该数据与上一年基本持平，但外资企业在对利益相关方的要求与期望、建立与利益相关方沟通的渠道和方式上的披露方面仍有提升空间。因此，建议外资企业在编制社会责任报告时，积极与中国各利益相关方充分沟通、主动识别更广泛的利益相关方群体、倾听利益相关方的诉求与期望，筛选更符合中国利益相关方诉求的实质性议题，并进行有效的信息披露，以期实现长期发展共赢的战略目标。

B.4
金蜜蜂中国内地在香港联交所上市公司
社会责任报告研究

王丹励　雷晓宇　王雯　管竹笋

摘　要： 本报告依据"金蜜蜂企业社会责任报告评估体系2018"，对收集到的354份内地在联交所上市公司发布的社会责任报告进行评估。评估发现，内地在联交所上市公司的报告整体质量高于中国企业报告平均水平，并呈现以下阶段性特征：公司高层领导对社会责任的重视程度越来越高；重视披露重要性议题识别过程，并强调识别过程中的利益相关方参与；重视并积极回应联交所ESG指引的要求；在环境范畴注重对环境污染和资源消耗情况相关信息的披露，排放物、资源使用等议题披露的程度较高；在社会范畴对员工、社区投资等议题关注的程度较高，对定量信息披露的程度有待提升；重视信息横向、纵向绩效可比性并进一步提升绩效管理水平；持续重视供应链信息披露。

关键词： ESG指引　联交所上市公司　ESG管治　环境信息披露

香港交易及结算所有限公司（Hong Kong Exchanges and Clearing Limited）全资附属公司香港联合交易所有限公司（以下简称"联交所"）是全球主要交易所之一。2019年是联交所《环境、社会及管治报告指引》（以下简称"ESG指引"）正式执行的第四年。2019年5月17日，联交所发布了检讨《环境、社会及管治报告指引》及相关《上市规则》条文的咨询文件。在咨询文件中，联交所在董事会参与 ESG 管理、汇报原则及范围、环境范畴、社会范畴等多方面新增了多项强制性披露建议。ESG 指引的修订对上市公司信息披露、数据质量提出了更高的要求。本研究依据"金蜜蜂企业社会责任报告评估体系 2018"，参考 ESG 指引，对内地在联交所上市公司发布的社会责任报告进行评估，并提出相关建议，以帮助公司有效提升 ESG 管理和信息披露水平，进一步满足监管方、投资者和其他利益相关方的要求和期望，推动实现公司自身的可持续发展。

一 内地在联交所上市公司社会责任报告概况

截至 2019 年 10 月 31 日，通过主动寄送、公司官方网站下载、联交所网站下载以及网络查询等方式，共收集到内地在联交所上市公司发布的社会责任报告 354 份，较 2018 年的 238 份增长了 48.74%。其中，"环境、社会及管治报告（ESG 报告）"217 份，"社会责任报告"71 份，"可持续发展报告"21 份，"环境报告"15 份，另有 30 份其他形式的相关报告。在发布报告的内地在联交所上市公司中，有 28 家公司进入《财富》世界 500 强，66 家公司进入《财富》中国 500 强。

从报告发布次数来看，第三次发布报告的公司数量最多，有 117 家，占比 33.1%；发布报告 5～10 次的公司数量次之，有 66 家，占比 18.6%；首次发布报告的公司有 64 家，占比 18.1%（见图 1）。

从报告的篇幅上看，内地在联交所上市公司社会责任报告中有 153 份的篇幅较长（51 页以上），占内地在联交所上市公司发布的社会责任报告总数的 43.22%；报告页数在 31～50 页的有 109 份，占报告总数的 30.79%（见图 2）。超过 70% 的报告页数达 31 页以上，仅有 6 份报告页数在 10 页以下，这表明内地在联交所上市公司发布的社会责任报告总体上内容较为丰富详实。

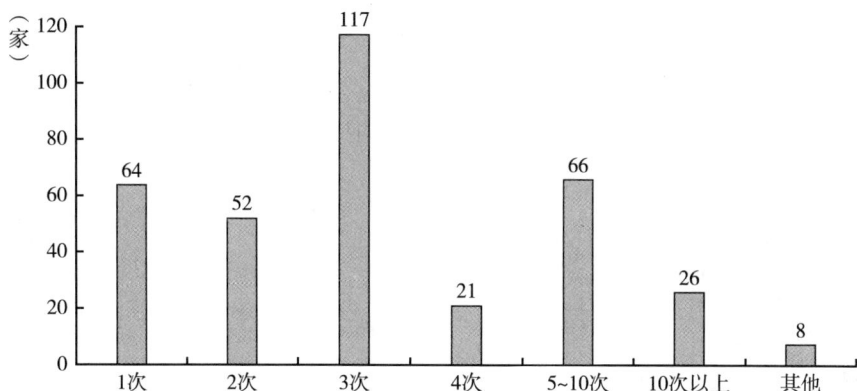

图1 内地在联交所上市公司社会责任报告发布次数分布

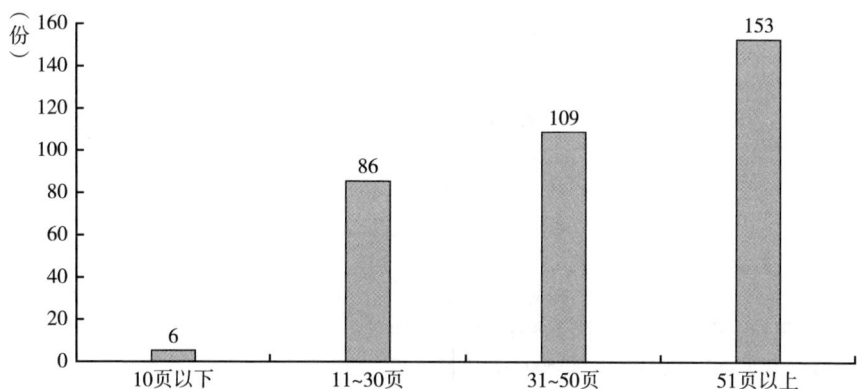

图2 内地在联交所上市公司社会责任报告页数分布

在行业分布上，制造业企业发布的报告最多，占比30.23%，其次为金融业，占比17.23%，发布报告最少的行业为传播与文化产业，仅占内地在联交所上市公司发布的社会责任报告总数的1.41%（见图3）。

354份报告均明确说明采用了联交所ESG指引为编制依据，较上一年度提升了20.17个百分点；104份报告采用GRI（Global Reporting Initiative，全球报告倡议组织）指南为编制依据，占报告总数的29.38%（见图4），较上一年度增长7.39个百分点。

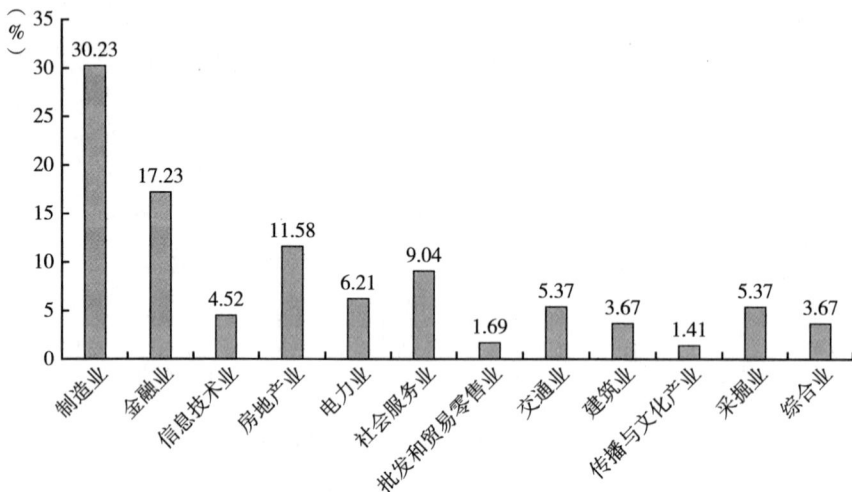

图3　内地在联交所上市公司社会责任报告行业分布

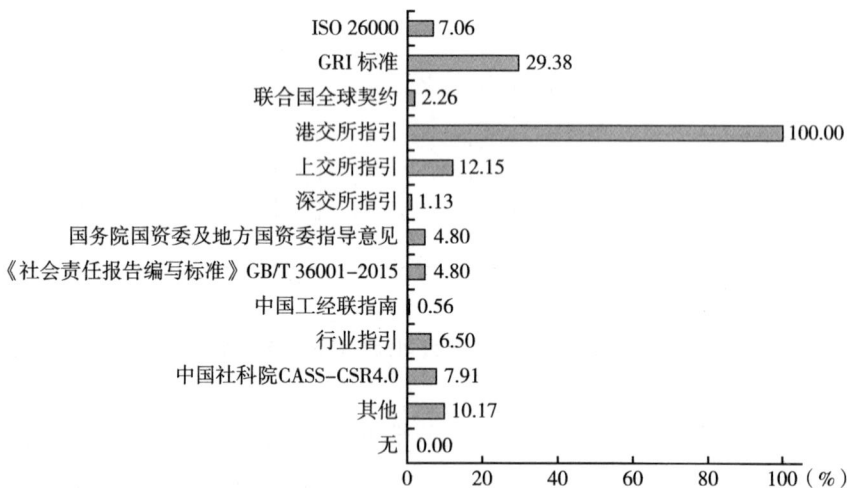

图4　内地在联交所上市公司报告编制参考依据

二　内地在联交所上市公司社会责任报告概况

基于报告评估结果，本研究对内地在联交所上市公司发布的社会责任报告进行整体描述，并结合在社会责任报告编制咨询方面的经验，对这 354 份报告的整体质量进行比较、分析和判断，从而总结内地在联交所上市公司社会责任报告的特点，并在此基础上提出相应改进建议。

（一）报告总体情况

我们根据得分情况，将报告质量分为起步、发展、追赶、优秀和卓越 5 个水平。2019 年，内地在联交所上市公司社会责任报告的平均得分为 57.34 分，比 2019 年中国企业社会责任报告的总体得分 54.27 分高出 3.07 分，与 2018 年内地在联交所上市公司社会责任报告总体得分 57.47 分基本持平。其中"优秀"及以上水平的报告共有 74 份，占比 20.90%；处于"起步"水平的报告有 40 份，占比 11.30%；有 155 份报告处于"发展"水平，占比 43.79%（见图 5）。

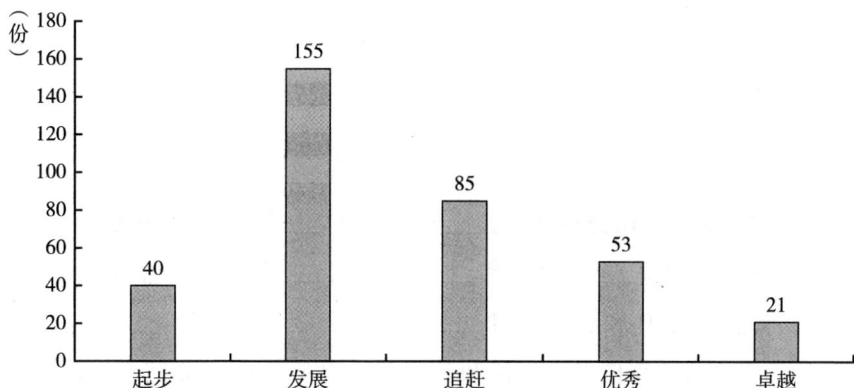

图 5　内地在联交所上市公司社会责任报告质量分布

内地在联交所上市公司社会责任报告的完整性、可信性、可读性、可比性、创新性和实质性均高于中国企业的平均水平（见图 6）。其中，可读性高出 14.18 个百分点，创新性高出 7.96 个百分点，这表明内地在联交所上市公司在报告的内容和形式上更加注重创新，更具可读性。

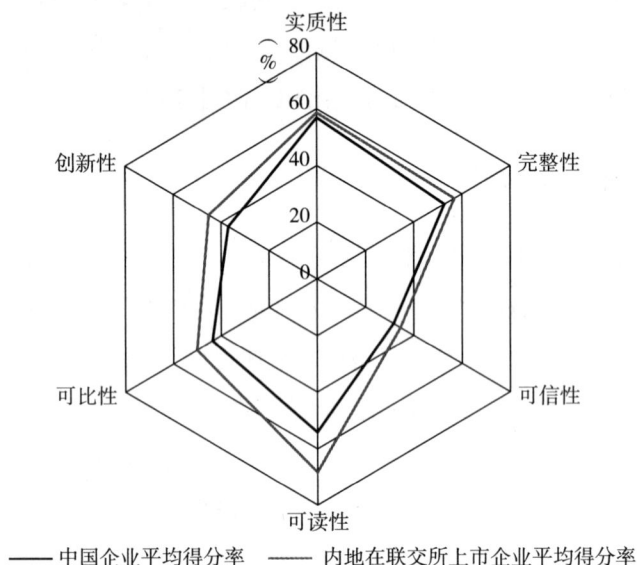

图6 内地在联交所上市公司社会责任报告整体质量分析

（二）具体分析

1. 结构完整性

内地在联交所上市公司社会责任报告的完整性得分率为56.64%，比中国企业平均水平高3.89个百分点。报告对实践内容相关信息的披露最多，其次为利益相关方和公司概况，得分率分别为95.76%、74.86%和73.39%。报告对计划内容、风险机遇分析、高管声明相关信息披露较少，得分率分别为26.13%、31.83%和38.42%（见图7）。

2. 报告可信性

内地在联交所上市公司社会责任报告的可信性得分率为34.12%，比中国企业平均水平高2.55个百分点。从报告可信性指标覆盖率来看，客观、中立的表达覆盖率最高，为86.44%，表明八成以上的公司的报告对披露信息、可靠性进行了说明。利益相关方评价和负面信息披露的得分率分别为53.39%和55.37%，表明超过半数的企业对公司负面信息进行了披露，并

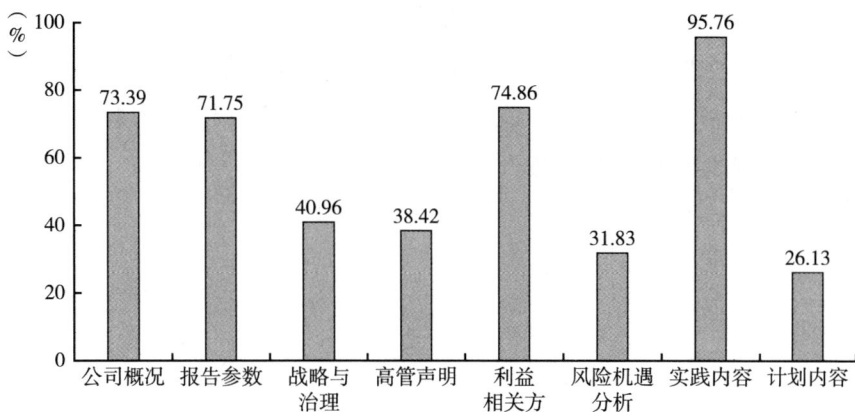

图7　内地在联交所上市公司报告完整性指标覆盖率

在报告中展现了利益相关方的评价。第三方审验及 CSR 专家评价得分率较低，分别为 12.71％ 和 1.13％ （见图 8）。

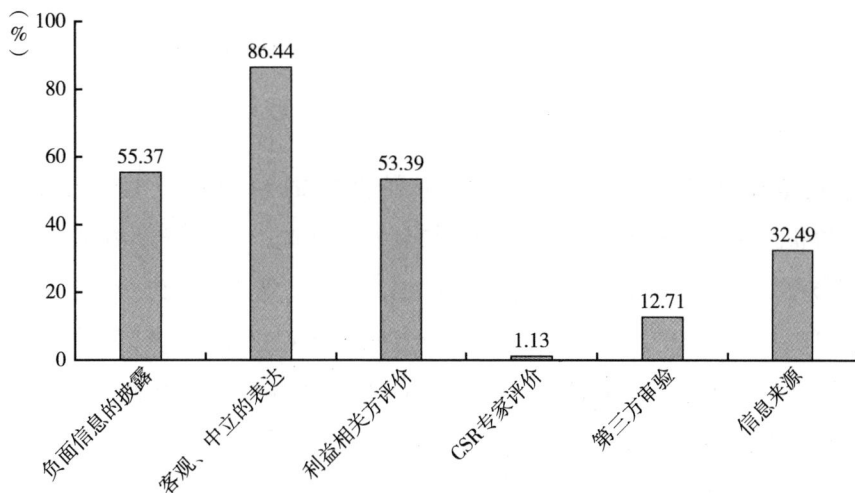

图8　内地在联交所上市公司报告可信性指标覆盖率

3. 报告可读性

内地在联交所上市公司社会责任报告的可读性较高，得分率为 68.59％，比中国企业平均得分率高 14.18 个百分点。其中版式得分率为

85. 19%，信息饱和度、信息清晰表达和色彩的得分率分别为74.36%、70.09%和64.10%（见图9）。总体而言，内地在联交所上市公司的社会责任报告具有较好的版式设计，能够清晰地说明信息情况，色彩搭配较为合理，能够有效地传递报告信息。

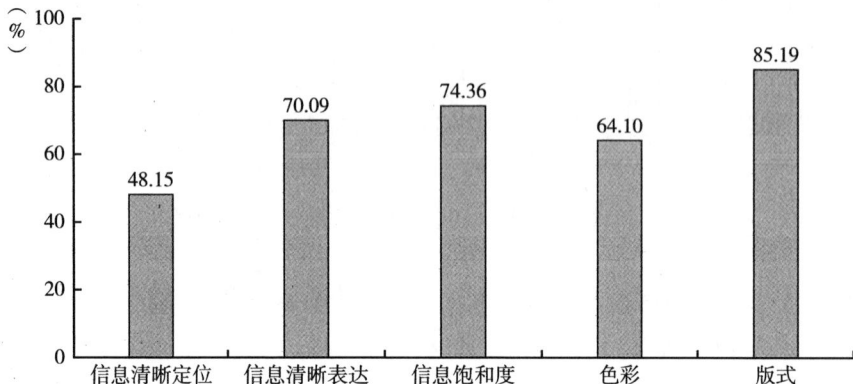

图9 内地在联交所上市公司报告可读性指标覆盖率

4. 绩效可比性

内地在联交所上市公司社会责任报告的绩效可比性得分率为50. 79%，比中国企业平均水平高6. 24个百分点。其中行业内可比性得分率为62. 50%，纵向可比性得分率为47. 88%，跨行业可比性得分率为42. 33%（见图10），这表明有六成以上的企业在报告中进行了行业内指标的比较，在报告中采取指标跨行业对比及纵向对比的企业相对较少，仅占四成。

5. 报告创新性

内地在联交所上市公司社会责任报告的创新性得分率为45. 27%，比中国企业平均水平高7. 96个百分点。报告在内容创新方面的得分率为55. 27%，而结构创新和形式创新的得分率分别为42. 18%和35. 22%（见图11），这说明报告在结构和形式等方面的创新呈现还有待加强。

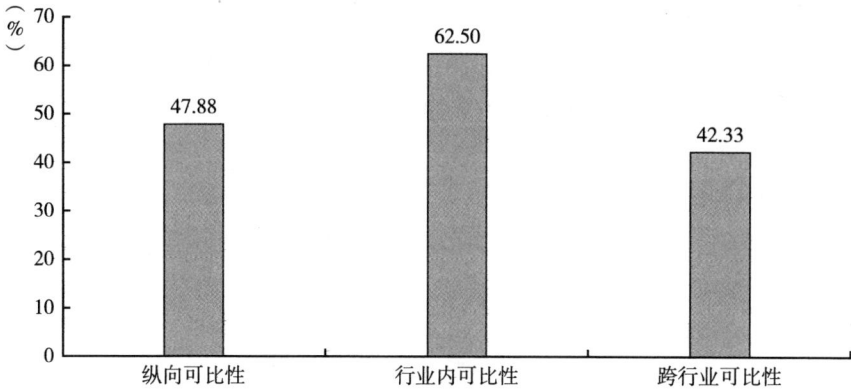

图10　内地在联交所上市公司报告可比性指标覆盖率

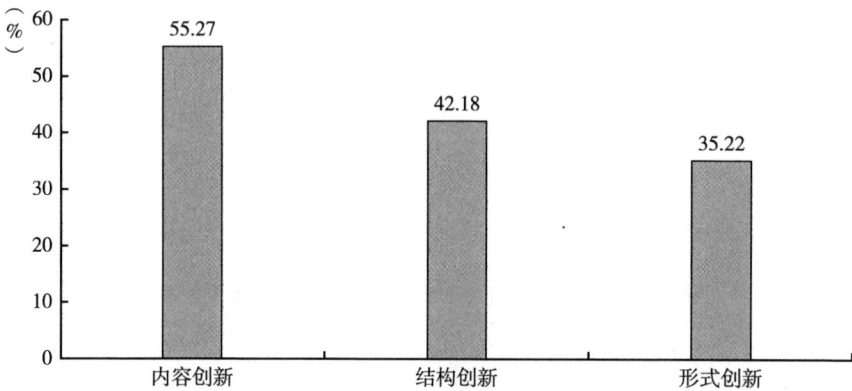

图11　内地在联交所上市公司报告创新性指标覆盖率

6. 报告实质性

内地在联交所上市公司社会责任报告的实质性得分率为59.39%，比中国企业平均水平高1.72个百分点。从利益相关方角度来看，指标覆盖率从大到小依次为员工（41.75%）、客户（35.64%）、政府（34.32%）、供应商（33.92%）、环境（33.86%）、社区（29.34%）、监管机构（16.38%）、出资人（14.05%）、同行（11.96%）、媒体（11.44%）、社会组织（9.56%）、金融机构（1.84%）。与中国企业整体得分情况相比，内地在联交所上市公司在客户、环境、供应商方面的得分率更高（见图

12）。内地在联交所上市公司更加重视对发展及培训、排放物、资源使用、供应链管理等相关信息的披露，但对政府、监管机构、媒体、社区、社会组织、金融机构等相关信息的披露有待进一步加强。

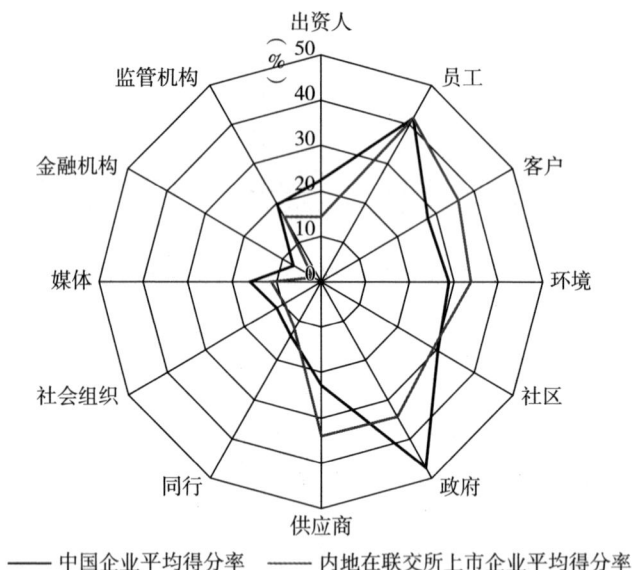

图12 内地在联交所上市公司利益相关方指标覆盖率

三 内地在联交所上市公司社会责任报告的阶段性特征

（一）公司高层领导对社会责任的重视程度越来越高

董事会级别领导在 ESG 管治中的参与程度直接体现出企业高级管理层对 ESG 的重视程度。内地在联交所上市公司重视披露高层管理者对 ESG 管治的情况，其中大多数企业披露了由董事会领导负责 ESG 相关事宜，占内地在联交所上市公司的 55.37%（见图13），尤其是采掘业、建筑业等，不仅披露董事会级别领导负责 ESG 相关事宜的占比较高，同时在报告中披露了董事会级别领导参与 ESG 重要性议题识别和监督的过程。

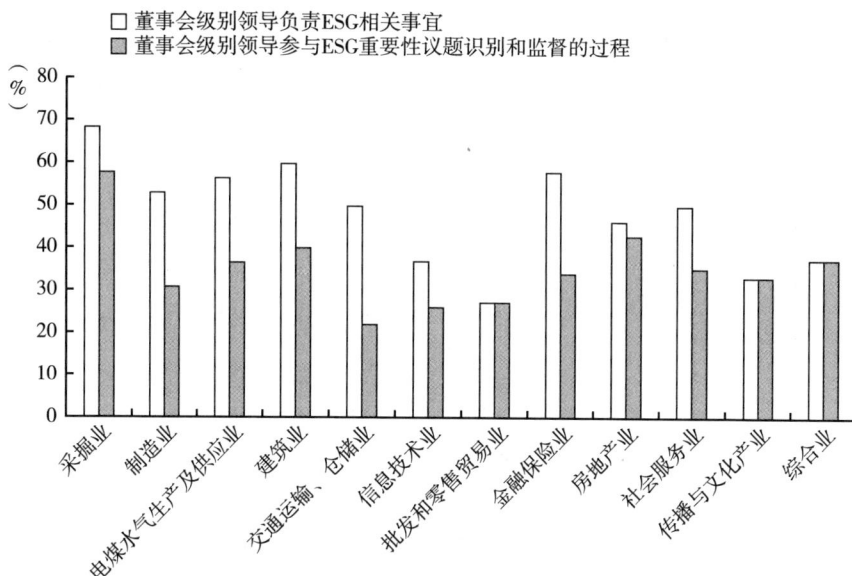

图13 内地在联交所上市公司董事会级别领导参与ESG管治情况的行业对比

（二）重视披露重要性议题识别过程，并强调识别过程的利益相关方参与

重要性议题识别是企业进行ESG管治的重要组成部分。内地在联交所上市公司中，开展重要性议题识别的企业占比为68.93%，在重要性议题识别过程中有利益相关方参与的企业占比为70.90%。房地产业、金融保险业企业开展重要性议题识别的比例较高，均超过70%，房地产业企业在议题识别过程中有利益相关方参与的企业占比较高，接近80%。除此之外，超过80%的采掘业、建筑业企业在重要性议题识别过程中均强调利益相关方的参与（见图14）。

（三）重视并积极回应联交所ESG指引的要求

354份内地在联交所上市公司报告中均明确说明参考了联交所ESG指引进行编制，同比增长30.17%。报告积极回应联交所ESG指引要求，

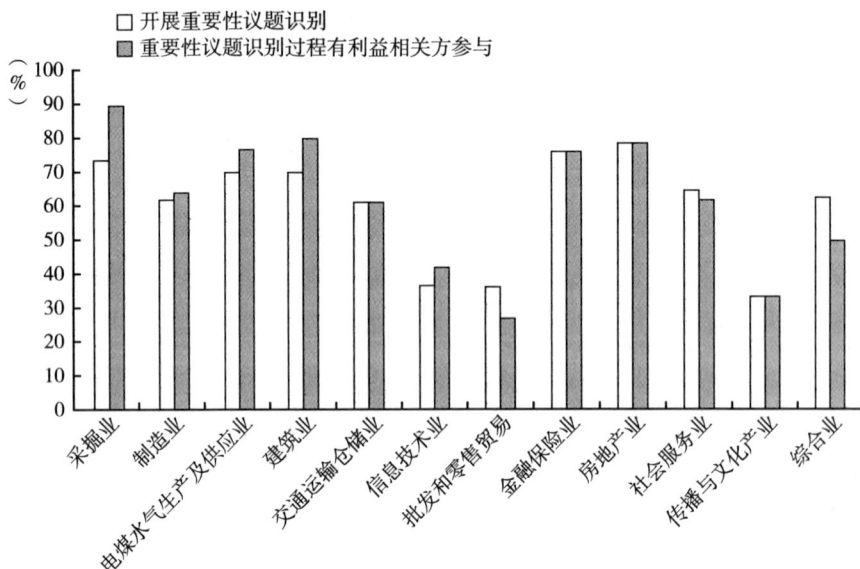

图14　内地在联交所上市公司重要性议题识别情况的行业对比

76.55%的报告中设置有 ESG 指标索引，方便读者快速获取 ESG 议题的相关信息。金融保险业、建筑业企业报告中设置 ESG 指标索引的比例达到或超过80%，在所有行业中比例排在前两位（见图15）。

（四）在环境范畴，注重对环境污染和资源消耗情况的信息披露，排放物、资源使用等议题披露程度较高

对比环境范畴四个层面的指标披露率，排放物、资源使用两个层面的指标披露比例较高，一般披露项的披露比例超过95%，关键绩效指标中除个别指标外的披露比例超过60%。内地在联交所上市公司中企业数占比最高的制造业、建筑业，在这两个层面下的一般披露项和部分关键绩效指标的披露率超过90%。但是，环境范畴下的关键绩效指标中，达到"完全披露"要求的指标披露率较低，有超过一半的指标"完全披露"比例低于50%，企业对相关议题的披露程度还有待提升（见图16）。

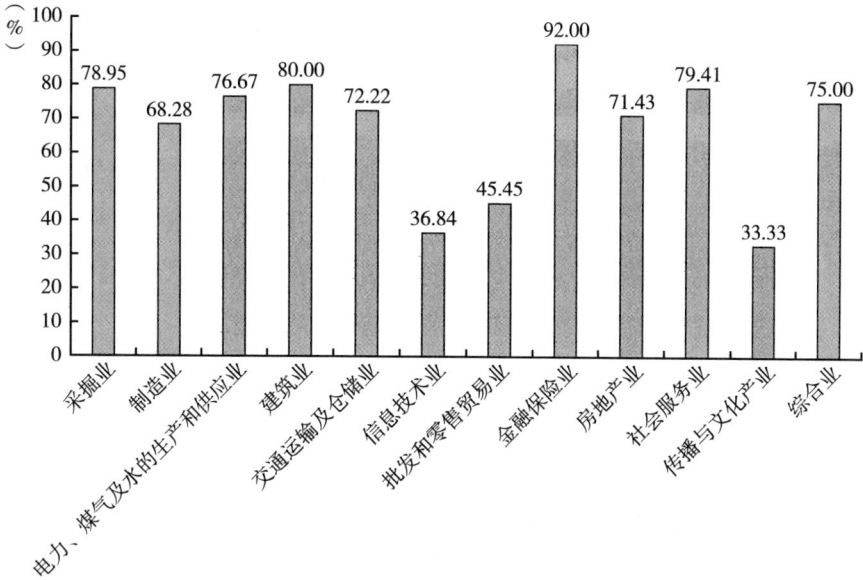

图15 内地在联交所上市公司报告中设置 ESG 指标索引占比的分行业统计

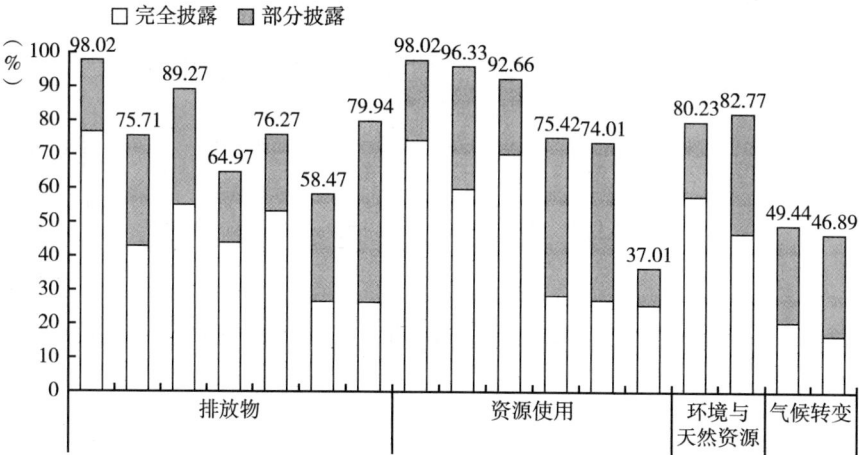

图16 内地在联交所上市公司报告环境范畴指标披露情况

（五）在社会范畴，对员工、社区投资等议题的关注程度较高，对定量信息的披露程度有待提升

对比社会范畴中雇用、健康与安全、劳工实践、反贪污等八个层面的指标披露率，一般披露项的披露率显著高于关键绩效指标披露率，平均披露率超过90%，但员工流失率、按地区划分的供应商数目等关键绩效指标的披露率在50%左右（见图17）。大部分企业在报告中披露了社会范畴相关议题的政策、管理举措，但未披露相关议题的定量化绩效。

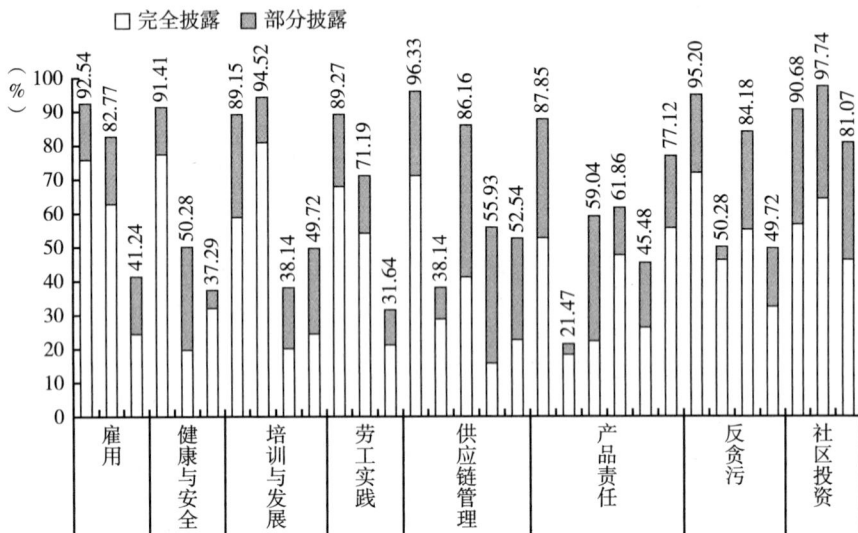

图17　内地在联交所上市公司报告社会范畴指标披露情况

（六）绩效信息横向、纵向可比性明显提升，更充分地展示履责绩效管理水平

与中国企业发布社会责任报告的整体水平相比，内地在联交所上市公司发布的社会责任报告在绩效可比性方面表现更为优异，得分率为50.79%，比中国企业整体平均水平高6.24个百分点。内地在联交所上市公司发布的社会责任报告中，超过70%的报告有跨年度的绩效对比，62.43%的报告采用了行

业或国家标准，42.09％的报告采用了报告的跨行业标准（见图18）。报告中呈现绩效的横向、纵向对比，一方面，可向利益相关方呈现公司绩效的长期变化，与同行业的其他企业及其他行业的企业形成对比，直观展现公司的经济、社会、环境效益；另一方面，对绩效的纵向、横向分析管理有助于提升绩效管理水平，明确公司发展潜力，制订改进目标及发展计划，推动公司实现持续的改进提升。值得注意的是，尽管在"有跨年度的绩效对比""采用了行业或国家标准"两个指标上表现较为突出，但内地在联交所上市公司发布的社会责任报告仍需加强对绩效目标实现程度的披露，企业需进一步加强对绩效的管理。

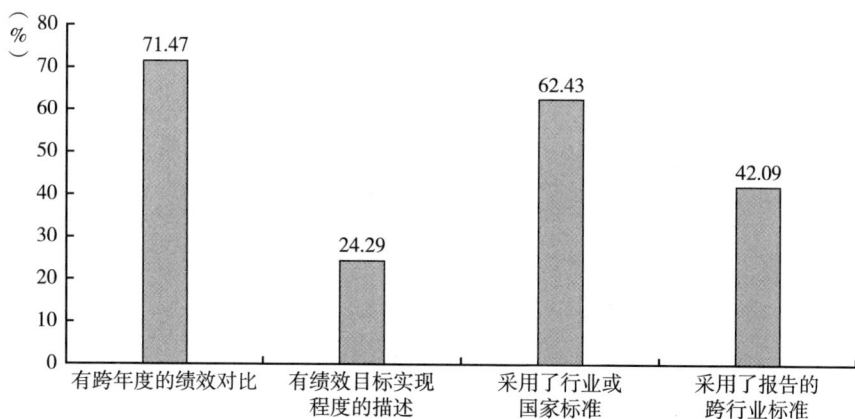

图18　内地在联交所上市公司报告绩效可比性指标披露情况

表1　报告中纵向对比示意

造纸板块废气排放	2018 年	2017 年	造纸板块废气排放	2018 年	2017 年
NOx（吨）	331	179	烟尘（吨）	70	7
SO2（吨）	79	121	粉尘颗粒（吨）	145	618

资料来源：恒安国际集团有限公司 2018 年度环境、社会和管治报告。

（七）持续重视供应链管理信息披露，采掘业、建筑业等行业对供应链管理信息披露更全面

内地在联交所上市公司的供应商信息披露水平持续加强，供应商资质指

标覆盖率较中国企业平均水平高出 10.87 个百分点，较去年提升 4.37 个百分点。在供应链相关议题中，披露供应链管理政策和责任采购的比例较高，披露本地化采购、供应商管理等方面定量信息的比例还有待提升。采掘业、建筑业等行业对供应链管理方面的信息披露较为全面，采掘业、建筑业报告中超过 90% 的报告披露了供应链管理和责任采购的政策、举措，披露供应链管理定量信息的比例也较高（见图 19）。

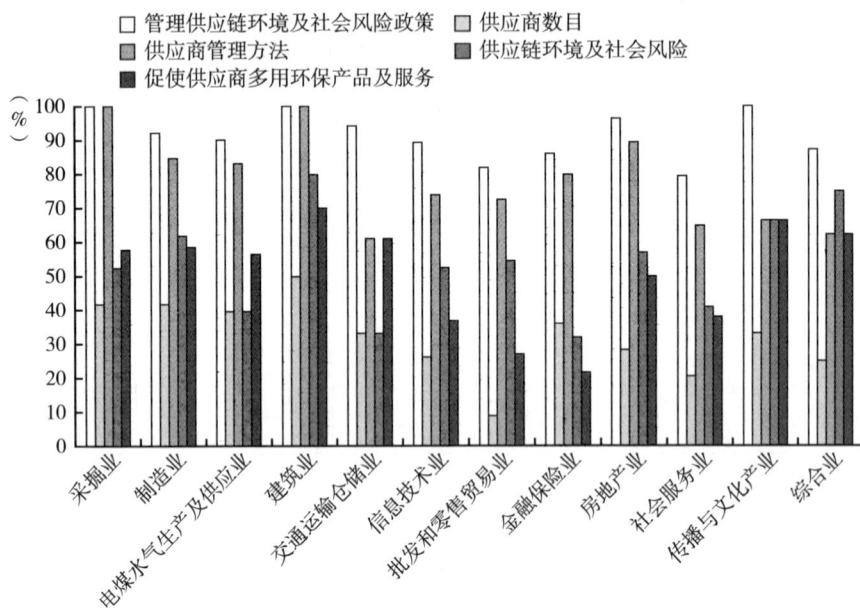

图 19　供应链信息披露的分行业对比

四　内地在联交所上市公司社会责任报告建议

（一）强化 ESG 目标管理，推动企业 ESG 管理绩效持续提升

内地在联交所上市公司中大部分是所在行业中的领先企业，有较为丰富的 ESG 管理经验，在 ESG 管治方面表现卓越。但就 ESG 目标管理而言，在

报告中披露 ESG 中长期目标的企业仅占 28.53%，除了交通运输仓储业、采掘业，其他行业设置 ESG 目标的比例均不超过 30%，批发和零售贸易业、传播与文化产业设置 ESG 目标的比例低于 10%。内地在联交所上市公司整体上需要进一步加强 ESG 目标管理，对 ESG 管理有方向性、前瞻性要求，不断推动提升 ESG 管理和实践成效。

（二）加强对风险机遇的识别并进行有效管控

风险机遇分析是投资者对上市公司信息披露的主要关注点之一，但内地在联交所上市公司在报告中有对风险机遇说明的比例约为 30%，还有待进一步加强。内地在联交所上市公司应结合企业内外部环境，加强对风险机遇的识别，对识别的风险进行有效管控，采取积极的应对措施，并在报告中加强对风险应对措施和实施成效的披露。

（三）强化定量数据的统计披露，持续提升信息披露程度

内地在联交所上市公司越来越重视联交所 ESG 指引要求，对 ESG 指引中的 11 个层面覆盖较为全面，大部分企业在报告中披露了相关议题的政策和管理举措，但是社会范畴下定量数据的披露率较低。一方面，企业应建立和完善适应自身发展需要和资本市场要求的社会责任指标体系，加强对 ESG 定量绩效的定期统计；另一方面，随着 ESG 指引将社会范畴的关键绩效指标披露水平从"建议披露"提升至"不披露就解释"，企业应加强对指标统计结果的披露，增强信息透明度。

（四）创新报告呈现形式，进一步加强报告的传播应用

社会责任报告是连接企业与利益相关方的重要载体，能够有效加强利益相关方对企业的认知，帮助企业与利益相关方更好地沟通。内地在联交所上市公司发布的报告中，超过 90% 的报告沿用了传统的报告形式，少数企业采用了 H5、微视频、VR 等传播形式，在报告的可读性和创新性方面较为保守。内地在联交所上市公司可进一步丰富报告呈现形式，采用中文版、英文

版、简版、H5 版、交互版等多种形式，精心设计、排版社会责任报告，满足不同利益相关方群体的阅读需求，提高报告阅读的友好性。同时，内地在联交所上市公司应重视社会责任报告的沟通作用，将 AR、VR 等技术融入报告传播，实现报告发布和传播形式的多元化；广泛应用新媒体等传播渠道，加强对报告的二次应用，将企业的责任亮点和成效向更广的范围传播，使社会责任报告成为开展价值传播的载体。

B.5
金蜜蜂中国上海市属国有企业
社会责任报告研究

刘思汝　吴琰　何洋　代奕波

摘　要： 本报告依据"金蜜蜂企业社会责任报告评估体系2018"，对收集到的32份上海市属国有企业社会责任报告进行评估与分析，通过纵向年度对比及横向与全国企业社会责任报告平均水平、中央企业社会责任报告水平进行对比，总结提炼上海市属国有企业社会责任报告现阶段特征，并就企业社会责任报告编制提出相关建议。研究发现，上海市属国有企业在社会责任报告发布数量和报告质量方面均不断提升，初步形成常态化的社会责任报告发布机制，报告内容具有较明显的行业特征，但在社会责任管理及社会责任报告创新方面尚有较大的提升空间，上海市属国有企业需进一步加强社会责任信息披露制度化、规范化建设，紧密结合可持续发展背景、国家发展战略及上海城市发展总体定位，在全面完整地识别利益相关方诉求的基础上，更高质量地披露社会责任信息，进而增强企业核心竞争力。

关键词： 上海市属国有企业　社会责任报告　信息披露

　　党的十八届三中全会将"履行社会责任"作为国有企业深化改革的重点工作之一。党中央、国务院多次要求国有企业必须承担更大的社会责任，在履行社会责任方面要发挥模范带头作用。上海市作为"全国改革开放排头兵、创新发展先行者"，坚持新发展理念，着力提升城市能级和核心竞争力，加快建设"卓越的全球城市"和具有世界影响力的社会主义现代化国际大都市。面对国企深化改革要求及上海城市发展定位，履行社会责任成为上海市属国有企业参与国际竞争、推进企业高质量发展、树立良好企业形象的重要方向与路径之一。

在政策指引方面，上海市委、市政府《关于进一步深化上海国资改革促进企业发展的意见》明确要求国有企业要承担社会责任，成为依法经营、诚实守信、节约资源、保护环境、保障民生和维护社会稳定的表率，并明确上海市国有企业履行社会责任的主要目标：到2020年，市管国有企业及所属重要核心企业定期发布社会责任报告、形成企业履行社会责任考核评价的制度化安排。2019年4月，上海市国有资产监督管理委员会发布《上海市国资委推进市属国有企业信息公开的指导意见》，进一步要求上海市属国有企业主动向社会公开"企业履行社会责任情况"。本报告通过收集并分析上海市属国有企业2018年发布的社会责任报告，系统地展示上海市属国有企业社会责任发展情况，并对编写更高质量的企业社会责任报告提出可行性建议，进而以报告促进信息披露及社会责任管理工作交流与提升。

一 上海市属国有企业社会责任报告概况

截至2019年10月31日，通过企业主动寄送、企业官方网站下载及网络查询等方法，我们共收集到32份上海市属国有企业发布的2018年企业社会责任报告，发布报告的企业数量占44家上海市属国有企业总数的72.73%，较2018年55.56%的占比有所增长。发布社会责任报告的上海市属国有企业半数为上市公司，其中有16家在上交所上市，有3家在上交所、港交所两地上市。

依据"金蜜蜂企业社会责任报告评估体系2018"，我们对这些报告进行评估。上海市属国有企业发布的报告中，完全独立的报告有28份，占

87.50%，另有 4 份报告将社会责任信息作为公司年报的章节进行披露。在报告的语言类型上，绝大多数企业发布中文报告，仅有 2 家同时发布了中英文版本报告。

在报告发布次数方面，65.63% 的上海市属国有企业已连续 5 次或 5 次以上发布社会责任报告，发布社会责任报告的连续性较好，反映上海市属国有企业重视企业社会责任信息披露，逐步建立起常态化的社会责任报告发布机制。

在行业分布方面，金融行业企业发布社会责任报告数量最多，共有 10 份，占比 31.25%，体现上海市作为国际金融中心的城市定位（见图 1）。

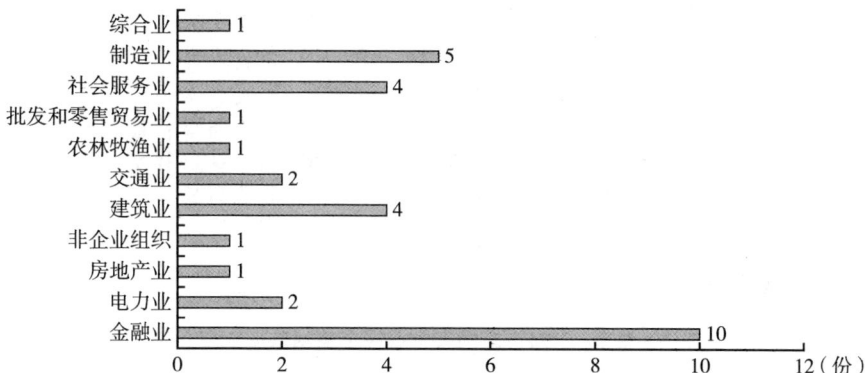

图 1　上海市属国有企业报告的行业分布

注：非企业组织指上海市生产服务合作联社，由上海市国资委监管。上海市生产服务合作联社是集体企业的联合经济组织，发挥政府与企业的桥梁纽带作用。

在报告编制依据方面，上海市属国有企业参考上交所指引编制的报告数量最多，占比 37.50%，体现出上海市国资委系统上市企业较好地回应了证券机构的监管要求。在国际标准应用方面，参考全球报告倡议组织《可持续发展报告标准》（GRI Standards）的占比为 21.88%，参考国家标准化组织《ISO 26000：社会责任指南（2010）》的占比为 9.38%，回应联合国《2030 年可持续发展议程》及可持续发展目标（SDGs）的企业仅 2 家。另有部分报告参考了中国社会科学院《中国企业社会责任报告编写指南》

（CASS – CSR 4.0）、香港联合交易所《环境、社会及治理（ESG）报告指引》、《上海文明单位社会责任报告指导手册》及相关行业指引（见图2）。

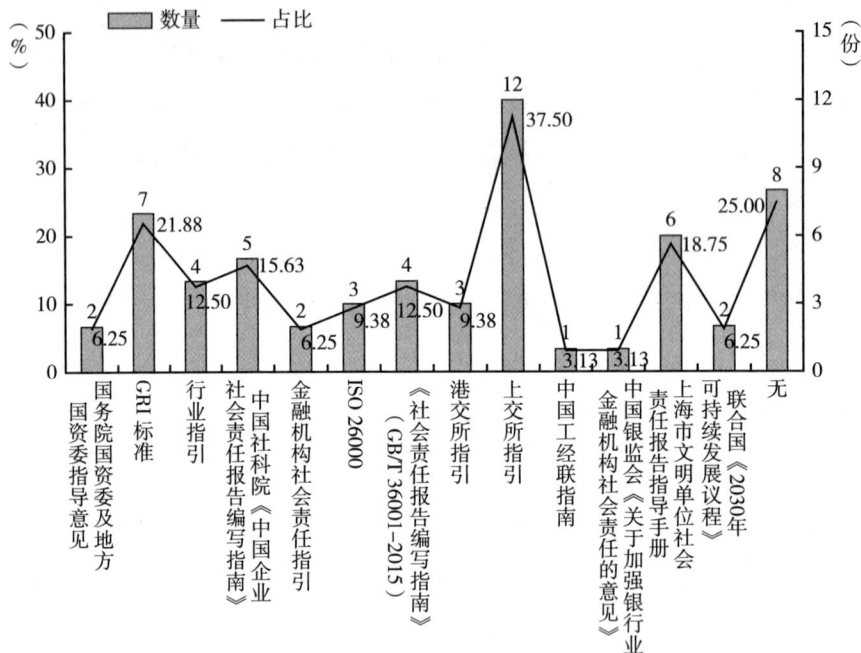

图2　上海市属国有企业报告编制依据

基于报告评估结果，对上海市属国有企业发布的企业社会责任报告进行整体描述，分析报告在各个维度的得分情况并进行比较分析，结合企业社会责任报告编制咨询方面的经验，总结提炼上海市属国有企业社会责任报告的特点，并提出相关建议。

二　上海市属国有企业社会责任报告分析

（一）报告总体情况

依据社会责任报告整体得分的不同，我们将报告质量分为起步、发展、追赶、优秀和卓越5个层次。上海市属国有企业报告质量多数处于发展、追

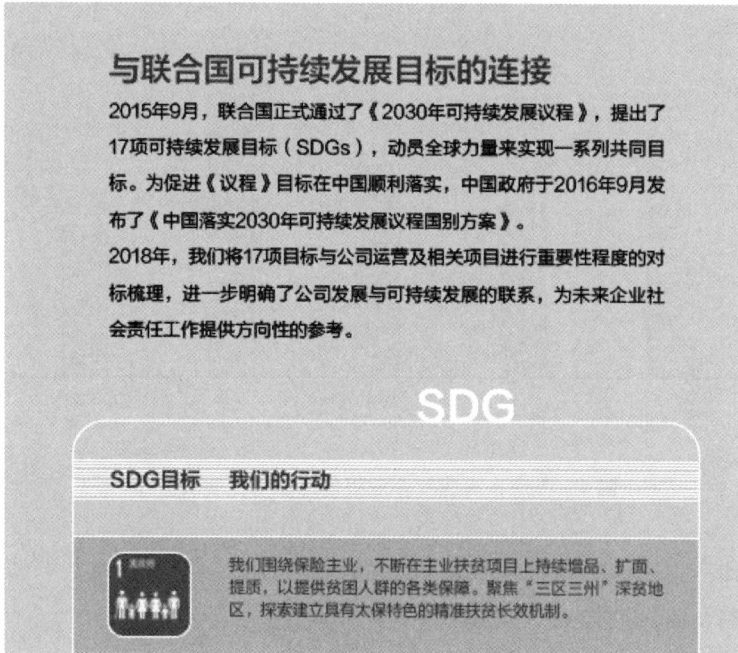

**图3 中国太平洋保险（集团）股份有限公司2018年社会责任报告
回应联合国可持续发展目标**

赶阶段，31.25%的报告质量已达到优秀及以上水平，社会责任报告具有较高的质量水平（见图4）。

2018年上海市属国有企业社会责任报告平均得分率为59.82%，报告质量持续提升，但增幅不明显，略高于全国企业社会责任报告平均水平，与2018年中央企业报告得分率77.04%相比，仍有明显的提升空间。

从完整性、可信性、可读性、可比性、创新性、实质性六个维度对上海市属国有企业社会责任报告进行评估。上海市属国有企业报告的实质性和完整性表现较为突出，得分率分别为65.49%和55.21%，明显高于全国企业社会责任报告平均水平，与2017年相比也有所增长。报告的创新性和可读性指数表现欠佳，均低于全国企业报告平均水平，上海市属国有企业需更加重视报告内容及形式的创新，优化报告呈现效果，提升读者的阅读体验，更好地发挥报告的沟通功能。同中央企业社会责任报告相比，上海市属国有企

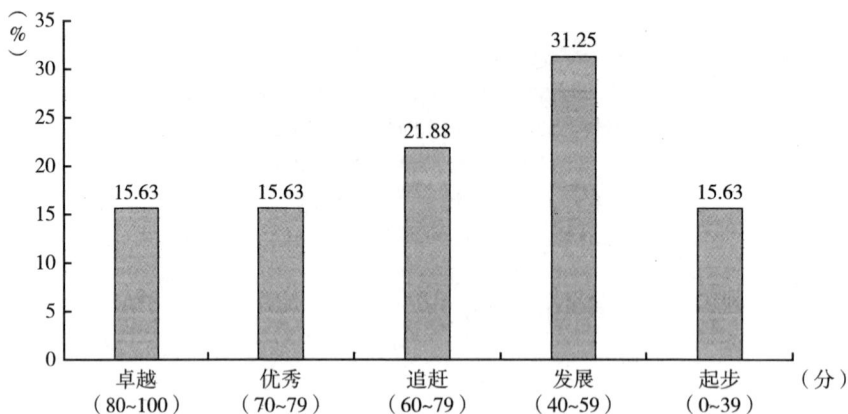

图4　上海市属国有企业报告总体得分层次分布

业报告在六个维度均有较大的提升空间，可对标优秀中央企业开展社会责任报告编制及信息披露工作（见图5）。

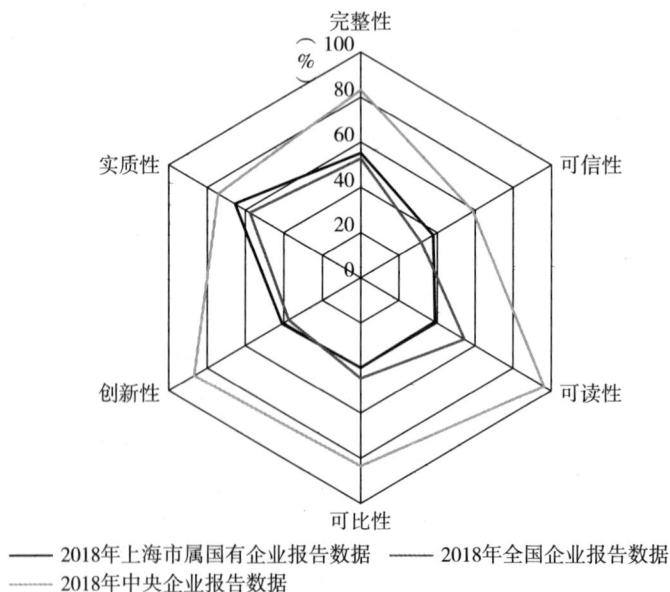

图5　上海市属国有企业社会责任报告六个维度的得分

（二）报告具体分析

1. 结构完整性

2018 年上海市属国有企业社会责任报告在完整性方面的平均覆盖率为55.21%，与 2018 年总体报告完整性覆盖率基本持平，比 2017 年略有增长，表明上海市属国有企业社会责任信息披露更加全面与完善。

在结构完整性各类指标中，绝大多数上海市属国有企业都披露了经济、环境和社会方面的履责实践，不到半数的企业披露战略与治理、风险机遇分析，仅有 1/3 左右的企业披露了高管声明与计划内容（见图 6），表明上海市属国有企业在高管重视、制定社会责任目标、开展社会责任管理方面还需进一步加强。

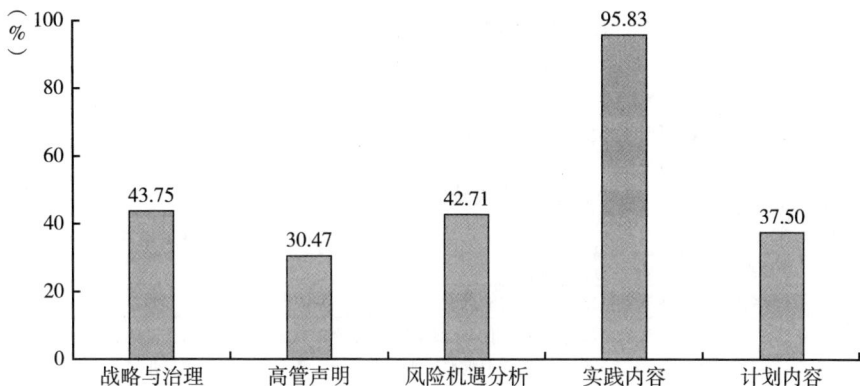

图6　上海市属国有企业报告完整性指标覆盖率

2. 报告可信性

2018 年上海市属国有企业社会责任报告在可信性方面的平均覆盖率为37.81%，比 2017 年 27.20% 的指标覆盖率有较大提升，但在六个维度中得分仍然较低，且与 2018 年中央企业社会责任报告可信性方面 58.89% 的覆盖率相比，存在明显差距。

在报告可信性各类披露指标中，绝大多数报告注重表述的客观性和利益相关方评价的展示，但在 CSR 专家评价、第三方审验和信息来源方面得分率较低（见图7），建议在后续报告中对图表信息来源进行标注，并通过 CSR 专家评价和第三方审验的方式，提升社会责任报告信息的客观性与可靠性。

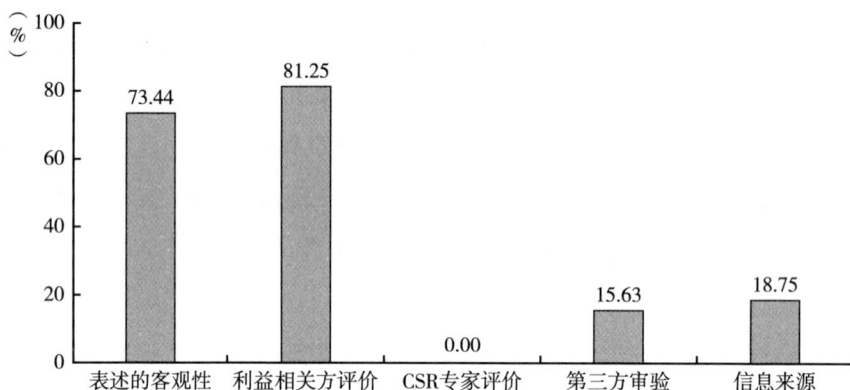

图7　上海市属国有企业报告可信性指标覆盖率

上海质量体系审核中心

企业社会责任报告书面评价意见

№ K00375

报告名称	2018年度社会责任报告
企业名称	上海农村商业银行股份有限公司
企业概况	上海农商银行成立于2005年8月25日，是全国首家在省级农信社基础上整体改制成立的股份制商业银行，目前总股本86.8亿股。截至2018年末，营业网点377家，员工总数6094人，总资产8129.09亿元，各项存款6209.92亿元，各项贷款3996.13亿元。在2018年度全球1000家大银行中，上海农商银行排名第178位，较2017年上升9位。在国内所有入围银行中，排名第25位。在2019年初发布的"全球银行品牌价值500强"榜单中，上海农商银行排名第191位，较上年上升32位，在全国农商银行中排名第2位。在中国银行业协会发布的"2018年中国银行业100强榜单"中，上海农商银行排名第25位。在中国银行业协会发布的2018年"陀螺"（GYROSCOPE）评价结果中，上海农商银行在城区农商行中排名第2位。上海农商银行在2018年"中国企业500强"中排名第475位，比上年度提高24位，在2018年"上海企业百强"中排名第36位，在"上海服务业企业百强"中排名第20位。

图8　上海农村商业银行对企业社会责任报告进行第三方审验

3. 报告可读性

2018 年上海市属国有企业社会责任报告在可读性方面的平均覆盖率为 48.75%，与 2017 年的 55.83% 相比有所下降，也低于 2018 年全国企业报告在可读性方面 54.41% 的覆盖率，相对 2018 年中央企业报告可读性覆盖率 96.19% 而言，更是有巨大的提升空间。

报告可读性重点关注企业社会责任报告的阅读友好性，关注社会责任报告在利益相关方中的沟通与传播作用。近一半的上海市属国有企业社会责任报告不足 30 页，且属于未经排版设计的纯文字报告，不仅影响报告的信息饱和度和利益相关方的阅读体验，也会影响报告在实质性与完整性方面的表现（见图 9）。上海市属国有企业可进一步丰富报告内容，合理使用图片和表格，并结合移动端阅读趋势在报告中适当增加二维码元素，增强报告互动性和阅读友好性，更好地发挥报告的沟通价值。

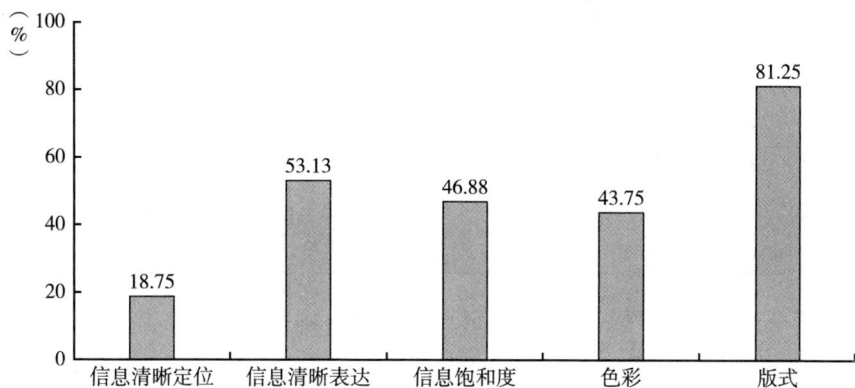

图 9　上海市属国有企业报告可读性指标覆盖率

4. 绩效可比性

2018 年上海市属国有企业社会责任报告在可比性方面的平均覆盖率为 54.17%，比 2017 年报告 46.00% 的覆盖率有所增长，也优于 2018 年全国企业报告在可比性方面 44.55% 的覆盖率，但相较于 2018 年中央企业报告的覆盖率 83.33% 而言，仍有较大的进步空间。

在报告可比性各类披露指标中，大多数上海市属国有企业注重在报告中进行跨年度绩效及行业内绩效的对比，但对披露绩效目标实现程度的关注度不高，只有1/3的企业在报告内容中有所涉及（见图10）。在跨行业可比性方面，部分上交所上市公司披露了每股社会贡献值，便于利益相关方更全面地衡量公司的社会责任贡献价值。

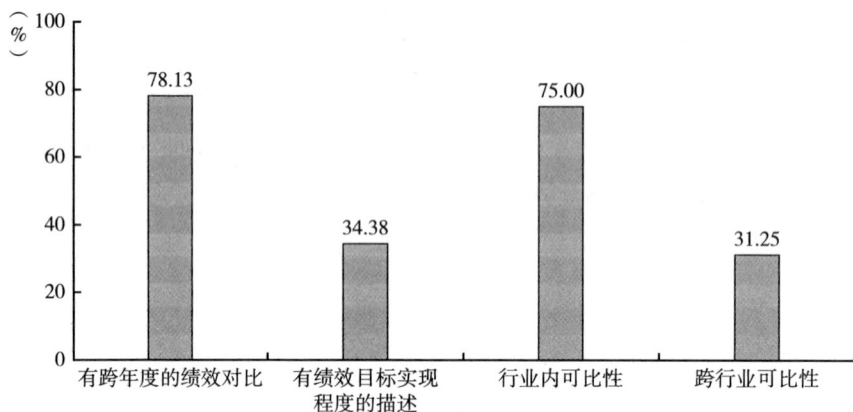

图 10　上海市属国有企业报告可比性指标覆盖率

每股社会贡献值组成要素：

利益相关方	利益相关方要素（单位：亿元）
股东	+归属于上市公司股东的净利润：19.79亿元
债权人	+向债权人支付的借款利息：　　5.48亿元
员工	+应付职工薪酬：　　　　　　　0.62亿元
社会	+应交税费：　　　　　　　　　6.59亿元
	+对外捐赠：　　　　　　　　　0.007亿元
环境	−环境污染造成的处罚：　　　　0亿元
贡献值合计（单位：亿元）：	32.49亿元
总股本（单位：亿股）：	31.44亿股
每股社会贡献值（单位：元/股）：	1.03元/股

图 11　上海隧道工程股份有限公司披露每股社会贡献值及计算方式

5. 报告创新性

报告创新性从内容、结构和形式三个方面进行考察。2018 年上海市属国有企业社会责任报告在创新性方面的平均覆盖率仅为 25.80%，是六个维度中得分最低的一项，低于 2018 年全国企业报告 37.30% 的覆盖率，与 2017 年 47.02% 的覆盖率相比也出现大幅下降的情况，这与近一半的上海市属国有企业发布低于 30 页的纯文字报告密切相关。

从报告创新性各类披露指标来看，2018 年上海市属国有企业报告更重视企业特色履责内容的展示，近 40% 的企业可以结合国家战略与社会热点展示履责实践，但在报告结构和形式方面未能体现行业特色或企业特色，报告整体创新性有待提高（见图 12）。

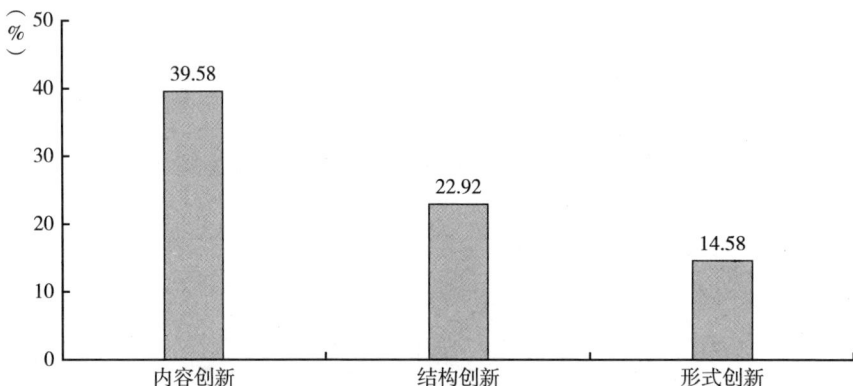

图 12　上海市属国有企业报告创新性指标覆盖率

6. 报告实质性

2018 年上海市属国有企业社会责任报告在实质性方面的平均覆盖率为 65.49%，高于 2018 年全国企业报告平均水平 57.67%，表明对各利益相关方的重视程度居于较高水平。但与 2018 年中央企业报告 74.35% 的覆盖率相比，仍有较大的提升潜力。

从报告实质性的各类披露指标和各利益相关方信息披露的得分率来看，上海市属国有企业大多数可以识别出利益相关方，且能披露利益相关方较关注的社会责任实践，但对利益相关方的要求和期望、与利益相关方沟通的渠道和方式的披露程度较低（见图13）；就各利益相关方而言，上海市属国有企业更重视对员工、客户、社区、政府和监管机构等利益相关方履责信息的披露，对供应商、同行、金融机构、出资人等利益相关方的关注度不高（见图14）。

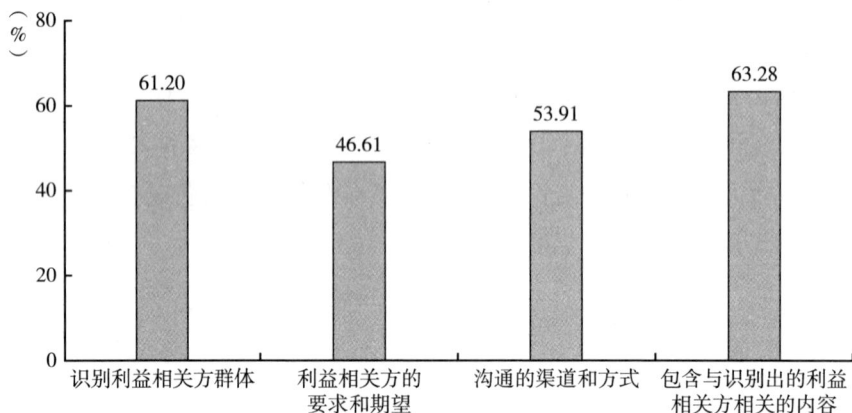

图13 上海市属国有企业报告实质性指标覆盖率

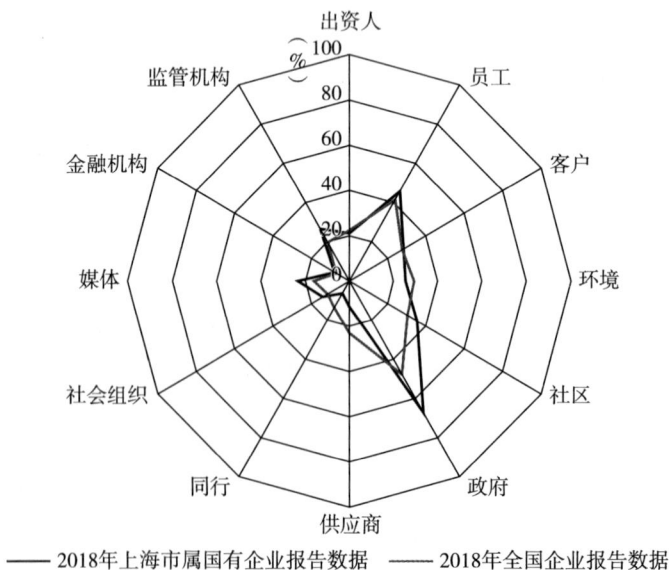

—— 2018年上海市属国有企业报告数据   —— 2018年全国企业报告数据

图14 上海市属国有企业报告中各利益相关方信息披露的得分率

2018年实质性议题的识别过程

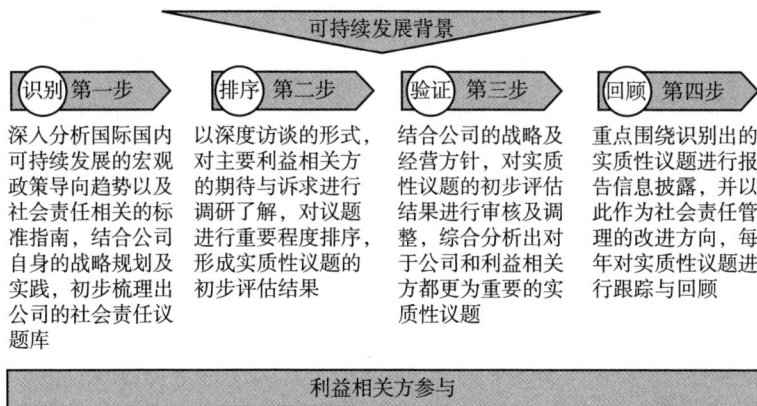

图 15 上海机场集团有限公司披露 2018 年实质性议题识别过程

三 上海市属国有企业社会责任报告的特征

（一）初步形成常态化的社会责任信息披露机制，报告质量稳步提升

上海市属国有企业重视信息披露，半数以上的企业已经连续 5 次或 5 次以上发布社会责任报告，在落实《上海市国资委推进市属国有企业信息公开的指导意见》中向社会公开"企业履行社会责任情况"的要求及回应证券监管机构"上市公司必须随年报一起披露其社会责任报告"的要求方面表现良好，已逐步形成常态化的社会责任发布机制，社会责任报告发布具有较好的连续性。上海国际港务（集团）股份有限公司已连续 11 年发布可持续发展报告，并在报告中对历年可持续发展报告的封面进行集中展示。上海市属国有企业社会责任报告的质量较 2018 年有所增长，但与中央企业社会责任报告质量相比，依然有较大的提升空间。

（二）社会责任管理不断加强与完善，社会责任报告更具实质性

上海市属国有企业在企业社会责任管理方面不断取得新进展，半数以上

的企业披露了治理架构，有 10 家企业披露了社会责任管理制度，另有 6 家企业披露了社会责任管理机构，部分企业还披露了社会责任理念及目标。上海浦东发展银行有限公司在责任管理方面披露社会责任核心理念及三大目标，将企业社会责任作为浦发银行文化、品牌及核心竞争优势的有机组成部分，形成具有浦发银行特色的责任竞争力。依托社会责任管理的不断加强与完善，上海市属国有企业社会责任报告披露具有较强的实质性，在员工、客户、社区、政府等主要利益相关方层面的得分明显高于全国报告平均水平，表明上海市属国有企业注重回应利益相关方的期望与诉求，能够以较为直观的方式向利益相关方展现企业的履责成效。

（三）报告内容注重回应国家与社会热点，创新性与可读性有待加强

上海市属国有企业注重结合国家与社会热点话题，在响应国家战略、展现国企改革、服务精准扶贫、保障进博会等方面披露特色履责实践。中国太平洋保险（集团）股份有限公司通过设置专题聚焦，系统集中地展示企业转型、精准扶贫、科技赋能、护航"一带一路"、响应"健康中国"战略等多方面的履责实践和绩效。上海机场集团通过设置专题，全面呈现迎接八方来客，安全、高效、温馨、绿色保障首届进博会顺利举办的各项举措与成效。与此同时，仍有近半数的上海市属国有企业发布 30 页以下的纯文字报告，按照固定格式对社会责任开展信息披露工作，但披露质量不高，不能体现行业特色或企业特色。上海市属国有企业在报告结构与形式创新方面有待进一步增强，在报告阅读友好性方面还有很大的提升空间。

（四）展现具有行业特色的履责实践，行业特征与城市发展定位相一致

上海市属国有企业注重将履行社会责任与自身业务发展相融合，披露结合企业专业优势的特色履责实践活动，社会责任报告呈现明显的行业特征，

并与上海的城市发展定位一致。在发布企业社会责任报告的上海市属国有企业中，三成以上的企业属于金融行业，体现了上海国际金融中心的城市定位，其次是制造业、社会服务业和建筑业发布的社会责任报告较多，与上海推进国际经济、金融、贸易、航运、科技创新"五大中心"建设的城市发展定位相一致。在行业得分率方面，交通行业的报告达到卓越水平，得分率为82.44%；金融业、电力业、建筑业、综合行业的报告处于追赶阶段，得分率在60%以上；社会服务业和制造业的得分率分别为58.66%、58.27%，尚处于发展阶段，上海市属国有企业可进一步加强企业社会责任信息披露，展现助力打响"上海服务""上海制造""上海购物""上海文化"四大品牌建设方面的履责实践。上海电气（集团）2018年度社会责任报告披露了发挥能源行业优势助力崇明世界级生态岛建设、下属临港重装备制造基地成为"上海制造"工业旅游路线窗口等履责实践，彰显上海市属国有企业发挥专业优势，服务上海城市发展战略的领先实践。

四　上海市属国有企业社会责任报告建议

（一）推进社会责任报告发布制度化建设，进一步提升国有企业信息披露透明度

国有企业履行社会责任受到社会各界高度关注并寄予厚望。上海市国资委高度重视信息公开工作，要求健全完善工作机制，严格规范信息公开工作程序，加大公开力度。当前，上海市属国有企业已初步形成常态化的社会责任信息披露机制，72.73%的上海市属国有企业发布社会责任报告，半数以上的企业连续5次及以上发布社会责任报告，但就《上海市国资委推进市属国有企业信息公开的指导意见》中"到2020年，市管国有企业及所属重要核心企业定期发布社会责任报告"的目标而言，还有较大的差距。上海市属国有企业可进一步建立完善的社会责任报告发布制度，做好企业信息披露工作，提升国有企业运营透明度。

（二）提升对社会责任报告战略价值的认识，持续加强并完善社会责任管理工作

上海市属国有企业在社会责任管理方面还有较大的提升空间。一方面，2/3 的企业社会责任报告中未包含高管致辞，反映出企业高层管理者对社会责任工作价值的认识不足；超过 2/3 的企业未披露社会责任管理制度及机构，可见社会责任管理融入企业运营有待加强。另一方面，披露社会责任计划、展现社会责任目标及实现程度可比性方面的得分率较低，表明上海市属国有企业需加强社会责任目标及计划制订，向利益相关方展示履行企业社会责任的承诺。建议上海市属国有企业在高管层面加强对社会责任战略价值的认识，推进社会责任管理制度化建设，更好地发挥社会责任报告促进社会责任管理，服务企业可持续发展的作用。

（三）创新并丰富报告内容及形式，增强利益相关方阅读报告的便捷性与友好性

上海市属国有企业在报告创新性与可读性方面的得分率较低，这与近一半的企业仅发布 30 页以下的纯文字报告紧密相关。上海市属国有企业在结合国家战略与社会热点创新披露履责实践的同时，也需重视企业社会责任报告的排版与设计，方便利益相关方快速在报告中找到他们关注的信息，增强报告的阅读友好性，更好地发挥社会责任报告的沟通作用。上海市属国有企业可通过精心设计，结合移动端阅读趋势，采用简版、H5 版、交互版、视频版报告等形式进一步丰富报告的呈现效果。此外，上海市属国有企业还可以通过集中发布企业社会责任报告等形式展现上海国资委系统企业透明运营、坦诚沟通的良好形象，让上海市属国有企业担当责任、服务经济社会发展的履责形象深入人心，扩大在利益相关方中的影响力，并建立良好的品牌形象。

（四）加强国际社会责任报告标准的应用，提升企业社会责任报告国际化水平

当前，社会责任已成为重要的竞争标准、贸易规则、投资原则、商业语

言以及消费意识，并日趋向标准化与法制化的方向发展。世界各国的政府及证券交易所都在就环境、社会及管治（ESG）信息的披露颁布新的法规。上海市属国有企业需进一步明确社会责任已成为国际上重要的商业语言，加强国际社会责任报告编制标准的应用，积极展示贡献联合国可持续发展目标（SDGs）的实践与绩效。上海市属国有企业在参考社会责任国家标准、上海市地方社会责任标准的同时，可进一步对标全球报告倡议组织《可持续发展报告指南》（GRI Standards）、国际标准化组织《ISO 26000：社会责任指南（2010）》、联合国全球契约十项原则等国际标准，积极回应联合国可持续发展目标（SDGs）等全球倡议，适当发布中英文等多语种报告，提升企业社会责任报告的国际化水平，通过发布高质量的企业社会责任报告展现企业全球视野与贡献，提升企业全球竞争能力。

B.6

金蜜蜂中国深圳市属
国有企业社会责任报告研究

张溥津　管竹笋

摘　要： 本报告依据"金蜜蜂企业社会责任报告评估体系2018"，对收集到的18家由深圳市国资委监管的国有企业于2019年发布的社会责任报告进行评估分析，并提出针对性建议。研究发现，深圳市属国有企业发布的社会责任报告整体质量优秀，高于全国平均水平，尤其在创新性和可读性方面表现突出，同时也表现出了具有行业特色的社会责任理念，积极回应了社会热点。

关键词： 深圳市属国有企业　社会责任报告　企业信息披露

一　深圳市属国有企业社会责任报告概况

截至2019年10月31日，深圳市国资委监管的市属国有企业共有25家，我们通过多种方式收集到18家企业公开发布的社会责任报告，占市属国有企业总数的72%，并根据"金蜜蜂企业社会责任报告评估体系2018"对这些报告进行评估。

在发布报告的深圳市属国有企业中，2家为领袖型企业，16家为发展型企业。2019年首次发布社会责任报告的企业有7家，占比38.89%；连续发布5～10次的企业有5家，占比27.78%；发布次数达10次以上的企业有3

家，占比16.67%（见图1）。发布企业中以发展型企业为主流，且首次发布企业比重较大，表明深圳市属国有企业对社会责任工作的重视程度在逐渐提高。然而，深圳市属国有企业发布总数较国内平均水平所存在的偏差以及连续发布企业数目较少的情况，亦说明深圳市属国有企业的社会责任工作仍存在较大进步空间。

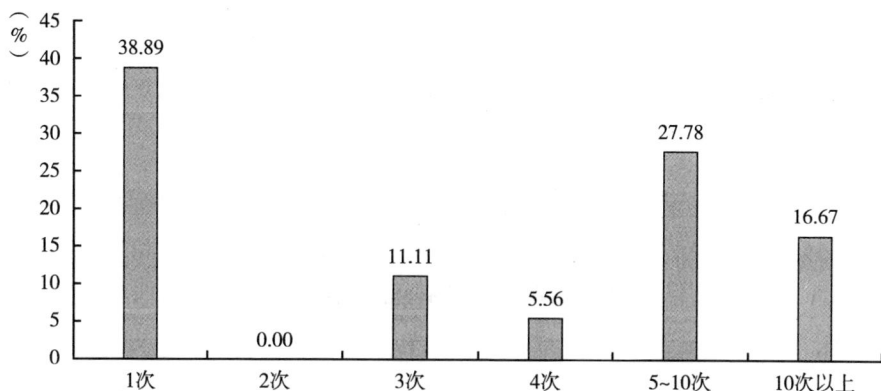

图1　深圳市属国有企业报告发布次数

在此次收集的报告中，51页以上的报告数量超过半数，占比78%，报告内容整体比较详实。但是，在发布的报告中仍有17%的报告不足30页（见图2），内容的覆盖范围较窄，整体质量仍有较大进步空间。

深圳市属国有企业在报告编制参考依据上相对集中，有11家企业在编制报告时参照了全球报告倡议组织发布的《可持续发展报告指南》（GRI标准），占企业总数的61%；《社会责任报告编写标准》（GB/T 36001-2015）和中国社会科学院《中国企业社会责任报告编写指南》（CASS-CSR 4.0）也是重要的参照依据，分别有10家企业在编制时进行参照，占企业总数的56%（见图3）。此外，部分企业在编制报告时参照了国资委指导意见和国际标准化组织发布的社会责任指南标准（ISO 26000）；上市公司亦参照了上海、深圳证券交易所指引。

在报告中注明反馈意见渠道（如电话、邮箱等）的报告占78%（见图

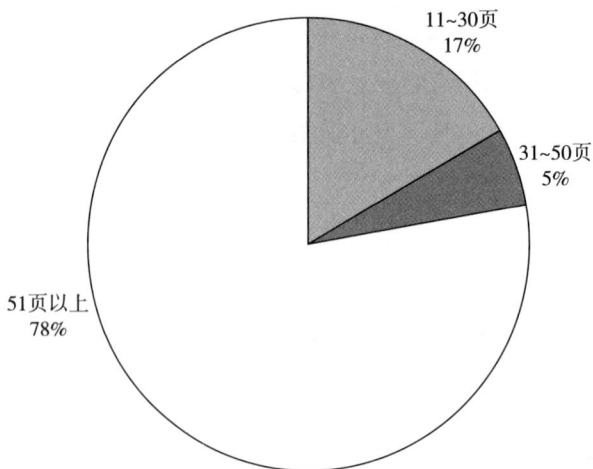

图2　深圳市属国有企业报告篇幅

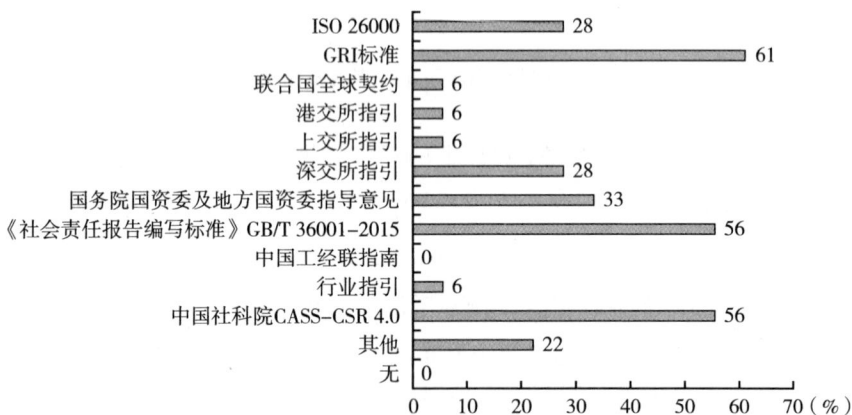

图3　深圳市属国有企业报告编制依据

4），表明绝大多数发布报告的企业对利益相关方的意见给予一定重视，并期望通过意见反馈来进一步提升企业社会责任的管理实践质量，使企业的社会责任实践更加符合利益相关方的期望与诉求。

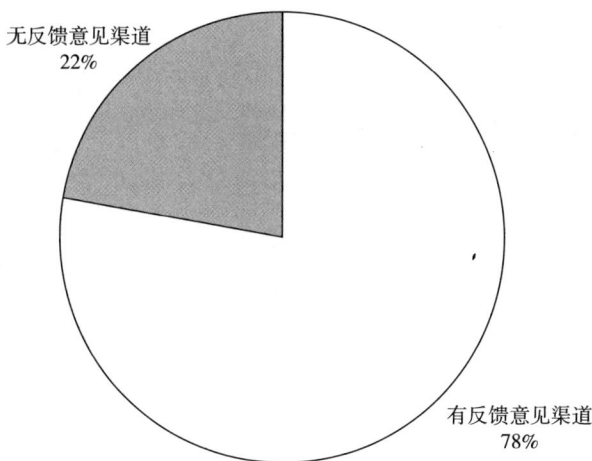

图4　深圳市属国有企业报告中是否有反馈意见渠道

二　深圳市属国有企业社会责任报告分析

（一）报告总体情况

根据社会责任报告整体得分的差异，报告质量可分为起步、发展、追赶、优秀和卓越5个层次。在本年度收集到的报告中，约有50%的社会责任报告处于卓越和优秀层次，水准较高。但是，仍有22.22%的报告处于追赶阶段，16.67%的报告处于发展阶段，11.11%的报告处于起步阶段（见图5），表明深圳市属国有企业社会责任报告的质量仍有进步空间。

从完整性、可信性、可读性、可比性、创新性、实质性六个维度展开评估，深圳市属国有企业报告平均得分率为66.30%，比社会责任报告整体均分率54.27%高12.03百分点，在六大维度上均高于总体平均水平，整体质量较高。其中，深圳市属国有企业发布的社会责任报告在创新性和可读性方面表现较好，平均得分率分别为82.57%和87.78%，比全国报告平均得分率分别高出45.27和33.37个百分点（见图6）。由此可见，深圳市属国有

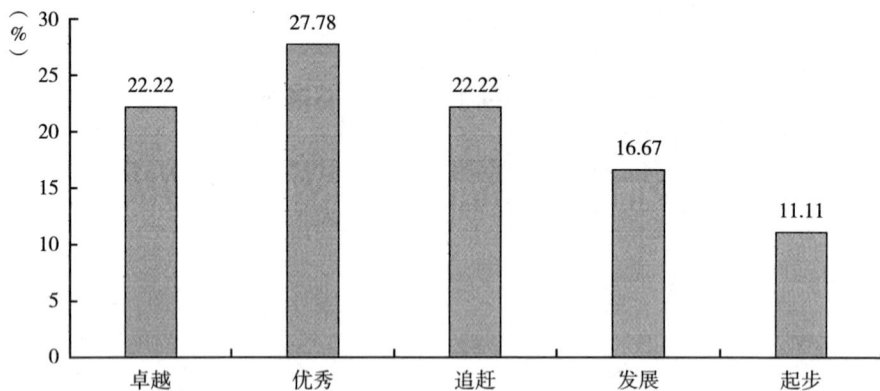

图 5 深圳市属国有企业报告类型分布

企业报告对于呈现效果和创新性的要求较高，能向读者提供较好的阅读体验，并突出体现行业特色。

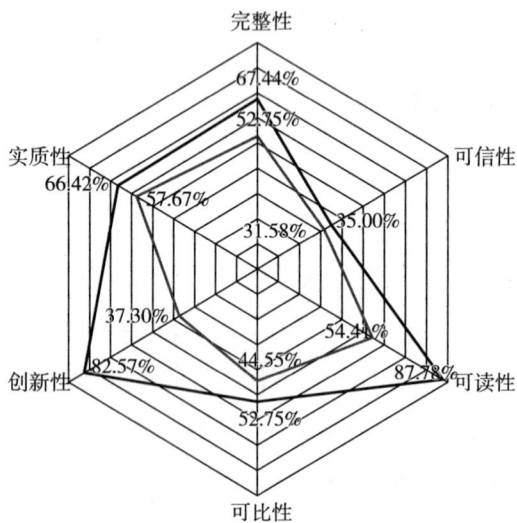

—— 深圳市属国有企业报告平均得分率　—— 中国企业报告平均得分率

图 6 深圳市属国有企业报告六个维度的平均得分率

（二）具体分析

1. 结构完整性

就整体而言，深圳市属国有企业报告的信息披露完整程度有待进一步提升。覆盖率超过50%的指标仅占总体指标的一半，分别为公司概况（90.00%）、报告参数（77.78%）、高管声明（58.33%）、战略与治理（50.00%）（见图7）。与之相对，覆盖率较低的指标包括计划内容（13.89%）、风险机遇分析（14.81%）、利益相关方（24.07%）、实践内容（33.33%），深圳市属国有企业报告对上述指标对应信息的披露还有不足，报告内容完整性有待提高。

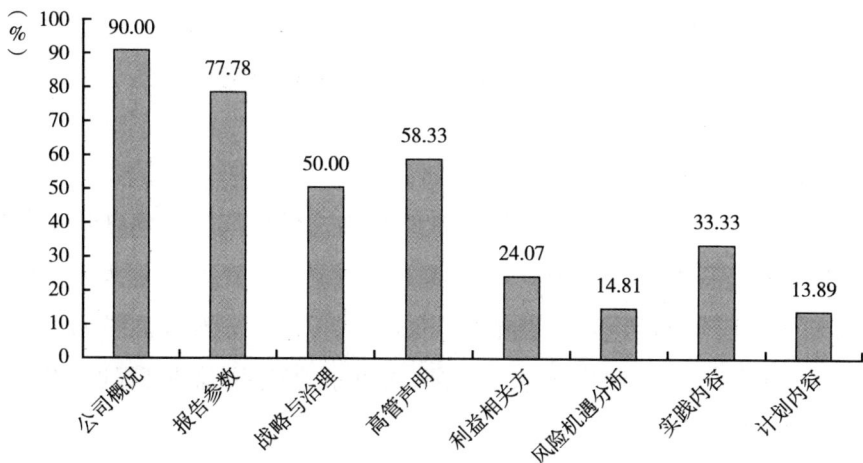

图7 深圳市属国有企业报告结构完整性指标覆盖率

2. 报告可信性

整体来看，深圳市属国有企业社会责任报告的可信性较全国报告平均水平略有优势，但不足之处仍然明显。2019年收集到的18份报告在可信性方面的平均分为1.4分（满分为4分），得分率仅为35.00%，是六个维度中得分率最低的一项（见图6）。其中，在表述的客观性方面覆盖率为47.22%，说明报告对负面信息的披露略有不足。少数报告标注了信息来源和获得CSR专家评价，第三方审验缺乏（见图8），说明报告权威性不足，有待进一步提升。

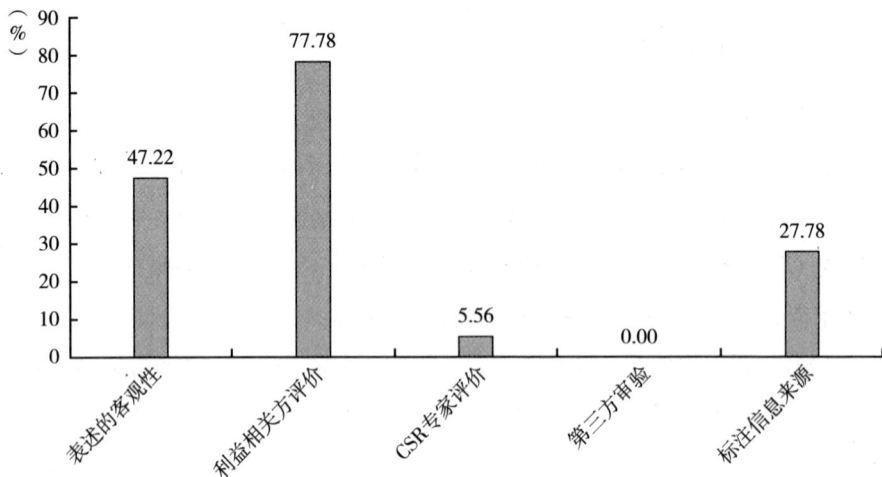

图8 深圳市属国有企业报告可信性指标覆盖率

3. 报告可读性

深圳市属国有企业社会责任报告的整体可读性较高，平均得分率为87.78%，较总体得分率54.41%高出33.37个百分点（见图6）。大多数报告版式布局合理、定位清晰、信息饱和、色彩鲜明、表达清晰（见图9），有利于信息的有效传递及与利益相关方的沟通，能更好地发挥社会责任报告的价值。

4. 绩效可比性

在收集的报告中大多数报告披露了行业内绩效的可比性，指标覆盖率为77.78%；六成以上披露了企业内部的跨年度绩效的可比性，指标覆盖率为61.11%。大多数发布报告的企业比较重视行业内部不同企业间的绩效对比。然而，披露跨行业绩效可比性的发报企业较少，占企业总数的38.89%；发报企业对绩效实现程度的披露较为不足，指标覆盖率仅为22.22%，不足总数的三成（见图10）。

5. 报告创新性

报告创新性旨在从内容、结构、形式三个方面对社会责任报告进行考察。就2019年深圳市属国有企业发布的社会责任报告来看，此次收集的报

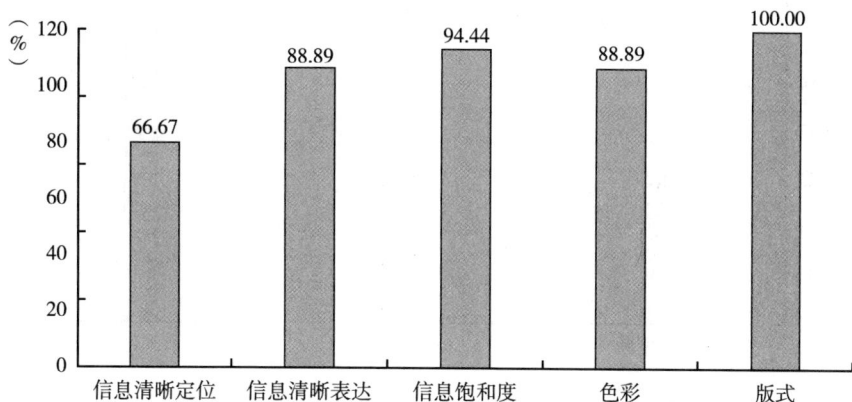

图9 深圳市属国有企业报告可读性指标覆盖率

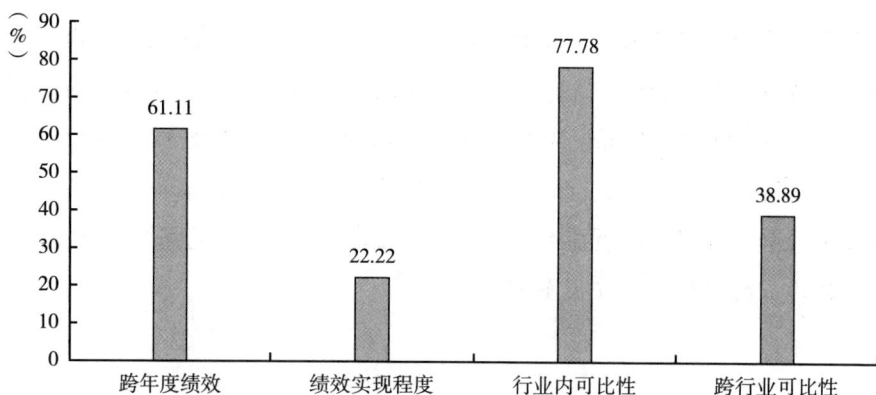

图10 深圳市属国有企业报告绩效可比性指标覆盖率

告创新性优势较为明显，平均指标得分率为82.57%，是全国报告得分率37.30%的2.21倍（见图6）。报告在内容创新、结构创新和形式创新三个方面的重视程度较为平均，指标覆盖率均达到80%以上（见图11），说明深圳市属国有企业社会责任报告的发报形式较为丰富，能够结合时代热点展现行业特色与企业特色，有利于更好地发挥社会责任报告的沟通价值。

6. 报告实质性

就综合分析来看，报告的整体实质性较全国平均水平表现良好，但对

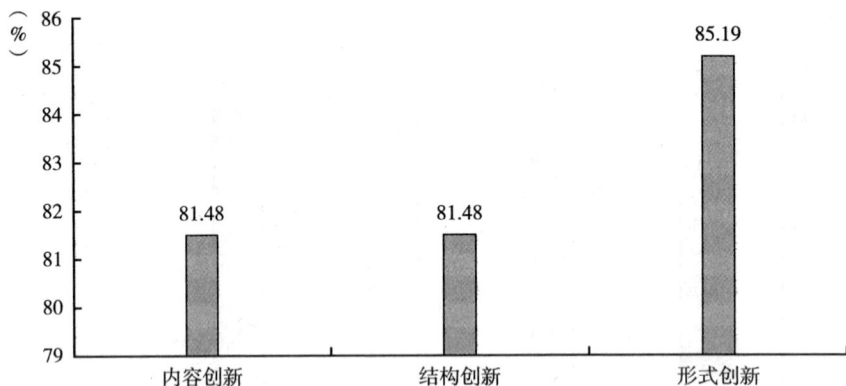

图11　深圳市属国有企业报告创新性指标覆盖率

"利益相关方沟通的渠道和方式"和"利益相关方的要求与期望"两方面的披露有所不足。具体来说，多数企业在社会责任报告中能够识别利益相关群体，覆盖率达64.35%；企业亦披露了与识别出的利益相关方有关的内容，覆盖率达61.11%。然而，具体到实质内容仅有半数企业披露出企业与利益相关方的沟通渠道和方式；而对于利益相关方的要求与期望的披露，在此次收集的社会责任报告中覆盖率不足一半，仅占47.69%，说明报告整体还应就实质性方面进行提升（见图12）。

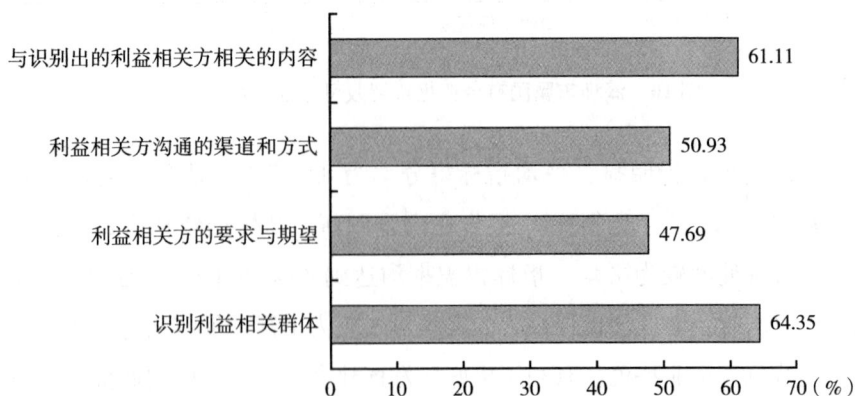

图12　深圳市属国有企业报告实质性指标覆盖率

三 深圳市属国有企业社会责任报告的阶段性特征

（一）结构完整性总体良好，覆盖多方面责任实践及成效

2019 年度全国社会责任报告平均得分率为 54.27%，而深圳市属国有企业社会责任报告平均得分率为 66.30%，比总体高出 12.03 个百分点。半数社会责任报告的得分率超过 70%，属优秀及卓越水准（见图 5）。就结构而言，50% 以上的报告包含了公司概况、报告参数、高管声明等部分；部分报告涵括对利益相关方的集中说明、风险机遇分析等内容，但占比不足半数，有待提高（见图 7）。从内容来说，大多数报告披露了企业的经济责任、社会责任、环境责任，社会责任信息披露相对成熟，能够展现企业的综合价值。此外，部分企业还公示了公司责任管理模型，详细展示了社会责任与公司战略和管理运营理念的融合。例如，巴士集团的责任模型和责任生态体系、水务集团的"点滴"责任模型，等等。责任管理模型的公示不但加深了公众对企业责任管理理念的认知、体现了企业和行业的特点，更为业界其他企业做出了良好的示范，促进了行业的共同发展。

（二）可信性提升空间较大，权威性有待进一步提升

77.78% 的报告有来自利益相关方的评价，27.78% 的报告标注了信息来源（见图 8）；部分企业在报告中还有对负面信息不同程度的披露，如员工离职率、安全生产事故发生概率等。因此，就报告的客观性来说，深圳市属国有企业整体表现良好。负面信息的公示更是提高了报告的可信度及客观性，为其他地区的企业做出了良好的示范。但是，报告普遍对 CSR 专家评价和第三方审验两方面的内容重视不足，报告权威性较低，有待进一步提升（见图 8）。

（三）可读性表现优秀，信息传递能力较强

深圳市属国有企业社会责任报告可读性的平均分为 3.51 分，得分率为

87.78%，比全国平均得分率54.41%高出33.37个百分点，表现优秀（见图6）。报告在版式、色彩搭配等方面较为出色，表达形式丰富，图文并茂，能够使读者获得良好的阅读体验。在此次收集到的报告中不乏可读性得满分的报告，如《深圳燃气2018年社会责任报告》和《深圳地铁2018年社会责任报告》，信息表述清晰，内容饱和丰富，能够有效发挥与利益相关方的沟通作用，有利于报告信息的传递。此外，报告传播形式多元化，除纸质报告和电子版报告外，企业发布的社会责任报告还有简版报告、H5版报告等形式，既丰富了传播途径，又扩大了传播效应。

（四）数据可比性整体良好，但跨行业对比性不足

在报告纵向可比性上，六成报告有跨年度的绩效对比，数据详实；七成以上报告有行业内部的横向对比，行业标准应用广泛，内容客观。但是，就跨行业可比性而言，深圳市属国有企业跨行业标准的信息披露程度较为不足，对于绩效目标实现程度的公示亦然，披露程度有待进一步提升（见图10）。

（五）创新性表现突出，积极回应时代热点

深圳市属国有企业报告创新性的平均分为3.30分，得分率为82.57%，比全国平均得分率37.30%高出45.27个百分点，表现突出。就整体而言，报告在结构、设计、形式上创新性均明显，企业履责亮点突出；在内容上亦能与社会最新动态有机结合，并以丰富的数据和案例详细阐述，充分体现行业特色及企业特色。

多数企业在报告中设置了专题栏目，披露了针对国企改革、党建工作、服务粤港澳大湾区等国家战略规划的实践与成效。部分企业亦能热切关注全球热点，发布其社会责任实践对实现联合国可持续发展目标的贡献，展示了国有企业的责任担当。如机场集团在其社会责任报告中设置的关于助力打造粤港澳大湾区的专题（见图13），不仅呼应了国家建设的时事热点，亦充分展示了其履责成就以及国企担当。

（六）实质性较整体表现良好，但对部分具有潜在影响的利益相关方有所疏忽

就整体而言，六成报告能识别出企业利益相关方并就其相关内容进行描述（见图12）。对具有明显影响的利益相关方，如员工、客户、环境、社区、政府等，有相关履责信息披露。然而，对具有潜在影响的利益相关方，如同行、社会组织、媒体、金融机构和监管机构等，报告在一定程度上疏忽了对其履责信息的披露。如此可能会为企业的社会责任管理带来潜在的风险。

四 深圳市属国有企业社会责任报告建议

（一）保持整体水平，进一步提升披露质量，提高报告可信度

就此次收集的深圳市属国有企业社会责任报告整体来看，质量比全国整体水平要好，基本兼顾到社会责任报告的六大维度，尤其在创新性和可读性上表现优秀。在巩固现有优势的同时，未来报告应进一步补足可信性等方面的不足，如增加 CSR 专家评价和利益相关方证言等方面的内容。此外，报告未来应深入调研利益相关方的诉求，加强以实质为核心的信息披露深度，深入了解潜在的利益相关方，如社会组织、媒体、金融机构、监管机构等，增强信息披露的全面性。

（二）提升报告数据的整体可比性，积极对标国际一流企业

报告未来应进一步提升对比性。首先，积极对标国际一流企业社会责任报告的披露指标，查漏补缺，在内容上做到立足本土、着眼国际。其次，报告中应增添对企业年度绩效目标的解读，并进一步披露其完成程度。最后，添加企业绩效跨行业对比方面的内容，使整体绩效横向可比。积极促进包括其合作伙伴在内的关联产业价值链的全面发展，助力

提升中国社会责任报告的整体水平，发挥国有企业在社会责任实践上的标杆作用。

（三）针对战略性相关方开展精准传播，提升企业运营透明度

此次收集的报告在可读性及创新性方面表现优秀，在未来报告编制过程中应继续其优势性，保持创新活力，发挥示范作用。进一步扩大报告的传播范围，通过发布多语种版本的方式扩大读者的覆盖范围，通过H5 版、电子版、交互版等多样化的发布方式增强其传播性，以满足不同群体的阅读需求。同时，进一步提升报告的使用率，全方位拓宽其传播途径。除以纸质版报告邮寄和官网电子版报告下载等形式传播外，企业亦可通过官方微博、微信等多元形式增强其曝光度，加强企业与利益相关方间的互动。

（四）提升报告实质性，扩大潜在利益相关方的覆盖范围，重视对同行、社会组织、媒体等相关方的信息披露

进一步扩大企业利益相关方的识别范围，将媒体、社会组织、同行、金融机构以及监管机构纳入利益相关方的识别范围。在编制过程中积极听取各方意见，建立通畅的沟通渠道，拓宽信息识别及披露的广度，形成更加完善、覆盖范围更广的参与机制。此外，积极了解各利益相关方的合理诉求，借助第三方视角深入解读企业在社会责任方面的履职标准，增强社会责任报告的实质性。

行业报告

Industry Reports

B.7

金蜜蜂中国采掘行业企业
社会责任报告研究

邬莎莎　张生柱　管竹笋

摘　要： 本报告应用"金蜜蜂企业社会责任报告评估体系2018"，对
收集的72份采掘业社会责任报告进行评估与分析，并提出针
对性建议。研究发现，采掘业社会责任报告呈现以下阶段特
征：报告总体处于"追赶"阶段，报告质量仍然有上升空
间；重视推进安全生产标准化建设，全面打造安全文化；环
境信息披露全面领先，生态系统保护指标突出；积极参与脱
贫攻坚，更加注重发挥企业专业优势；响应"一带一路"倡
议，重视海外社区沟通。

关键词： 采掘业　脱贫攻坚　环境管理　安全生产

采掘业是国民经济的基础性产业，也是国民经济的传统产业，但矿物和碳氢化合物是有限的资源，因此，拥有丰富资源的发展中国家正在寻求战略，以利用采掘业创造的机会来支持经济的可持续发展。

随着全球化进程的加快，为了改善采掘业的行业治理水平，各国纷纷出台政策，在采掘业实施"透明度行动"计划。2013年，欧盟颁布的《会计和透明度指令》要求制造业企业尤其是矿业和林业公开信息，提高企业公信力；美国的《多德—弗兰克华尔街改革与消费者保护法案》则对采掘类公司有明确的信息披露要求；加拿大《采掘业透明措施法案》要求采掘类公司主动公开其经济活动内容。以上都说明采掘业的信息披露受到了全球各国的重视。

一 中国采掘企业社会责任报告概况

截至2019年10月31日，我们通过企业官方网站下载及网络查询等方式，共收集到2019年度采掘企业发布的企业社会责任报告（含可持续发展报告、环境报告书）72份，与去年相比增长了14个百分点。其中，国有企业报告7份，国有控股企业44份，中央企业7份，民营企业9份，外资及港澳台企业4份，其他性质企业报告1份（见图1）。

在发布次数方面，50家企业发布报告次数在5次及以上，占比69.44%。在编制依据方面，16份报告参考单一编制依据，占采掘业报告总数的22.22%；36份报告采用两种以上的编制依据，占比50.00%，这说明大部分采掘企业重视报告信息披露。由于证券交易所在信息披露方面管理愈加严格，上市公司更加注重信息披露，上交所、港交所指引引用率均在30.00%以上。另有13.89%的报告未说明对标的编制依据（见图2），说明其在编制的规范性方面仍需进一步加强。

篇幅在51页及以上的报告共有27份，这其中，卓越企业和优秀企业（总分80分及以上）有13家。此外，有3家企业报告篇幅在10页以下，内容较单薄，说明这几家企业社会责任信息披露不充分。69.44%的企业

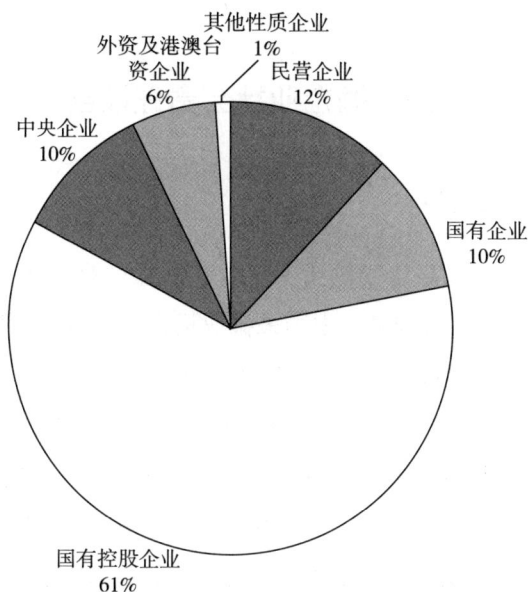

其他性质企业 1%

外资及港澳台资企业 6%

民营企业 12%

中央企业 10%

国有企业 10%

国有控股企业 61%

图1 采掘业报告发布主体性质

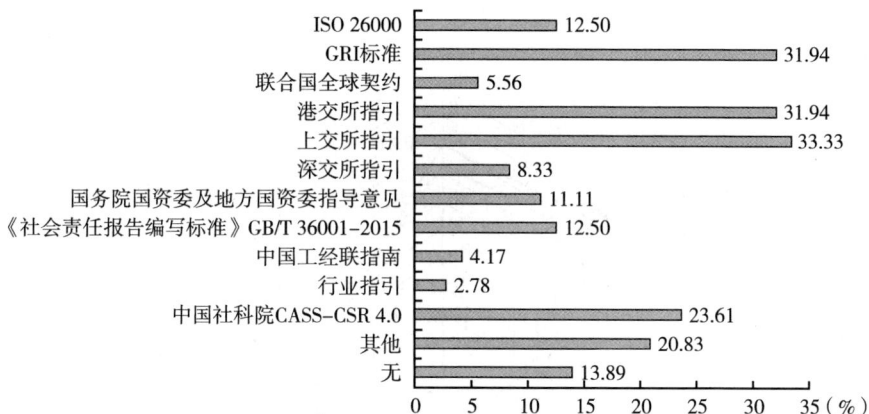

依据	引用率(%)
ISO 26000	12.50
GRI标准	31.94
联合国全球契约	5.56
港交所指引	31.94
上交所指引	33.33
深交所指引	8.33
国务院国资委及地方国资委指导意见	11.11
《社会责任报告编写标准》GB/T 36001-2015	12.50
中国工经联指南	4.17
行业指引	2.78
中国社科院CASS-CSR 4.0	23.61
其他	20.83
无	13.89

图2 报告编制依据引用率

能够在距财年时间 4 个月以内发布报告，时效性强；但仍有 9.72% 的报告发布时间是在距财年时间 6 个月以上，这部分企业需要在报告时效性方面加以关注。

二　中国采掘企业社会责任报告分析

（一）报告总体情况

2019 年中国采掘业报告平均得分为 61.89 分，高于中国企业报告平均得分 54.27 分，整体质量较高。中国采掘业报告六性得分率最高的是实质性 65.76%，其次为可读性 63.33%，接着是完整性 59.88%、可比性 54.88%、创新性 42.53%，可信性得分率只有 32.08%，为六性中得分率最低的（见图 3）。另外，六性得分率中，中国采掘业报告均高于中国企业报告。整体来说，中国采掘业报告的质量与去年相比基本保持稳定略有下降，其中可读性同比上升 8.92 个百分点，可信性、创新性虽然仍排名最后两位，但同比分别上升 6.22 个百分点、10.15 个百分点，说明报告在可信性和创新性方面进步较大。

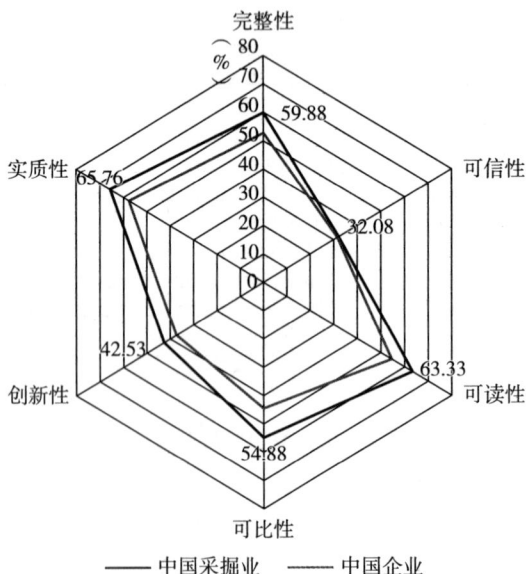

图 3　中国采掘业和中国企业报告六性得分率

（二）具体分析

1. 结构完整性

中国采掘业报告结构完整性整体优于中国企业报告，得分率为59.88%，高出中国企业报告7.14个百分点。从图4可以看出，该报告在实践内容和公司概况方面的信息披露较为全面，指标覆盖率分别为93.98%和76.39%；其次是报告参数、利益相关方，指标覆盖率分别是66.20%和60.19%；而战略与治理、高管声明、风险机遇分析、计划内容的指标覆盖率均低于50%，分别是49.65%、40.28%、44.44%和47.92%，这说明中国采掘业报告对战略与治理、高管声明、风险机遇分析和计划内容的相关信息披露较少。

纵向比较可以发现，相比于2018年数据，中国采掘业报告在利益相关方和风险机遇分析方面分别上升11.91个百分点和8.81个百分点，说明采掘业企业重视利益相关方参与和沟通，对企业发展面临的风险和机遇关注度上升，关注市场发展趋势。

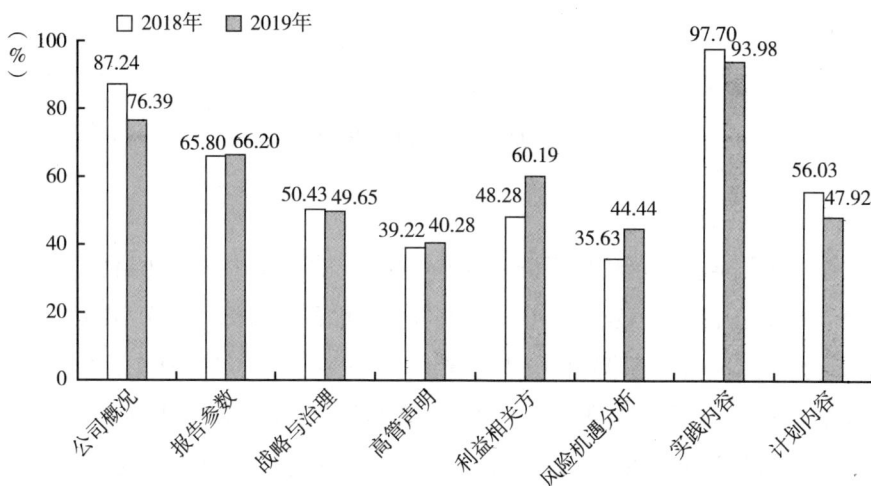

图4 中国采掘业报告完整性指标覆盖率

2. 报告可信性

2019年，中国采掘业报告可信性得分率与中国企业报告几乎持平，为

32.08%。从指标覆盖率上看，中国采掘业报告的表达客观性较高，为71.53%，但其余指标如 CSR 专家评价和第三方审验的信息披露水平都较低，分别为 4.17% 和 6.94%（见图 5），因此采掘企业未来编制报告时要注重对这两个指标的信息披露，以提升报告的可信性。

纵向比较发现，采掘业报告表述的客观性、利益相关方评价、信息来源和第三方审检均呈现同比上升趋势，其中利益相关方评价和信息来源涨幅最高，达 15.47 个百分点和 14.03 个百分点，说明采掘业企业报告能够客观表达报告内容，重视利益相关方的评价和信息来源。

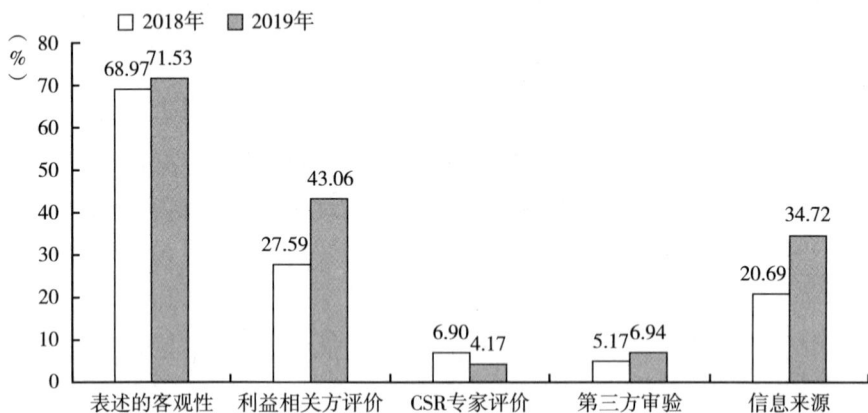

图 5　报告可信性指标覆盖率

3. 报告可读性

中国采掘业报告可读性得分率为 63.33%，略高于中国企业报告 8.93 个百分点。纵向比较可以发现，2019 年报告可读性各项指标均高于 2018 年，其中信息饱和度和信息清晰定位分别上涨 13.99 个百分点和 12.40 个百分点，说明采掘业报告披露信息更加饱满和清楚，报告可读性质量明显上升。

从指标覆盖率上看，79.17% 的采掘业报告在版式上能够做到字体、大小、行间距、页面布局合适；信息饱和、表达清晰的报告分别为 77.78% 和65.28%，也处于较高水平；但是采掘业报告的信息清晰定位和色彩搭配指标覆盖率仅为 48.61% 和 45.83%（见图 6），说明报告在索引和色彩搭配方面应该加以改变，避免影响整篇报告的可读性。

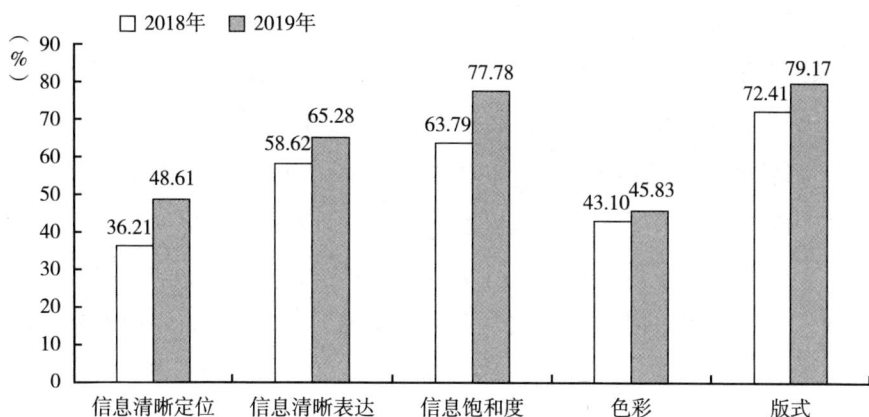

图6　报告可读性指标覆盖率

4. 报告可比性

采掘业报告的可比性得分率为54.88%，显著高出中国企业报告10.32个百分点。2019年采掘业报告的行业内可比性为61.11%，相比于2018年（27.59%）上升了33.52个百分点，纵向可比性保持稳定，但是跨行业可比性的指标覆盖率仅为43.06%，同比下降18.97个百分点（见图7），说明采掘业报告在纵向和行业内可比性上的信息披露水平较高，但是需要增加跨行业信息对比分析，披露更多关于跨行业的信息。

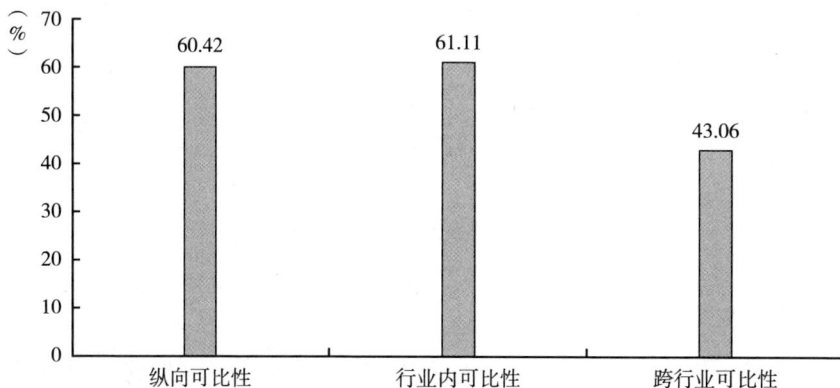

图7　报告可比性指标覆盖率

5. 报告创新性

采掘业报告平均指标得分率比中国企业报告平均水平高出5.23个百分点，说明采掘业在创新性方面的信息披露强于中国企业的整体水平。但是二者的得分率都较低，分别是42.53%和37.30%，说明报告整体创新性有待提高。从报告内容来看，采掘业报告的企业特色（80.56%）指标覆盖率最高，其次是契合时代热点（52.78%），但是在行业特色方面得分率较低，仅为43.06%，说明企业的报告内容对行业特色重视不足；从报告结构来看，报告在企业特色（43.06%）方面的指标覆盖率较高，但在契合时代热点（23.61%）方面的信息披露不够；从报告形式看，报告在契合时代热点（22.22%）和体现行业特色（26.39%）方面的披露都不足，尤其是在契合时代热点方面仅为22.22%，说明其对国家政策方向和时代热点把控不足（见图8）。综合来看，采掘业报告创新性指标虽有提升，但行业特色的指标覆盖率都处于较低水平，因此企业需加强此方面的信息披露，将行业发展方向与企业自身发展紧密结合。

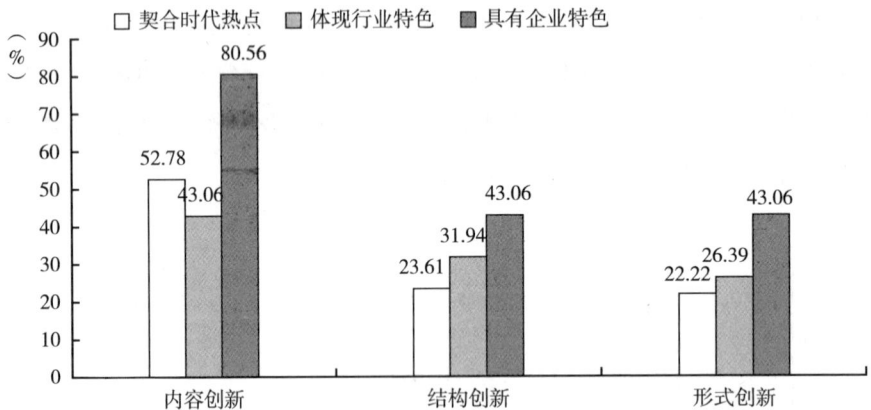

图8 报告创新性指标覆盖率

6. 报告实质性

2018年采掘业报告实质性得分率为65.76%，比中国企业报告平均水平高出8.09个百分点，说明采掘业对利益相关方的信息披露显著优于中国企业报告平均水平。采掘业报告在识别利益相关方群体方面，覆盖率最高，为

69.79%，说明报告涉及利益相关方的内容较为全面；其次在与识别出的利益相关方相关的内容方面，覆盖率为64.47%，说明其对利益相关方进行了详细阐述；最后在利益相关方的要求与期望（53.13%）和沟通的渠道和方式（53.24%）方面，两者几乎持平，且都超过了50%（见图9），但是相对于识别利益相关方群体，还存在较大差距，因此在采掘业报告中不能仅识别利益相关方，还应对其沟通的渠道和方式进行更深入的了解，加强报告实质性议题识别。

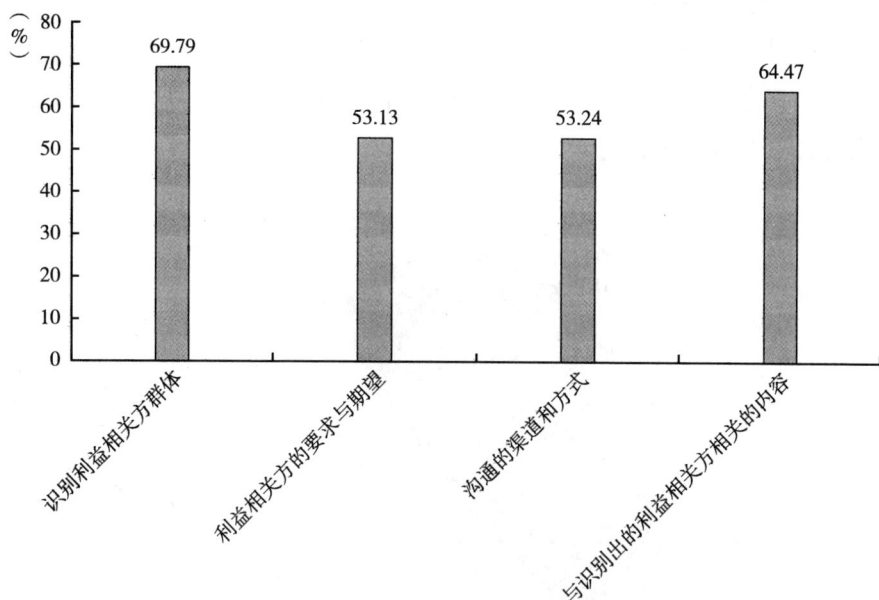

图9　报告实质性指标覆盖率

三　采掘企业响应政府号召披露社会责任
实践信息的阶段性特征

（一）报告总体处于追赶阶段，质量仍然有上升空间

采掘业报告的整体数量上升，2019年搜集到的采掘业报告数量为72

份，高于 2018 年的 63 份，新增加 9 份。整体来看，2019 年优秀及以上水平的占比达 37%，保持稳定，但数量有所增加，说明采掘业报告整体质量仍处追赶阶段（见图 10）。但是 2019 年采掘业的总体平均得分较 2018 年下降 1.1 分，虽然下降幅度不大，但说明企业在质量的把控上有所欠缺，报告仍存在很大的上升空间。

采掘业优秀社会责任报告的发布主体仍以国有企业和国有控股企业为主，27 份优秀社会责任报告的发布主体中，国有控股企业有 19 家，占比 70.37%；国有企业有 3 家，占比 11.11%；央企则有 5 家，占比 18.52%。这说明有国家资本注入的企业更加重视企业社会责任管理，在信息披露方面更加全面和具体，值得借鉴。

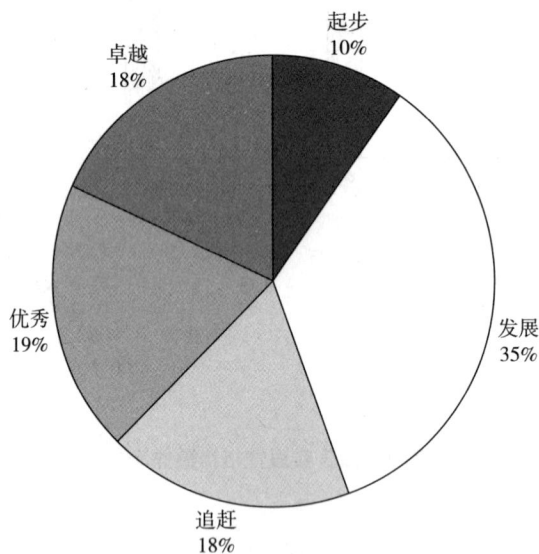

图 10　采掘业报告发展情况

（二）重视推进安全生产标准化建设，全面打造安全文化

采掘业因为行业属性、工作环境和生产条件等因素，会面临突发的安全事故、作业生产的化学物质等潜在危险，属于高危行业，因此对采掘业安全

系数有着更高的要求和标准，需要企业始终对事故隐患排查"全覆盖、零容忍、严检查、重实效"，积极推进安全风险管控工程，出台风险分级管控技术标准，提高安全生产技术。本次搜集的 72 份采掘业报告均对安全生产有不同程度的披露。

采掘业企业在推进安全生产体系建设过程中，积极全面打造安全文化。企业一直秉承着"零事故、零伤害"的理念，树立安全文化意识，鼓励员工自发遵守规章制度，通过营造安全文化氛围，从根源上避免突发事故，实现从"要我安全"到"我要安全、我会安全、我能安全"的转变。中国有色矿业集团有限公司树立"把重大安全隐患作为重大安全事故治理"的理念，开展安全文化教育活动（见图 11），对生产管理人员进行培训，将安全理念渗透到项目设计、设施设备、工艺流程、岗位操作、员工日常行为等方方面面；中国稀有稀土股份有限公司为强化安全文化建设，实施安全素质提升专项行动，开展违反禁令行为辨识活动，组织"十条禁令"和安全技能培训，通过在生产区域设置安全警示、工艺流程等目视管理看板，召开安全警示教育会，举办专题培训班，开展全员安全培训等工作，提高员工的安全意识；中国神华能源股份有限公司持续开展员工安全培训、安全生产月、安全知识竞赛等多样化安全主题活动，培养全员安全生产意识。

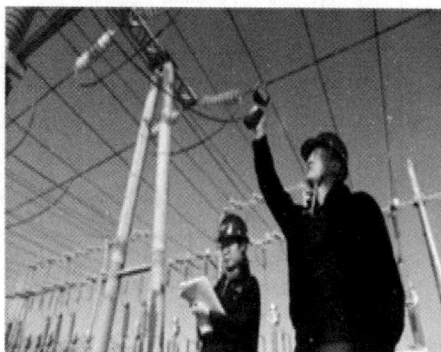

我们通过开展中高层安全生产管理人员培训、"安全生产月"、《职业病防治法》宣传周等多种形式的安全文化宣传活动，以及在全集团范围内开展"生命至上，安全发展，美丽中国，我是行动者"主题知识答题活动，促进员工树立"主动安全"意识和"本质安全"观念，营造安全文化氛围

组织开展各级安全生产培训	参加安全生产网络知识竞赛
6万余人次	8万人次

▲ 开展安全巡检

图 11　中国有色矿业集团有限公司开展安全文化教育活动

（三）环境信息披露全面领先，生态系统保护指标突出

采掘业是典型的通过生态环境互动来完成企业日常生产运营的行业，对生态环境的直接开采是企业主营产品的来源方式，因此采掘业对环境的影响程度较大，需要披露的信息较多。本次采掘业报告的环境信息披露水平优于中国企业报告的水平，其中采掘业在环境管理和降污减排方面的覆盖率均高出中国企业10个百分点，在生态系统保护方面，采掘业覆盖率（29.51%）远远高于中国企业（9.40%），环境管理指标覆盖率相比2018年（50%）上升了6.94个百分点（见图12），生态系统保护同比上升5.81个百分点，但是降污减排覆盖率同比下降3.59个百分点，资源节约与利用同比下降2.83个百分点，因此可以看出采掘业在环境管理和生态系统保护方面有所进步，但是在资源节约与利用和降污减排方面有所下降，需要加强这两个方面的信息披露。综合而言，采掘业报告的环境信息披露程度较高，说明其注重生产过程中的环境问题。

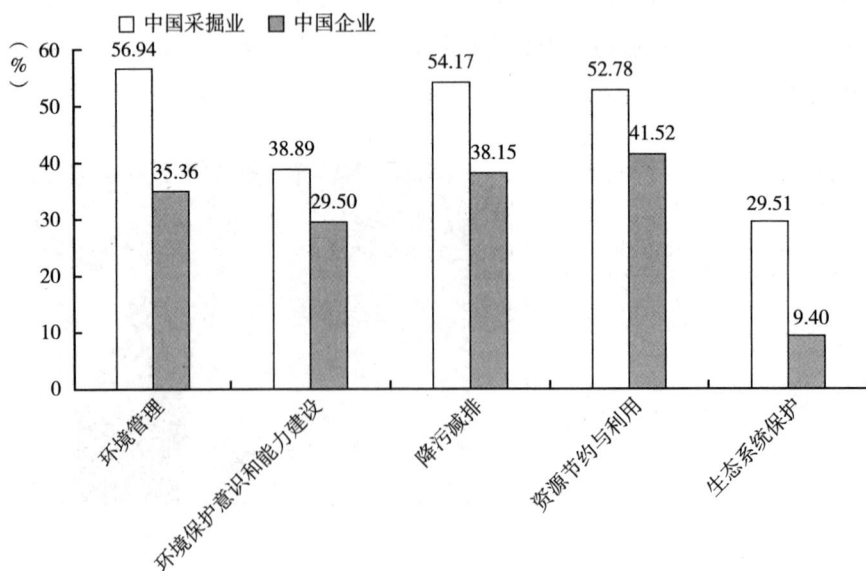

图12　环境信息指标覆盖率

采掘业企业在生产过程中秉承习近平总书记"绿水青山就是金山银山"的发展理念,注重对生态环境的保护,加强识别、分析环境敏感区和环境风险,降低生产经营对生态环境的影响,实施生物多样性保护,打造健康和谐的生态家园。中国中煤能源股份有限公司将绿色矿山建设与生产建设、土地复垦、水土保持有机结合,开展生态环境治理。对于露天煤矿开采实现"剥离–采矿–回填–复垦"一体化,井工煤矿充分利用煤矸石回填采煤塌陷区,全面恢复、改善矿区生态环境,实现环境效益、经济效益、社会效益相协调;中国铝业集团有限公司制定了《环境保护管理办法》等制度,不在世界遗产地或法律保护区内勘探或开采,充分节约与利用土地资源,实施老矿区复垦与生态修复工程,应用赤泥堆场生态复垦技术完成3000平方米示范种植,植被覆盖率大于95%。

案例

绿色基因根植平朔矿区

站在高处远眺,平朔矿区满目绿色,几千亩耕地平整连片,一望无际的茂密森林与工业化大矿区交相辉映,蔚为壮观。这是坚持绿色与发展有机融合的生动体现。

传统来讲,煤炭资源的开采必然会对生态环境造成一定的影响,特别是高强度、大规模的露天开发必然会破坏原始地貌。中煤平朔打破传统认知,探索出资源开采与生态环境和谐发展的开采模式,为我国露天采矿用地探索出一条新路径。

建矿伊始,中煤平朔集团就制定了严格的《环保篇章》。在采矿与生态并重的发展理念下,推行开采方式科学化、矿井环境生态化,注重煤炭开采量与环境承载力相协调,露天矿场走出了一条绿色开采、绿色发展的路子。

30多年来,中煤平朔集团创造性实施了露井联采技术,做到了黑色产业绿色开采,矿区资源回收率达93%,矿区环境实现了从单一资源型到绿色生态型的突破。

30多年来,中煤平朔集团先后获得了中华宝钢环境奖、中国最美矿山、全国节能先进集体、中国最具影响力绿色品牌企业、金旗奖环境保护金奖等荣誉;安太堡矿被列为土地复垦野外观测基地和土地复垦教学实践基地;平朔生活区绿化覆盖率达45%以上,被中宣部命名为全国百家文明社区示范点。

30多年来,中煤平朔集团累计生产原煤15亿吨,累计投入环保、绿化复垦资金50多亿元,复垦土地4万余亩,排土场复垦区植被覆盖率达95%以上。

图13　中国中煤能源股份有限公司坚持绿色发展案例

（四）积极参与脱贫攻坚，更加注重发挥企业专业优势

2019 年是全面建成小康社会的关键时期，无论是领袖型企业还是发展中企业都紧跟时代热点，在专注自身发展的同时积极承担社会责任。本次采掘业报告中中央企业、国有企业、国有控股企业占比 80.56%，在国家政策要求和支持下，这些企业积极披露精准扶贫相关工作，通过开展对口扶贫、产业扶贫、基础设施扶贫等多种途径参与脱贫攻坚。

中国铝业集团有限公司在民生扶贫中投资 1050 万元，顺利完成藏区青少年体质检验检测中心和藏医药文化交流中心建设；援建价值 50 万元的全铝休闲凉亭、宣传栏、条椅等，已完成制作安装；在产业扶贫中投入 90 万元援助三角城村"西蒙塔尔"肉牛繁育基地建设，实现海晏县村级集体经济"零"的突破；在教育扶贫中捐款 36.8 万元，设立中铝爱心助学基金；以"中铝田间学校"为平台，开展电焊、茶树菇培育等多项实用技术培训，累计培训 2000 多人次，帮助贫困户实现劳务就业 300 人次；举办"提升基层干部能力水平培训班"，培训基层干部 338 人次，提升基层干部工作能力和水平；提供 350 个就业岗位，优先招聘阳新县贫困户劳动力。中国石油化工集团有限公司发挥渠道优势，将扶贫产品以展览会形式亮相（见图 14），吸引不同消费者购买产品，帮助扩大产品销售，打开销路，实现贫困地区农民脱贫摘帽。

案例：易捷十周年展销，发挥渠道优势带动扶贫产品销售

2018年10月，在杭州国际博览中心举办的以"开放新平台，共筑新生态"为主题的易捷十周年招商暨商品展销会上，中国石化组织对口支援及定点扶贫县挂职干部和各县参展企业参加系列活动。活动遴选8县31家扶贫企业（合作社）的130种扶贫产品在展会活动中集中亮相，现场销售扶贫产品近12万元，达成订单销售额超过100万元，为扶贫产品销售进一步打开销路。同时，在举办的"易捷之夜颁奖典礼"上，共拍卖公益产品总额27.7万元，该笔资金将用于贫困地区儿童帮扶。

图 14　中国石油化工集团有限公司发挥渠道优势助力消费扶贫案例

（五）响应"一带一路"倡议，重视海外社区沟通

在"一带一路"倡议下，中国与国际合作伙伴关系更融洽。采掘业对地理环境有着严格的要求，不同地区资源储存量也不同，对企业自身发展有着不同的影响。为了更好地响应国家政策、推动企业发展，大型企业积极带头开展国际合作，走进非洲、美洲等不同国家和地区，发展自身业务的同时，积极践行海外社会责任，具体包括为当地经济社会发展奉献优质能源；遵守国际公约和当地法律法规，依法缴纳税费；按照国际最高的安全、健康和环保标准施工作业，保护当地环境；坚持用工本地化，推动中外文化融合等。

在企业"走出去"过程中，采掘业企业积极履行海外责任，尤其重视海外社区沟通。中国石油天然气集团有限公司在开展经营活动过程中，为了降低潜在风险、更好地融入当地居民、构建和谐的海外关系，通过建立海外沟通机制降低生产运营活动对社区环境和社会的影响，维护社区居民的人权。具体包括聆听当地居民诉求，成立项目委员会、联谊会等方式与当地居民、企业、政府展开合作。中国海洋石油伊拉克有限公司（以下简称"伊拉克公司"）积极配合伊拉克当地政府实施协助地方社会发展的社会贡献项目。2018 年伊拉克公司持续开展米桑省基础设施建设，包括电网升级改造以及道路、桥梁、学校、污水管网等公共设施的修建等。此外，伊拉克公司积极走进小区，增进与当地居民、政府的沟通，慰问困难居民，为小区送温暖。

四 中国采掘业企业社会责任报告建议

（一）发挥国有及国有控股企业引领作用，提升行业整体报告质量

从本次搜集的采掘业报告的整体情况来看，拥有国有背景的企业仍占据主要部分（80.56%），国有及国有控股企业作为市场经济的重要主体，其

发展质量在很大程度上影响着新常态下经济社会的发展。在新时代，以国有及国有控股企业为主的采掘业，更应发挥引领作用，不断提高对自己的标准。在社会责任报告方面通过聚焦绿色生产、环境保护、技术创新、产品质量、员工安全等，增加利益相关方沟通与评价，将企业发展清晰完整地披露在公众面前，勇于展现企业的实际情况和负面消息，带头展现国企风范，给民营企业、外资企业树立良好的榜样，规范行业行为，提升行业整体报告质量，带动整个产业链的可持续发展。

（二）注重联合国可持续发展目标对标，提升报告信息披露

联合国可持续发展目标（SDGs）是未来全球发展工作的重要指引方向。本次收集的报告中有SDGs对标表的仅占2.78%，相比去年有所下降。随着经济的发展，"一带一路"倡议下采掘业企业"走出去"步伐加快，与国际合作的机会越来越多，SDGs是衔接中国企业与国际合作的有效方式，对标SDGs能加深双方的交流与沟通。因此采掘业社会责任报告应该积极响应，注重企业发展情况与SDGs对标，披露企业在良好健康与福祉、清洁饮水与卫生设施、负责任的消费与生产、气候行动等方面的信息，将SDGs发展目标融入企业自身发展中，以国际标准严格要求实施生产经营活动，提升企业社会责任管理方面的信息披露。

（三）持续关注环境管理，助力可持续发展

当前我国的三大环境政策是预防为主、谁污染谁治理和强化环境管理，国家为此出台了一系列政策来规范环境管理。企业对环境管理的重视不仅是自身发展的需求，也是响应国家政策的需要。采掘业对环境的影响较大，企业在生产过程中重视环境管理，相比2018年有所进步，但是需要继续保持这一优势。在日常生产经营中需要继续加强对环境管理、资源利用和降污减排的管理。实施物流隔离和生化处理，减少温室气体排放；积极提倡绿色办公、绿色生产、绿色采购等；在废弃物管理方面有效回收和处理有害、无害废弃物；同时创新生产技术，实现节能减排和资源的高效循环利用；在生态

系统方面，注重土地污染与物种保护。总之，企业需要从源头上降低对环境的破坏，实现企业和全社会的可持续发展。

（四）注重报告第三方评价和利益相关方沟通，加强报告可信性和实质性

采掘业报告中 CSR 专家评价和第三方审验的信息披露水平都较低，仅为 4% 和 7% ，导致报告可信性得分较低，CSR 专家评价和第三方审验是对企业社会责任报告内容真实性和合理性的鉴证方式之一。本次采掘业报告中 80.56% 为国有资本背景的企业，更应该发挥企业引领作用，以身作则带动行业可持续发展，推动行业积极开展第三方评价，提升社会责任报告的可信性。同时，注重利益相关方评价和信息来源的披露，通过客户、员工、出资人、社会等多方的评价多角度全方位展现报告内容，树立采掘业企业在公众心中诚实可信的形象。

本次报告中实质性得分最高，但相比 2018 年有所下降。采掘业是传统产业，长期以来受到群众的高度关注，报告实质性内容披露有助于企业信息公开化、透明化，增强企业在民众心中的可信度，因此需要持续强化报告实质性内容。社会责任报告的制定是多方利益主体参与的过程，因此企业需要加强与利益相关方，尤其是与政府、媒体、金融机构、监管机构的沟通，通过披露其期望、沟通方式和具体内容展现企业全面的沟通机制和体系，提升报告实质性。

B.8
金蜜蜂中国汽车行业企业
社会责任报告研究

任　翔　张　洁　管竹笋

摘　要： 本报告依据"金蜜蜂企业社会责任报告评估体系2018"，对
收集到的汽车制造业企业2019年发布的40份社会责任报告
进行评估和分析，并提出针对性建议。研究发现：汽车行业
企业发布报告数量较2018年有所上升；国有及国有控股企业
是报告发布的主力军，民营企业发布报告的积极性有所提升；
相较于其他行业，汽车制造业企业报告披露信息多聚焦于可
持续产品和服务、供应链、环境等社会热点议题。

关键词： 汽车行业企业　可持续产品和服务　供应链　环境

　　自改革开放以来，作为国民经济重要支柱产业的中国汽车工业实现了快
速发展，不但极大满足了广大人民群众的物质生活需求，也对国民经济和社
会发展做出了重大贡献。2018年，在内外部经济环境变化等因素的影响下，
中国汽车产销量在延续多年的增长后，首次出现负增长，中国汽车工业进入
深化改革、产业转型和高质量发展的关键时期。与此同时，《外商投资准入
特别管理措施（负面清单）（2019年版）》《汽车产业投资管理规定》等一
系新政策的出台，也对汽车产业的发展产生了深远的影响。中国汽车企业始
终把握时代新要求，积极响应政府号召，不仅将社会责任理念融入运营管理
与业务发展，通过绿色建设以及新能源技术创新研发，持续助推企业绿色转

型，还携手上下游企业等利益相关方以打造责任共同体为目标，在绿色供应链建设、环境生态保护等方面开展了一系列探索和实践，为推动我国由汽车大国迈向汽车强国增添新动能。

一　中国汽车行业企业社会责任报告研究概况

截至 2019 年 10 月 31 日，通过企业主动寄送、企业官方网站下载及网络查询等方式，我们共收集到汽车行业企业发布的社会责任报告/可持续发展报告 40 份。本研究希望通过对汽车行业企业发布的报告进行整体描述，对报告的整体质量进行比较、分析和判断，尝试总结汽车制造业企业社会责任报告的特点，并提出相关对策和建议。

从图 1 中可以看出，在汽车行业企业发布的报告中，国有及国有控股企业发布报告的比例为 54.54%，较往年有所提升，依然发挥着汽车行业企业社会责任报告发布的引领作用。此外，民营企业所占比例较往年有明显提升，达 27.27%，表明民营企业对发布社会责任报告的意愿不断增强。

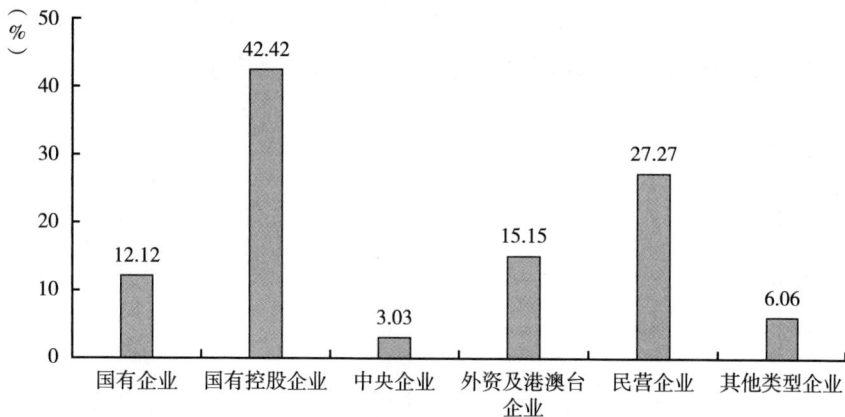

图 1 汽车行业企业发布报告的企业类型

从图 2 中可以看出，连续发布了 5 次及以上企业社会责任报告的企业达到 72.73%，表明大部分汽车行业企业已将报告作为企业社会责任工作的重要一环，不仅在社会责任报告中披露自身履责理念和实践，同时更加主动地与利益相关方展开积极沟通。

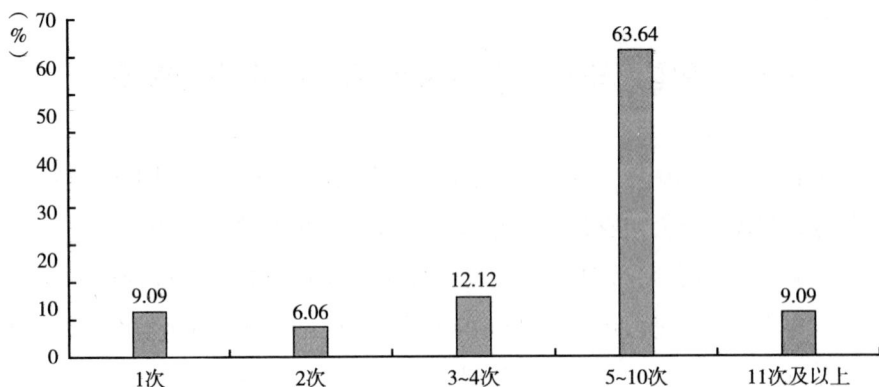

图2　汽车行业企业发布报告的次数

从图3中可以看出，报告篇幅在51页及以上的报告占比51.52%，并且汽车行业企业发布的报告均超过10页，较去年有明显提升。这说明随着汽车行业企业对企业社会责任的认识的提升，越来越多的企业正从过去的被动式发布向主动发布转变，不断丰富报告信息内容，积极回应利益相关方要求。

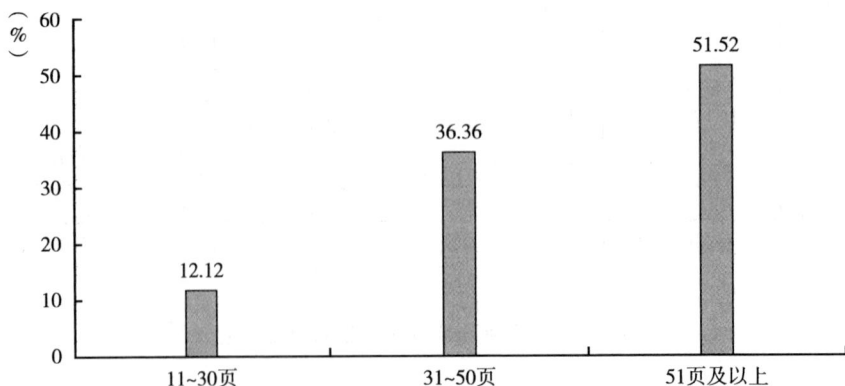

图3　汽车行业企业发布报告的篇幅

从图 4 中可以看出，在汽车行业企业社会责任报告中，设置了反馈渠道的企业比例为 63.64%，说明大部分汽车行业企业高度重视利益相关方反馈，将社会责任报告作为利益相关方沟通渠道，希望借此了解利益相关方对企业在履责过程中的需求与期望，有针对性地改进报告内容，提升报告信息披露水平。

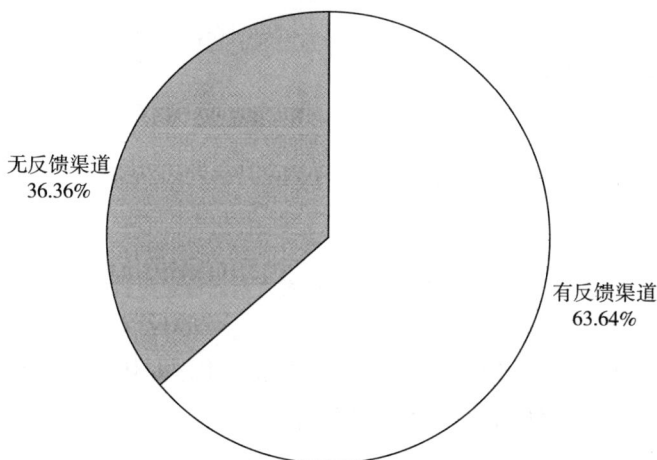

图 4　汽车行业企业社会责任报告反馈渠道设置情况

从图 5 中可以看出，报告中披露社会责任负面信息的汽车行业企业占比 36.36%，说明汽车行业企业对于负面信息的披露仍然较为保守，未能充分体现企业在履责过程中的问题与不足。汽车行业企业在社会责任报告的编制过程中，在客观性、中立性方面仍需加强。

二　中国汽车行业企业社会责任报告分析

（一）报告总体情况

汽车行业企业报告的平均得分为 63.90 分，略高于中国企业社会责任报告的平均水平，整体处于发展阶段。其中，处于发展与追赶水平的报告占比

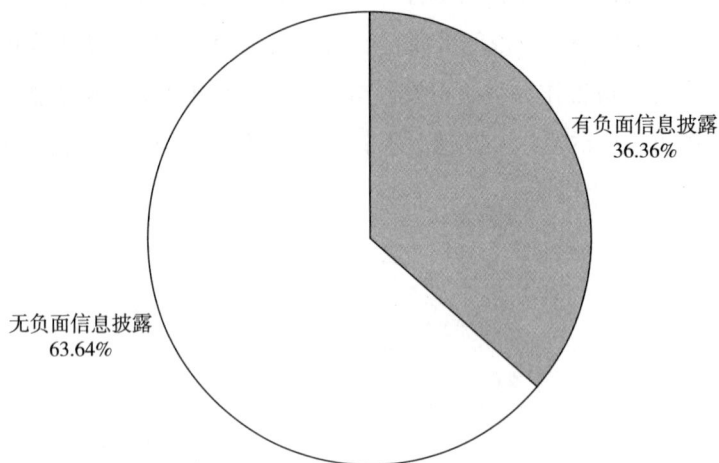

图5 汽车行业企业社会责任报告负面信息披露情况

达55.56%，处于优秀和卓越阶段的企业报告占比48.16%（见图6），表明汽车行业企业社会责任报告整体质量仍有较大提升空间。

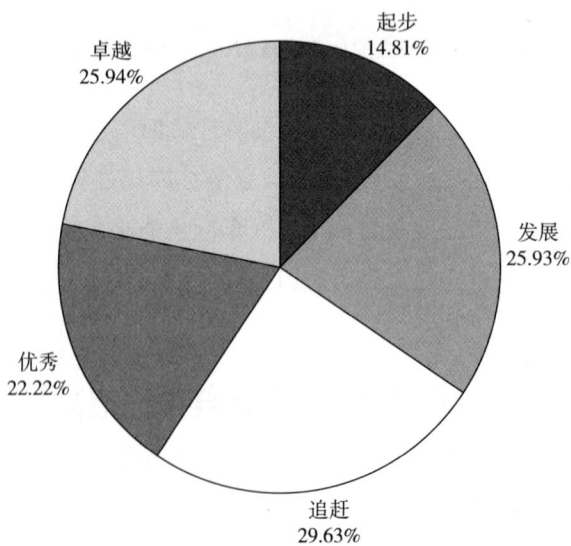

图6 汽车行业企业报告类型分布

整体而言，汽车行业企业的社会责任报告在完整性、可信性、可读性、可比性、创新性、实质性六个维度的得分均高于整体报告的平均水平。其中，报告的完整性、实质性、创新性、可读性表现较好，可信性和可比性虽高于中国企业社会责任报告的平均水平，但仍有一定提升空间（见图7）。

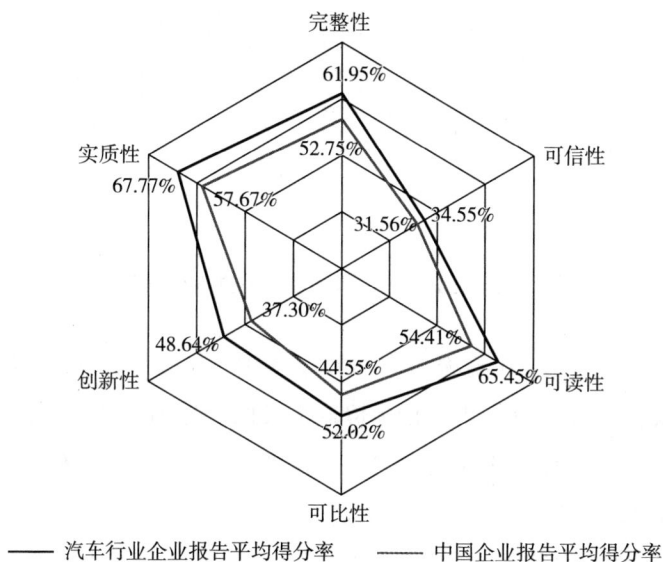

图7　汽车行业企业社会责任报告六个维度平均得分率

从利益相关方角度来看，2019年指标覆盖率最高的前五位依次是员工（51.97%）、政府（48.48%）、环境（43.15%）、供应商（39.39%）、客户（36.87%），说明汽车行业企业在报告中披露员工、政府、环境、供应商、客户等利益相关方的信息较多。而汽车行业企业报告在出资人、社会组织、金融机构三个方面的指标覆盖率相对较低，分别为24.24%、16.16%、1.52%（见图8），对利益相关方的信息披露仍需加强。

（二）具体分析

1. 报告完整性

报告完整性较为完善，尤其是实践内容方面的信息披露较为全面。汽车

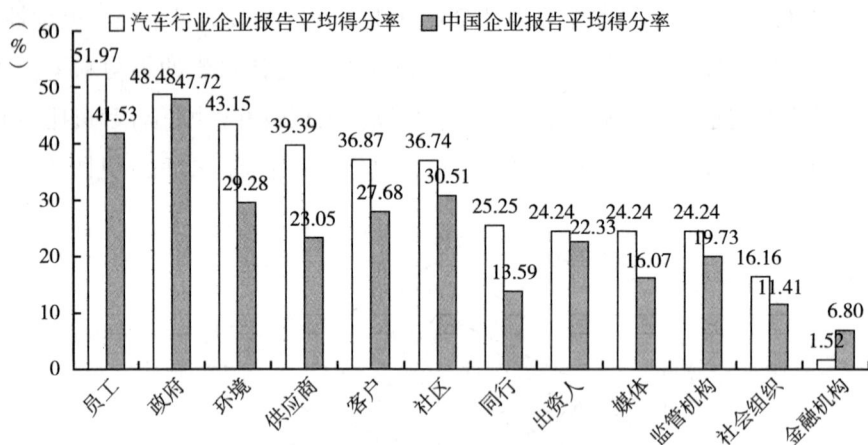

图8　汽车行业企业报告利益相关方指标得分率

行业企业报告的完整性覆盖率为 61.95%，较中国企业报告的平均水平高出 9.2 个百分点。其中，计划内容指标覆盖率最低，为 41.67%；实践内容指标覆盖率最高，达到 98.99%（见图9）。综合来看，几乎所有汽车行业企业报告在实践内容披露方面，都涵盖了经济责任、环境责任、社会责任信息，但在社会责任计划内容方面的信息披露相对较低，影响了报告完整性的整体表现。

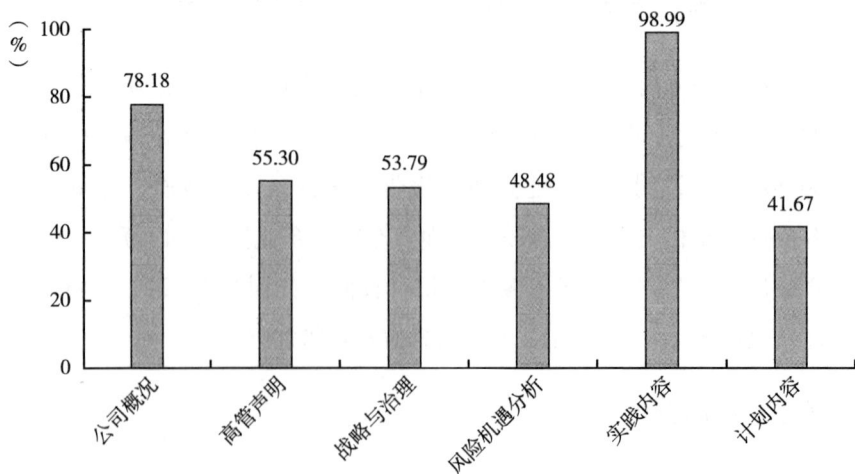

图9　报告完整性指标覆盖率

2. 报告可信性

报告可信性表现一般，缺乏 CSR 专家评价及第三方审验。汽车行业企业报告的可信性覆盖率为 34.55%，在六个评估维度中排名最低，仅比中国企业报告的平均水平高出 2.97 个百分点。从报告可信性指标覆盖率来看，利益相关方评价覆盖率最高，为 66.67%；表述客观性、信息来源覆盖率分别为 60.61% 和 39.39%（见图 10）。第三方审验和 CSR 专家评价指标覆盖率最低，均为 3.03%，表明报告中引入 CSR 专家评价以及接受第三方审验的汽车行业企业仍然较少，不利于报告可信度的提升。

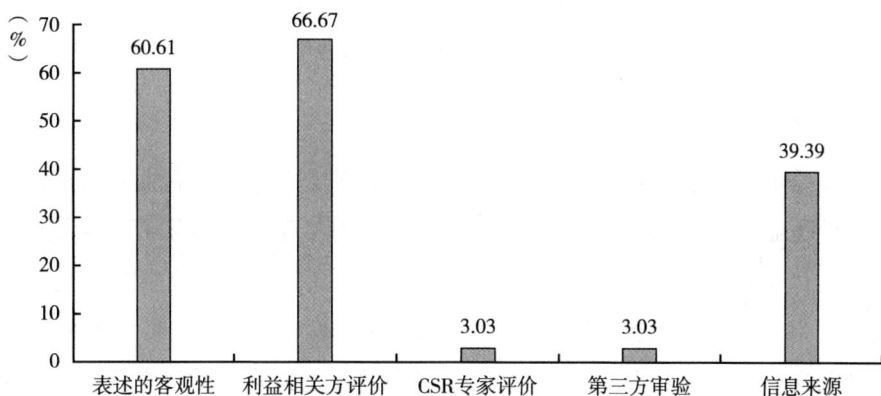

图 10　报告可信性指标覆盖率

3. 报告可读性

报告可读性较高，但在信息导航设置上仍有待加强。汽车行业企业报告可读性得分率较高，为 65.45%，较中国整体企业指标平均得分率高出 11.05 个百分点。其中，报告的版式、信息清晰表达的指标覆盖率分别为 77.14% 和 60.00%，信息饱和度指标覆盖率为 74.29%（见图 11），表明报告在信息呈现上整体设计较好，能够向利益相关方清晰、准确地传递报告信息。然而，信息清晰定位指标覆盖率仅为 42.86%，表明报告整体虽然信息充实，但因没有清晰的信息导航，使利益相关方无法便捷地了解信息所对应的内容，对报告信息的传递效率有一定影响。

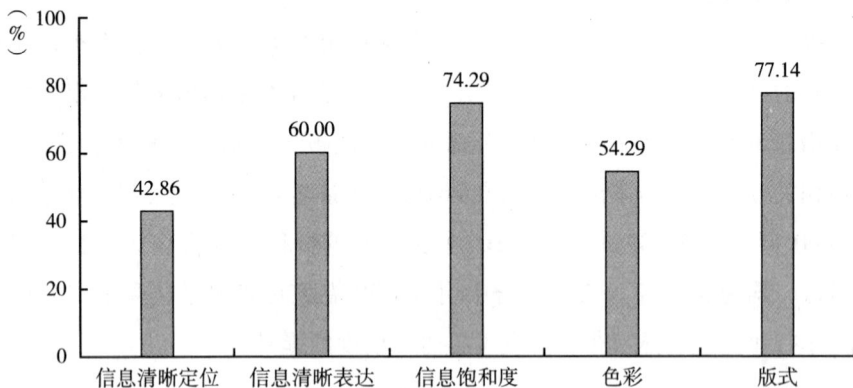

图 11　报告可读性指标覆盖率

4. 绩效可比性

绩效可比性较为完善，全面呈现了企业履责态度。汽车行业企业报告的可比性覆盖率为 52.02%，较中国企业报告平均覆盖率高出 7.47 个百分点。其中，行业内可比性指标覆盖率最高，为 62.86%；纵向可比性指标覆盖率次之，为 50.00%；跨行业可比性指标覆盖率最低，为 34.29%（见图 12）。这表明汽车行业企业高度关注国家及行业标准，且有半数的汽车行业企业在报告中披露了绩效的纵向可比性，体现了企业在履责过程中付出的努力及取

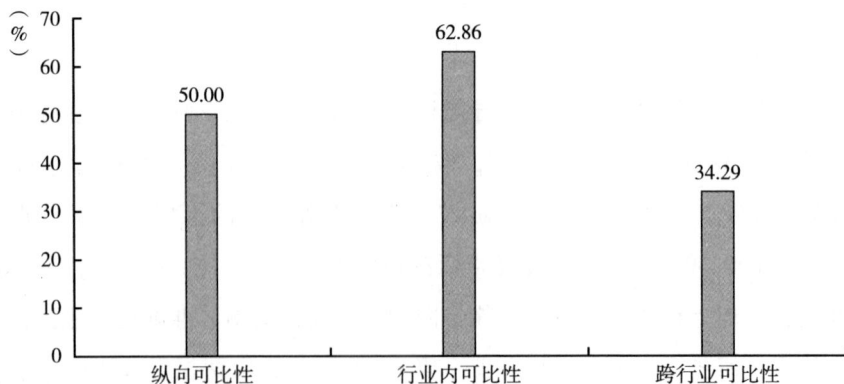

图 12　报告可比性指标覆盖率

得的成效。

5. 报告创新性

报告创新性良好，内容创新优势尤为突出。汽车行业企业报告的创新性覆盖率为 48.64%，较中国企业报告平均覆盖率高出 11.34 个百分点。其中，在披露内容创新、结构创新方面的指标覆盖率分别为 53.33% 和45.71%（见图 13），高出中国企业报告平均水平，内容创新方面的优势较为明显。此外，报告形式创新的指标覆盖率为 36.19%，说明报告在内容的呈现形式上仍有待提高。

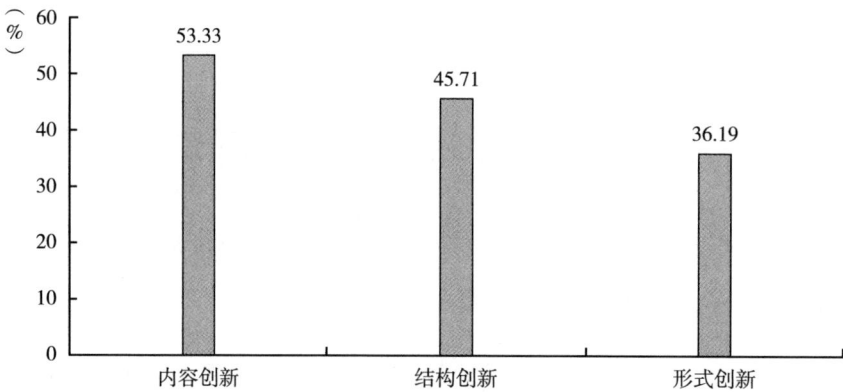

图 13 报告创新性指标覆盖率

6. 报告实质性

报告实质性较为完整，基本能够全面回应利益相关方对企业的要求与期望。汽车行业企业报告的报告实质性覆盖率为 67.77%，在六个维度中得分最高，较中国企业报告平均覆盖率高出 10.1 个百分点。报告在识别利益相关方群体指标上的覆盖为 65.24%，且有 62.14% 的企业报告能够识别出与利益相关方有关的披露内容。在利益相关方沟通渠道和方式、要求与期望方面，指标覆盖率分别为 43.33% 和 44.52%（见图 14），表明汽车行业企业的相关信息披露程度仍有较大提升空间。

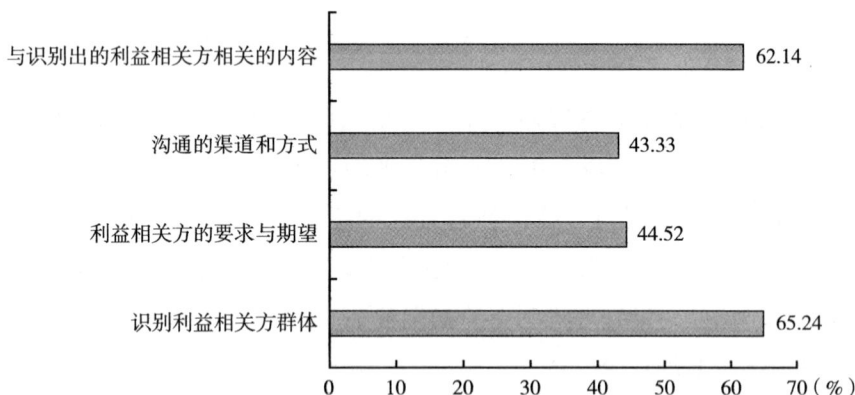

图14　报告实质性指标覆盖率

三　中国汽车行业企业社会责任报告阶段性特征

（一）报告质量总体较高佃数量相对较少，国有及国有控股企业是汽车行业企业报告发布主力军

2019年汽车行业企业报告质量明显高于中国企业平均水平。无论是在报告完整性、实质性、创新性方面，还是可比性、可信性、可读性方面，相较于其他行业都有着较高的水准。但从数量方面看，2019年仅搜集到40份汽车行业企业社会责任报告，这也与汽车行业庞大的企业数量不相协调。国有及国有控股企业在推动行业社会责任报告发布的过程中，发挥着不可估量的作用，不仅占发布报告主体的54.55%，而且有11家国有及国有控股企业连续5年以上发布社会责任报告。如上海汽车集团股份有限公司连续11年发布社会责任报告，搭建了与利益相关方进行互动沟通的良好平台。

（二）推动可持续产品和服务创新，助力绿色生态建设

作为人们衣食住行中的重要组成，汽车行业企业的服务和产品不仅直接影响着人们的生活方式，并且在满足人们对美好生活的期望中也发挥着重要

**图 15　《上海汽车集团股份有限公司：
2018 年度社会责任报告》**

作用。近年来，汽车行业企业更是在围绕可持续发展理念优化服务，着力绿色研发，推动智能汽车、新能源汽车、无人驾驶汽车等绿色可持续产品的探索，为美丽中国建设贡献积极力量。在报告中，汽车行业企业在使用新材料、新能源方面的信息披露，相较于中国企业的平均水平（37.14%）高出20 个百分点；研发可持续产品/服务的指标覆盖率为 62.86%，比中国企业社会责任报告的平均水平（38.33%）高出 24.53 个百分点。例如，比亚迪云巴有轨电车历时 7 年，耗资近 100 亿倾心打造的具有 100% 自主知识产权、不占用道路资源的立体智能交通系统，填补了我国自主化城轨交通制式的空白，有利于缓解城市交通拥堵等问题，为人们提供更智能、舒适、便捷的出行体验，助力城市交通新升级。同时，汽车制造行业企业还重点披露企业在节能减排、污染防治方面的行动，如挥发性有机物（VOCs）等废气的排放治理。但在有关生态系统保护方面的内容披露较为薄弱，除生态保护资金的指标高于中国企业平均水平外，其他各项指标均低于中国企业平均水平，仍有进一步提升空间。

比亚迪云巴

云巴是比亚迪历时7年，耗资近100亿颗心打造的具有100%自主知识产权、不占用道路资源的立体智能交通系统，是比亚迪为进一步治理城市拥堵及污染所提供的又一创造性解决方案，填补了我国自主化城轨交通制式的空白，有利于推动我国多层次多模式多制式轨道交通系统的融合发展，缓解城市交通拥堵等问题，为乘客提供更智能、舒适、便捷的出行体验，助力城市交通新升级。

比亚迪云巴属于小运量胶轮有轨电车，是现代有轨电车中的一种新系统，具有以下特点和优势：

1、高安全。车辆设计安全，行车控制安全，多重安全措施保驾护航。

2、高智能。具有无人驾驶、多功能深度集成的综合调度系统、人脸识别等高科技配置。

3、高适应。转弯半径小、爬坡能力强、适应各种气候，可完美融入周围环境。

4、高颜值。世界顶级设计大师沃尔夫冈·艾格与全球顶级设计公司联袂设计，采用科技视觉外观，造型新颖、外观时尚、线条简洁流畅。

5、低能耗。全铝车体轻量化设计、光伏太阳能车站、100%电制动、车载动力电池供电。

6、快。施工快、建设周期短。

7、省。建设费用省、运营费用省、出行费用省。

云巴可以作为超大城市交通支线和加密线、大中城市主干线、城市综合交通枢纽接驳线、旅游景区观光线，还可作为大型活动中心内部环线以及老城区及旧城改造交通线，具有极强的适用性。

目前比亚迪已接待相关城市的市政府领导及相关专家学者对"云巴"的考察调研，合作项目正在洽谈和推进中。

云轨、云巴春晚亮相

cninf

图16　《比亚迪股份有限公司2018年度社会责任报告》

（三）突出供应链议题信息披露，体现行业履责特点

汽车行业企业的供应链涉及多个产业，且产业之间关联度比较高，无论是拉动上游供应商资源，还是推动下游经销商产品分销和提升客户服务，都发挥着重要作用。在供应链议题的信息披露中，汽车行业企业高出中国企业整体水平16.35个百分点，展示企业致力于通过不断完善的供应链管理，帮助供应商将责任理念融入自身管理运营，提升自身生产和服务水平，携手打造责任共同体，应对经济、环境、社会等方面的诸多挑战。例如，北京新能

源汽车股份有限公司采取严格、统一的标准化管理，严格审核供应商在员工、环保以及质量等方面的资质，确保供应商在可持续发展领域满足其标准；北京汽车股份有限公司不仅将环境表现要素作为供货商准入的考核之一，要求供货商具备环境第三方认证，并且每年还为供货商组织环保要求培训，确保供货商提供的产品符合环境保护的法律、法规要求，确保产品安全，并减少包装材料的使用，实现绿色环保。

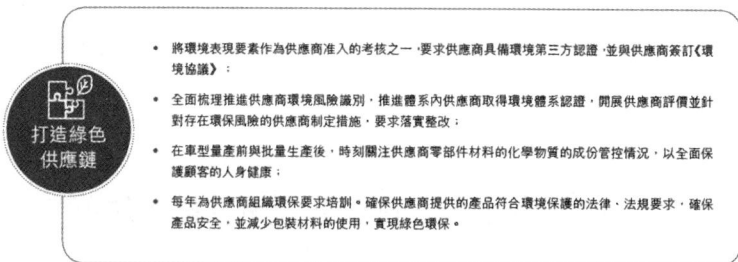

图17　《北京汽车股份有限公司2018年度环境、社会及管治报告》

（四）响应国家号召，披露结合行业优势积极投身精准扶贫的信息

自精准扶贫的号召发起以来，汽车行业企业纷纷响应，不仅通过捐资捐物，解决贫困地区急需资源，并利用自身在资金、技术、人力等多方优势，通过产业扶贫的方式带动当地就业，促进当地经济发展。汽车行业企业在报告中高度关注扶贫议题，详细披露了企业在扶贫道路上的行动及成效。在40家评估样本中，超过一半的企业都在报告中向利益相关方阐述了企业在扶智、扶贫中的实践和思考。例如广州汽车集团股份有限公司运用"企业＋基地＋农户"产业发展模式，建立现代农业生产基地，变"输血"为"造血"，激发贫困群众的积极性，提升贫困群众的自我发展能力，加快贫困群众脱贫致富步伐；东风汽车集团股份有限公司将对贫困地区学龄儿童的物质帮扶过渡到科学素养的培养层面，将现代化的教学模式、科技设备引入乡村教育，让大山的孩子亦能够享受与城市接轨的科技教学手段。

立足产业帮扶

广汽集团积极实施产业扶贫，运用"企业＋基地＋农户"产业发展模式，建立现代农业生产基地，变"输血"为"造血"，激发贫困群众的积极性，提升贫困群众的自我发展能力，加快贫困群众脱贫致富步伐。

▲ 祺连农产品有限公司腐竹生产线 ▲ 四联村有机菜心种植基地

图18　《广州汽车集团股份有限公司2018社会责任报告》

四　中国汽车行业企业社会责任报告建议

（一）提升履责意识，积极发布社会责任报告

作为传递责任理念、沟通利益相关方的重要载体和渠道，社会责任报告始终是企业践行责任实践的重要途径。然而，纵观汽车行业企业社会责任报告发布情况，仅有少部分企业在不断构建与利益相关方的沟通渠道，大部分企业依然未发布社会责任报告，未向利益相关方阐述自身对责任的理解，以及为应对经济、环境、社会等诸多挑战而采取的行动，社会责任的履责信息披露有待加强。此外，相关政府部门及中国汽车行业协会等行业组织，在提升对企业社会责任要求的同时，需借助多种渠道持续向企业传递社会责任理念、培育社会责任的观念、提升责任意识、加强履责能力，引导企业主动披露社会责任政策、目标、实践、期望和绩效等多方面的信息，回应利益相关方对企业的需求与期望，为推动汽车行业企业的社会责任建设提供有力支持。

（二）树立行业标杆报告，带动行业报告质量进一步提升

随着社会经济的不断发展，人们对于社会责任的认识不断提高，对于企

业应承担的责任也有了更高的要求。越来越多的汽车行业企业已然认识到社会责任对于企业可持续发展的重要性，开始主动发布社会责任报告，与利益相关方建立良好的沟通平台。国有及国有控股企业依然是汽车行业企业报告发布的主力军，但民营企业的报告发布明显增多。然而由于民营企业对社会责任报告撰写经验不足，导致汽车行业企业报告数量提升的同时，在报告质量方面开始出现下滑。因此，国有及国有控股企业不仅要在推动汽车行业企业社会责任建设过程中发挥好引领作用，还要在报告编制、发布上起到示范作用，指导经验不足的其他类型企业借助社会责任报告，向利益相关方阐述企业在绿色化、智能化、电动化、共享化等方面的思考及行动，以及回应在应对经济、环境、社会三方面挑战所付出的努力，为行业报告编制水平的提升贡献积极力量。

（三）重视利益相关方参与，提升报告可信性

汽车行业企业在引用利益相关方评价的同时，还需邀请包括社会责任专家，以及第三方机构对报告进行整体评价和审验，即通过专家对报告内容进行专业性解读，使利益相关方能够知晓报告的优点与不足，并且还能通过第三方审验，为报告内容的可信性进行背书，使利益相关方能够对报告内容有充分的信任。此外，汽车行业企业可适度增加负面信息披露，通过对产品召回、环境污染现象等负面案例的呈现，阐述企业在发生负面情况后开展的补救措施及处理结果，向利益相关方坦诚自身的问题及改善不足的决心与毅力，赢得利益相关方的广泛信任。

（四）披露企业履责目标，增强报告可比性

由于汽车行业企业在报告披露中缺乏有关企业履责目标的描述，致使利益相关方虽然能够通过连续数据了解企业在履责过程中的实践情况，但依然无法通过目标的对比，明晰企业履责行动的实际效果。因此，汽车行业企业履责目标的披露对于增强利益相关方对企业责任实践的认可、提升报告可比性有着重要意义。同时，企业履职目标的披露对于企业推动内部社会责任建

设也发挥着指引和督促的作用。这也为汽车行业企业推动我国从汽车大国向汽车强国迈进，为人、车、社会和谐发展奠定了坚实的基础。

（五）加强生态系统保护，提升信息披露深度

环境议题始终是汽车行业企业实现可持续发展的重要因素之一，也是利益相关方对汽车行业企业的热点议题。随着温室效应的日益加剧，对于汽车行业企业在应对环境挑战方面的关注更是尤为突出。因此，汽车行业企业不仅需要单独设立环境章节，披露在节能减排、污染防治等方面的相关信息，还需针对生态信息保护系统，加强环境信息披露深度，积极与利益相关方进行紧密沟通，了解利益相关方对生态的诉求，加大对生态系统保护制度、减少运营对生物多样性影响的措施等方面的信息披露，进而更好地回应利益相关方在环境议题中的期望。

B.9
金蜜蜂中国电力行业企业
社会责任报告研究

林仁超 侯淑银 李梦涵 黄坤 蒋波 代奕波

摘　要： 本报告依据"金蜜蜂企业社会责任报告评估体系2018"，对收集到的中国电力行业企业2019年发布的84① 份社会责任报告进行评估和分析，并提出针对性建议。研究发现，中国电力行业企业报告的完整性、可信性、可读性、可比性、创新性、实质性六个维度的得分率均全面高于中国企业报告的平均水平，并突出呈现了以下明显特征：国有企业占电力行业企业报告发布主体的八成以上；披露社会责任管理信息的企业数量增多；创新性明显提升；专项报告突出行业特色议题或回应社会热点；关注电力扶贫。

关键词： 电力行业企业　国有企业　社会责任管理　电力扶贫

电力是以电能作为动力的能源。20世纪出现的由发电、输电、配电、售电和用电等环节组成的电力生产与消费系统，是工程科学史上的主要成就之一，其将一次能源（煤炭、水力、风力、太阳能、核能、天然气、地热能、潮汐能等）通过发电动力装置转化为电能，再经过输电、配电和售电环节，将电力供应给千家万户。随着经济社会的发展，我国电力资源的需求

---

① 存在一家企业同时发布多种类型报告的情形，如中国核能电力股份有限公司、中国三峡集团有限公司等。

量越来越大，电力已经成为各行各业的必需品。

当前，我国的经济已经由高速发展阶段转入高质量发展阶段。电力行业是建设现代化经济体系的重要基础和支撑，肩负着推进能源生产和消费革命，构建清洁低碳、安全高效能源体系的历史重任。在新的历史背景下，我国电力行业迎来了电力体制改革、全球能源互联、"走出去"等一系列新的发展机遇。同时，从我国当前电力发展现状看，电力系统的安全稳定运行依然面临着严峻的考验，包括清洁能源问题、加快能源转型与无序发展矛盾凸显、环保改造压力进一步加大、煤电企业经营困难、核电建设发展滞缓等。

一　电力行业企业社会责任报告概况

截至 2019 年 9 月 30 日，通过企业主动寄送、企业官方网站下载及网络查询等方式，共收集到来自全国 81 家电力行业企业发布的社会责任报告 84 份。为了更好地了解中国电力行业企业发布社会责任报告的具体情况，我们依据"金蜜蜂企业社会责任报告评估体系 2018"对这些报告进行了评估。

对报告发布企业的性质进行分析，发现报告发布主体多为国有及国有控股企业，总数达到 72 家。

从图 1 中可以看出，连续发布社会责任报告 5 次及以上的电力行业企业占比 62.65%，多数企业已形成较为稳定的常态化报告发布机制。国家电网有限公司、中国三峡集团有限公司、中国华能集团有限公司、中国大唐集团有限公司、中国南方电网有限责任公司、国电电力发展股份有限公司等 17 家电力企业报告发布次数均超过 10 次，在我国企业社会责任报告发布领域处于领先地位，其中国家电网有限公司已连续 14 年发布社会责任报告。

73.81% 的电力行业企业社会责任报告篇幅在 31 页以上，其中，篇幅在 51 页及以上的报告占比 55.95%（见图 2），较 2018 年度电力企业

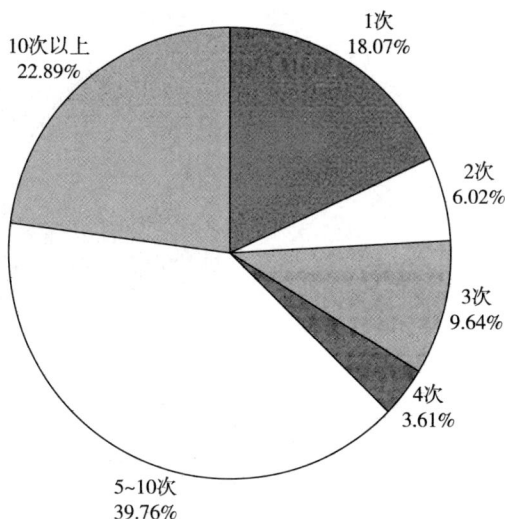

图1　报告发布次数

社会责任报告有微小增长①。5.95%的电力企业社会责任报告篇幅为10页及以下，这说明部分电力行业企业应注重对标相关社会责任指引或标准，提升报告信息披露的完整性。

采用 GRI 标准、中国社科院 CASS – CSR4.0 编制报告的数量最多，占比分别为41.67%和39.29%（见图3）。但17.86%的电力企业在报告中未注明报告编制依据，报告的专业性、规范性有待加强。

基于对84份社会责任报告的评估结果，我们尝试对电力行业企业社会责任报告的编制发布现状进行整体描述，了解我国电力企业的社会责任履行特点以及社会责任报告存在的不足等，并在此基础上尝试提出参考建议。

---

① 为了更为准确呈现电力企业的社会责任报告情况，寻求2019年度与2018年度电力企业社会责任报告差异，在分析过程中，本报告按照业务范围（主营业务为电力相关）对《2019中国电力行业企业社会责任报告研究》的基础数据进行了重新筛选，样本数量由原来的119家减少为86家，故本报告部分数据与去年存在一定差异。

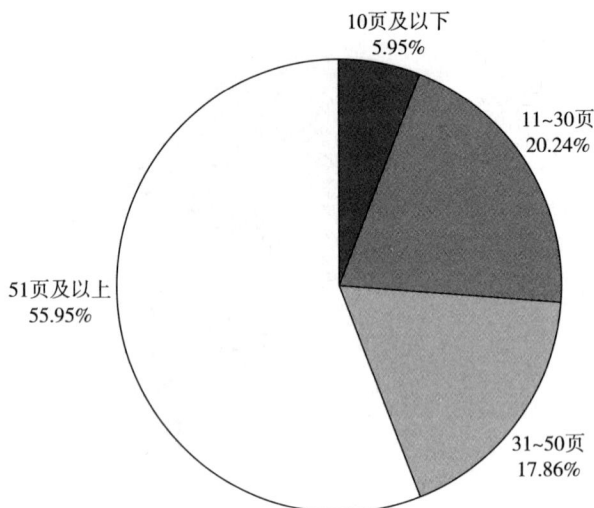

图2　报告篇幅

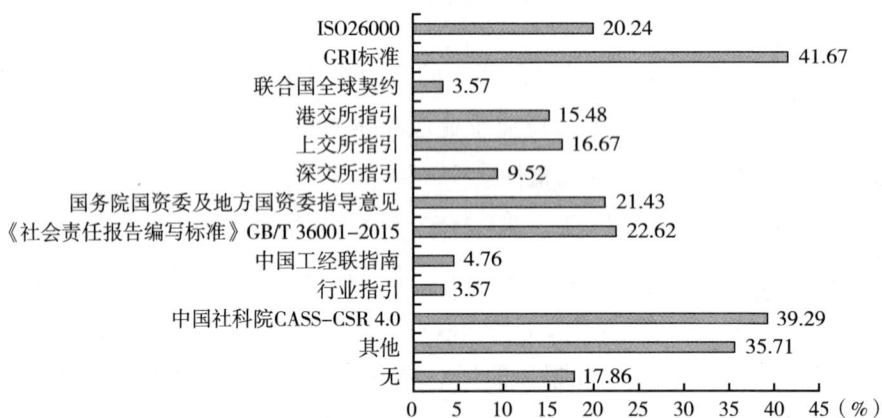

图3　报告编制依据

二　电力行业企业社会责任报告分析

（一）报告总体情况

我国电力行业企业社会责任报告平均得分为61.59分，较去年增长7.83

个百分点。其中，处于卓越（大于等于80分）和优秀（大于等于70且小于80）水平的报告比例分别为10.71%和23.81%，较去年分别增长3.89个百分点和5.63个百分点。处于追赶（大于等于60且小于70）和发展（大于等于40且小于60）水平的报告比例均为26.19%，13.10%的电力企业社会责任报告处于起步（小于40）阶段（见图4）。虽然卓越和优秀报告数量较去年有较大提升，但仍然需要注意到，有近40%的电力企业社会责任报告处于起步和发展阶段，尚存在较大提升空间。

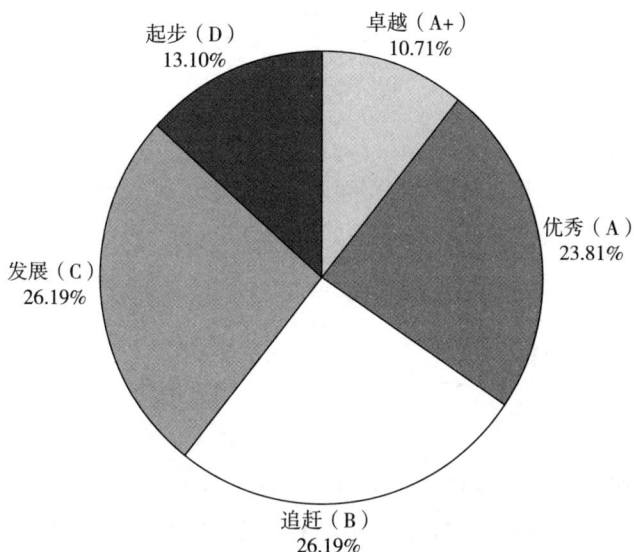

图4　报告质量分级

电力行业企业社会责任报告在完整性、可信性、可读性、可比性、创新性、实质性六个维度的得分率均全面高于中国企业报告平均水平，其中可读性、可比性、创新性得分率比中国企业报告平均水平高10个百分点以上（见图5）。这表明相较于中国企业整体来说，电力行业企业对社会责任报告重视程度较高，报告披露内容较为丰富，可信性较强，且乐意进行编制内容、形式等方面的创新以增强报告的可读性，契合读者需要，富有时代特色。

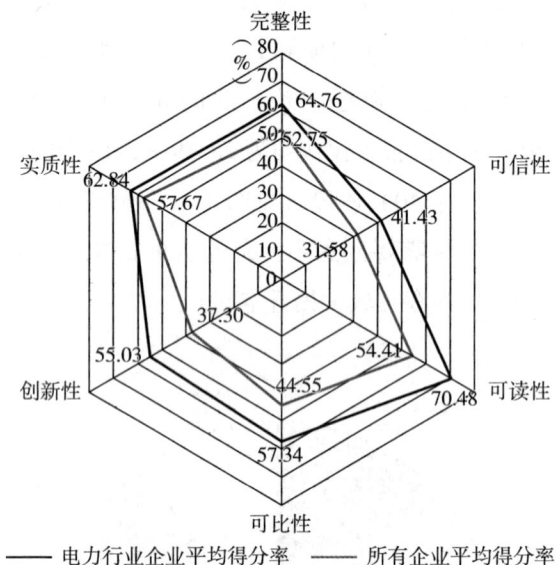

图5　报告六个维度平均得分率

（二）具体分析

1. 结构完整性

电力行业企业社会责任报告结构完整性平均得分率为 61.76%，较 2018 年增长了 3.53 个百分点，高于中国企业报告平均水平 9.01 个百分点。其中，战略与治理、利益相关方明确说明、风险机遇分析得分率有较大增长，分别增长了 9.01 个百分点、12.81 个百分点和 18.43 个百分点，这表明电力行业企业相关社会责任信息披露水平得到极大提高，各项指标披露更为均衡。但值得注意的是，战略与治理、高管声明、利益相关方明确说明、风险机遇分析、计划内容等方面的得分率均小于 60%（见图 6），仍有较大提升空间。

2. 报告可信性

电力行业企业社会责任报告可信性指标平均得分率为 41.43%，较中国企业报告平均水平高出 9.85 个百分点，较 2018 年上升了 6.66 个百分点。具体来看，在 2019 年报告中标注信息来源的电力行业企业数量大幅增加，

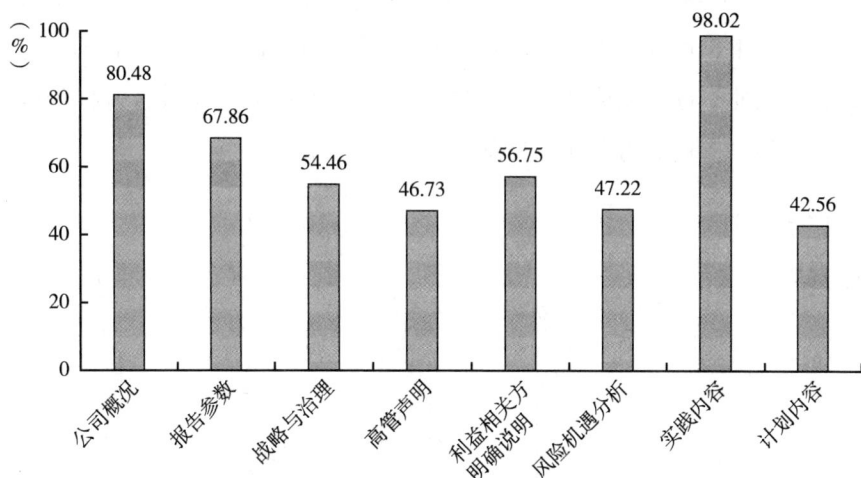

图6　报告完整性指标得分率

较去年增长了 24.68 个百分点；同时，半数企业在报告中披露了负面信息，表明更乐于主动接受利益相关方监督。然而，包含 CSR 专家评价、第三方审验的报告数量较少（见图7），报告的质量、数据的可信度缺乏必要保证。

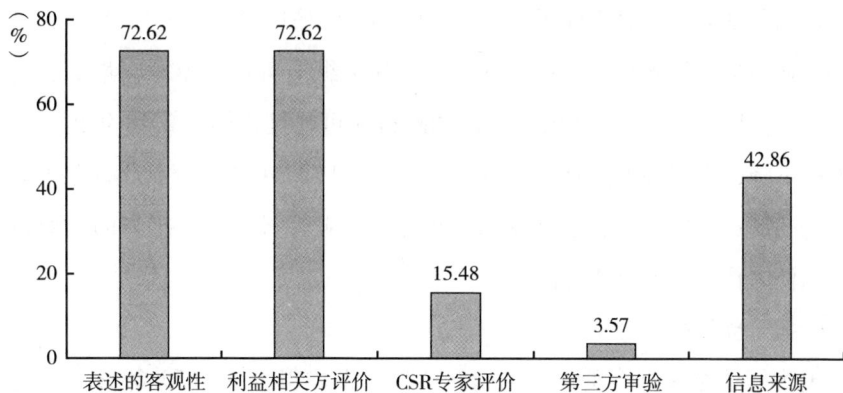

图7　报告可信性指标得分率

3. 报告可读性

电力行业企业社会责任报告可读性指标得分率较 2018 年增长了 6.39 个百

分点，达到 70.48%，高出中国企业报告平均水平 16.07 个百分点。更多的电力企业注重用更为直观、清晰的方式进行报告的创意设计，表达形式更为丰富，更加便于读者阅读理解；同时，88.10% 的电力企业报告对报告版式进行了规划，布局更为合理（见图 8）。

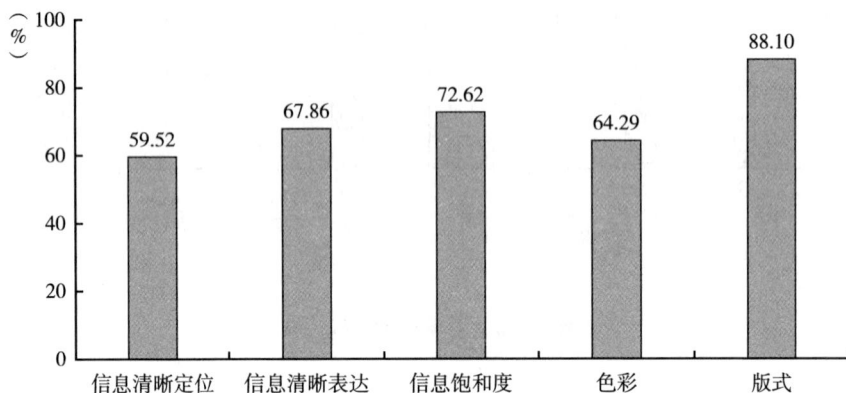

图 8　报告可读性指标得分率

4. 绩效可比性

电力行业企业社会责任报告绩效可比性指标平均得分率为 57.34%，高出中国企业报告平均水平 12.79 个百分点。其中纵向可比性得分率最高，达到 61.31%（见图 9）。但行业内可比性和跨行业可比性指标较 2018 年均有不同程度的下降，下降幅度分别为 3.08 个百分点和 12.34 个百分点。企业可通过在报告编制过程中采用行业或国家标准、跨行业标准来提升报告的绩效可比性，以便同行业、跨行业对标。

5. 报告创新性

电力行业企业社会责任报告创新性指标平均得分率为 55.03%，高出中国企业报告平均水平 17.72 个百分点。从内容创新维度来看，披露内容具有企业特色得分率最高，为 72.62%，较 2017 年度上升了 11.26 个百分点；在结构及形式契合时代热点两个维度得分率均小于 50%，尚有较大提升空间（见图 10）。但将 2019 年度电力行业企业报告创新性与 2018 年度进行对比，

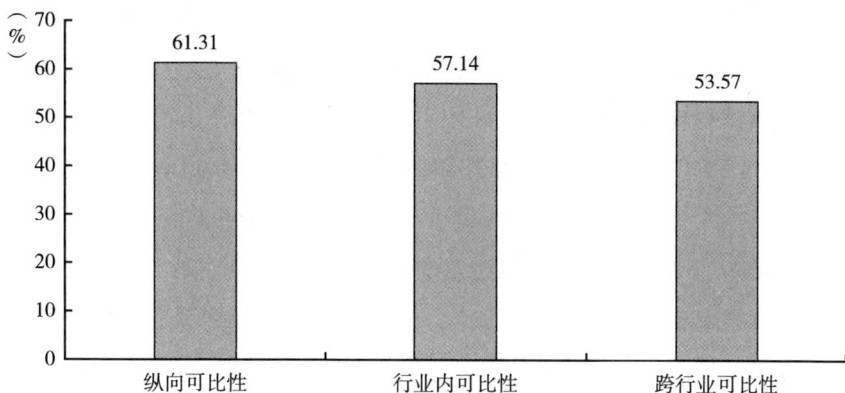

图9 报告可比性指标得分率

可以发现 2019 年度电力行业企业报告在内容创新、结构创新、形式创新三方面的得分均有所上升，责任理念体现行业特色、披露内容具有企业特点、结构体现行业特色议题、形式体现行业特色四个维度的得分率均增长超过10 个百分点，这表明电力行业企业在 2019 年度社会责任报告编制过程中契合"一带一路""改革开放 40 周年"等社会热点、回应电力市场改革、体现行业特色议题相关内容呈现的重视程度大大增强。

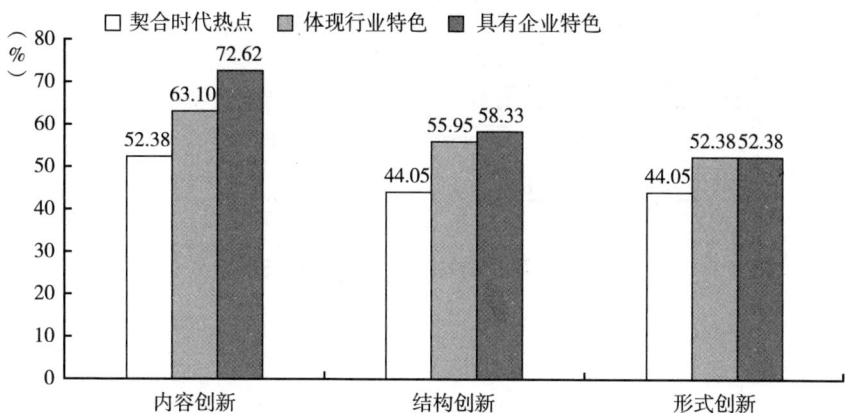

图10 报告创新性指标得分率

6. 报告实质性

电力行业企业社会责任报告在员工、环境、社区、政府、供应商、同

195

行、社会组织、媒体、金融机构、监管机构等 12 个方面的信息披露程度普遍高于中国企业报告平均水平，其中在社区、政府、社会组织、媒体四个方面的信息披露程度高出中国企业报告平均水平超过 10 个百分点，披露比率分别为 42.41%、66.07%、21.43% 和 29.76%（见图 11）。电力行业企业在出资人、客户方面的信息披露内容较少，低于中国企业报告平均水平 1.50 个百分点和 4.17 个百分点。但值得注意的是，虽然电力企业利益相关方议题披露得分率大多高于中国企业平均水平，但披露程度大多仍不足 50%。这表明电力企业仍需结合社会责任专业标准，有针对性地加强对自身相关议题内容的披露，确保利益相关方能够从报告中获取所关注的信息，增强报告适用性。

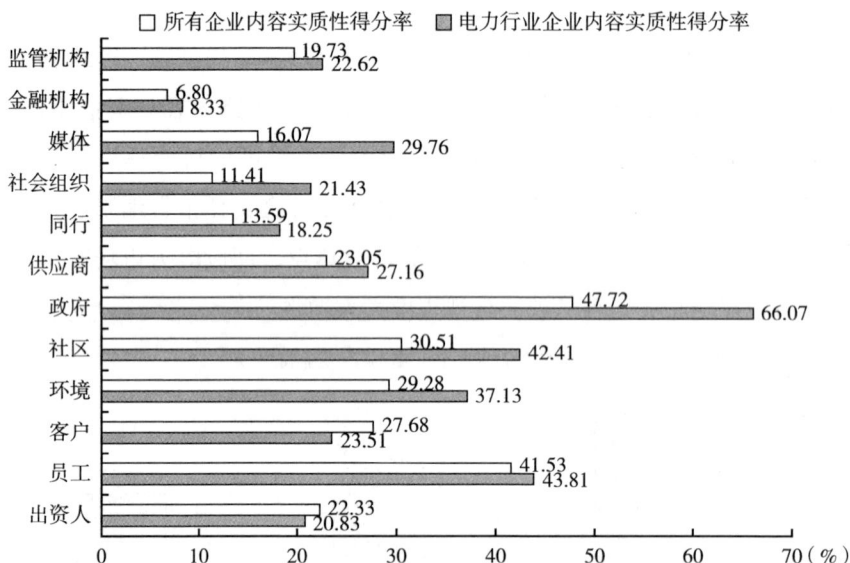

图 11 利益相关方得分率横向比较

三 电力行业企业社会责任报告阶段性特征

（一）国有及国有控股企业是报告发布的主要群体

2019 年，国有及国有控股企业在电力行业企业报告主体中占比达到

85.71%，相比于 2018 年的 79.83%，增长了 5.88 个百分点。其中，第一次发布报告的电力行业企业中，国有及国有控股企业占比高达 73.33%；连续发布 5 次及以上的电力行业企业中，国有及国有控股企业高达 96.15%。国有及国有控股企业成为电力行业企业发布报告的主要群体，同时以较快的速度增加发布报告的数量，在我国电力行业企业中发挥着引领作用。

（二）披露社会责任管理信息的电力行业企业数量增多

电力行业企业披露社会责任管理信息的数量较往年有所提升。46.42%的电力行业企业报告发布了建立社会责任管理机构信息，36.90%的电力行业企业报告发布了制定社会责任管理制度的情况，同比分别提升了 14.60 百分点和 10.76 百分点。部分电力行业企业的报告发布了企业社会责任管理模型范式或管理体系，展示了社会责任理念融入战略、企业文化和管理运营等方面的实践。例如，国家电网有限公司披露全面社会责任管理模型（见图12），突出社会责任管理利益相关方驱动和社会环境驱动的作用，除此之外，还发布了社会责任工作推进模式和社会责任根植推进模式；中国广核集团有限公司披露社会责任管理模型，通过推进社会责任管理深入发展、融入职能管理和业务工作的各个环节，提升可持续发展能力和竞争力；国家电力投资集团有限公司详细披露社会责任推进管理，包括社会责任组织管理、规划管理、制度建设、培训管理和试点管理。

（三）报告整体的创新性水平明显提高

电力行业企业社会责任报告创新性水平明显高于中国企业报告平均水平，注重责任理念体现行业特色、披露内容具有企业特点、结构体现行业特色议题、形式体现行业特色。报告创新提升了读者阅读体验，有利于更好地发挥报告作为企业与利益相关方之间沟通交流的载体作用。例如，大唐国际发电股份有限公司创新报告框架，以"质量大唐""效率大唐""活力大唐""美丽大唐""幸福大唐"为报告框架，回应党的十九大对推动经济发展质量变革、效率变革、动力变革的要求，详细披露公司在依法合规、安全

社会责任推进管理

社会责任组织管理
建立社会责任领导机构，公司总部、二级单位设置社会责任牵头部门和联络人，所属公司设置专职社会责任部门和专职人员，确保责任工作落到实处。完善总部社会责任管理部门和相关专业业务部门联络人的工作职责与要求，建立跨部门的社会责任管理推进协调工作机制。

社会责任规划管理
编制"十三五"社会责任工作规划，全面部署公司下一阶段社会责任工作。每年制订社会责任工作年度计划，明确年度社会责任工作重点，并跟进计划执行情况。

社会责任制度建设
建立健全社会责任推进管理制度，推动社会责任理念融入已有管理制度，建设核心利益相关方合作制度并加强海外社会责任制度建设。

社会责任培训管理
将社会责任培训纳入公司整体培训计划，分层次、分领域开展社会责任培训，拓展丰富社会责任培训形式并编制社会培训教材或知识读本。

社会责任试点管理
选取3家二级单位分别开展社会沟通试点、战略性公益试点和社区关系建设试点，推动社会责任管理融入业务运营。

图12 《国家电力投资集团有限公司2018社会责任报告》
披露社会责任推进管理

生产、员工发展、环境保护、社区奉献等方面的履责实践；中国华能集团有限公司进行理念创新，围绕"助经济腾飞""助绿色永续""助价值共享""助能者兴邦""助生活美好"等方面有针对性地提出可持续发展宣言，公开企业履责理念（见图13）。

（四）报告注重披露电力扶贫信息

72.62%的电力行业企业报告披露了开展产业扶贫和基础设施建设方面的信息，数据与2018年报告披露情况相当，明显高于2017年（62.50%）和2016年（56.06%）披露扶贫信息的电力行业企业数量。随着扶贫攻坚战的持续深入推进，对于以国有和国有控股企业占绝大比例的电力行业而言，企业通过结合专业优势、挖掘贫困地区特色产业等方式，持续创新扶贫模式，在扶贫工作方面开展了丰富的特色履责实践，取得了显著成效。在结合专业优势方面，国家电网有限公司、中国华能集团有限公司、中国核能电力股份有限公司开展光伏扶贫，华润电力控股有限公司开展风电扶贫等。此外，产业扶贫、教育扶贫、健康扶贫等亦是电力行业企业开展扶贫工作的主要方式。

领导致辞 08

华能智慧
助党建水平显著提升 10

华能大爱
助民生福祉持续向好 12

华能方案
助美丽中国日臻完善 14

华能力量
助一带一路亮点纷呈 16

可持续发展宣言

改革创新
助经济腾飞 18

保障电力供应 20
优化产业布局 21
提高发展质量 22
深化科技创新 24

数据纪实 · 共享改革创新 26
各方评价 · 共话改革创新 27

坚持服从和服务于国家利益和发展战略，做促进经济社会全面发展的表率

生态文明
助绿色永续 28

完善环境管理 30
调整能源结构 30
加快污染防治 32
提升环保意识 34

数据纪实 · 共享生态文明 36
各方评价 · 共话生态文明 37

坚持科学发展和技术创新，做建设资源节约型、环境友好型社会的表率

开放合作
助价值共享 38

深耕海外市场 40
带动地方发展 42
加强伙伴合作 44
强化责任采购 45

数据纪实 · 共享开放合作 46
各方评价 · 共话开放合作 47

坚持理性追求企业经营价值，做企业与社会和谐共进的表率

以人为本
助能者兴邦 48

确保安全生产 50
落实员工责任 53

数据纪实 · 共享以人为本 56
各方评价 · 共话以人为本 57

坚持依靠职工群众办企业的方针，做以人为本、利益共享的表率

感恩奉献
助生活美好 58

开展精准扶贫 60
打造品牌公益 66

数据纪实 · 共享感恩奉献 68
各方评价 · 共话感恩奉献 69

坚持回报社会、造福百姓，做社会道德实践的表率

图 13 《中国华能集团有限公司 2018 可持续发展报告》报告框架展现可持续发展宣言

（五）履责专项报告突出行业重要议题或回应社会热点

电力行业企业社会责任报告形式呈现多元化发展的趋势，部分电力行业结合行业重点议题或国家战略，单独或在发布传统综合性年度社会责任报告的基础上发布专项履责报告。一方面是结合行业关键履责议题，例如，围绕

新模式	新体系	新保证	新抓手
"五个结合"扶贫路径。立足核心业务开展精准扶贫工作,全面推进"五个结合"特色扶贫路径。	"五大体系"立体保障。结合扶贫对象实际,构建"五大体系",确保扶贫政策落地。	"党员·能人双培养一纳入"计划。坚持扶贫与基层党组织建设有机结合,为贫困村脱贫提供组织保障。	创建精准扶贫示范村。选取精准扶贫示范村创建点,落实"六个精准"要求,提供样板经验。

新作风	新管理	新平台	新机制
三个"1"工程,抓好扶贫领域作风。认真落实脱贫攻坚作风建设年的要求,确保脱贫过程扎实、效果真实。	"四步法"规范扶贫项目管理。试点摸索扶贫项目全过程管理"四步法",确保项目过程合规合法。	打造"互联网+"消费平台。精心打造互联网"扶贫专区",提供扶贫产品信息、物流支持,拓展扶贫产品销售渠道。	指导收益分配,探索长效机制。试点新扶贫项目收益分配指导意见,为"脱贫不返贫"打下坚实基础。

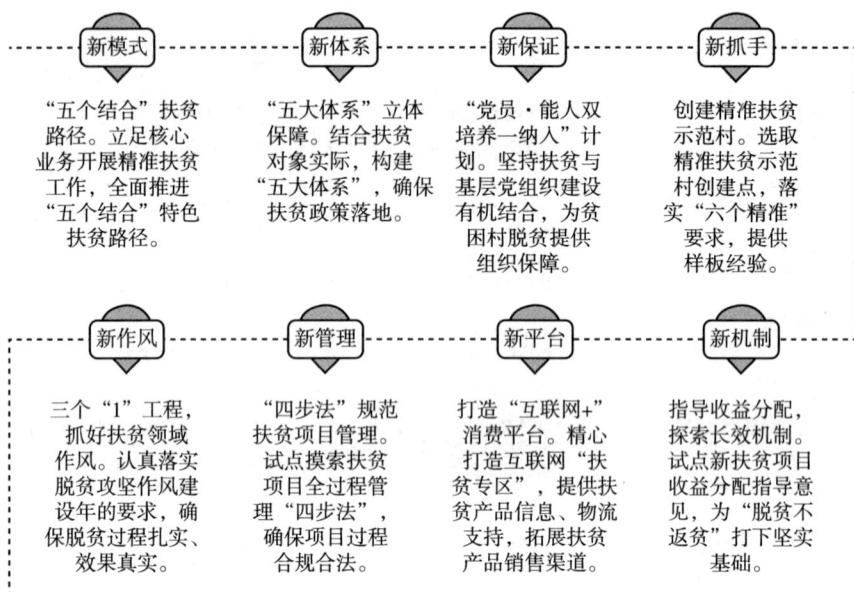

图14　《中国南方电网有限责任公司 2018 社会责任报告》披露扶贫工作模式的创新

类型	省(区、市)	扶贫地区类型	贫困人口数量(人)			贫困发生率(%)		
			2016 年	2017 年	2018 年	2016 年	2017 年	2018 年
定点扶贫	内蒙古宁城县	贫困革命老区	29136	23171	5426	5.45	4.33	1.01
	山西右玉县	贫困革命老区	16337	419	44	18.0	0.46	0.03
	陕西吴堡县	贫困革命老区	—	4833	961	—	11.99	1.37
	陕西米脂县	贫困革命老区	—	17869	2022	—	9.8	1.1
	四川雷格县	三区三州	—	43122	33101	—	20.4	18.13
	四川布拖县	三区三州	—	57299	46069	—	29.97	26.0
	青海曲麻菜县	三区三州	9544	5612	3332	21.7	12.7	7.6
对口支援	西藏聂荣县	三区三州	9133	8078	209	26.89	22.7	0.61
	青海刚察县	三区三州	3886	4049	2	7.42	3 以下	0.02

图15　《国家能源投资集团有限责任公司 2018 社会责任报告》详细披露近三年的扶贫绩效

员工发展议题，国网江苏省电力有限公司发布员工发展报告①，专题报告服务员工全面发展的行动和收获；围绕生物多样性保护议题，中国广核集团有限公司发布生物多样性保护报告，从生物多样性保护管理到陆生生物保护、海洋生物保护、栖息地保护等方面，介绍公司落实生物多样性保护理念的实践。另一方面是针对当下社会热点，例如，中国三峡集团有限公司发布"一带一路"可持续发展报告（见图17），从保障清洁能源供应、推动经济发展、保护生态环境、促进社会和谐等方面，展现公司结合专业优势推动国家战略的实践举措和价值贡献。

图16 《大亚湾核电基地生物多样性保护报告》封面

---

① 该报告未公开发布，信息来源网络。

图 17 　《中国三峡集团有限公司"一带一路"可持续发展报告》封面

四　电力行业企业社会责任报告建议

（一）深化相关指南或标准的应用，提升信息披露的精细化

数据统计显示，在收集的 84 份 2019 年度电力行业企业报告中，依据全球报告倡议组织《GRI 可持续发展报告标准》（GRI Standards）进行报告编制的企业数量占比最多，达到 41.67%，而其中进行了 GRI 标准对标的报告数量占比仅为 51.43%。建议电力行业企业在报告中对依据的相应社会责任指南或标准进行对标，直观呈现企业回应相关指南或标准披露要求的具体行动和绩效，进一步体现报告的专业度，实现提升社会责任信息披露的精细化。

（二）对接 SDGs，展现企业服务全球可持续发展的行动

《能源企业全球竞争力报告 2018》显示，在电力企业全球竞争力排名的 100 强中，中国上榜企业达 21 家，且在前 20 强中中国企业占有 6 席，中国电力行业企业在综合得分、规模、成长、安全和研发方面明显超过国际平均水平，体现了电力大国的综合实力①。中国电力行业企业融入全球话语体系的进程日益加快，国际影响力持续增强，在履行社会责任方面更应作出表率和示范。从 2019 年报告披露的数据来看，报告编制参考了联合国可持续发展目标（SDGs）或在报告中有落实 SDGs 目标内容的电力行业企业占比 13.10%，该项数据较 2018 年的 3.57% 有了较大提升，但占比依然不高。建议电力行业企业能够更加主动地回应、对接国际可持续倡议，如关注与电力行业密切相关的目标 7 "经济适用的能源"、目标 9 "产业、创新和基础设施"、目标 13 "气候行动" 等，积极披露企业采取的行动和取得的成效。

（三）应用国际化的 "语言体系"，适应海外经营

电力行业企业在迈好 "走出去" 步伐的同时，受到的国际关注和期望也越来越高，对海外履责有了更高要求。建议电力行业企业使用国际化语言，披露海外履责实践和绩效，包括对标或参考国际报告编制依据或标准，如 GRI 标准、ISO 26000：社会责任指南（2010）等；使用英语或当地语言发布国别报告，促进与海外利益相关方的沟通。除此之外，电力行业企业亦可借鉴国际先进电力行业企业报告的编制经验，优化报告的图文呈现方式，提升报告阅读体验，促进报告传播，助力营造良好的海外发展环境。

（四）加强环境信息的披露，凸显企业环境责任

电力工业作为能源全局的中心，面对着资源约束趋紧、生态系统退化等严峻的形势，应更好地承担起环境责任。2019 年统计报告数据显示，

① 来源 http：//nads. ruc. edu. cn/displaynews. php？id＝6674。

电力行业企业环境相关指标的覆盖率整体不高。建议电力行业企业一方面持续完善自身环境管理，围绕"应对气候变化""生物多样性保护"等行业关键环境议题开展履责实践；另一方面加强履行环境责任的信息披露，呈现企业在环境管理和实践方面的行动和绩效，展现企业助力建设美丽中国的努力。

B.10

金蜜蜂中国建筑业企业社会责任报告研究

崔娟 贾丽 管竹笋

摘　要： 本报告依据"金蜜蜂中国企业社会责任报告评估体系2018"，对收集到的58份建筑业企业社会责任报告进行研究和分析，并在此基础上提出相关建议。研究发现，建筑业企业社会责任报告总体质量实现由"发展"阶段到"追赶"阶段的跨越，报告披露的关键议题也趋于稳定，但仍存在一些问题。建议在建筑业企业相关评选活动中，将发布社会责任报告纳入评选条件，倡导更多建筑业企业加入发布社会责任报告的行列；建筑业企业需要加强实质性议题的识别和排序，提升报告的针对性；提升报告国际化水平，更好对话海外利益相关方；建筑业企业报告信息披露不够客观，应当以真诚、透明的态度与利益相关方进行沟通。

关键词： 建筑业企业　社会责任报告　国际化　实质性

建筑业是国民经济重要的支柱产业之一，具有产业链长、就业面广等特点，与整个国家经济的发展、人民生活的改善密切相关。本研究报告希望通过对建筑业企业社会责任报告情况的分析，总结建筑业企业社会责任报告的相关特点，并提出相关对策和建议。

一　中国建筑业企业社会责任报告研究概况

截至2019年10月31日，通过企业主动寄送、企业官方网站下载及网络查询等方式，我们收集到中国建筑业企业发布的社会责任报告（含可持续发展报告，环境、社会及管治报告）58 份，与去年数量相当。其中国有及国有控股企业发布报告 43 份，占建筑业企业发布报告总数的 74.14%，由此可见，国有及国有控股企业在发布社会责任报告方面表现更为积极主动（见图1）。

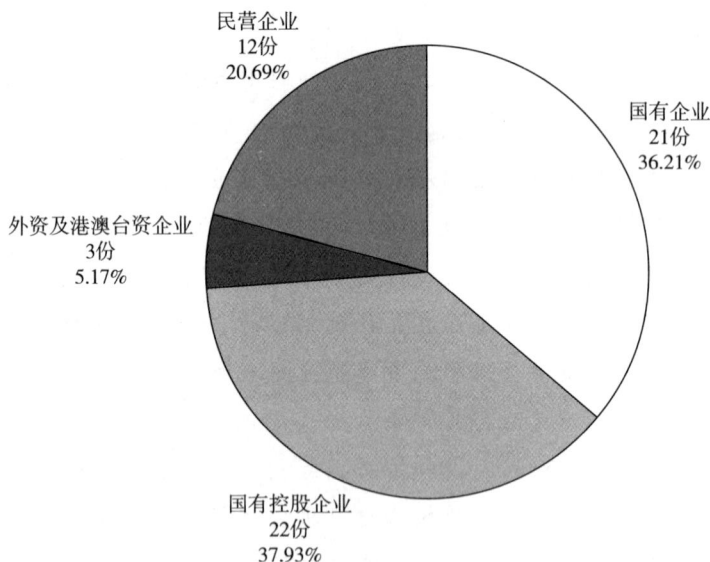

图1　建筑业报告发布主体性质

连续 5～10 年以及连续 10 年以上发布企业社会责任报告的企业占比为 58.62%，可见大部分的建筑业企业已将社会责任报告作为企业社会责任理念和实践信息披露的常态化渠道（见图2）。

报告篇幅在 51 页以上的报告占比达到 53.45%，超过一半以上，且报告篇幅少于 10 页的仅有 5 份，占比 8.62%，可见建筑业企业对社会责任信息的披露还是相对充分的（见图3）。

建筑业企业在距财年 4 个月以内发布报告的有 38 家，占比 65.52%；距财年 6 个月以内发布报告的企业有 17 家，占比 29.31%；距财年 6 个月以上发布报告的企业仅有 3 家，占比 5.17%，可见建筑业企业比较注重信息披露的及时性（见图4）。

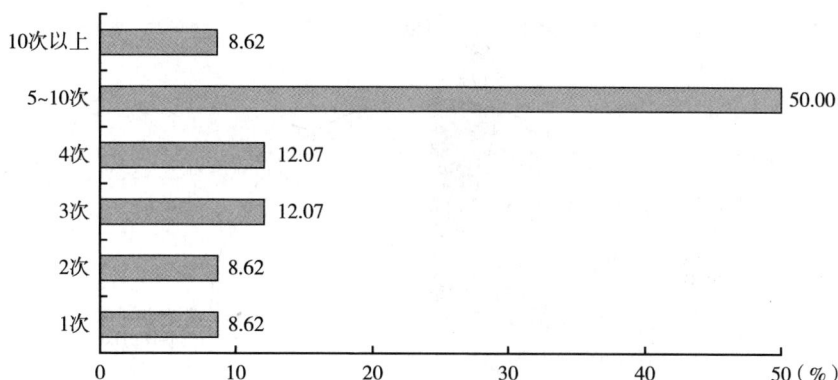

图2　建筑业企业发布报告次数

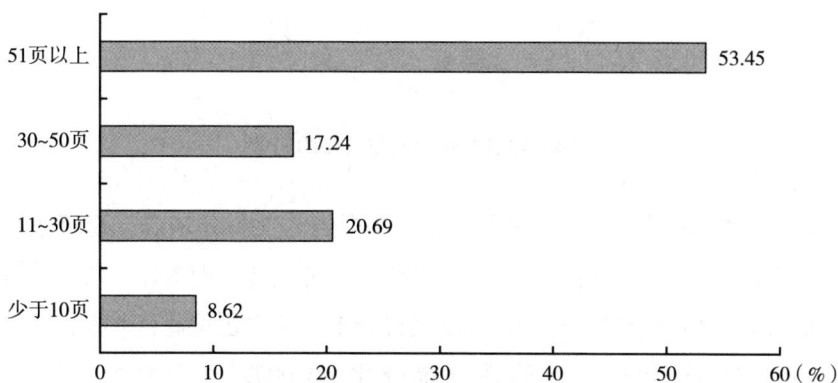

图3　建筑业企业发布报告的篇幅

58份建筑业企业报告中有30份采用了两种以上的编制依据，占比51.72%，另有5份报告未对报告编制的依据进行说明，占比8.62%，可见大部分的建筑业企业重视社会责任信息披露及其规范性。

二　中国建筑业企业社会责任报告分析

（一）报告总体情况

建筑业企业报告的平均得分为61.38分，高于中国企业社会责任报告的

距财年时间6个月以上
3家
5.17%

距财年时间
6个月以内
17家
29.31%

距财年时间
4个月以内
38家
65.52%

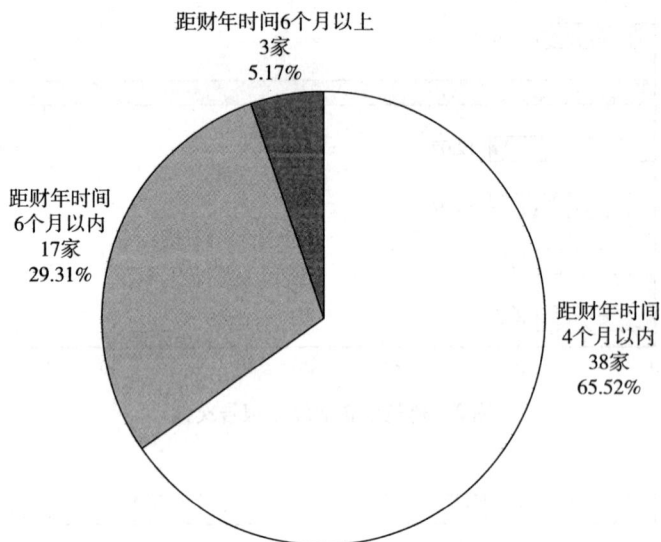

图4　建筑业企业发布报告的时效

平均得分（54.27 分），整体质量较高。从报告六性得分来看，建筑业企业的社会责任报告在完整性、可信性、可读性、可比性、创新性、实质性六个维度的得分率均高于整体报告的各维度得分率。其中建筑业企业报告在实质性（得分率 66.30%）、可读性（得分率 60.00%）、完整性（得分率 56.48%）、可比性（得分率 51.44%）方面表现较好，创新性（得分率 41.20%）和可信性（得分率 33.79%）方面虽高于中国企业社会责任报告的平均水平，但仍有一定的提升空间（见图5）。

（二）具体分析

1. 结构完整性

建筑业企业报告在结构完整性方面的得分率高出中国企业报告整体水平3.73 个百分点，优于中国企业报告整体水平。建筑业企业报告在实践内容和公司概况方面的信息披露较为全面，指标覆盖率分别为 97.70% 和 80.69%；其次是报告参数、战略与治理、利益相关方识别，指标覆盖率均高于50%，分别为 68.39%、54.31% 和 53.45%；而计划内容、高管声明、风险机遇分析

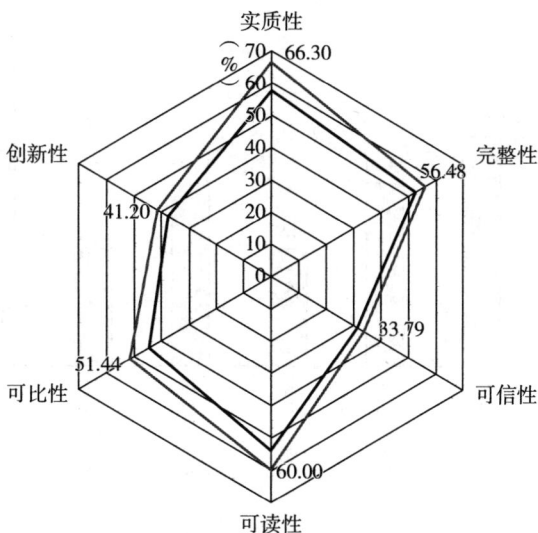

—— 中国企业社会责任报告平均得分率   —— 建筑业企业社会责任报告平均得分率

图5 建筑业企业社会责任报告六维度平均得分率

的指标覆盖率则相对较低，均低于50%，分别是35.34%、34.91%和27.01%（见图6）。这说明建筑业企业报告对企业社会责任的规划、高管对企业社会责任的认识和计划以及企业风险管理相关信息的披露较少。

2. 报告可信性

建筑业企业报告可信性表现一般，在六个评估维度中排名最低。从可信性指标覆盖率来看，利益相关方评价和表述客观性的指标覆盖率相对较高，为67.24%和60.34%；其次是信息来源，其指标覆盖率为32.76%；第三方审验和CSR专家评价的指标覆盖率表现较差，仅为5.17%和3.45%（见图7），表明建筑业企业报告中接受第三方审验以及引入CSR专家评价的企业仍然较少。

3. 报告可读性

建筑业企业报告中89.66%的报告能够在版式上做到字体、大小、行间距、页面布局合理；72.41%的建筑业企业报告在信息饱和度方面做到篇幅适中；53.45%的建筑业企业报告能够做到信息清晰表达，合理应用文字、

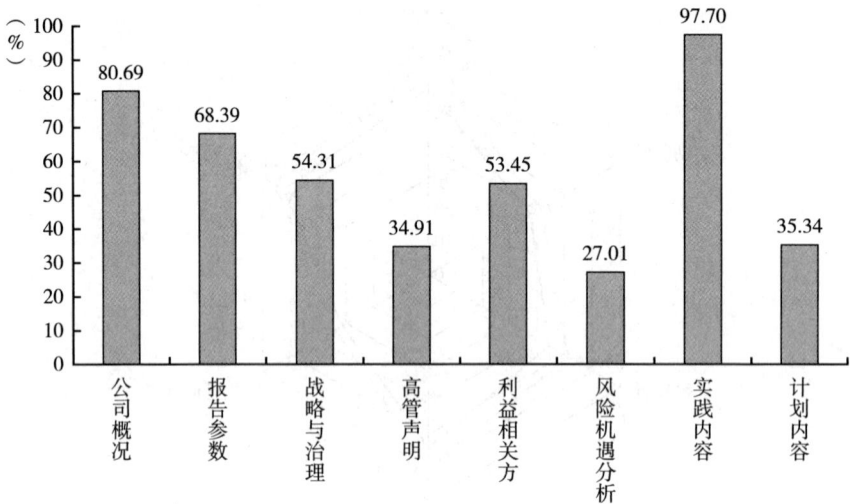

图6　建筑业企业报告完整性指标覆盖率

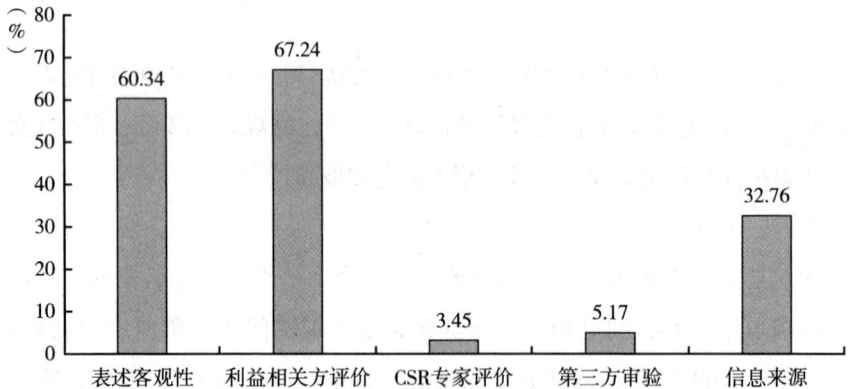

图7　建筑业企业报告可信性指标覆盖率

图片、表格等，表达形式丰富；但是建筑业企业报告在信息清晰定位和色彩搭配方面相对较弱，指标覆盖率均低于50%（见图8），进而拉低了建筑业企业报告在可读性方面的总体表现。

4. 报告可比性

建筑业企业报告的可比性得分率高出中国企业报告整体水平6.88个百

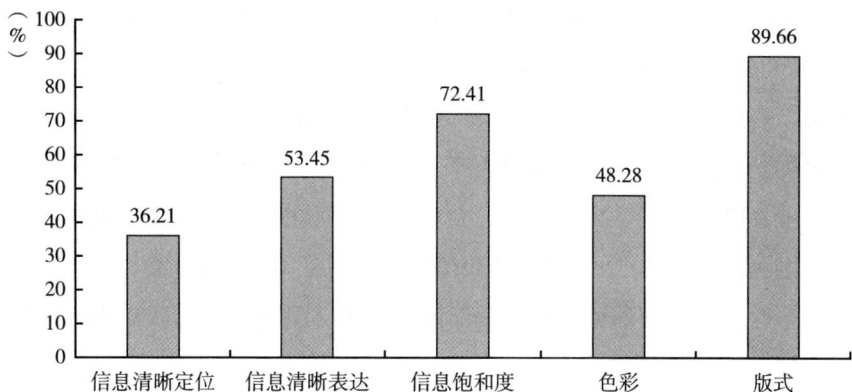

图 8   建筑业企业报告可读性指标覆盖率

分点，在报告可比性方面的表现，建筑业企业报告也具有明显优势。就各个具体指标而言，建筑业企业报告在可比性方面的指标覆盖率均在50%左右，其中行业内可比性的指标覆盖率最高，为56.90%；其次是纵向可比性的指标覆盖率，为50.86%；最后是跨行业可比性的指标覆盖率，为46.55%（见图9）。

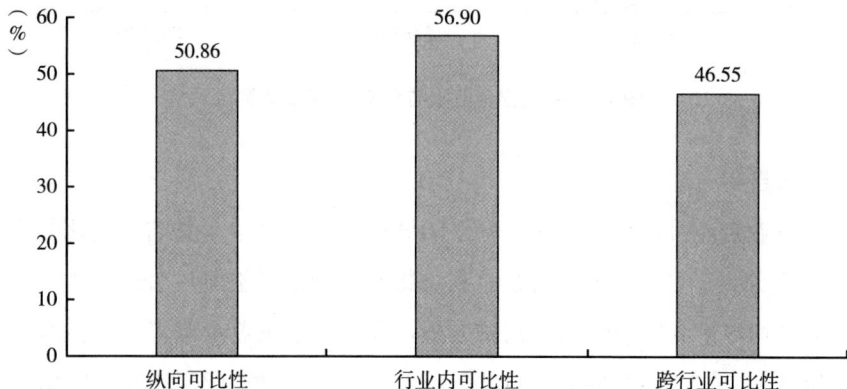

图 9   建筑业企业报告可比性指标覆盖率

5. 报告创新性

报告的创新性主要从报告的内容创新、结构创新、形式创新三方面进行考虑，从内容创新维度来看，建筑业企业报告对行业特色和企业特色的指标覆盖率相对较高，分别为44.83%和81.03%，但对时代热点方面的信息披露不够，指标覆盖率仅为25.86%；从结构创新维度来看，仍是在对时代热点方面的把握相对较弱，指标覆盖率为29.31%；从形式创新维度来看，建筑业企业在时代热点、行业特色、企业特色方面的披露都略显不足，指标覆盖率分别为22.41%、29.31%和39.66%（见图10）。综合来看，建筑业企业在契合时代热点方面的指标都处于较低水平，需要结合时代热点开展社会责任实践活动与信息披露工作。

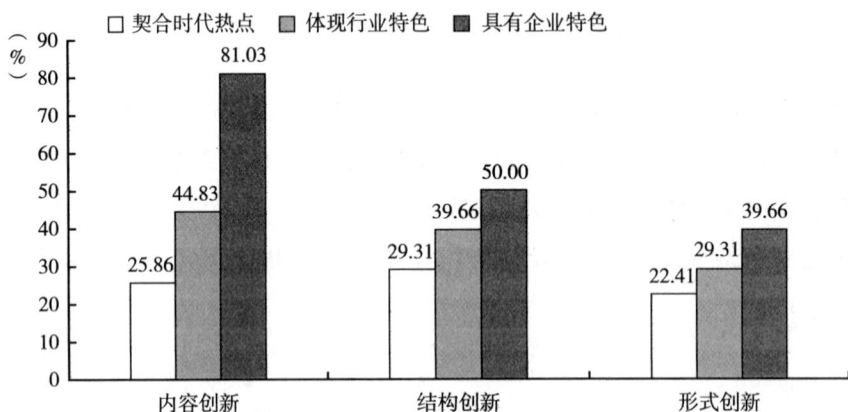

图10　建筑业企业报告创新性指标覆盖率

6. 报告实质性

建筑业企业报告实质性得分率为66.30%，比中国企业报告平均水平高出8.63个百分点，可见建筑业企业对利益相关方的信息披露显著优于中国企业报告的平均水平。从不同利益相关方视角来看，建筑业企业普遍关注对政府（49.14%）、员工（47.24%）、社区（39.12%）、环境（33.25%）的信息披露，报告的指标覆盖率均在30%以上；比较关注对客户（28.02%）、供应商（24.61%）、出资人（22.41%）的信息披露，相关指标覆盖率在20%以上；一般关注对媒体（18.10%）、同行（16.67%）、社会组织（14.37%）、监管机构（13.79%）和金融机构（12.07%）的信息披露，相关指标覆盖率在

20%以下（见图11）。从各利益相关方识别的覆盖率来看，中国建筑业企业报告与中国企业报告整体对比，除了金融机构的指标覆盖率低于整体水平外，对其他利益相关方的关注程度都要高于整体水平。

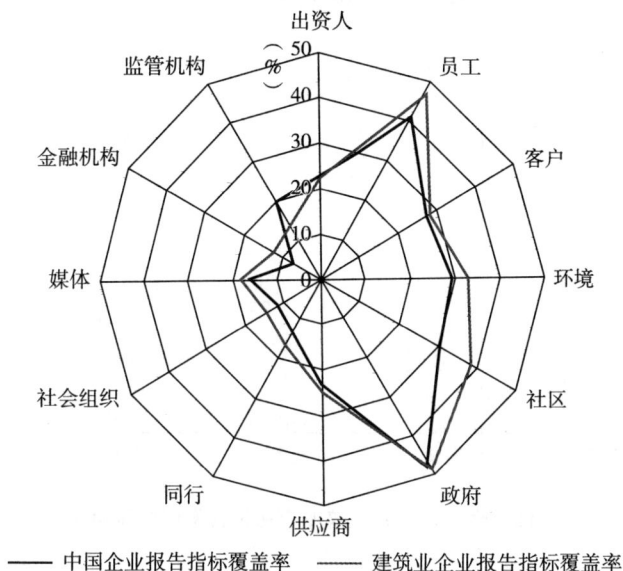

图11 建筑业企业报告实质性指标覆盖率

三 建筑业企业社会责任报告阶段性特征

（一）报告总体质量实现由"发展"阶段到"追赶"阶段的跨越

2019年，建筑业企业报告的平均得分为61.38分，高于2018年的平均得分53.39分，可见建筑业企业的报告质量在不断提升，整体上实现由"发展"阶段到"追赶"阶段的跨越①。从与全国企业报告发展阶段对比来看，

① 依据"金蜜蜂中国企业社会责任报告评估体系2018"，我们将报告划分为起步、发展、追赶、优秀和卓越5个级别。

建筑业企业报告处于"追赶"及以上阶段的报告占比53.45%，超过建筑业企业报告总数的一半以上。全国企业报告处于"追赶"及以上阶段的报告占比39.18%，远不及全国企业报告总数的一半，建筑业企业报告质量明显优于中国企业整体的报告质量（见图12）。

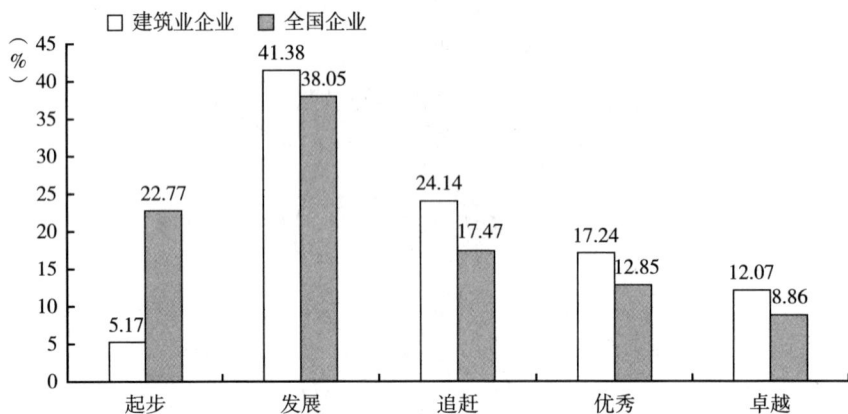

图12　全国企业和建筑业企业报告发展阶段对比

（二）报告披露的关键议题趋于稳定

由于建筑业企业自身业务的属性特征，建筑业企业对"客户、经济、社会、环境"等重点责任议题给予了持续稳定的关注。《中国机械设备工程股份有限公司社会责任报告（2014～2018）》中，篇章结构都没有发生变化，连续五年主体章节内容保持为"创新升级""合力同行""以人为本""绿色环保""和谐社区"；从"中国建筑股份有限公司可持续发展报告2012"起，一直到2018年发布的可持续发展报告（见表1），均围绕为利益相关方拓展幸福空间开展履责实践，信息披露主要从价值创造、品质保障、环境保护、创新发展、员工成长、合作共赢、社会和谐七个方面识别关键议题，并从主要行动策略和核心管理绩效两个方面进行系统披露。

表 1 《中国建筑股份有限公司 2016/2017/2018 可持续发展报告》关键议题

可持续发展报告 2016		可持续发展报告 2017		可持续发展报告 2018	
笃诚守信	价值担当	牢记价值使命	为股东创造增值服务	见证价值	构建幸福之魂
匠心打造	品质担当	牢记品质使命	为客户奉献建筑精品	见证品质	兑现幸福之诺
低碳环保	绿色担当	牢记环保使命	为世界增添绿色元素	见证绿色	挥洒幸福之色
厚德植根	育人担当	牢记人本使命	为员工筑造成长空间	见证成长	不负幸福之托
创新联动	行业担当	牢记创新使命	为行业激发内生活力	见证创新	开辟幸福之路
互利共赢	伙伴担当	牢记共赢使命	为伙伴汇聚发展动力	见证共赢	夯实幸福之基
大爱无疆	民生担当	牢记民生使命	为社会增添人文关怀	见证和谐	情暖幸福之本

（三）支持社区发展成为建筑业企业重点披露议题

建筑业企业以社会责任报告作为与社区沟通交流的渠道，主动披露企业在社区沟通、就业培训、社区发展、文化教育、捐赠救灾等议题方面的实践与绩效。建筑业企业报告的社区指标覆盖率为 39.12%，相对于中国企业报告的社区指标覆盖率 30.51%，有明显的优势。从各项细化的社区议题来看，建筑业企业尤其重视社区沟通，相关指标覆盖率高出中国企业报告整体水平 13.39 个百分点（见图 13）。

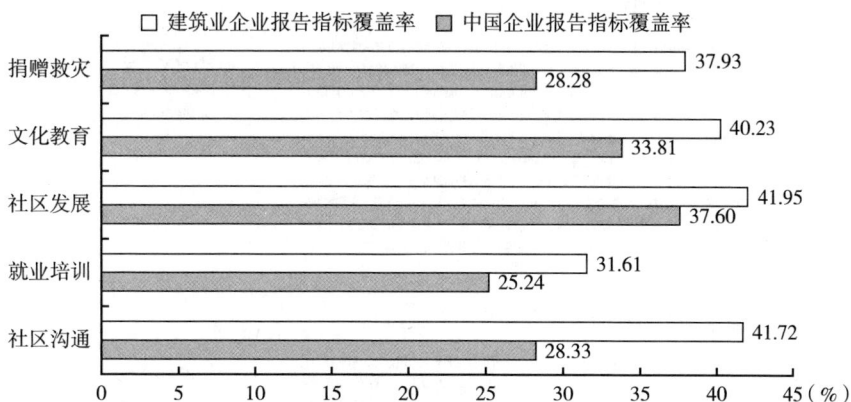

图 13 社区指标覆盖率

建筑业企业为贡献社区发展，不仅鼓励更多员工参与周边社区帮扶、为社区提供志愿服务，而且结合社区的实际情况，注重发挥自身的资金、技术、人力等资源优势，有针对性地帮助社区的建设与发展。例如从中交集团的《中国交通建设集团有限公司2018社会责任报告》中可以看出，中交集团在定点帮扶过程中，积极发挥主业优势，推动业务相关性高、对脱贫作用大、长期受益的项目落地。实施扶贫项目建设，以PPP模式出资6300万元，修建了新疆英吉沙县旅游景区道路，改善旅游区交通环境，吸引更多旅游资源，带动经济增长和贫困人口收入提升。此外，还援建重点交通项目，推动"扶贫路"成为"致富路"，切实解决贫困群众的出行问题，助推当地经济社会发展（见图14）。

10月22日，中交集团党委书记、董事长刘起涛到云南怒江州调研公司在怒江脱贫攻坚工作情况

聚力交通脱贫

中交集团积极发挥主业优势，推动业务相关性高、对脱贫作用大、长期受益的项目落地。提供设计规划支撑，积极协调公司内部资源，成立"怒江州项目前期工作小组"，多次针对高速公路、轻轨等13个项目开展考察调研，编制项目规划"中交方案"。实施扶贫项目建设，以PPP模式出资6,300万元，修建了新疆英吉沙县旅游景区道路，改善旅游区交通环境，吸引更多旅游资源，带动经济增长和贫困人口收入提升。援建重点交通项目，推动"扶贫路"成为"致富路"，出资1.05亿元援建中交怒江州连心桥，于2018年8月8日开工建设；出资1.45亿元援建的福贡县木尼玛大桥已开展前期工作。2座大桥建成后，将切实解决3万多易地搬迁安置人员的出行问题，助推当地经济社会发展。参与央企产业投资基金，累计出资超1亿元参股中央企业贫困地区产业投资基金，推动产业投资与精准扶贫的有效结合，帮助贫困地区经济发展。

6,300万元

修建了新疆英吉沙县旅游景区道路

聚力搬迁脱贫

为解决"一方水土养不起一方人"的问题，公司坚持"挪穷窝、换穷业、拔穷根"并举，推动扶贫搬迁脱贫。参与制定搬迁规划，与怒江州共同创新扶贫工作模式，按照"搬得出、稳得住、有事做、能致富"要求，谋划贫困搬迁规划工作。支持扶贫搬迁项目建设，出资1,400万元援助云南怒江安置点建设，解决741户3千多名易地搬迁安置人员的住房问题。援建村级综合设施，着力打造搬迁脱贫示范村。打通"最后一公里"，公司出资40万元修通从安置点至村级主干道道路，解决出行困难；捐赠大型工程机械设备，保障乡村道路畅通。

1,400万元

援助云南怒江安置点建设

图14 《中国交通建设集团有限公司2018社会责任报告》内容节选

（四）注重对经济社会发展热点议题的披露

无论是大型国有建筑企业，还是民营建筑企业，都非常重视对国家发展战略及国计民生重点议题的落实与回应。"一带一路"沿线大部分国家和地区基础设施相对落后，因此建筑业企业将"走出去"的重点聚焦在这些地方，在"走出去"的过程中，建筑业企业在做好工程建设的同时，注重技术输入、管理服务等，将中国的标准、服务和管理带出去，打造了一批重点特色项目。例如《中国建筑股份有限公司2018可持续发展报告》以"建证·'一带一路'伟大倡议"为专题，通过"政策沟通，落实中国方案""贸易畅通，勇做丝路先锋""设施联通，树立企业标杆""民心相通，友谊薪火相传"四个部分，展示了中国建筑凭借卓越质量、优质服务、良好履约、高度诚信和优秀的资源整合能力，促进"一带一路"沿线国家基础设施建设和公共服务水平提升。

2018年，是改革开放40周年，建筑业企业是改革开放的重要历史见证者和参与者。从建筑业企业社会责任报告来看，改革开放40年是一个披露程度很高的议题，各建筑业企业对改革开放至今的履责实践以及所取得的成效进行披露。例如《中国能源建设集团有限公司2018社会责任报告》以"改革开放40年——初心能见，使命如磐"为专题（见图15），重点披露了中国能建如何坚守报国利民初心，担当央企责任使命，为国家贡献、为民生服务，与时代同行、与行业共振，不断进取创新、转型升级，在改革开放40年历程中写下的一个又一个辉煌篇章。

（五）建筑业企业在环保议题的履责实践中有失偏颇

建筑业企业始终将环境作为发展过程中的重点关注对象，在规划、设计、施工和运营全生命周期，以不断完善的制度以及技术创新，最大化节约资源、减少排放，实现绿色发展。从上面的分析可以看出，环境是仅次于政府、员工、社区之后建筑业企业最关注的利益相关方，但从环保议题下所有的指标来看，生态系统保护的指标覆盖率不及其他环保指标的一半

图15 《中国能源建设集团有限公司 2018 社会责任报告》内容节选

（见图16），可见建筑业企业在生态系统保护方面仍有很大的改进空间。

即使如此，也还是有少数建筑业企业能够做到对生态系统保护的履责及信息披露。例如中国电建在《中国电力建设集团有限公司 2018 社会责任报告》中披露企业通过不断完善环境管控治理和节能减排组织体系，落实清洁生产；积极推进水电、风电、光伏等清洁能源建设，为全球节能减排和偏远地区供电作出贡献。除此之外，也提到了保护生态环境的相关内容，如水环境治理，积极构建并完善水环境业务营销管控体系，并发起成立"水环境治理产业技术创新战略联盟",致力于就中国经济发展过程中造成的水污染问题以及治理水环境过程中的经验进行深入交流(见图17)。

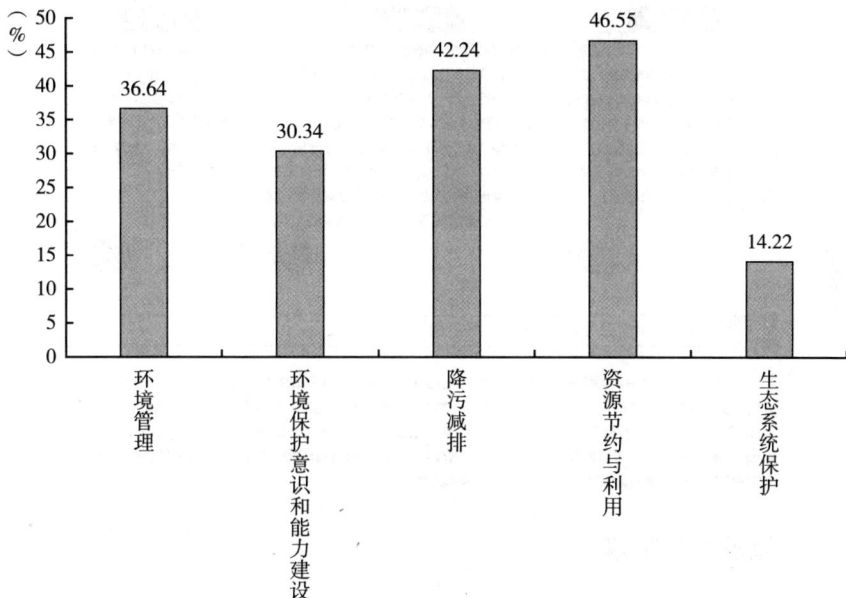

图16　建筑业企业环境指标覆盖率

四　建筑业企业社会责任报告建议

(一)倡导更多建筑业企业加入发布社会责任报告的行列

2018 年,全国各种类型建筑业法人单位已超过 120 多万家,其中有施工活动的具有建筑业企业资质的总承包和专业承包建筑业企业达到约 9.5 万家。① 但从建筑业企业发布报告的情况来看,截至 2019 年 10 月 31 日,仅有 58 家建筑业企业发布了社会责任报告(含可持续发展报告,环境、社

---

① 资料来源:中国新闻网,http://www.chinanews.com/sh/2019/08 - 08/8920338.shtml。

落实绿色生产

公司坚持绿色生产、节能减排的环保理念，通过不断完善环境管控治理和节能减排组织体系，落实清洁生产，提升作业现场的环保施工水平。

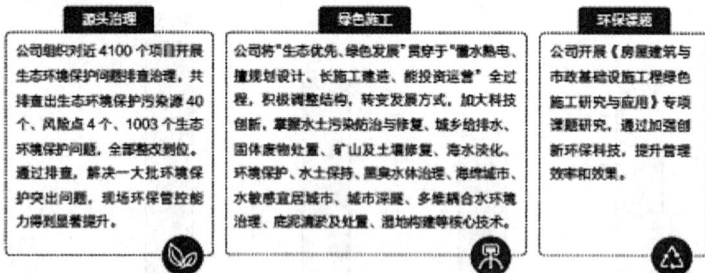

源头治理	绿色施工	环保课题
公司组织对近4100个项目开展生态环境保护问题排查治理，共排查出生态环境保护问题40个、风险点4个、1003个生态环境保护问题，全部整改到位。通过排查，解决一大批环境保护突出问题，现场环保管控能力得到显著提升。	公司将"生态优先、绿色发展"贯穿于"蓄水热电、建规划设计、长施工建造、能投资运营"全过程，积极调整结构，转变发展方式，加大科技创新，掌握水土污染防治与修复、城乡给排水、固体废物处置、矿山及土壤修复、海水淡化、环境保护、水土保持、黑臭水体治理、海绵城市、水敏感宜居城市、城市深隧、多维耦合水环境治理、底泥清淤及处置、湿地构建等核心技术。	公司开展《房屋建筑与市政基础设施工程绿色施工研究与应用》专项课题研究，通过加强创新环保科技，提升管理效率和效果。

案例 中国电建荣登"中国绿金企业100优"榜单第4名

2018年6月，在"2018中国绿金企业峰会暨践行生态文明绿色企业100优发布仪式"上，公司凭借在绿色施工领域内的突出贡献荣列"2018中国绿金企业100优"榜单第四名。该榜单由中国企业评选协会和万里智库历时半年，通过甄选2000余家企业，根据案例分析和企业测评，最终评选出对环境保护具有突出贡献、绿色经济效益显著、绿色产能升级示范的标杆企业。该荣誉的获得有效推动公司完善环保体系，强化企业自律约束机制，增强环保意识，推动公司在保护生态环境方面与国际接轨，提升国际化水平和竞争力。

保护生态环境

水环境治理

公司紧跟国家治理黑臭水体、建设美丽中国的市场形势，立足自身优势，在强化"规划先行、综合统筹、专业突出"的水环境系统治理营销理念下，积极构建并完善水环境业务营销管控体系，并将水环境业务定位为"十三五"期间的三大核心主业之一。2018年，公司水资源及环境板块完成投资11.30亿元，新签合同484亿元，同比增长58.6%。

公司发起成立"水环境治理产业技术创新战略联盟"，挂牌成立"中国电建水环境治理研究实验中心"，持续推进"山水林田湖草"系统治理。公司承办商务部2018年水资源开发与水环境治理研修班，与来自非洲11个国家和地区的43名官员分享中国水环境的现状、面临的问题与解决思路，就中国经济发展过程中所造成的水污染问题以及治理水环境过程中的总结经验进行深入交流。

水资源及环境板块
完成投资 **11.30** 亿元
新签合同 **484** 亿元
同比增长 **58.6%**

图17 《中国电力建设集团有限公司2018社会责任报告》内容节选

会及管治报告），在我国庞大的建筑业企业中显得微不足道。建议在建筑业企业的相关评选活动中，将发布社会责任报告纳入评选条件，并通过参选企业社会责任报告中的相关参数，来评估其在社会责任方面的综合表现，推动更多建筑业领先企业提升社会责任意识和能力，加入发布社会责任报告的行列。

（二）加强实质性议题的识别和排序，提升报告的针对性

建筑业企业发布的社会责任报告中具体披露企业利益相关方及重要议题识别和排序的报告只有 36.21%，说明建筑业企业在回应利益相关方诉求与解决企业社会责任工作中遇到的问题方面缺乏针对性。实质性议题的识别与排序，是判断和选择企业与利益相关方共同关注的社会责任议题的过程，对企业社会责任工作而言是很好的管理工具。建议建筑业企业用好实质性议题识别与排序这一工具，通过绘制实质性矩阵，确定企业和利益相关方共同关注的内容，如此一来就能够在报告中有的放矢地做出回应，提升报告的针对性。

（三）提升报告国际化水平，更好对话海外利益相关方

社会责任报告是企业与当地政府、社区、NGO 组织等利益相关方沟通交流的重要载体。2019 年收集到的 58 份建筑业企业报告中，仅有 6 家企业同步发布了英文版报告，而且均采用和中文版报告一样的设计版式。为加强与海外利益相关方的沟通，建议建筑业企业在发布英文版报告的时候，不仅是做文字的翻译，还应该在报告的设计风格、传播手段等方面，尽可能融入一些属地化元素，以达到与海外利益相关方更好沟通对话的效果。此外，建筑业企业在有条件的情况下，还应考虑发布内容更加聚焦、更有针对性的国别报告。

（四）信息披露不够客观，以真诚、透明的态度与利益相关方进行沟通

在搜集到的建筑业企业社会责任报告中，能够中立、客观地披露企业在经营过程中面临的风险机遇以及企业履行社会责任正面信息的企业有 89.66%，但能够对负面信息进行披露的企业却只有 31.03%。建议建筑业企业要以真诚、透明、开放的态度，客观地对公司的负面信息进行披露，重点对发生原因、改进措施等进行详细披露。对于影响期较长的负面事件，可侧重报告连续披露年度所取得的改进进展，获得利益相关方的理解和支持，同时提高报告的可信性。

B.11
金蜜蜂中国信息通信技术行业
企业社会责任报告研究

陈晓宁　张　锐　郭　静　张　蕊　林　波

摘　要： 本报告依据"金蜜蜂企业社会责任报告评估体系2018"，对收集到的信息通信技术企业2019年发布的117份社会责任报告进行评估和分析，并提出针对性建议。研究发现，信息通信技术行业企业社会责任报告的可信性、可比性、创新性和实质性均高于中国企业社会责任报告的平均水平，并呈现以下阶段性特征：行业社会责任报告发布数量和质量趋于平稳，整体处于发展阶段；大部分企业已建立社会责任报告发布常规机制；技术创新、电子废弃物等行业特色议题是企业重点披露内容；注重回应国家精准脱贫、污染防治等战略。

关键词： 信息通信技术行业企业　技术创新　赋能　国家战略

近年来，信息技术与通信技术的融合，让"信息通信技术"（Information Communication Technology，简称 ICT）这个新概念应运而生。ICT 在消除"数字鸿沟"、推动全球经济增长方面发挥着巨大的作用，世界各国都将其视作抢占新一轮经济增长制高点的产业来优先发展。

在中国，ICT 行业在转变经济增长方式、推动新一轮经济增长方面发挥的作用更为突出。国家先后出台了一系列政策文件，鼓励支持 ICT 行业发展，包括信息消费、网络强国、人工智能、工业互联网等国家级战略。党的十九大报告中指出，要建设网络强国、数字中国、智慧社会，推动互联网、大数据、人工智能和实体经济深度融合，发展数字经济、共享经济，培育新增长点、形成新动能。① ICT 行业已被国家列为基础性、先导性、支柱性产业重点发展。

自 21 世纪以来，我国大力开展以信息化带动工业化、以工业化促进信息化的两化融合工作，深刻改变了工业发展的面貌格局，也成就了世界网络大国的地位。工业和信息化部（简称工信部）的统计数据显示，2018 年，中国规模以上电子信息制造业增加值同比增长 13.1%，主营业务收入同比增长 9.0%。截至 2018 年底，我国数字经济规模达到 31 万亿元，占国内生产总值的比重达到 1/3。② ICT 行业在支撑经济社会发展、推动社会创新等方面的作用进一步增强。

一 中国 ICT 企业社会责任报告概况

截至 2019 年 10 月 31 日，通过企业主动寄送、企业官方网站下载及网络查询等方式，共收集到 ICT 企业（包括电子信息制造业企业和信息技术服务企业）发布的社会责任报告 117 份③，与 2018 年同期相比有所下降（见图 1）；我们依据"金蜜蜂企业社会责任报告评估体系 2018"对这些企业的社会责任报告进行评估。基于报告评估参数，我们对 ICT 企业发布的社会责任报告进行整体描述，对报告的整体质量进行比较、分析和判断，尝试总结 ICT 企业社会责任报告的特点，并在此基础上提出相关建议。

连续 5 次及以上发布社会责任报告的 ICT 企业数量最多，占比 55.14%；连续 3 次发布报告的企业占 15.89%；8.41% 的企业为首次发布报告（见图 2）。由此可以看出，ICT 行业企业对社会责任信息的披露愈加重

---

① 来源：党的十九大报告。

② 数据来源：中华人民共和国工业和信息化部运行监测协调局。

③ 部分中国电信集团下属子公司社会责任报告为跨年度发布，且已于 2018 年发布，2019 年未发布。因此，2019 年 ICT 行业企业发布的社会责任报告数量较 2018 年有所下降。

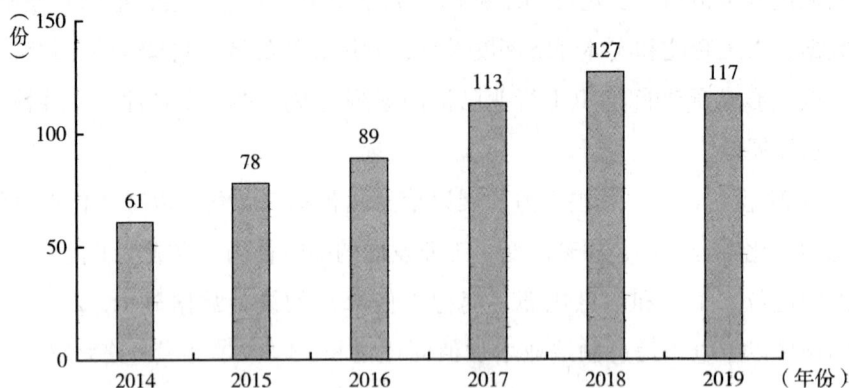

图1 ICT企业社会责任报告发布数量

视，坚持编制并连续发布社会责任报告，积极披露企业社会责任实践，主动承担社会责任并接受社会公众的监督。

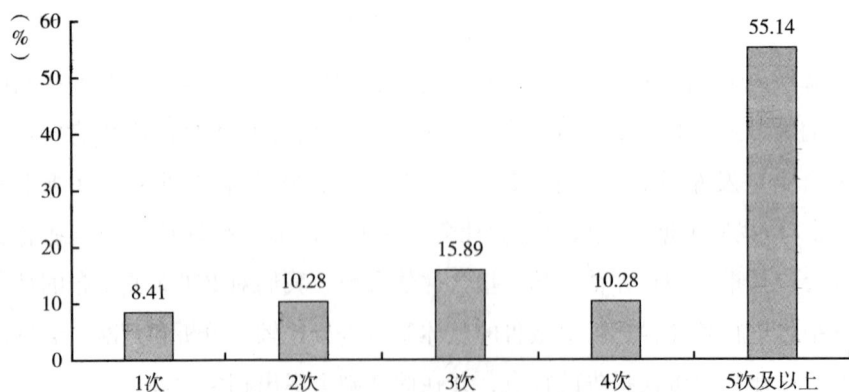

图2 ICT企业社会责任报告发布次数占比

在篇幅方面，11～30页的社会责任报告占比最大，达到49.53%；51页及以上的报告占比次之，达到22.43%（见图3）。这说明大部分企业在社会责任信息披露的完整性方面还有所欠缺，部分领先企业的社会责任信息披露丰富且充实，整体来看ICT行业企业还需进一步提升对社会责任信息披露工作的重视。

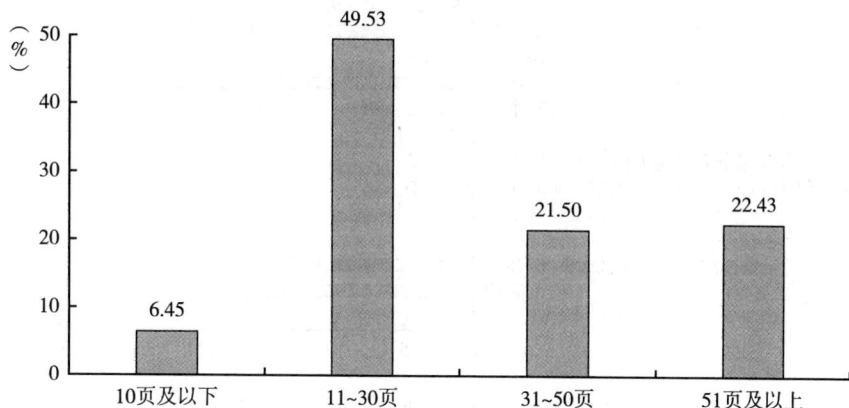

图3 ICT企业社会责任报告篇幅占比

在参考标准方面，ICT企业社会责任报告采用了多种编制依据，分布较为广泛。其中，港交所指引为主要参考依据，占比25.61%；其他编制依据次之，占比17.07%，多为企业所在区域的地方性或行业标准；只有2.8%的企业参考《电子信息行业社会责任指南》（SJ/T 16000-2016）以及《电子信息行业社会责任治理评价指标体系》（T/CESA 16003-2017）编制报告，说明ICT企业对行业相关指南标准的认知和应用程度仍存在着不足，相关部门对电子信息行业社会责任标准、指南的推广仍需加强。部分企业还参考了国际化的社会责任标准或指南，其中，17.07%的企业参考了全球报告倡议组织（GRI）的标准（包括GRI G4和GRI Standards），7.93%的企业参考了ISO 26000，1.83%的企业参考了联合国全球契约，报告披露内容更加符合国际标准要求和世界可持续发展趋势（见图4）。

在发布报告的企业当中，民营企业占比56.07%，成为ICT行业发布社会责任报告的主要力量；国有性质企业（包括国有企业、国有控股企业、中央企业）占比35.51%；外资及港澳台企业占到7.48%（见图5）。这说明越来越多的民营企业以更加积极的态度回应利益相关方需求，主动披露社会责任信息，为民营企业的可持续发展奠定了坚实的基础。

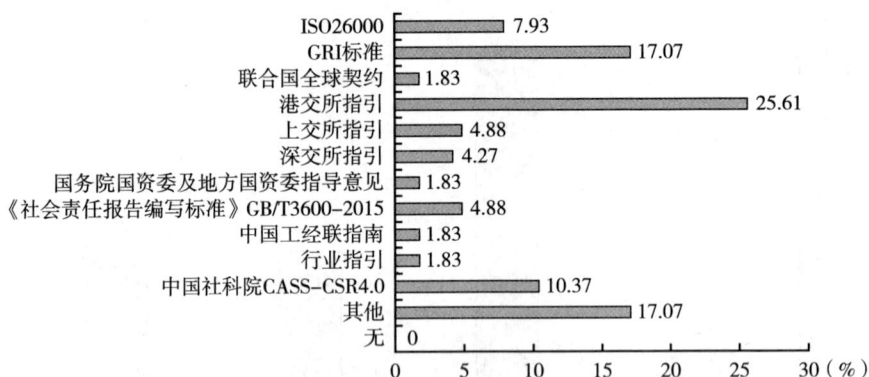

图 4　ICT 企业社会责任报告编制依据

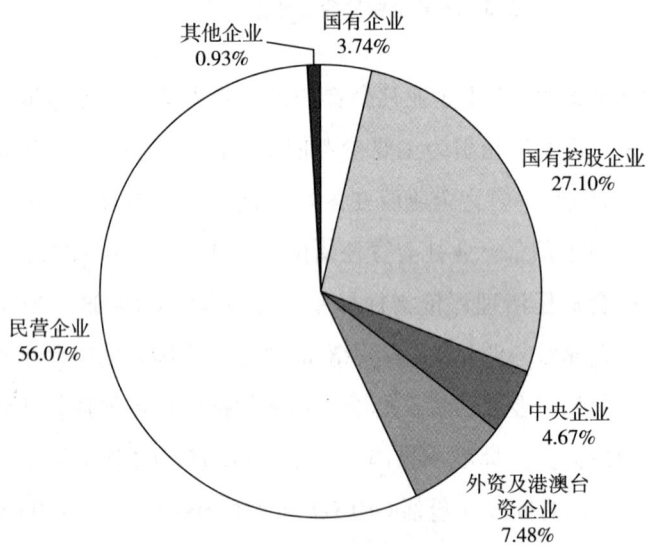

图 5　ICT 企业报告性质分布

二　ICT 企业社会责任报告分析

（一）报告总体情况

我们依据报告得分从低至高将报告分为起步、发展、追赶、优秀和卓越等五个层次。据评估，ICT 行业企业社会责任报告的平均得分为 54.93 分，整体处于发展阶段。其中，报告水平在优秀及以上的企业占比 20.56%，但仍有 61.68% 的报告水平仍处于发展及以下阶段，报告质量还有较大的提升空间（见图 6）。

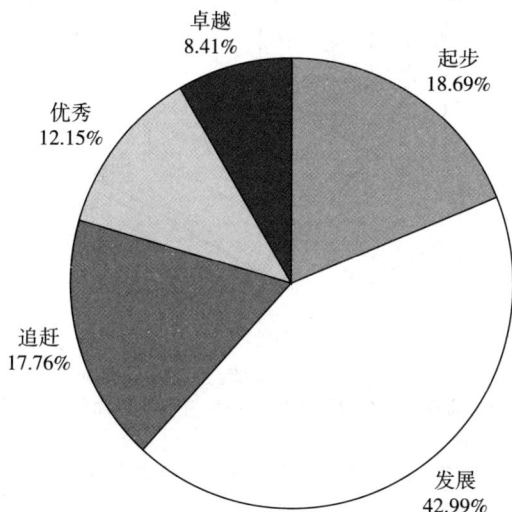

图 6 ICT 企业社会责任报告类型分布

从社会责任报告的六性来看，ICT 行业企业社会责任报告在可信性、可比性、创新性、实质性四个方面的得分率高于 2019 年中国企业报告的平均水平，但完整性和可读性两个方面低于平均水平。其中，可信性和创新性方面的得分率明显高于中国企业平均水平，分别高出 5.88 个百分点和 4.61 个百分点；可比性和实质性方面的得分率基本与中国企业平均水平相一致，分别为 41.42%、59.56%。可读性的得分率与中国企业平均水平相差最多，得分率仅为 46.81%，低于中国企业平均水平 3.81 个百分点，报告缺乏信息的清晰定位且表现形式单一，阅读的友好性不足，需进一步提升（见图 7）。

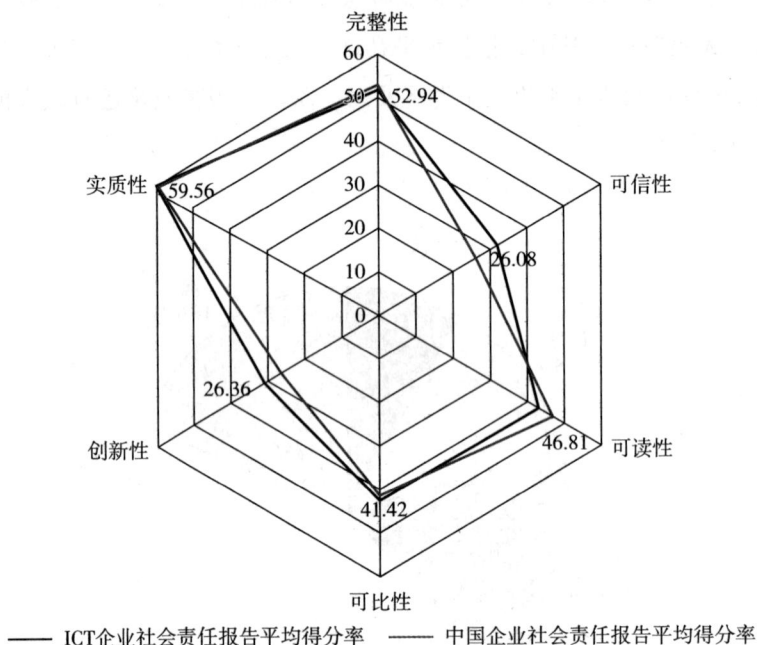

图7 ICT 企业社会责任报告整体质量分析

（二）具体分析

1. 结构完整性

结构完整性有待提高。ICT 企业社会责任报告的完整性指标平均覆盖率为 52.94%，低于中国企业平均水平 1.18 个百分点。从报告的完整性指标覆盖率来看，公司概况、报告参数、计划内容、战略与治理、高管声明、利益相关方、风险机遇分析和实践内容的覆盖率分别为 74.53%、59.50%、42.52%、38.55%、21.73%、46.42%、28.66% 和 97.20%（见图8）。其中，实践内容（经济责任、环境责任、社会责任等方面的信息）几乎在所有 ICT 企业社会责任报告中都有所展现。但高管声明、风险机遇分析的指标覆盖率仅为 21.73% 和 28.66%，披露水平有待提升，ICT 行业企业需要更好地识别自身面临的机遇及风险，明确应对措施，在通过社会责任报告进行披露的同时，需提升企业高层领导的履责意识，引导高层领导主动发声，表明履责态度和履责承诺。

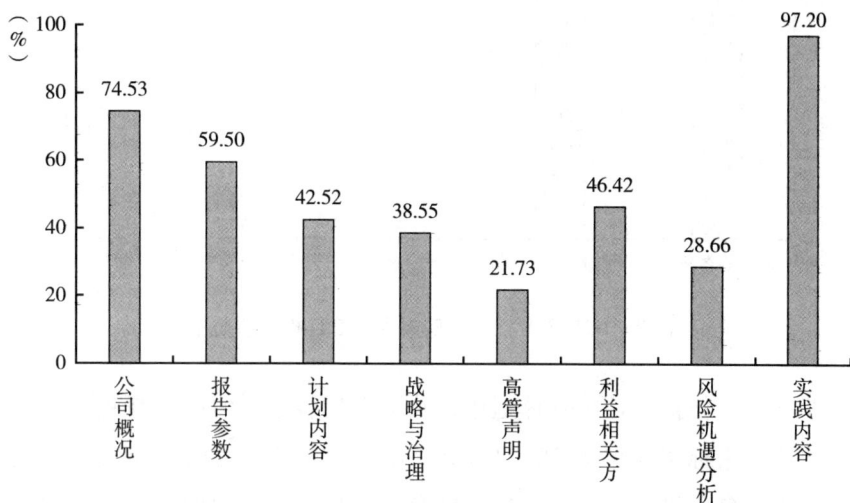

图 8　ICT 企业社会责任报告完整性指标覆盖率

2. 报告可信性

报告可信性较好。ICT 企业社会责任报告的可信性指标平均覆盖率为31.96%，比中国企业报告平均水平高出 5.88 个百分点。从报告可信性指标覆盖率来看，利益相关方评价和表述的客观性 2 个指标最高，分别为 66.36% 和58.88%，表明 ICT 行业企业在社会责任信息披露过程中非常注重内容的客观性以及利益相关方评价。但极少有报告包含信息来源、第三方审验、CSR 专家评价等内容。其中，第三方审验、CSR 专家评价指标覆盖率均仅为 3.74%（见图 9）。由此可见，ICT 行业企业需要关注专业领域的利益相关方评价，并通过标注信息来源和开展第三方审验提升报告的可信性。

3. 报告可读性

报告可读性需进一步提升。ICT 行业企业社会责任报告的可读性指标平均覆盖率为42.99%，低于中国企业报告平均水平 3.81 个百分点。ICT 企业报告信息饱和度和版式的指标覆盖率分别为 54.21% 和 71.03%，行

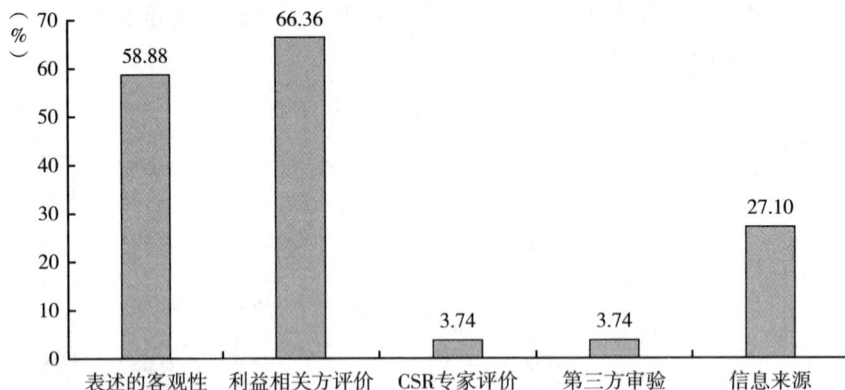

图9　ICT企业社会责任报告可信性指标覆盖率

业企业社会责任报告篇幅整体适中，页面布局合理。但报告在色彩和信息清晰定位的指标覆盖率为28.04%和25.23%，报告的信息导航定位设置相对不足，色彩搭配没有体现行业特色（见图10），说明行业企业报告在编制过程中只注重实践的披露，在报告设计方面考虑较少，对报告的传播产生了一定的影响。

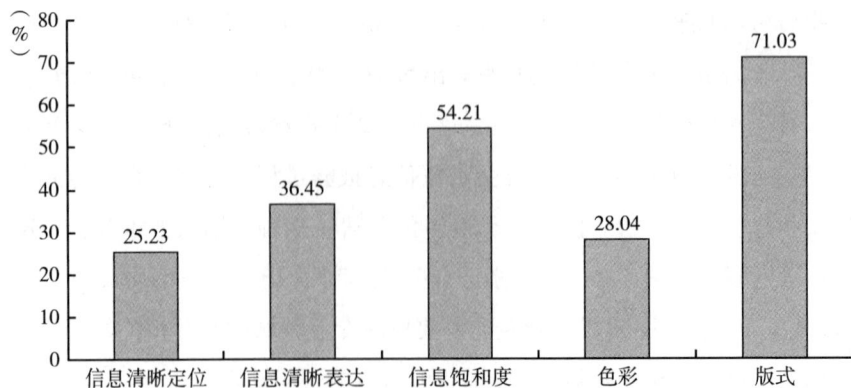

图10　ICT企业社会责任报告可读性指标覆盖率

4.绩效可比性

报告绩效可比性较好。ICT企业社会责任报告可比性指标平均覆盖率为

42.55%，高出中国企业报告平均水平1.12个百分点。ICT企业社会责任报告的纵向可比性指标覆盖率最高，为51.87%；行业内可比性指标覆盖率次之，为43.93%；跨行业可比性指标覆盖率最低，仅为31.78%（见图11）。行业企业在数据披露的过程中还应注重跨行业标准的使用。

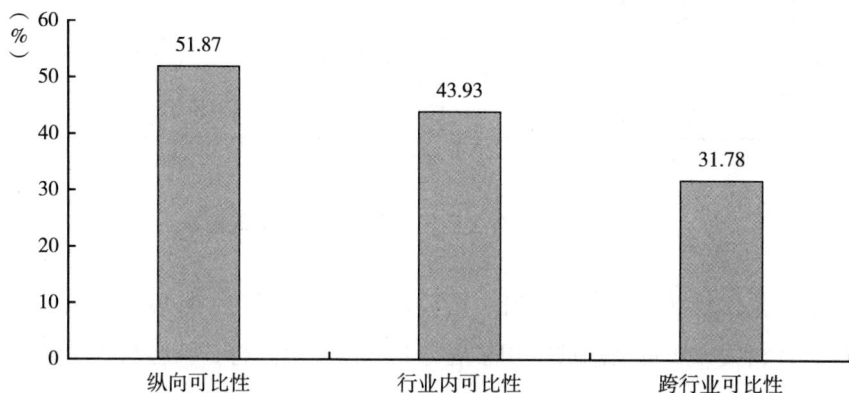

图11　ICT企业社会责任报告可比性指标覆盖率

5. 报告创新性

报告创新性较高，具有企业特色。ICT企业社会责任报告的创新性指标平均覆盖率为30.98%，高出中国企业报告平均水平4.61个百分点，但整体的平均覆盖率仍处于较低水平，报告整体的创新性仍有待进一步提升。内容创新的指标覆盖率最高，达39.25%，结构创新和形式创新分别为27.41%和23.68%（见图12）。但内容创新、结构创新和形式创新三部分中体现时代热点和行业特色的内容相对较少，平均指标覆盖率仅为18.42%和24.30%，说明ICT行业企业对时代热点和行业特色的把握相对不足，需要注意结合时代热点和行业特色开展实践活动和信息披露。

6. 报告实质性

报告内容实质性基本与中国企业报告平均水平相一致，平均覆盖率为60.11%，仅高出中国企业报告平均水平0.55个百分点。从披露对象来看，ICT行业企业社会责任报告中各利益相关方的指标覆盖率均未过半，报告实

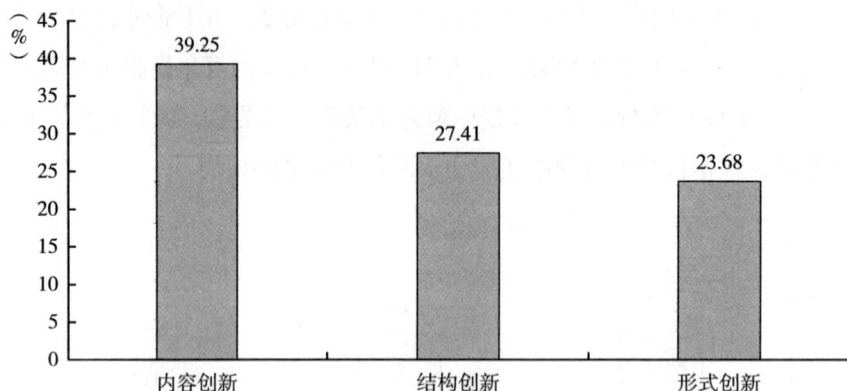

图12　ICT 企业社会责任报告创新性指标覆盖率

质性水平整体较低。其中，政府、出资人、员工、客户、环境、社区、供应商等利益相关方履责信息披露相较更为充分，但对同行、社会组织、金融机构和监管机构等利益相关方信息的披露则有待提升（见图13）。ICT 行业企业需进一步加强对外部环境、政策和信息的关注，加强对这些利益相关方的信息披露。

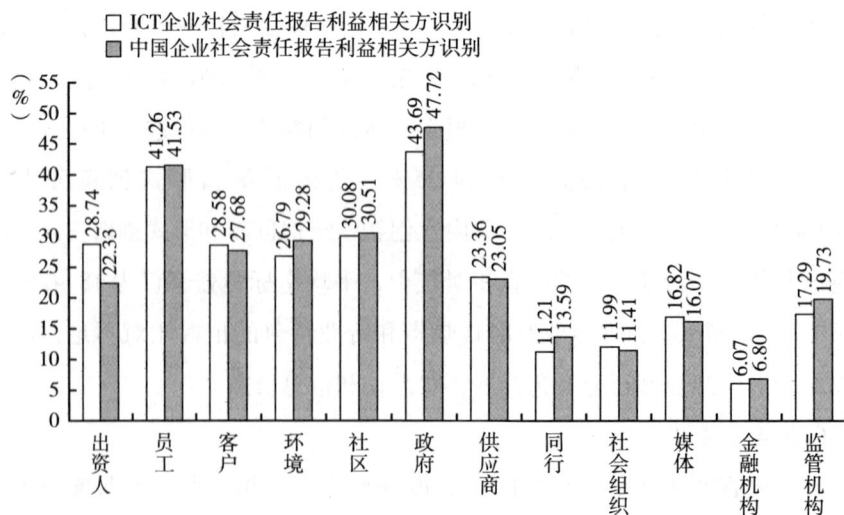

图13　ICT 企业识别出利益相关方的比例

三 ICT 企业社会责任报告阶段性特征

（一）发布报告成为常规操作，行业领先企业成为社会责任信息披露典范

在 117 家发布报告的企业中，连续发布报告 3 次及以上的企业占比 81.31%，其中，连续发布 5 次及以上的企业占比 55.14%。可见，ICT 企业已逐步建立起常态化的社会责任报告发布机制，形成了相对成熟的信息披露规范。ICT 企业发布社会责任报告已成为常态，2019 年发布的社会责任报告数量和质量较往年相对持平。ICT 企业社会责任报告平均得分率为 54.93%，整体水平处于发展阶段。

ICT 行业中存在一批高质量的报告。例如，中国电子信息产业集团有限公司、华为投资控股有限公司、阿里巴巴集团、苹果公司、索尼（中国）有限公司、松下电器中国东北亚公司、佳能（中国）有限公司、富士施乐（中国）有限公司等企业的社会责任报告都处于卓越阶段，在结构完整性、报告可信性、报告可读性、绩效可比性、报告创新性、报告实质性方面均有出色表现，说明 ICT 行业领先企业履行社会责任的意愿和沟通意识更强，整体履责水平较高。以上述企业为代表的 ICT 领先企业在社会责任信息披露上不仅成为行业的典范，也为其他行业的企业社会责任报告提供了良好的示范。

（二）社会责任管理披露有待提升

从整体来看，ICT 企业社会责任信息披露主要以展示成效为主，但在社会责任管理方面披露不足。例如，如何识别并管理实质性议题，是否建立相关制度体系、管理架构，如何识别风险和机遇并进行管理等，都存在披露不足的情况。这也在一定程度上说明，ICT 企业在社会责任系统管理上尚有欠缺。

近年来，在工信部部署、指导和推动下，ICT 行业发布了一系列企业社会责任标准和配套工具，如《中国电子信息行业社会责任指南》（SJ/T

16000 - 2016)、《电子信息行业社会责任治理评价指标体系》（T/CESA 16003 - 2017）、《电子信息行业社会责任管理体系》（SJ/T 11728 - 2018）等系列社会责任标准。同时，工信部也在积极制定关于推进企业社会责任建设的指导意见，更好地促进 ICT 行业企业履行社会责任。一系列社会责任标准指南的出台，推动了 ICT 企业在履行社会责任方面由零散实践逐步转变为系统管理。然而在 117 份评估样本中，仅有部分社会责任报告参考了《中国电子信息行业社会责任指南》（SJ/T 16000 - 2016）、《电子信息行业社会责任治理评价指标体系》（T/CESA 16003 - 2017），在行业社会责任标准应用方面存在明显不足。

松下电器中国东北亚公司在报告中披露了企业社会责任管理架构（见图 14），将可持续发展理念融入公司发展战略，持续完善可持续发展规划和社会责任管理机制，夯实可持续发展管理根基，在社会责任管理方面为 ICT 行业企业树立了良好的榜样。

（三）技术赋能，助力解决社会问题

创新是 ICT 企业永恒的命题，技术创新也是 ICT 企业披露的重点议题。在社会责任报告中，大部分 ICT 企业不仅披露了在技术创新方面取得的成效，更注重将科技创新应用到环保、民生等领域，利用人工智能、大数据、云技术等赋能利益相关方，助力社会问题的解决，让技术创新成为推动社会变革的重要动力。例如，腾讯科技（深圳）有限公司与世界自然基金会围绕"以数字科技赋能生态保护"开展合作，以粤港澳大湾区为起点，探索数字科技引领建设"美丽湾区"，助力实现"美丽中国"；阿里巴巴集团通过数字技术赋能中小企业和商家，让"天下没有难做的生意"，用技术赋能公益，用"公益黑科技"助力解决社会问题（见图 15）。

（四）关注社会热点话题，有效回应电子废弃物等行业热点议题

近年来，电子垃圾增长迅速，电子废弃物中含有大量有害化学元素，比如铅、镉、铍、汞和溴化阻燃剂等成分，造成的环境污染威胁着当地居民的

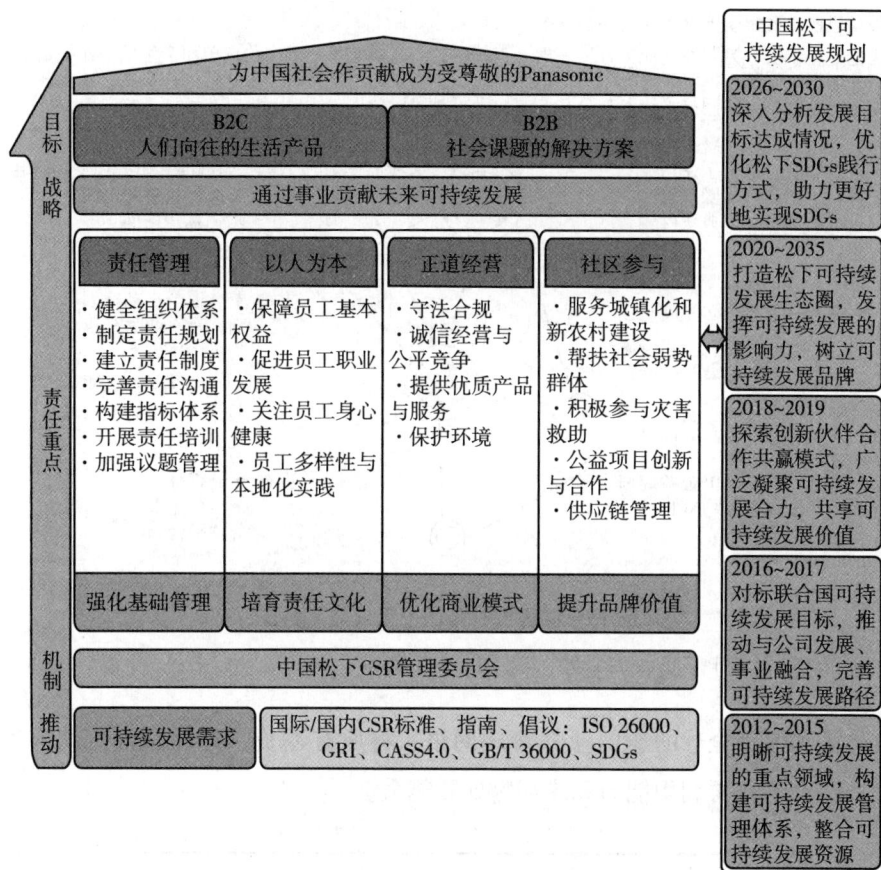

图14　松下电器中国东北亚公司社会责任管理架构

资料来源:《中国松下可持续发展报告2019》。

身体健康。电子废弃物越来越受到社会的关注。对117份评估样本的研究发现,ICT行业企业能够有效识别电子废弃物涉及的行业特色议题,并主动进行披露。79.44%的企业披露了在减少垃圾和废弃物的排放方面的措施,43.00%的企业披露了在资源、废旧物品综合再利用方面的制度及措施,28.04%的企业披露了在使用新材料、新能源方面的措施。例如,苹果公司通过折抵换购延长电子设备使用周期,并通过产品收集和循环利用项目,使电子废弃物得到循环再利用(见图16);华为投资控股有限公司建立产品回

阿里巴巴使命驱动下的十大公益黑科技

无论是在手机里为荒漠化地区种下一棵真正的树，还是伴随每一笔网购订单而产生的小额捐赠，每一项诞生于阿里巴巴平台上的"公益黑科技"，正在使越来越多的人相信——科技，正在改变传统公益，互联网技术让参与公益变得触手可及。

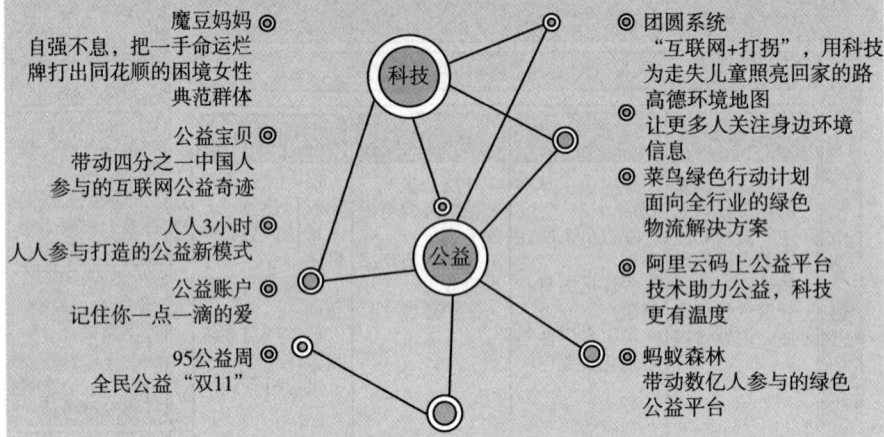

魔豆妈妈 ◎
自强不息，把一手命运烂牌打出同花顺的困境女性典范群体

公益宝贝 ◎
带动四分之一中国人参与的互联网公益奇迹

人人3小时 ◎
人人参与打造的公益新模式

公益账户 ◎
记住你一点一滴的爱

95公益周 ◎
全民公益"双11"

◎团圆系统
"互联网+打拐"，用科技为走失儿童照亮回家的路

◎高德环境地图
让更多人关注身边环境信息

◎菜鸟绿色行动计划
面向全行业的绿色物流解决方案

◎阿里云码上公益平台
技术助力公益，科技更有温度

◎蚂蚁森林
带动数亿人参与的绿色公益平台

图15　阿里巴巴集团十大公益黑科技

资料来源：《阿里巴巴集团2018/2019社会责任报告》。

收体系和覆盖全球的逆向业务管理网络，将所有退货、存储、报废纳入管理，提升物料再利用能力和废弃物处置能力。

折抵换购，为地球做好事

即使一部设备对你来说已经物尽其用了，但它仍有机会为这个世界做贡献。通过 Apple Trade In 换购计划，你可以轻松折抵你的旧设备，让它能继续为新主人所用。如果设备不符合换购条件，我们也可以免费为你回收处理[13]。另外，我们也通过 iPhone 年年焕新计划、AppleCare 以及 Apple 员工硬件重复使用项目，来收集和翻新二手设备。通过这些努力，我们在 2018 财年共将 786 万部翻新设备送到了新用户手中。

在进行负责任的采购和制造持久耐用的产品之后，我们接下来将专注于材料的循环利用。我们在 99% 的销售 Apple 产品的国家或地区中，都开展或参与了产品收集和循环利用项目[14]。2018 财年，我们帮助转化了超过 4.8 万吨电子废弃物，使它们免于填埋。部分回收的材料已经开始归还到我们的供应链中，用于生产新产品。

图16　苹果公司在电子废弃物处置方面的措施

资料来源：《Apple 中国企业责任报告 2018～2019》。

（五）积极回应国家战略，为打好三大攻坚战贡献智慧和力量

党的十九大报告中强调指出，要坚决打好防范化解重大风险、精准脱贫、污染防治的攻坚战。ICT 行业企业能够在报告中识别三大攻坚战涉及的实质性议题，并注重在报告中披露精准扶贫、污染防治的实践进展和成效。在 117 家评估样本中，超过一半的企业为民营企业。这些民营企业充分发挥自身优势，深入参与精准扶贫行动，促进贫困地区产业发展和贫困人口就业增收；坚定走绿色发展道路，认真执行生态环境保护制度，努力形成节约资源和保护环境的产业结构。民营企业在打好三大攻坚战中做出的贡献不容小觑，与国有企业一起成为打好国家三大攻坚战的主力军。

中国电子信息产业集团有限公司在报告中详细披露了扶贫相关措施（见图 17），体现公司积极发挥行业、产品、科技、人才和党建优势，聚势赋能，助力贫困地区打赢脱贫攻坚战，努力携手利益相关方实现共同富裕。

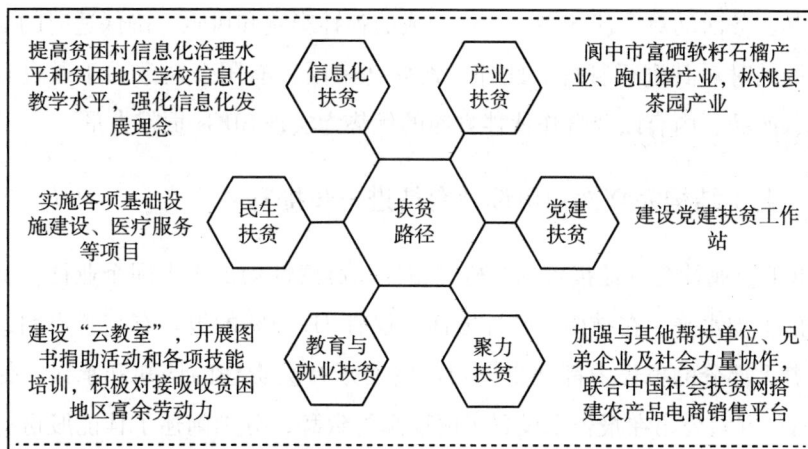

图 17　中国电子信息产业集团有限公司精准扶贫路径

资料来源：《中国电子信息产业集团有限公司 2018 年社会价值报告》。

（六）接轨国际趋势，行业领先企业成为贡献联合国可持续发展目标（SDGs）的主力军

ICT 企业在社会责任报告编制过程中越来越多地采用社会责任国际标准、指南作为报告编制依据，注重与国际趋势接轨，使社会责任信息披露的国际化程度越来越高。在 117 家发布报告的企业中，18.9% 的企业报告编制参考 GRI 标准和联合国全球契约。华为投资控股有限公司、富士施乐（中国）有限公司等企业在报告中都对标了 GRI Standards 和 SDGs，包括阿里巴巴集团、小米集团等 ICT 行业内的领先企业均在报告中以独立章节、专题等形式披露了贡献 SDGs 的实践进展和成效。

对于 ICT 行业企业而言，技术是最大的优势资源。在所有为实现 SDGs 而采取的措施中，ICT 技术都可以直接或间接发挥作用，这也使得 ICT 行业的领先企业逐渐成为贡献 SDGs 的主力军。例如，索尼（中国）有限公司通过多样化的业务组合，包括对教育、医疗和创业支持，在其业务活动中为联合国可持续发展目标的实现做出贡献。索尼（中国）有限公司还通过持续评估其业务活动对全球环境、社会造成的各种影响和风险，确保适时的信息披露的同时对其进行管理。此外，索尼（中国）有限公司致力于通过其在技术、产品、内容以及合作伙伴方面的优势为实现 SDGs 贡献力量。

（七）结构完整性和可读性有待进一步提升

ICT 企业社会责任报告的结构完整性和可读性均低于中国企业社会责任报告的平均水平。在结构完整性方面，仅有 21.73% 的报告有高管声明，这意味着大部分的报告中都缺少公司高管对于社会责任的认知和承诺。佳能（中国）有限公司在报告中设置了两篇高管致辞，分别阐述了佳能股份有限公司董事会主席兼首席执行官和佳能（中国）有限公司董事长兼首席执行官两位高管对可持续发展的见解、在履行社会责任方面的承诺等内容，这表明可持续发展理念在佳能（中国）有限公司已经得到充分重视和认可，这为企业在可持续发展领域的工作奠定了坚实的基础，对 ICT 行业企业来说具

有很高的参考价值。中国电子科技集团有限公司在报告中以"对话公司领导"的创新形式，阐述了公司高层领导对可持续发展的见解，使得高管致辞的形式更加生动。此外，超过 70% 的报告缺少风险与机遇的分析。在报告可读性方面，大部分报告在设计上仅是简单排版，无法体现行业和企业特色，导航栏的缺失、色彩的单一都影响了报告的可读性。

	可持续发展背景	优势资源	责任承诺与价值追求
经济领域	·信息通信技术已成为现代经济支柱 ·中国实施"互联网+""宽带中国"等战略 ·工信部发放5G系统试验频率使用许可	·广泛的全球资源和强大的创新能力 ·深度参与"一带一路"建设，为促进中芬友好合作积累丰厚资源	·鼓励尽职尽责的企业文化，恪守商业道德 ·创新技术和商业模式 ·加强与国内外企业和机构的交流合作，促进区域发展
环境领域	·遏制气候变化和保护环境成为全球议题 ·中国大力推进生态文明建设 ·公众环保意识和可持续消费意识持续提升	·具有支持绿色能源发展、创新环境污染防治与管理、发展绿色智慧产业的技术能力	·推进绿色产品设计和绿色运营 ·提供专业的绿色解决方案，助推其他行业共同走绿色发展之路
社会领域	·通信与连接已成为人们的基本需求，并在教育、医疗等民生领域创造诸多新需求 ·中国大力推进精准扶贫，坚决打赢脱贫攻坚战	·着力开发的5G、物联网等技术，能够支持智慧城市建设，满足发展新需求 ·以信息化专业优势推进精准扶贫	·将通信网络扩展至更广泛的区域，缩小不同区域的信息化差异 ·与公益组织创新合作，助推中国弱势群体教育和环保公益事业发展 ·持续参与扶助弱势群体和赈灾救助

图18　上海诺基亚贝尔股份有限公司在报告中对可持续发展风险和机遇进行分析，并作出回应

资料来源：《上海诺基亚贝尔股份有限公司2018年企业社会责任报告》。

四　2019年ICT企业社会责任报告建议

（一）倡导更多ICT企业发布社会责任报告，充分展现ICT行业企业的责任担当

近年来，我国 ICT 行业快速发展，企业数量快速增长。然而，报告发布

数量与企业增长规模之间存在很大的差距，仍有大量的 ICT 行业企业没有发布社会责任报告。在国家的大力支持下，ICT 行业企业对经济社会的基础支撑、创新驱动和融合引领作用日益凸显，推动经济社会繁荣发展作用进一步增强。在经济社会发展中发挥的作用越大，承担的责任也越大。ICT 行业企业有必要通过发布社会责任报告来进一步提高信息透明度，应当认识到社会责任信息披露工作的重要性，充分发挥行业的引领和带动作用，更加积极主动地发布社会责任报告。

（二）披露社会责任管理过程，强化报告对管理的促进作用

企业应当转变对社会责任管理的认知，将在经济、社会、环境等领域的分散实践进行系统整合，强化管理并对外披露。通过分析企业面临的可持续发展风险与机遇，制定相应的目标和措施，并进行监控和定期披露，及时对目标和措施进行调整。通过持续、定期地发布社会责任报告，向利益相关方展示企业全面的社会责任管理路径。ICT 行业企业应参考国内外社会责任标准以及以工信部出台的行业社会责任标准指南为指导进行社会责任管理和信息披露，使企业的可持续发展能力得以提升的同时，强化对社会责任管理的披露。

（三）增强报告的实质性，提升报告质量，重点回应最新政策和时代热点话题

如今，ICT 技术已广泛且深度融入经济社会发展的方方面面，对推动各个领域变革发挥着重要的作用。ICT 企业在进行社会责任信息披露时应注重回应国内外最新发展趋势及相关政策、时代热点话题和行业特色议题。例如，近年来国际上普遍关注的气候变化、污染防治等环境议题，国内的精准扶贫、"互联网＋公益"等议题。ICT 企业应提升热点话题关注度，进一步识别环境、社区、政府等利益相关方，并加强相关议题的披露深度，使社会责任信息披露更能契合外界关注的重点，使社会责任报告体现行业特色的同时，也能够与社会发展趋势相契合，从而提升报告的实质性和整体质量。

（四）提升报告的结构完整性，更加系统地披露社会责任信息

在报告结构完整性方面，应重视高管在社会责任工作推进当中的重要性，通过高管致辞来体现公司对社会责任的认知以及对全球可持续发展趋势的回应。高管致辞能够将企业分散的履责实践进行整合，使之成为体系化的管理，并提升企业社会责任管理的高度，是整篇报告提纲挈领的内容。因此，在报告中设置高管致辞十分必要。此外，在报告中应加强风险及机遇的识别和分析，这有助于提高企业在履责实践方面的针对性和时效性。在报告中增加企业社会责任规划的描述，包括关于社会责任管理、实践和传播规划的总体性描述，如推进社会责任融入、打造可持续品牌等，也将有助于提升报告的完整性。

（五）提升报告可读性，最大化实现报告的沟通与传播价值

在报告可读性方面，大部分 ICT 行业企业连续多年发布报告，内容和设计形式已经固化，造成可读性不高的问题。"创新"是 ICT 行业企业的优势，这种"创新"的理念也应当在社会责任报告中得以体现。为提升报告可读性，ICT 行业企业应转变报告编制视角和思维，充分考虑利益相关方的期望和诉求，积极在社会责任履行方式、社会责任价值创造等方面进行创新，同时也需要加强社会责任信息披露展现形式的创新。企业应认识到简单的信息披露还不够，编制出一份内容详实且阅读性高的报告才能够更好地实现报告的价值。

B.12
金蜜蜂中国银行业金融机构
企业社会责任报告研究

祝安琪　周梦　蒋波　管竹笋

摘　要： 本报告依据"金蜜蜂企业社会责任报告评估体系2018"，对收集到的银行业金融机构2019年发布的60份社会责任报告进行评估与分析，并提出有针对性的建议。研究发现，银行业金融机构报告整体水平高于中国企业社会责任报告的平均水平，但报告整体处于发展阶段；报告可信性、可比性和创新性稳步提升，但在完整性、可读性和实质性方面有一定程度的下降；注重对服务实体经济、助力地方经济发展等热点议题以及金融科技、绿色金融等特色议题的披露。

关键词： 银行业金融机构　国际化　实体经济　金融科技　绿色金融

　　银行业金融机构是指在中华人民共和国境内设立的商业银行、城市信用合作社、农村信用合作社等吸收公众存款的金融机构以及政策性银行。银行是经营货币和信用业务的金融机构，通过发行信用货币、管理货币流通、调剂资金供求、办理货币存贷与结算，充当信用的中介人。银行能掌握和反映社会经济活动的信息，对国民经济发展有重大作用①。

　　2018年，全球经济复苏步伐放缓，银行业经营环境错综复杂，中国经

---

① 中国人民银行公告〔2005〕第3号，http：//www.gov.cn/gongbao/content/2005/content_80590.htm。

济运行总体平稳，各类银行业机构稳健运行。中国银行业金融机构面临着经营环境的变化，持续深化改革，提升管理水平与核心竞争力，逐步从高速发展迈向高质量发展。[①] 截至 2018 年底，我国银行业金融机构共有法人机构4588 家[②]，相较于 2017 年增加了 39 家。

一 银行业金融机构企业社会责任报告概况

我们通过企业官方网站下载、网络查询及企业主动寄送等渠道，收集银行业金融机构发布的 2018 年企业社会责任报告/可持续发展报告/环境、社会及管治报告。依据"金蜜蜂企业社会责任报告评估体系 2018"，我们对这些企业社会责任报告进行评估，基于评估参数进行整体描述，结合在企业社会责任报告编制咨询方面的经验，对这些报告的质量进行比较、分析和判断，尝试总结银行业金融机构企业社会责任报告的阶段性特征，并在此基础上提出相关建议。

截至 2019 年 10 月 31 日，中国银行业金融机构发布的 2018 年企业社会责任报告/可持续发展报告/环境、社会及管治报告（以下统称为"报告"）共 60 份。按照报告发布率来看，开发性金融机构和国有大型商业银行的报告发布率达 100%；其次为股份制商业银行，报告发布率为 66.67%（见表1）。全国共有 8 家股份制商业银行发布了年度企业社会责任报告。

在我们的研究对象中，36 家银行业金融机构连续发布报告 5 次及以上，占比为 60%；6 家银行业金融机构首次发布报告，占比为 10%，与 2018 年相比所占比例提升了 7.14 个百分点。

报告篇幅方面，61.67% 的报告在 51 页及以上，20% 的报告在 31 ~ 50页，银行业金融机构社会责任报告的篇幅整体上比较适中。

---

① 中国银行业协会《中国银行业发展报告（2019）》。
② 数据来自中国银行业监督管理委员会《银行业金融机构法人名单》（截至 2018 年 12 月底）。

表1 发布2018年企业社会责任报告的银行业金融机构占比情况

单位：家，%

机构类型	机构数量*	发布2018年社会责任报告机构占比	机构类型	机构数量*	发布2018年社会责任报告机构占比
开发性金融机构	1	100	住房储蓄银行	1	0
政策性银行	2	0	金融资产管理公司	4	0
国有大型商业银行	6	100	信托公司	68	0
股份制商业银行	12	66.67	企业集团财务公司	253	0
城市商业银行	134	20.15	金融租赁公司	69	0
外资法人银行	41	14.63	货币经纪公司	5	0
农村商业银行	1397	0.64	汽车金融公司	25	0
农村信用社	812	0	消费金融公司	23	0
农村合作银行	30	0	民营银行	17	17.65
村镇银行	1616	0	其他金融机构	14	0
贷款公司	13	0	总　计	4588	1.31
农村资金互助社	45	0			

＊资料来源：http：//www.cbrc.gov.cn/govView_ D63FDEEA25C44D089BC1DB5BA70B10CA.html。

　　报告编制依据方面，《中国银监会办公厅关于加强银行业金融机构社会责任的意见》和中国银行业协会《中国银行业金融机构企业社会责任指引》等行业指引占比最高，达51.67%；其次是全球报告倡议组织《可持续发展报告指南》（GRI标准），占比45%（见图1）；将联合国可持续发展目标（SDGs）作为报告编制依据的银行业金融机构仅有2家（国家开发银行和兴业银行股份有限公司），占比3%。

　　第三方审验方面，40%的报告聘请了第三方机构进行审验，较去年35.71%相比有所提升。

　　报告发布形式上，电子版报告占比最高，达93%；其次为纸质版报告，占比58%；网页版和H5版报告分别占比12%和2%。

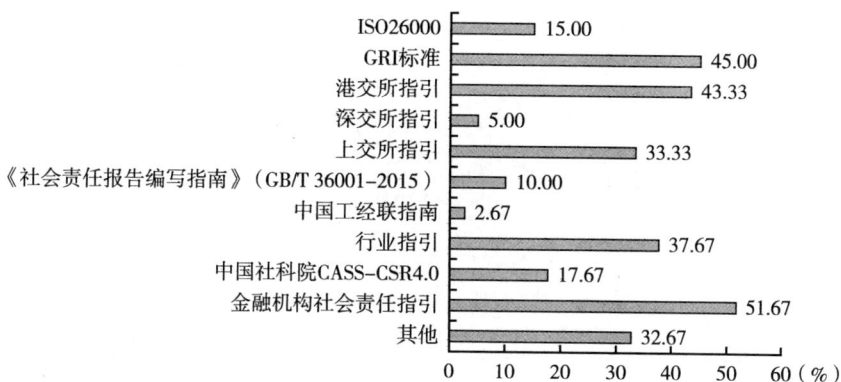

图1 银行业金融机构企业社会责任报告编制依据

二 银行业金融机构企业社会责任报告分析

（一）整体分析

基于报告得分情况，我们将报告分为起步、发展、追赶、优秀和卓越5种类型。2019年银行业金融机构发布报告平均得分为59.81分，与上年度64.08分相比有所下降，但总体仍高于中国企业社会责任报告平均分数（54.27分）。其中，发展型和追赶型报告数量共计43份，占比71.67%，较上一年度有所增加；优秀型和卓越型报告数量共计12份，占比20%，银行业金融机构企业社会责任报告质量还有较大提升空间（见图2）。

从报告的完整性、可信性、可读性、可比性、创新性、实质性来看，银行业金融机构报告质量整体高于中国企业社会责任报告的平均水平（见图3），尤其是在报告可信性方面表现优异，说明银行业金融机构在表述的客观性和利益相关方评价方面披露信息较为全面，重视报告的中立、客观表达。六个性质横向对比，银行业金融机构报告创新性得分率最低，为37.52%。连续四年纵向对比显示，银行业金融机构报告在可信性、可比性

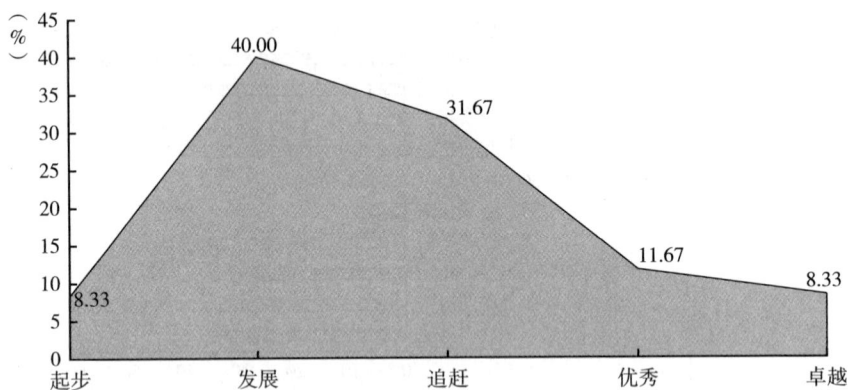

图 2　银行业金融机构企业社会责任报告类型分布

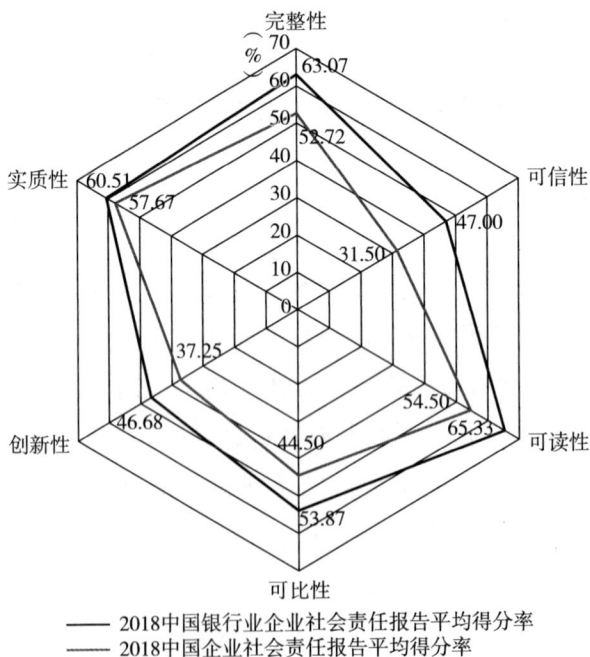

图 3　银行业金融机构企业社会责任报告整体质量

和创新性方面得分率均呈现缓慢上升趋势，但在完整性、可读性和实质性方面有一定程度的下降（见图 4）。

银行业金融机构企业社会责任报告在同行、社会组织、媒体和金融机构

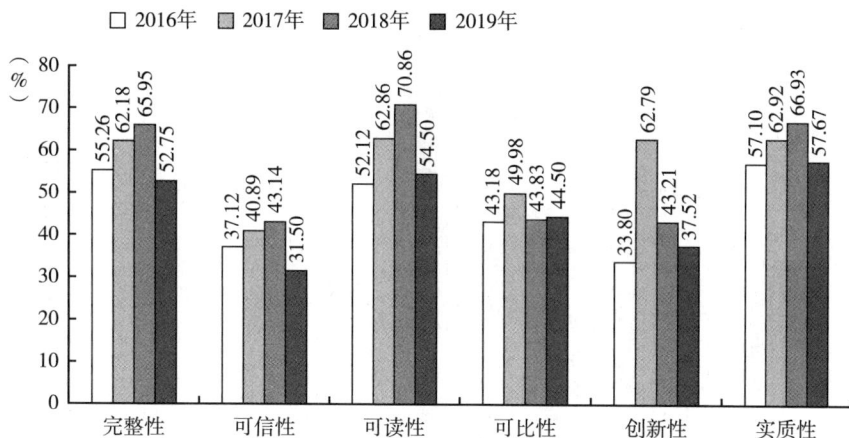

图4　银行业金融机构2016～2019年企业社会责任报告质量

四个方面的指标覆盖率较去年相比均有所上升，金融机构的指标覆盖率呈现大幅度跃升，从2018年的7.14%上升为2019年的16.67%；媒体指标覆盖率的上升趋势也较为显著，从2018年的22.86%上升为2019年的30%。除此之外，其他利益相关方指标覆盖情况均出现下滑，其中政府指标覆盖率呈现较大幅度下降，从2018年66.43%下降为2019年的59.58%（见图5），但与其他利益相关方相比，银行业金融机构针对政府的信息披露最为详尽（见图5）。

（二）具体分析

1. 结构完整性

银行业金融机构报告结构完整性平均得分率为63.07%，较2018年的65.95%略有下降，但仍高出中国企业社会责任报告平均水平10.35个百分点。从报告结构完整性的整体情况来看，银行业金融机构报告需加强风险机遇分析和计划内容等方面的信息披露（见图6）。

2. 报告可信性

银行业金融机构报告可信性指标平均得分率保持逐年稳步上升，得分率从2016年的37.12%增长至2019年的47%，提升近10个百分点。与中国

□ 2016年　■ 2017年　■ 2018年　■ 2019年

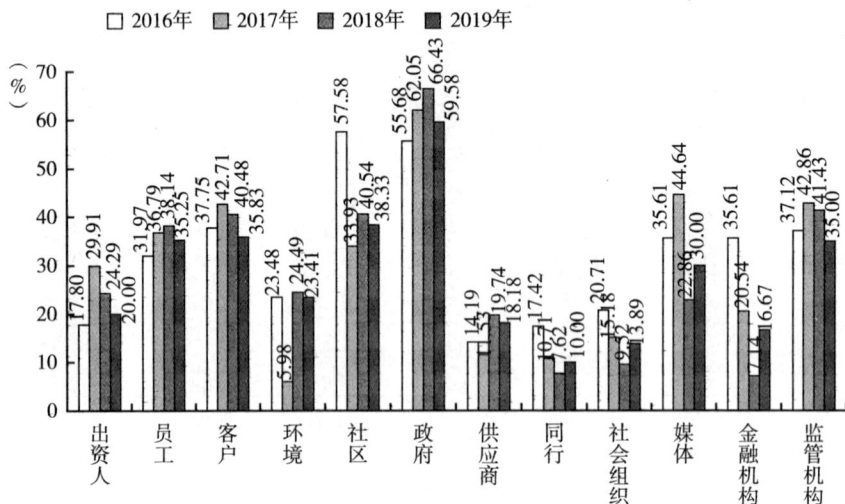

图5　银行业金融机构 2016～2019 年企业社会责任报告
利益相关方实质性指标平均覆盖率

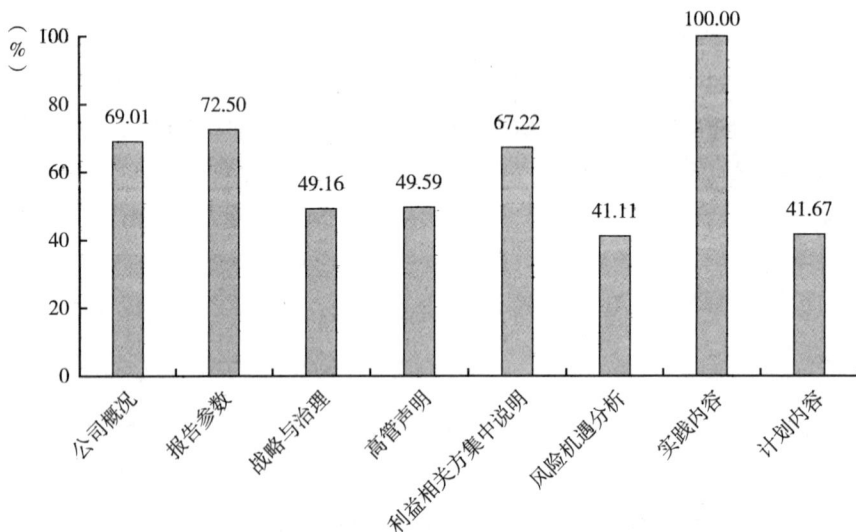

图6　银行业金融机构企业社会责任报告结构完整性

企业社会责任报告整体可信性得分率相较而言，银行业报告可信性依旧保持在较为领先的水平。从报告可信性的整体情况来看，银行业金融机构在社会责任专家评价方面较为不足，从 2018 年的 2.86% 下降为 2019 年的 0%（见图 7），但其他方面与上年度相比均呈现上升趋势。

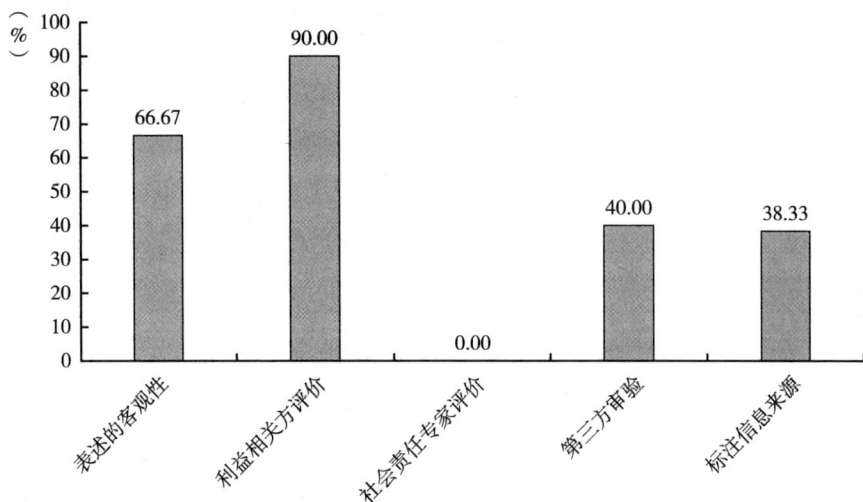

图7　银行业金融机构企业社会责任报告可信性

3. 报告可读性

银行业金融机构报告可信性指标平均得分率为 65.33%，相较于 2018 年度的 70.86% 下降了 5.53 个百分点，但在六个性质中得分率最高，远高于中国企业社会责任报告的平均水平（54.5%）。从报告可读性的整体情况来看，银行业金融机构关注报告的可读性和阅读感，81.67% 的报告具有适中的篇幅，80.00% 的报告字体、大小、行间距、页面布局合理，实现报告内容的清晰呈现（见图8）。例如，在中国农业银行股份有限公司发布的 2018 年社会责任报告中，通过版面设计直观表达所述内容，增强了报告的可读性。

4. 绩效可比性

银行业金融机构报告绩效可比性较 2018 年有显著提升，从 2018 年的 43.83% 上升至 2019 年的 44.50%。从报告绩效可比性的整体情况来看，银行业金融机构在行业内可比性方面较为出色，得分率为 66.67%，较上年度上升 26.67 个百分点；在纵向可比性方面略显不足，较上年度下降了 6.43 个百分点（见图9）。

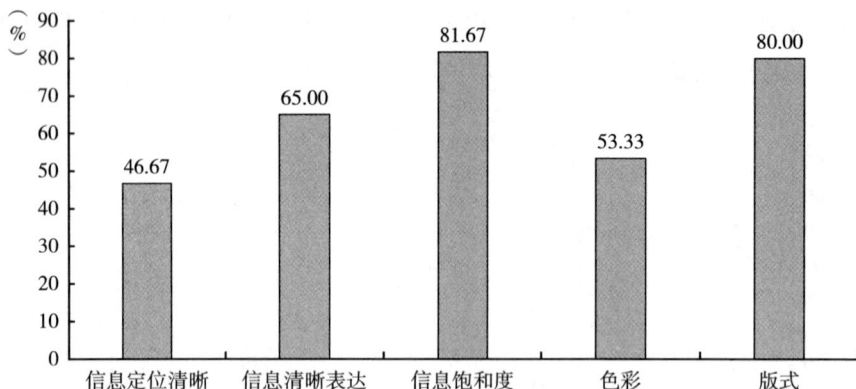

图8　银行业金融机构企业社会责任报告可读性

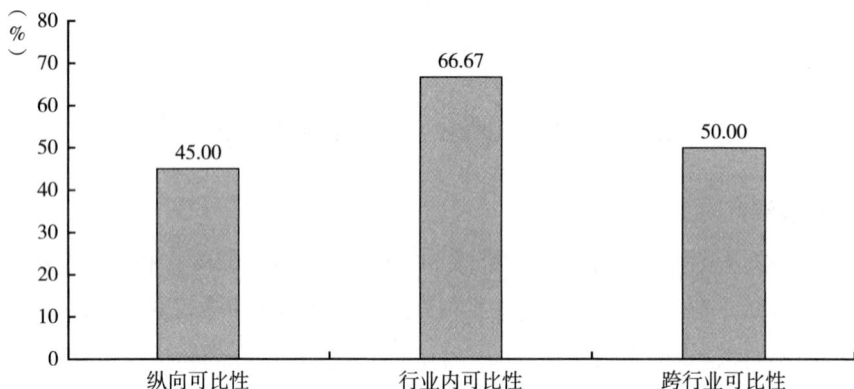

图9　银行业金融机构企业社会责任报告绩效可比性

5. 报告创新性

银行业金融机构报告创新性在报告的六个性质中得分率最低，为46.68%，但与2018年相比有所提升，且高出中国企业社会责任报告平均水平9.43个百分点。银行业金融机构报告在结构和形式上创新较为不足（见图10），与时代热点契合度较弱，行业特色与企业责任特色议题呈现不够突出。

6. 报告实质性

银行业金融机构报告的实质性相比于2018年有所下降，得分率为

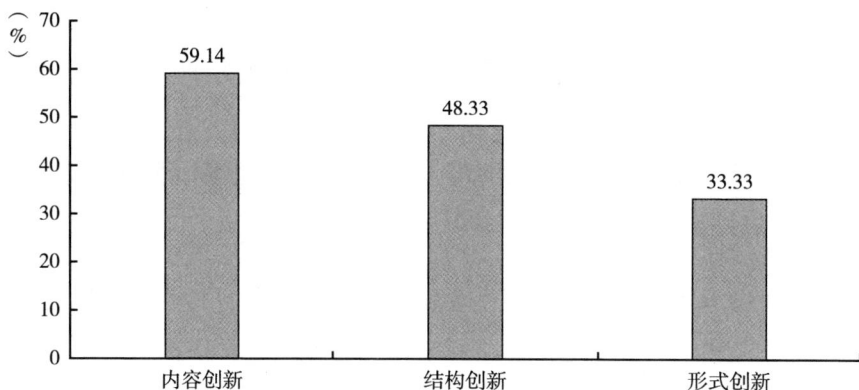

图10 银行业金融机构企业社会责任报告创新性

60.51%，略高于中国企业社会责任报告平均水平（56.67%）。从报告实质性的整体情况来看，银行业金融机构报告能够识别利益相关方，并较好地披露与利益相关方的内容，包括利益相关方要求与期望、沟通渠道等。但银行业报告在议题披露程度方面得分率较低，为2.73%（见图11），与上年度相比降幅23.12%，且利益相关方责任理念与机构战略尚未实现较好关联。

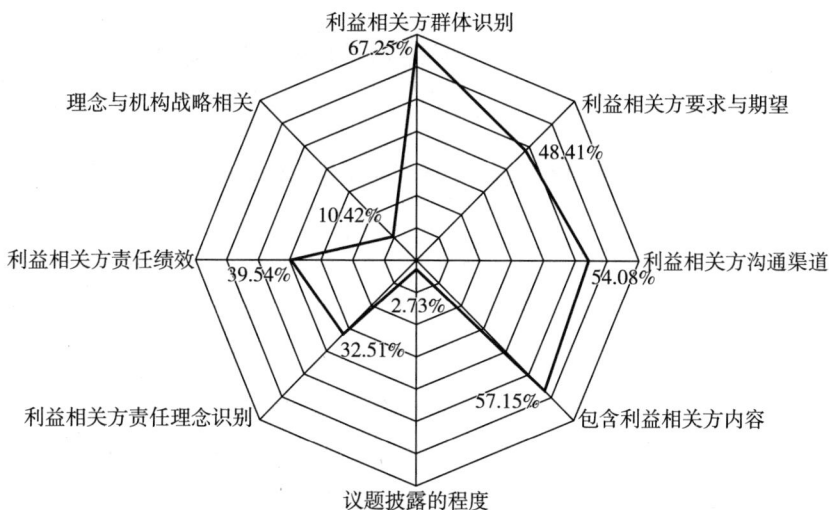

图11 银行业金融机构企业社会责任报告实质性

三 银行业金融机构企业社会责任报告阶段性特征

（一）报告整体处于发展阶段，国有大型商业银行和股份制商业银行为信息披露主力军

银行业金融机构报告整体水平为发展型。2019 年银行业金融机构社会责任报告平均得分为 59.81 分，略高于中国企业社会责任报告的平均水平（54.27 分）。其中，起步型报告从 2018 年的 0% 上升为 2019 年的 8.33%；发展型报告占比最多（40%），与上年度相比提升了 5.71 个百分点（见图 12）。

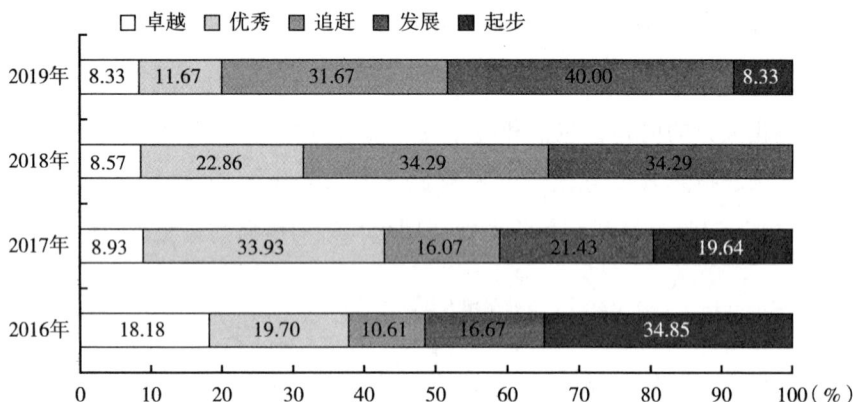

图 12　银行业金融机构 2016～2019 年企业社会责任报告类型分布趋势

银行业金融机构高质量报告发布主体主要为国有大型商业银行和股份制商业银行。2019 年，国有大型商业银行和股份制商业银行报告发布率分别为 100% 和 66.67%，平均得分率分别为 69.84% 和 69.69%，远高于银行业金融机构报告整体平均得分率。达到卓越水平的 5 家银行业报告发布主体中，国有大型商业银行和股份制商业银行共有 3 家，占比 60.00%；优秀水平的 7 家银行业报告发布主体中，国有大型商业银行和股份制商业银行共有 3 家，占比为 42.86%。其中，交通银行股份有限公司社会责任报告得分最高为 93.05 分，远高于平均分（33.24 分）。

（二）持续采用国际化标准，报告国际化程度稳健提升

作为中国市场经济的重要组成部分，银行业金融机构在社会责任报告编制过程中，越来越多地采用社会责任国际标准作为编制依据，关注并回应全球可持续发展趋势和动态，持续提升报告国际化程度。2019年发布社会责任报告的银行业金融机构中，共有58家银行业金融机构依据国际标准、指南编写社会责任报告，占比为96.67%；10家银行业金融机构 [天津银行股份有限公司、恒生银行有限公司、国家开发银行、中信银行股份有限公司、华夏银行股份有限公司、中国农业银行股份有限公司、中国建设银行股份有限公司、汇丰银行（中国）有限公司、交通银行股份有限公司、兴业银行股份有限公司] 的报告涉及落实联合国可持续发展目标（SDGs）内容，较去年增加4家，占比为16.67%。中国农业银行股份有限公司在报告议题识别部分，全面对标联合国可持续发展目标（见图13），并采用GRI标准作为编制依据提升信息披露的专业性；兴业银行作为中国首家赤道银行，除采用赤道原则（第三版）（Equator Principles Ⅲ）作为编制依据外，还参考GRI标准和联合国可持续发展目标（SDGs）等国际标准。

（三）在利益相关方相关议题披露方面，政府指标覆盖率最高，尤为重视遵守法律法规及响应产业投资活动等信息的披露

银行业金融机构企业报告中政府议题的指标覆盖率最高，达到59.58%。其中，银行业金融机构报告最重视"遵守法律法规及政策情况"和"响应政府倡导的产业投资活动，如产业扶贫、基础设施建设"，这两项的指标覆盖率分别为88.33%和70.00%。根据中国银行业协会发布的《中国银行业发展报告（2019）》得知，2018年银行业监管态势依然严峻，防控金融风险仍是银行业的重点工作。对此，银行业金融机构企业报告十分关注法律法规及政策遵守情况的信息披露，大部分银行在依法合规、风险管控等方面对相关措施进行了重点展示。

1.金融扶贫
2.公益扶贫

3.服务农业
4.服务农村
5.服务农民

6.服务国家战略
7.服务民生
8.服务新兴产业发展
9.普惠金融

10.绿色金融
11.绿色经营
12.绿色公益

18.传播金融知识
19.成就美好生活

13.保护客户权益
14.提升服务品质

15.保障员工权益
16.帮助员工成长
17.关怀关爱员工

**图 13　中国农业银行股份有限公司 2018 年社会责任报告
责任议题对标联合国可持续发展目标（SDGs）**

（四）积极服务国家战略发展，持续关注服务实体经济等热点议题

自 2017 年以来，监管机构密集出台了多个监管文件，促进银行业金融机

第二节 金融监管

流动性指标达标

本行高度重视流动性指标达标工作，将流动性监管指标达标与全行资产负债安排有效结合。本行加强流动性指标限额管理，根据流动性新规要求，将"5+9"的监管和监测指标体系纳入本行内部流动性指标管理体系，并强化指标的日常监测及管理，对关键时点进行提前预测及相应安排，确保流动性指标持续满足监管要求。

落实"3号令"

本行严格执行"3号令"监管规定，加强大额交易报告数据标准和质量管理，实施源数据系统优化改造；梳理免报业务场景，确定大额交易免报范围；做好突发事件应急预案，按时完成回执加裁及大额交易补录工作；明晰责任主体并强化反洗钱问责管理。

落实"235号"/"164号"文件

本行以"235号"、"164号"监管新规为根本，强化受益所有人识别，统一部署，按照"重监管、严要求、有计划、强执行、促落实"的工作思路，制定工作方案，依托外部数据，通过采取客户分级分层治理，定期通报督导，挂钩绩效考核等手段，"做存量、抓新开"，扎实推进"235号"、"164号"新规落实。

反洗钱管理

本行明确了董事会、监事会、高级管理层的反洗钱管理职责，将反洗钱风险管理纳入全行授权体系。本行董事会授权下设风险管理委员会履行反洗钱风险管理部分职责，授权行长负责反洗钱风险管理工作，强化总行反洗钱工作领导小组决策作用，总行所有部门全部纳入反洗钱工作领导小组成员部门，切实保障全行反洗钱风险管理履职。根据最新监管规定，本行修订出台了反洗钱基本规定、洗钱风险管理政策等顶层制度，大额和可疑交易报告、客户洗钱风险评估及分类、客户身份识别等专项制度，出台实施反洗钱产品/业务洗钱风险评估、交易监测、受制裁国家业务管理、境外机构管理、考核评价等行内制度。

反假币管理

本行投入大量人力物力防止假币流通，维护国家金融秩序稳定。截至年末，本行共收缴假人民币16825张，较上年下降约17.02%；收缴假币总金额约133.70万元，较上年下降13.74%。
【反假币培训】本行组织开展了全行现金运营业务人员进行反假业务培训，邀请总行营业部现金业务资深专家，对人民币及主要外币防伪特征、识别要点进行了详细讲解。各分行按总行及当地人民银行要求，按年组织全辖现金运营人员进行各类反假培训，督导分行辖属现金运营人员全面、准确掌握人民币和主要外币防伪特征，切实提升辨伪、识假能力。
【反假币宣传】各分行根据总行统一部署，结合当地人民银行工作安排，按年积极组织反假货币宣传月工作。本行在营业网点及集贸市场、公共枢纽等人流密集地区开展反假货币宣传活动，发放反假货币宣传资料，在微信平台推送人民银行反假货币在线答题宣传，提升广大人民群众的反假货币意识。

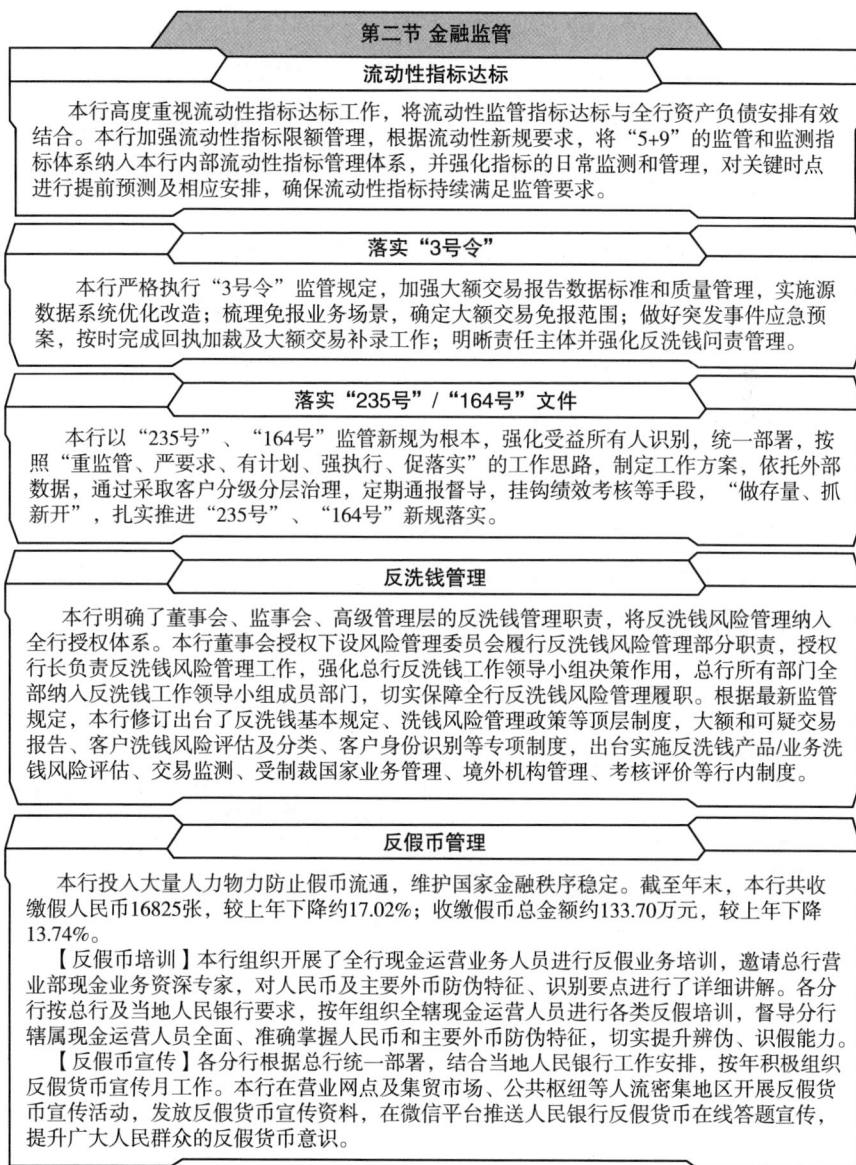

图14　中信银行股份有限公司2018年可持续发展报告金融监管部分

构逐步回归本源，加大对实体经济的支持力度。面对经营环境的深刻变化，银行业金融机构不断提升服务实体经济质效。在此背景下，银行业金融机构持续关注服务实体经济、助力地方经济发展等方面的重点议题，在社会责任报告中也注重披露相关信息。例如，兴业银行股份有限公司 2018 年可持续发展报告以"回归本源 服务实体经济"作为单独章节，全面呈现银行在助力京津冀协同发展、长江经济带建设方面的突出贡献，积极响应国家战略（见图 15）。

（五）聚焦行业特点，注重披露金融科技、绿色金融等特色议题

科创板的开通为银行业金融机构大力开展科创金融提供了切入点，银行业金融机构通过创新产品服务体系、优化专业流程、加强内外部合作，提高综合金融服务能力，加大力度支持科技创新企业发展。2019 年银行业金融机构企业社会责任报告的议题实质性不断增强，更加关注金融科技、绿色金融等行业特色议题披露。例如，交通银行股份有限公司 2018 年度社会责任报告以"绿色金融"为题，从管理环境风险、支持绿色产业、提升行业影响等方面全面披露信息。

绿色金融
推进生态文明建设

贡献SDGs目标：

回应可持续发展趋势：良好的环境是所有企业赖以生存的基础。发挥专业优势，以金融杠杆引领绿色发展新浪潮。

我们的行动：支持清洁能源发展；电子化服务；减少废物排放；开展绿色公益。

绿色类客户占比 99.61%

电子银行业务分流率 96.59%

气体排放量 81184.27 吨

绿色类余额占比 99.79%

图 15 交通银行股份有限公司 2018 年度社会责任报告
绿色金融 推进生态文明建设章节

四 银行业金融机构企业社会责任报告建议

（一）更广泛的银行业金融机构应主动发布企业社会责任报告

世界经济增长整体趋缓，中国经济初显稳步，但仍存在下行压力，结构性矛盾较为突出，银行业金融机构总体经营环境依然存在诸多不确定性因素。2019 年银行业金融机构社会责任报告的数量有所提升，共有 60 家银行业金融机构发布报告，与 2018 年相比增加了 4 家。然而发布报告的企业数量仅占银行业金融机构总数量的 1.30%，说明发布报告的银行业金融机构数量远远不够，仍需进一步加强。随着监管部门监管力度大大加强，需要银行业金融机构提升企业社会责任意识，通过社会责任报告主动披露社会责任管理、实践、成效等多方面信息，使信息披露水平与企业发展水平相一致。

（二）信息披露契合时代热点和利益相关方关切，突出企业履责特色

银行业金融机构报告大部分处于追赶和发展阶段，优秀及以上水平的报告仅占比 20%，其编制质量仍有较大提升空间。我国银行业金融机构有开发性金融机构、政策性银行、国有大型商业银行、股份制商业银行、城市商业银行、外资法人银行、农村商业银行、民营银行等 22 种类型，各类型机构的服务对象、经营范围、履行责任范围等均有所不同，相应的企业社会责任报告所披露的实质性议题也应有所差异。从整体来看，银行业金融机构社会责任报告已基本覆盖政府、客户、社区、监管机构等关键利益相关方，但结合企业自身发展情况，应有选择地突出展示具有自身特色的履责议题。例如，开发性金融服务机构和政策性银行应重点披露服务国家战略发展的相关信息；大型商业银行和股份制商业银行应重点关注金融科技相关议题；城市商业银行应聚焦支持中小微企业实践内容；农村金融机构应加强披露普惠金融、服务乡村振兴的履责实践。

（三）深入对接联合国可持续发展目标（SDGs），由信息披露推动责任管理

2015 年 9 月发布的联合国《2030 年可持续发展议程》提出了 17 个可持续发展目标，已成为全球面向 2030 年的改革愿景，同时也是全球商业机构发展的新方向。随着金融市场的日益开放，银行业金融机构应紧跟社会责任国际发展趋势，积极响应联合国可持续发展目标（SDGs），将 SDGs 融入企业战略发展、责任管理与责任实践，深入阐述银行业金融机构自身业务与 SDGs 的关联性，全面披露银行业金融机构的责任管理与实践。同时，银行业金融机构应注重发挥社会责任报告的管理作用，由简单的信息披露逐步向可持续发展管理深入，从而提升可持续发展的管理水平和国际竞争力。

（四）创新内容呈现形式，持续增强报告传播影响力

社会责任报告是连接银行业金融机构与利益相关方的渠道，是实现有效沟通的载体，能够有效提升利益相关方对银行业金融机构的认知，获得利益相关方的认同，有助于为银行业金融机构发展营造有利环境。银行业金融机构社会责任报告在内容呈现形式上较为不足，有较多的报告存在响应时代热点不足、无法体现企业特色等问题，对报告的传播产生了一定影响。因此，在设计呈现方面，银行业金融机构需对标国际领先企业报告，学习借鉴报告在结构及形式上的设计和呈现，提升报告的可读性和传播性，增强报告的影响力；在传播方面，银行业金融机构应丰富报告发布形式，充分发挥报告的传播价值，以优秀的社会责任报告深化银行业金融机构鲜明的责任品牌形象。

B.13

金蜜蜂中国房地产行业
企业社会责任报告研究

卢自强　管竹笋

摘　要： 本报告依据"金蜜蜂企业社会责任报告评估体系2018"，对收集到的房地产行业企业2019年发布的102份社会责任报告进行评估和分析，并提出针对性建议。研究发现，房地产企业社会责任报告总体数量平稳增长，民营企业与国有控股企业保持报告发布的领头地位。报告整体质量处于发展阶段，报告披露具有行业特色，内容可读性与创新性较高。在供应商议题、生态环境保护等方面的信息披露仍有提升空间。

关键词： 房地产　企业社会责任报告　报告评估得分率　绿色建筑

　　房地产业是指以土地和建筑物为经营对象，从事房地产开发、建设、经营、管理以及维修、装饰和服务的集多种经济活动为一体的综合性产业，是具有先导性、基础性、带动性和风险性的产业。[①] 研究房地产企业社会责任报告有助于企业了解其在同行报告中的位置，在对标先进报告的同时提升自身报告质量，同时推动企业的经营管理和科学规划，促进自身系统的梳理和管理模式的优化。

---

① 沈建忠：《房地产基本制度与政策》，中国建筑工业出版社，2005。

一 房地产行业企业社会责任报告概况

截至 2019 年 10 月 31 日，通过企业主动寄送、企业官方网站下载及网络查询等方式，我们共收集到房地产行业企业社会责任报告（包括企业社会责任报告，可持续发展报告，环境、社会及管治报告）102 份。我们依据"金蜜蜂企业社会责任报告评估体系 2018"对以上报告进行评估分析，基于报告参数，对房地产行业企业发布的社会责任报告进行整体描述，并结合在企业社会责任管理咨询和报告编制方面的经验，对这些报告的整体质量进行比较、分析和判断，汇总房地产行业企业社会责任报告的特点，并在此基础上提出相关建议。

在报告发布主体中，国有控股企业与民营企业占比分别为 41.18% 和 31.37%（见图 1），两者构成了房地产行业企业社会责任报告发布的主体力量。随着资本市场对上市公司披露环境、社会责任信息的要求增多，国有控股企业愈加重视披露自身履责信息的同时，越来越多的外资及港澳台企业主动发布社会责任报告，以更积极的态度回应利益相关方需求，促进双方坦诚、透明沟通，为外资及港澳台企业在中国内地的可持续发展奠定坚实基础。

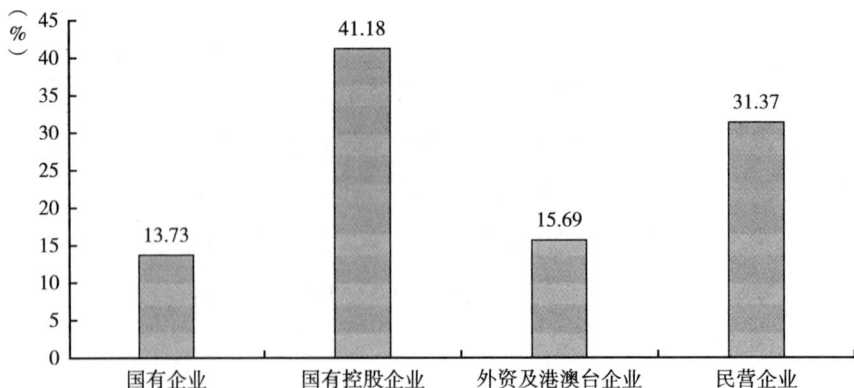

图1 房地产行业企业报告发布主体

评估样本中，报告名称占比与 2018 年的相比略有变化，超过半数企业将报告命名为企业社会责任报告（58.82%），可持续发展报告（9.80%）与环境、社会及管治报告（18.63%）的命名比例均有一定幅度上升（见图 2）。

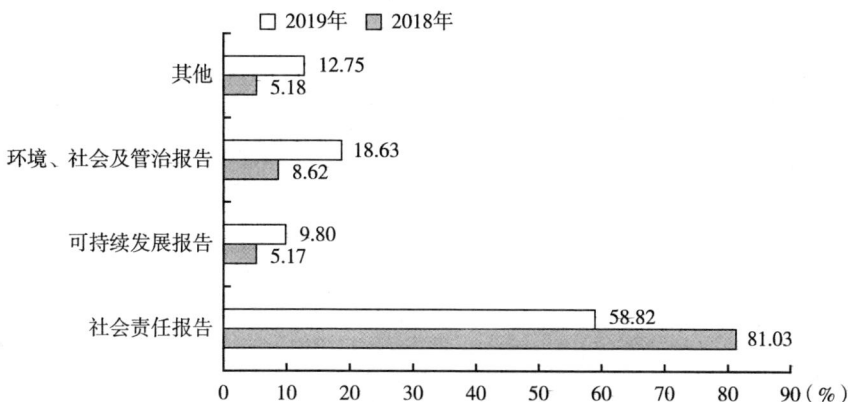

图 2 房地产行业企业报告名称

评估样本中，连续五年发布报告的企业占比达 52.94%（见图 3）。首次发布报告的企业占比 10.78%，与去年同期相比增长了 7.80 个百分点。房地产企业将社会责任报告作为与社会各界沟通的有力工具，持续主动发布详实的社会责任信息与数据，展示社会责任领域内各种优秀理念与实践，逐步形成社会责任管理与实践的常态化披露机制。

篇幅为 51 页及以上的报告占比 42.16%，报告篇幅为 31~50 页的占比 25.49%，超过 67.65% 的报告篇幅超过 30 页（见图 4）。

二 房地产行业企业社会责任报告分析

（一）报告总体情况

依据社会责任报告蓝皮书，报告根据最终得分可划分为起步（40 分以下）、发展（40~59 分）、追赶（60~69 分）、优秀（70~79 分）和卓越

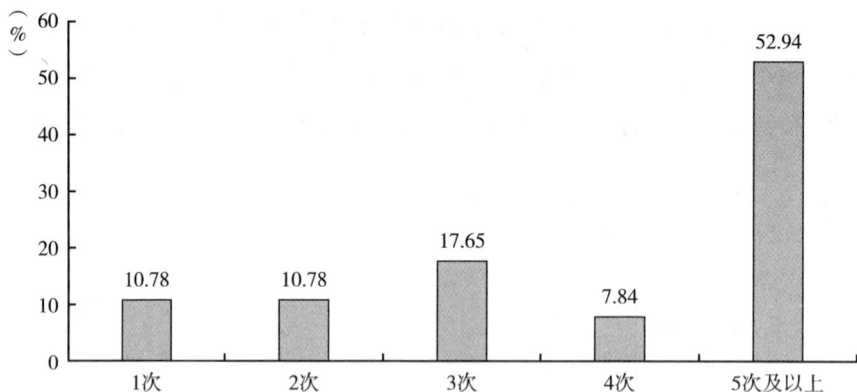

图3 房地产行业企业报告发布次数

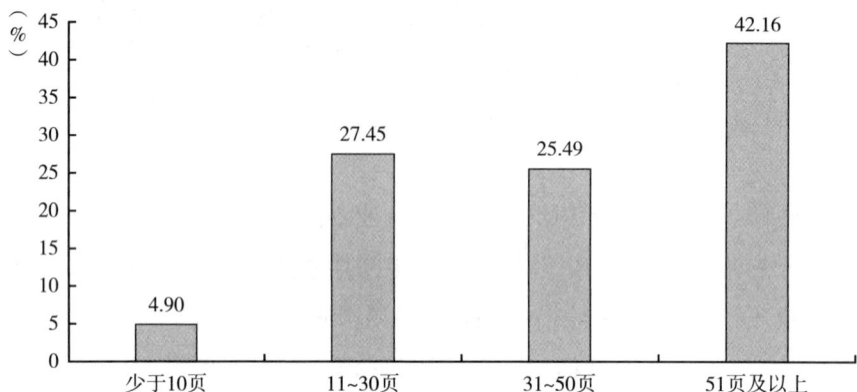

图4 房地产行业企业报告篇幅

（80分及以上）5个层次。2019年房地产企业社会责任报告的平均得分为54.98分，其中，质量处于卓越水平的报告占比5.88%，23.53%的报告处于优秀阶段，较2018年（13.56%）有明显上升；接近半数企业的报告仍然处于发展和追赶阶段（45.10%），报告质量还有很大的提升空间（见图5）。

2019年，房地产企业社会责任报告综合指数与中国企业社会责任报告的平均水平相近，在实质性、可读性两方面得分相对较高。从房地产企业报告自身水平来看，报告的实质性（58.09%）、完整性（53.65%）、可读性（58.43%）三个维度的得分率较高（见图6）；可信性

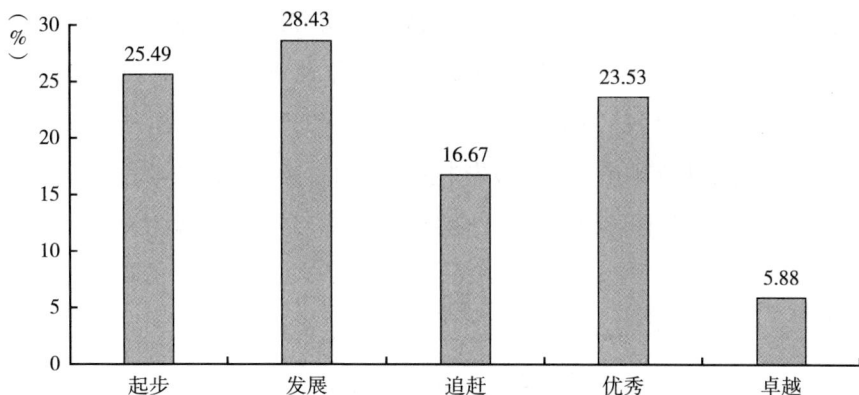

图5 房地产行业企业报告质量

（33.43%）、可比性（41.02%）、创新性（41.66%）比2018年有所提高，但还有待加强。

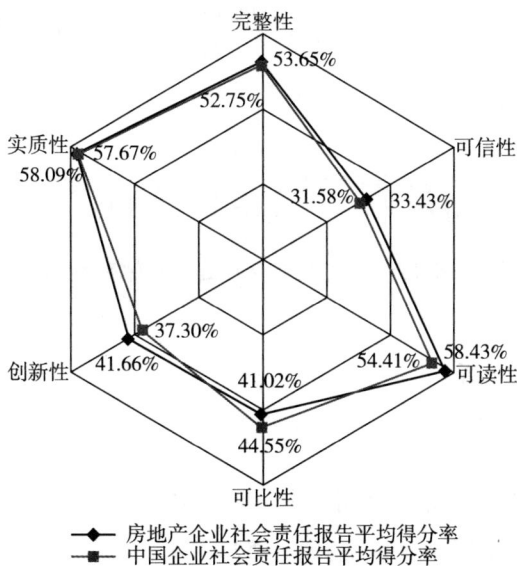

图6 房地产行业企业社会责任报告六大维度得分

从利益相关方指标得分率来看，房地产企业的得分率在多个方面与中国企业的平均得分率相近。具体指标得分率从大到小依次为政府（45.83%）、员工（37.06%）、社区（32.48%）、客户（32.35%）、环境（29.32%）、供应商（25.13%）、出资人（20.83%）、监管机构（14.22%）、同行（13.73%）、媒体（12.75%）、社会组织（7.68%）、金融机构（3.43%）（见图7）。这说明房地产企业在报告中披露政府、员工、社区等利益相关方的信息水平较高，在媒体、社会组织、金融机构三个方面的指标得分率较低。

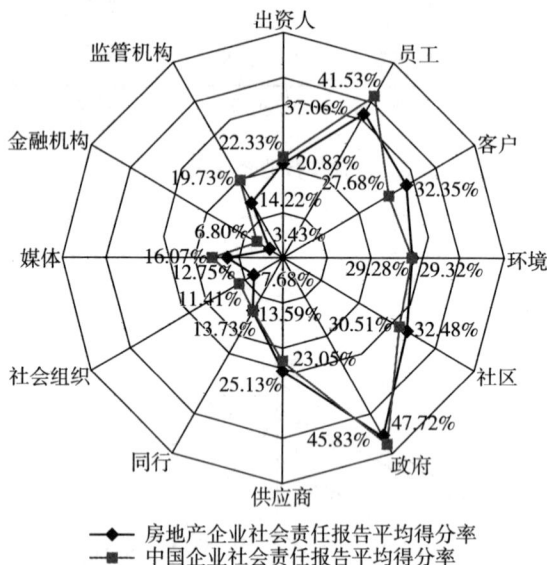

图7　房地产行业企业报告利益相关方指标得分率

（二）具体分析

1. 结构完整性

房地产企业报告完整性略高于中国企业报告的平均水平，指标平均覆盖率为53.65%，比中国企业整体水平（52.75%）高出0.9个百分点。其中，房地产企业在实践内容和公司概况方面披露较多，指标覆盖率达97.39%和76.67%，超过一半的企业（54.25%）披露了利益相关方方面信息，大部分企业在披露实践内容时涵盖了经济责任、环境责任、社会责任信息（见图8）。

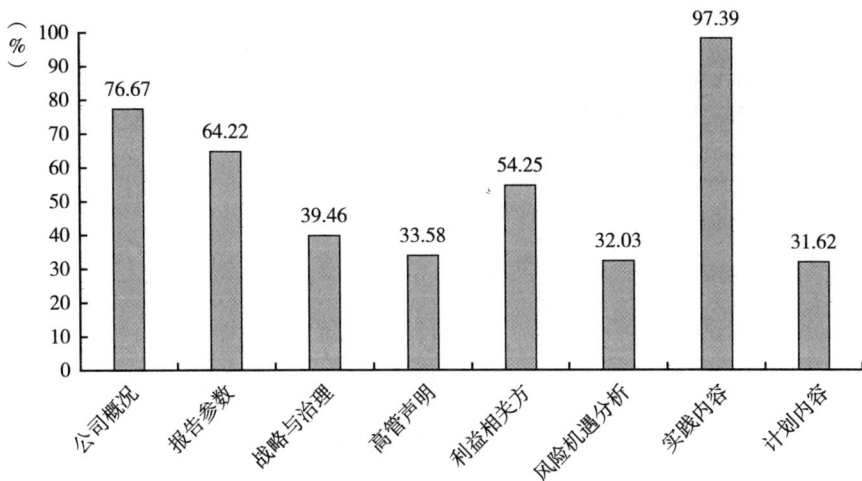

图8　报告完整性各指标覆盖率

2. 报告可信性

房地产企业报告的可信性略高于中国企业报告整体水平。报告表述的客观性、利益相关方评价均超过一半（64.22%、61.76%），包含信息来源的报告占比不高（31.37%），包含 CSR 专家评价和采用了第三方审验的指标覆盖率偏低，仅占 2.94% 和 6.86%，报告可信性还有较大的提升空间（见图9）。

3. 报告可读性

房地产企业报告可读性得分处于中等水平，其平均覆盖率为 58.43%。其中，报告版式覆盖率最高（86.27%），大部分报告整体页面布局合适，另外，报告信息饱和度、信息清晰表达的覆盖率较高，说明篇幅适中的报告占多数，信息表达清晰，色彩搭配和谐（见图10）。总体来说，房地产行业企业相对重视报告版式和信息的饱和度，在清晰定位信息方面还可进一步提升。

4. 绩效可比性

房地产企业报告可比性的指标覆盖率属于中等水平（41.02%）。大多数房地产企业在报告中披露了行业内可比绩效和跨年度绩效，但较少报告披

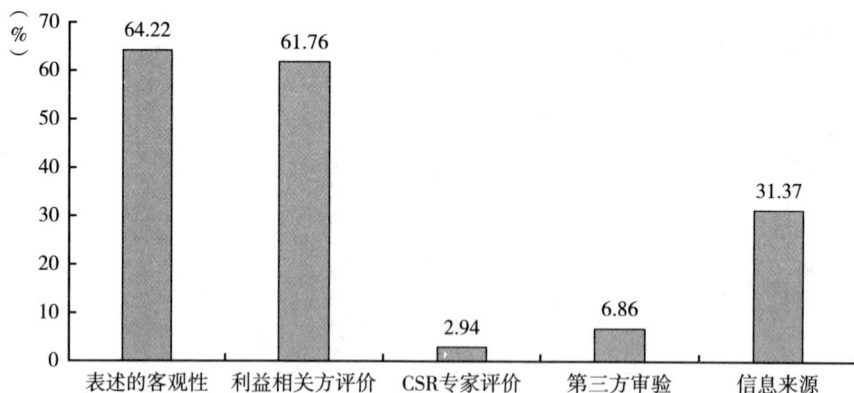

图 9　报告可信性指标覆盖率

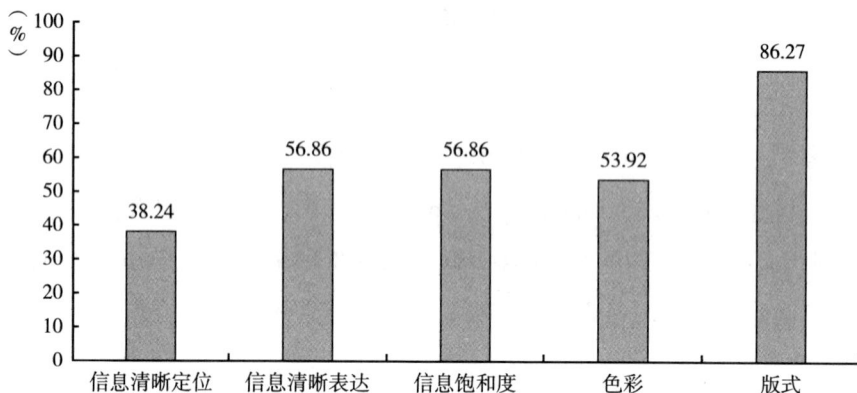

图 10　报告可读性指标覆盖率

露了绩效目标的实现程度和跨行业的可比绩效。

5. 报告创新性

房地产企业的报告创新性指标覆盖率（41.66%）略高于中国整体企业报告。报告在内容、结构和形式方面的创新覆盖率分别为 49.35% 和 39.87%、33.33%。房地产企业的报告披露相对更重视内容上的创新，注重结合时代特色，披露符合可持续发展原则、体现行业特色、自成体系和便于传播的社会责任内容。

6. 报告实质性

房地产企业的报告实质性得分和指标覆盖率略高于整体中国企业的得分水平。房地产行业企业基本上能在报告中识别利益相关方和披露相关的社会责任内容，指标覆盖率达到 64.62%（见图 11）。但对利益相关方的责任绩效、利益相关方的理念与方针、沟通渠道与方式、利益相关方的要求与期望等方面还有待深入与加强，尤其应该加深对议题的披露程度，及将利益相关方的责任理念融入战略管理。

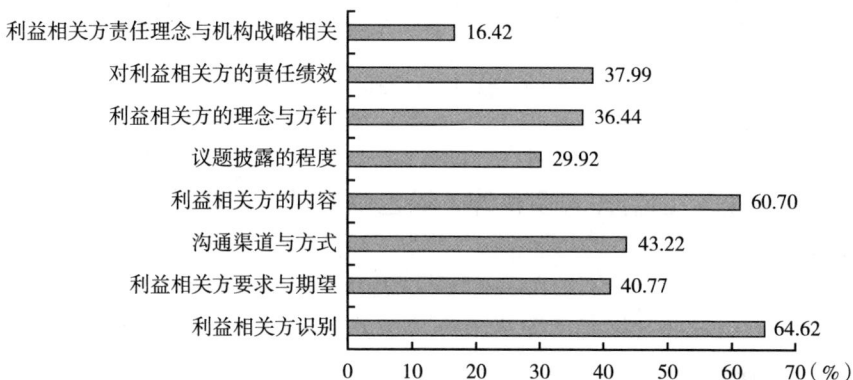

图 11　报告实质性指标覆盖率

三　2019年房地产行业企业社会责任报告阶段性特征

（一）与基期相比报告质量水平大幅提升，近年报告质量波动幅度较小，整体尚处在发展阶段

综合来看，2009 年（基期）到 2019 年，房地产企业报告综合指数稳步持续增长。自 2013 年以来报告整体质量波动幅度较小，2016 年有较大突破，近两年稳定在一定水平（见图 12）。相较于 2009 年，2019 年报告的综合指数为 66.42%，但报告质量整体水平不高，其中分别仅有 5.88% 和 23.53% 的报告处于卓越和优秀水平，报告质量还有很大的提升空间。

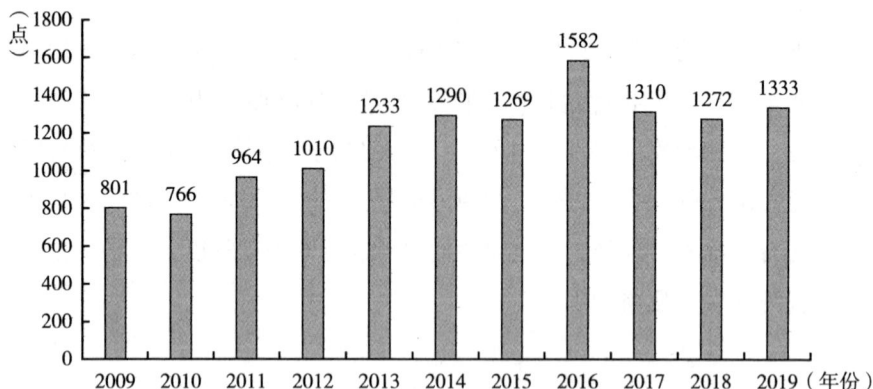

图 12　2009～2019 年房地产报告综合指数

（二）报告创新性表现良好，绿色供应链、绿色建筑等主题紧扣时代热点

内容创新方面，报告紧扣房地产行业特色，越来越多企业开始注重对"社区""环境""供应商管理"等板块的信息披露。《万科 2018 企业社会责任报告》深度披露企业的绿色理念，将该理念融入绿色建筑、绿色技术创新、绿色供应链等项目全生命周期中。

结构创新方面，《中国金茂 2018 可持续发展报告》响应母公司中化集团提出的"全面转型为科学技术驱动的创新型平台公司"战略，将"科学至上，赋能城市未来"作为责任专题，以"打造创新体系""推进信息化建设""提升人居品质""建设低碳城市"等创新方向为框架，阐述自身在技术创新推动城市未来高效、绿色、智能化、健康化发展方面的实践与规划内容。

形式创新方面，报告减少文字使用量，将数据与图片有机结合，缓解了大版面文字带来的阅读疲劳。《中海物业集团有限公司 2018 环境、社会及管治报告》整体版面采用水墨画描绘生活场景，画面清新脱俗；《招商蛇口 2018 社会责任报告》主题首页用环形跑道设计结合主题卡通场景展示社会责任挑战、行动与绩效，契合企业构建"美好生活圈"的实践，增强了报告的可读性。

（三）供应商社会责任信息披露不断提升，但整体还有较大提升空间

报告中披露对供应商资质有要求的企业占比较高，达到 57.84%；公开采购原则的指标覆盖率超过五成，且 35.29% 的企业在采购时会考虑供应商对道德、环境的表现；但披露供应商社会责任管理信息的企业，以及分担供应商认证社会责任审核成本的企业仅占极少数，分别为 6.86% 和 0.98%，对采购价格合理，按期付款信息覆盖的企业也只有 4.90%（见图 13）。这些数据表明房地产行业企业在供应商管理和信息披露方面还有较大的上升空间。

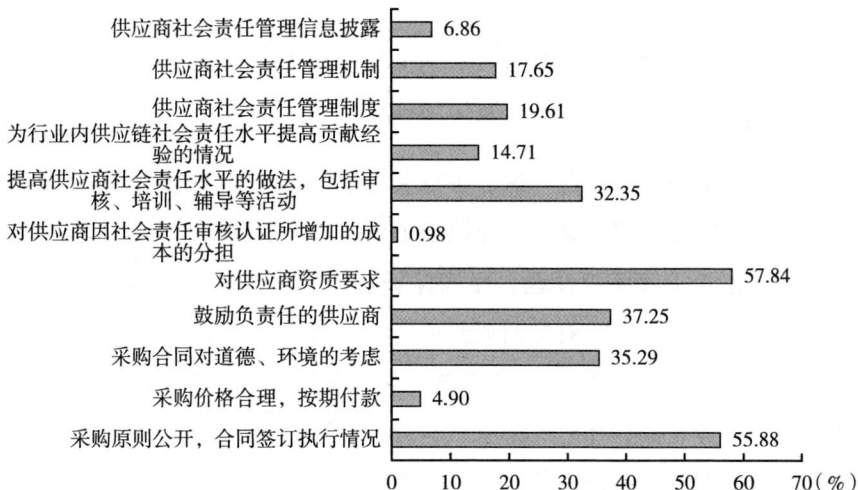

指标	覆盖率(%)
供应商社会责任管理信息披露	6.86
供应商社会责任管理机制	17.65
供应商社会责任管理制度	19.61
为行业内供应链社会责任水平提高贡献经验的情况	14.71
提高供应商社会责任水平的做法，包括审核、培训、辅导等活动	32.35
对供应商因社会责任审核认证所增加的成本的分担	0.98
对供应商资质要求	57.84
鼓励负责任的供应商	37.25
采购合同对道德、环境的考虑	35.29
采购价格合理，按期付款	4.90
采购原则公开，合同签订执行情况	55.88

图 13　报告在供应商方面的指标覆盖率

在供应链管理方面，做的比较好的企业重视可持续采购，加大对供应商履责信息的披露，除披露公开、透明采购外，跨年度的供应商数量、跨年度的供应商合格率、按地区划分的供应商数量等内容也在报告中有所呈现。如

《2018 万科企业社会责任报告》中，披露了绿色供应链管理的重点思想和关键实践，从原材料采购源头、生产过程、终端消费等多个角度入手，通过培训、评审、"白名单"等方式，带动供应商共同履行社会责任。

（四）报告的国际化水平有待提升，报告内容与资本市场、国际要求结合的紧密度还需加强

大多数报告同时参照香港联合交易所《环境、社会及管制（ESG）报告指引》，中国社会科学院《中国企业社会责任报告编写指南（CASS - CSR4.0)》和全球报告倡议组织可持续发展报告框架 GRI Standards 等多个标准。但报告中涉及联合国可持续发展目标 SDGs 的指标得分率仅为9.69%，大多数报告中未披露企业关于 SDGs 的实践。

此外，有 24.51% 的企业同时发布了中英文版报告，较 2018 年（13.79%）有一定提升，报告在海外沟通方面逐渐发挥其应有的作用。

（五）企业较重视披露建筑产品的绿色设计与节能环保功效，但是环境管理方面的指标覆盖率相对偏低

党的十九大报告把绿色发展、生态文明建设放在了突出位置，要求大力解决突出环境问题，对房地产行业提出了更高的发展要求。房地产行业企业在社会责任报告中就环境管理、环境保护意识、降污减排、资源节约与利用、生态保护等方面对政府的相关要求进行了回应，这五个方面的指标覆盖率分别为 28.43%、32.35%、35.78%、44.85% 和 9.31%（见图 14）。这说明房地产行业企业在环境保护意识、资源节约与利用、降污减排方面达到了基本要求，但在生态保护等方面的披露指标覆盖率仍处在较低水平。

具体来看，评估企业中建立了环境管理体系指标的覆盖率为 54.90%，在项目施工前实施环境影响评价的企业占比 27.45%，在报告中披露环保资金投入和与行业分享环境管理经验的占比较低，仍有很大提升空间（见图 15）。企业对自身的发展为社会、环境带来的影响的意识度有待提升，环境管理体系、制度的建立有待完善和加强。

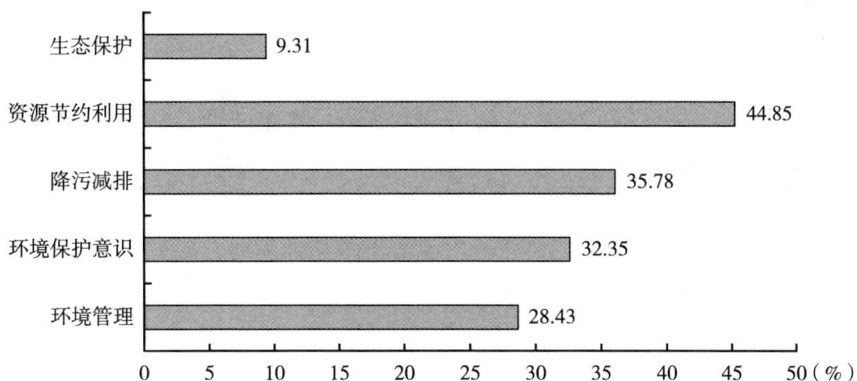

图 14 房地产行业企业报告环境指标覆盖率

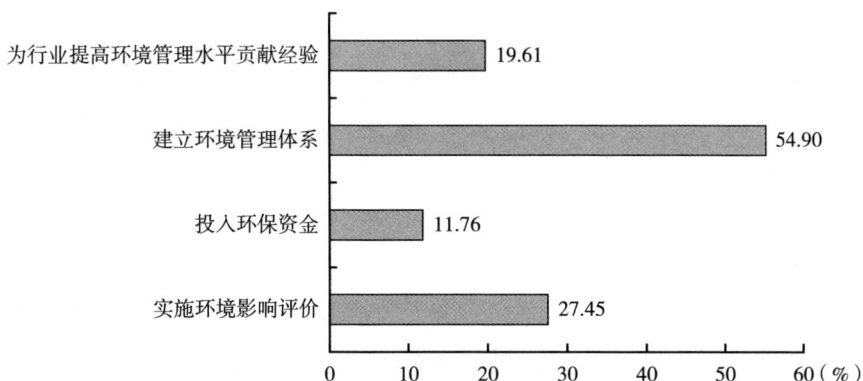

图 15 房地产行业企业报告环境管理方面指标覆盖率

同行业的企业在环境管理方面的水平差距较大，做得较好的企业在报告中积极披露绿色建筑、绿色技术等具有行业特色的环保方式。例如，《万科 2018 企业社会责任报告》中不仅深度披露住宅产业化模式、住宅产业化面积、绿色绩效等议题，还覆盖了绿色供应链、绿色技术创新等方面；《碧桂园控股有限公司 2018 年度可持续发展报告》中通过绿色技术创新专题，披露近年来绿色技术主要研究成果和被动房案例，并参考"气候变迁相关财务揭露（TCFD）"的建议，进行风险和机遇识别、建立完整的绿色建筑标准体系、最大限度达成绿色施工，并利用自身的资源优势，积极向员工、业主、供应商等利益相关方传递绿色环保理念，定期组织多元化的环保活动。

（六）房地产企业注重自身专业优势，将社区建设与慈善行为相结合，较好地体现了行业履责特色

相较于其他行业，房地产行业企业着眼于长远发展，促进本地就业和商业活动，以及吸引更多的访客及居民。因此房地产行业企业更加重视社区氛围的营造，包括优化基础设施、文化遗产保护、组织志愿者服务、配套业务设施完善等。如《招商蛇口 2018 社会责任报告》中披露了企业在定点扶贫县开展大健康产业扶贫，发起设立产业投资基金、发起成立社区基金会、保护城市文脉等社区建设和慈善扶贫履责实践，具有行业特色。

（七）注重业主全流程服务管理，包括倾听业主声音、开展丰富的业主活动、注重客户隐私保护等

房地产行业企业相较于其他仅提供产品的行业更注重客户全流程服务管理，包括与业主的营销、售后过程中的全方位服务管理，注重得到业主授权和保护客户隐私。《2018 广州珠江实业开发股份有限公司社会责任报告》中披露了客户从看房、入住到居住持续服务、再到客户意见反馈的服务流程，以及对客户隐私及信息保护的说明；《鲁能集团 2018 年社会责任报告》中披露了客户投诉处理率和客户投诉处理流程，显示了对客户这一利益相关方的高度重视。

四　中国房地产行业企业社会责任报告建议

（一）进一步提升报告的可信性与可比性

针对 2019 年房地产行业报告的整体情况，建议企业在六大维度上均加大提升力度，尤其针对报告的可信性与可比性。在提高报告可信性方面，报

告可引入第三方的客观、专业评价，如利益相关方、CSR 专家评价、第三方审验机构等；同时披露更多的负面信息及管理方法，提升公开透明的意识和态度、与利益相关方真诚沟通，提高报告的可信性。在可比性方面，建议报告披露具体的绩效目标以及其实现过程和实现程度，通过不断对目标实现程度的跟踪和推进，推动企业内部管理水平的提升，同时使利益相关方对公司整体发展态势有更加直观的了解。

在结构完整性方面，可增加企业对报告编写流程的说明和披露社会责任管理的制度与架构；在高管声明中融入企业在社会、环境、经济三方面的社会责任规划，包括企业面临的风险机遇分析、应对措施等。此外，报告应参考可读性原则，设置清晰的信息导航工具，优化报告文字、图片、表格应用及色彩搭配，注意信息量的适中。

在创新性方面，房地产行业报告应继续保持结合时代、行业、企业特色，在结构、形式、内容上实现全方位创新。

（二）增加对政府、同行、金融机构等利益相关方履责信息的披露

房地产行业的企业社会责任报告对利益相关方的关注的平衡性有待提升。除了对客户、股东、员工等重点对象进行履责信息披露外，还应加大对其他利益相关方的披露强度。例如房地产行业企业在报告中不断增加对供应商信息的披露，包括供应商管理机制及供应商的履责信息等，建议适当提供优秀供应商实践的案例，进一步提升供应商信息披露水平。此外，为提升报告实质性的得分率，企业应全方位地披露履责信息、平衡利益相关方的诉求。目前只有少数报告识别出金融机构为利益相关方，但金融机构在投融资决策中会将企业的竞争力作为主要参考元素，建议企业多元、全面地关注利益相关方。

（三）更多地应用国际主流报告规则和呈现方式，持续提升报告国际化水平

近年来，在"一带一路""中国制造2025"倡议的引导下，中国企业

不断走向国际，社会责任报告作为企业与利益相关方沟通的重要渠道，在企业海外发展中的作用越发凸显。为提升中国企业在国际上的品牌美誉度，企业应重视将社会责任报告作为对外展示品牌价值的窗口，以国际化语言体系进行报告编制。同时，报告应注重结合世界热点，如应对全球气候变化、生物多样性保护等，企业应在报告中给予积极回应，优化报告质量，提升报告的国际化水平。建议企业积极响应联合国可持续发展目标（SDGs），参照《SDGs 企业行动指南》，通过了解 SDGs、确定优先事项、设定目标、整合、报告和沟通，抓住机遇投身参与全球可持续发展，在全球化的趋势中贡献企业力量，打造并提升企业责任品牌形象，助力企业自身的可持续发展。在为全球化发展贡献企业力量的同时，助力提升企业品牌形象，实现自身的长远发展。

B.14
金蜜蜂中国食品行业
企业社会责任报告研究

马小娟 付宇杰 林波 管竹笋

摘　要： 本报告依据"金蜜蜂企业社会责任报告评估系统2018"，对
　　　　　收集到的68份食品行业企业社会责任报告进行评估和研究分
　　　　　析。通过对食品行业企业发布的社会责任报告进行整体描述，
　　　　　对报告整体质量进行比较、分析、评价及判断，提出食品行
　　　　　业发展的相关建议。研究发现，食品行业企业社会责任报告
　　　　　整体处于发展阶段，报告国际化程度有所提高，报告在员工、
　　　　　客户、环境、供应商方面披露的信息较为完善，但还需加强
　　　　　报告信息披露的力度，提高企业社会责任意识，同时不断提
　　　　　升报告的可信性。

关键词： 食品行业企业　社会责任　食品安全

食品工业是我国国民经济的重要支柱产业，也是关系国计民生及关联农
业、工业、流通等领域的大产业。[①] 据工信部数据统计，2018年上半年，规
模以上食品工业增加值同比增长6.9%，增幅高于全部工业0.2个百分点，
食品生产呈现平稳增长趋势，产品产量稳步增长，经济效益持续提高。

2019年6月国务院食品安全委员会在印发的《2019年食品安全重点工

---

① 资料来源：全国食品工业"十五"发展规划。

作安排》中强调："要围绕人民群众普遍关心的突出问题，开展食品安全放心工程建设攻坚行动，推动提升食品全链条质量安全保障水平，不断提高人民群众获得感、幸福感、安全感"。① 同时，党和政府不断加大推进实施食品安全战略的力度，以"严密监管＋社会共治"确保"最严格的标准、最严格的监管、最严厉的处罚、最严肃的问责""四个最严"落到实处，食品工业将实现大安全发展。

一 中国食品行业企业社会责任报告概况

截至 2019 年 10 月 31 日，通过企业主动寄送、从企业官方网站下载及网络查询等方式，我们共收集到食品行业企业发布的社会责任报告，可持续发展报告，环境、社会及管治报告 68 份，与去年报告数量基本持平。

在食品行业企业发布的报告中，连续发布报告在 5 次以上的食品行业企业最多，占比为 55.88%，有 38 家（见图 1）。可以得知，越来越多的食品行业企业把发布社会责任报告作为对外沟通的一种重要途径，重视社会责任履责实践信息的披露，展现企业实践成效，实现与利益相关方更好地沟通。

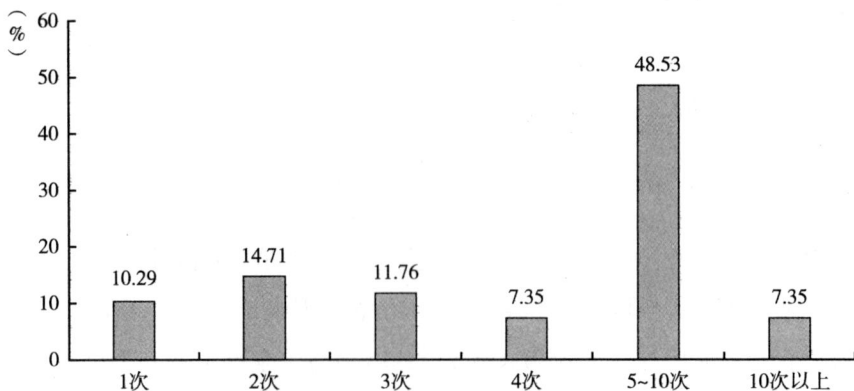

图1 食品行业企业社会责任报告发布次数占比

---

① 资料来源：http://www.gov.cn/xinwen/2019-06/16/content_ 5400733.htm。

在报告发布主体中，国有控股企业占比最高，达到 45.59%，成为发布企业社会责任报告的主体力量；其次为民营企业，发布报告数量占比为 29.41%（见图 2），这说明民营企业也较为重视通过发布社会责任报告，以积极的态度回应利益相关方的需求。

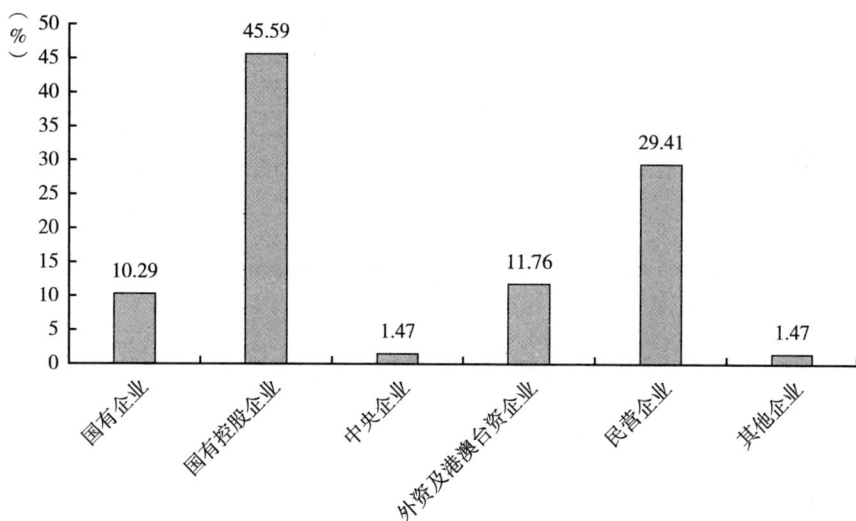

图 2　食品行业企业发布报告主体分布

食品行业企业社会责任报告篇幅在 31 页及以上的占比为 57.82%，篇幅在 51 页以上的报告占比 40.63%（见图 3）。这说明随着食品行业企业对社会责任重视程度的不断提升，企业也更加趋向于向外部利益相关方披露更加丰富的社会责任履责实践信息。但是，仍有 5 家企业的社会责任报告少于 10 页，对外披露的信息不够完善。

在食品行业企业社会责任报告中，无反馈渠道的企业占 51.56%（见图 4），说明超过一半的企业在披露社会责任实践信息的同时，缺乏与利益相关方的沟通渠道，未能注重把报告作为与利益相关方沟通的媒介，未发挥报告的对外沟通作用，不利于企业社会责任实践的改进与提升。

在参考标准方面，食品行业企业采用了多种编制依据，其中参考最多的是 GRI 标准，占比为 25.64%；其次为其他标准及港交所指引，占比趋于一

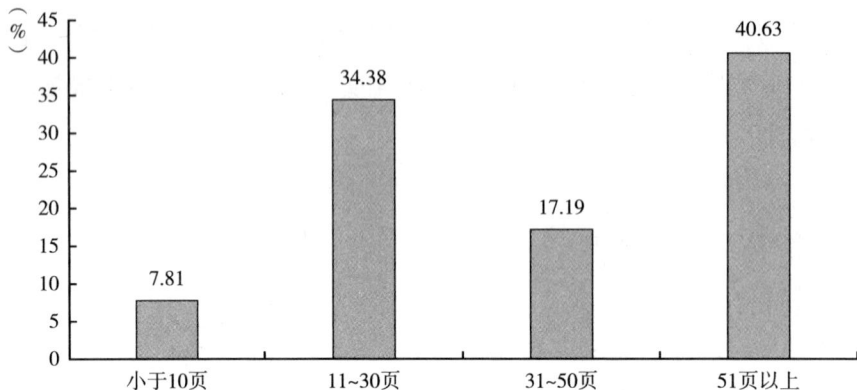

图3　食品企业社会责任报告篇幅分布

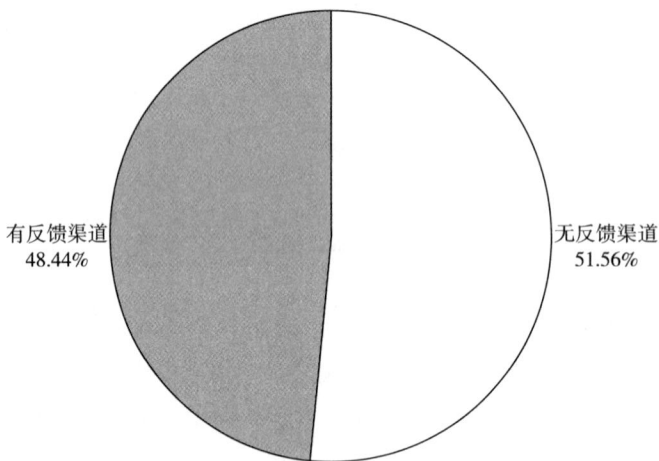

图4　食品行业企业报告反馈渠道情况

致，分别为25.00%、24.87%；接下来为中国社科院《中国企业社会责任报告编写指南》、上交所指引，占比分别为22.39%、21.43%；占比最少的是中国工经联指南，为1.79%（见图5）。这说明食品行业企业在标准参考方面有较大多数的企业使用了GRI标准、港交所指引、中国社科院《中国企业社会责任报告编写指南》、上交所指引等作为报告编制依据。

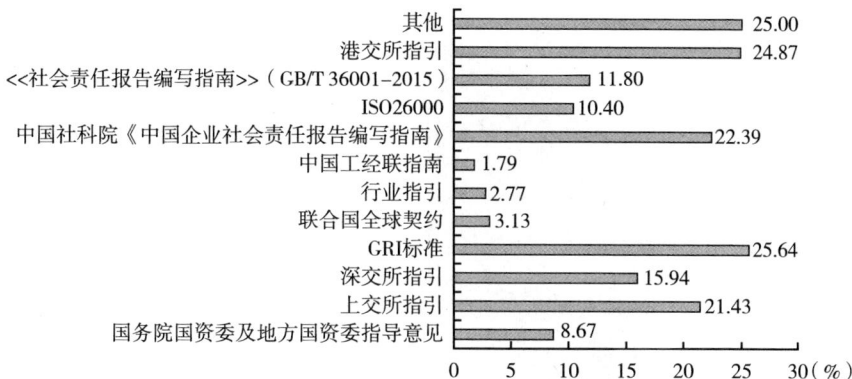

图5　食品行业企业报告编制依据

二　中国食品行业企业社会责任报告分析

（一）报告总体情况

食品行业企业社会责任报告平均得分为 55.97 分，高于中国企业社会责任报告的平均得分（54.27 分），高于上年度食品行业企业社会责任报告平均得分（52.74 分），说明报告的整体质量有所提升。在研究的 68 份企业社会责任报告中，优秀及以上水平的企业占比 25.00%，仍有 59.38% 报告处于起步和发展阶段（见图6），报告质量仍有较大的提升空间。

由图7可以看出，食品行业企业社会责任报告在实质性、可信性、可读性、可比性和创新性、完整性六个维度方面，与中国企业报告平均得分率基本一致。但在创新性、可比性方面，略低于中国企业报告平均得分率。食品行业创新性为 36.92%（中国企业报告 37.30%）；可比性方面，食品行业为 43.96%（中国企业报告 44.55%），这表明食品行业企业已经充分意识到把社会责任报告作为与外界沟通的有力工具，报告信息披露的全面性有了很大的提升。

从利益相关方得分率来看，食品行业企业对客户以及员工的关注与

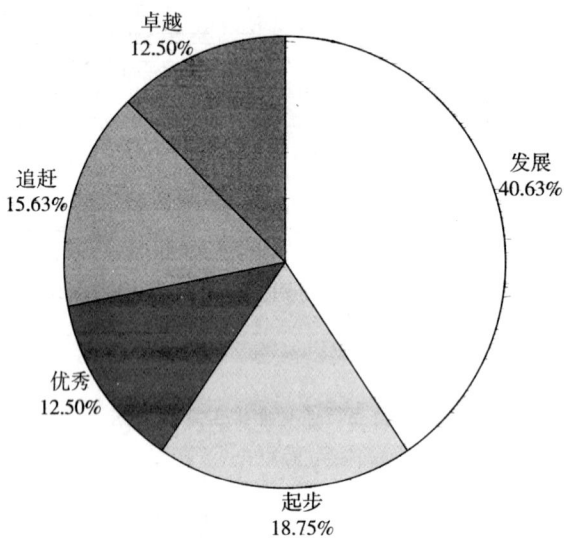

图6 食品行业企业报告质量分级

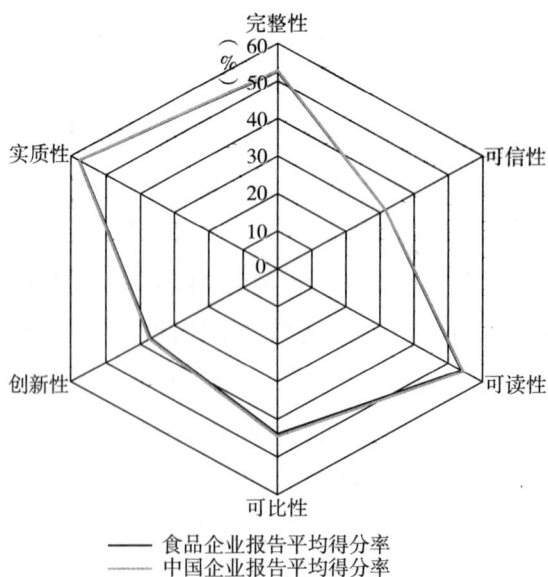

图7 食品行业企业社会责任报告整体质量

中国企业基本一致。同时，食品行业企业对环境和供应商的关注度明显高于中国企业，说明食品行业企业报告中对环境及供应商这两个利益相关方披露的信息相对较多，环境及供应商是食品行业非常重要的利益相关方（见图8）。

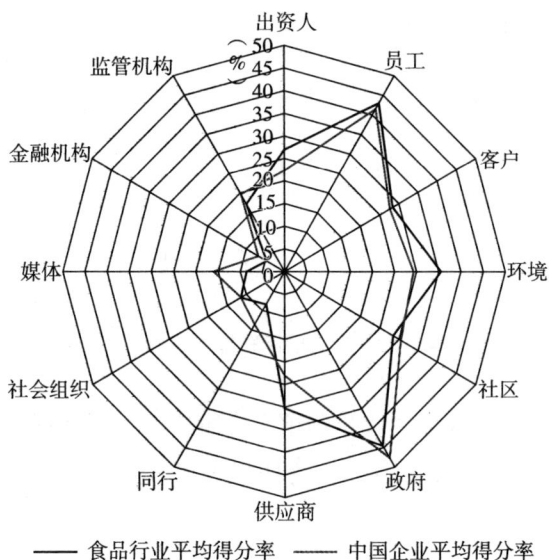

图8　食品行业企业社会责任报告利益相关方得分率

（二）具体分析

1. 结构完整性

食品行业企业社会责任报告完整性略低于中国企业社会责任报告平均水平，平均得分率为52.56%，其中食品行业企业在实践内容和公司概况方面披露较多，指标覆盖率达95.53%和77.14%（见图9），大部分企业在披露实践内容时涵盖了经济责任、环境责任、社会责任信息。

2. 报告可信性

食品行业企业社会责任报告可信性得分率为31.54%，与中国企业平均水平的31.58%相近。其中表述客观性和利益相关方评价两项指标的覆盖率最高，分别为63.81%和59.12%，但是在表述的客观性中，负面信息的披

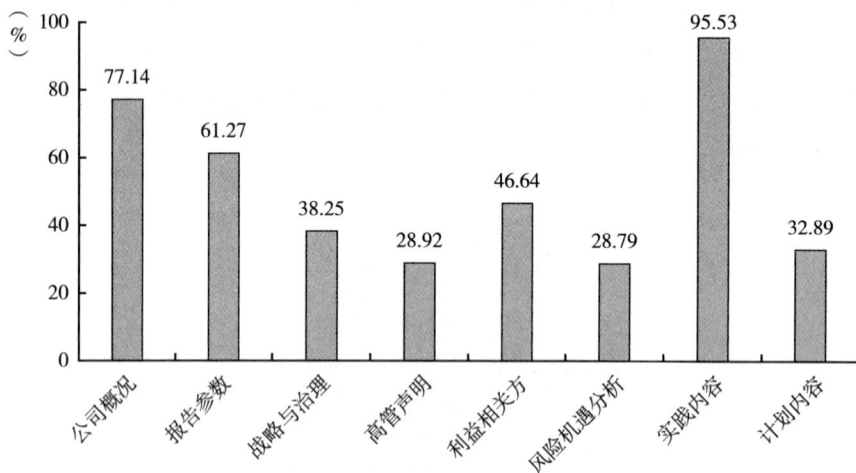

图9　食品行业企业报告完整性各指标覆盖率

露占比为25.56%，CSR 专家评价和第三方审验覆盖率最低，分别为3.32%和5.87%，说明食品行业企业社会责任报告可信性方面仍然有较大的提升空间（见图10）。

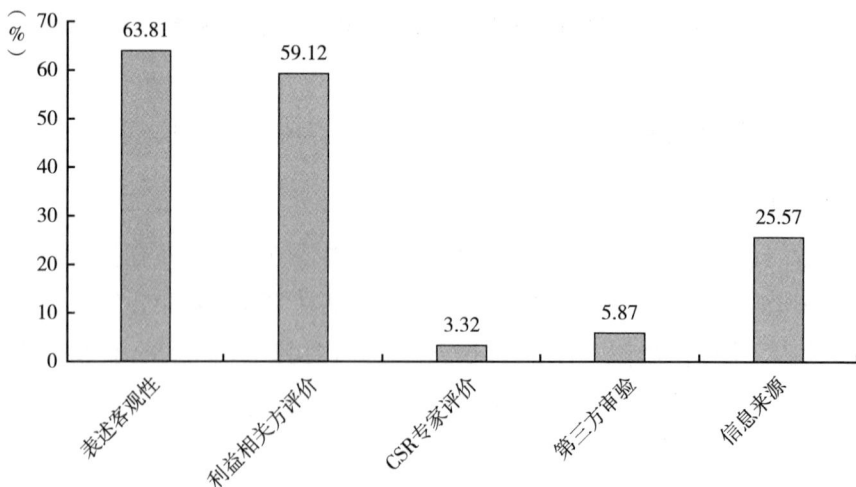

图10　食品行业企业报告可信性指标覆盖率

3. 报告可读性

食品行业企业社会责任报告可读性平均得分率为 54.01%，略低于中国企业平均水平的 54.41%，在报告版式、信息饱和度方面的覆盖率较高，说明食品行业企业相对重视报告版式设计和报告篇幅，但在信息清晰定位以及色彩搭配上还有所欠缺（见图 11）。

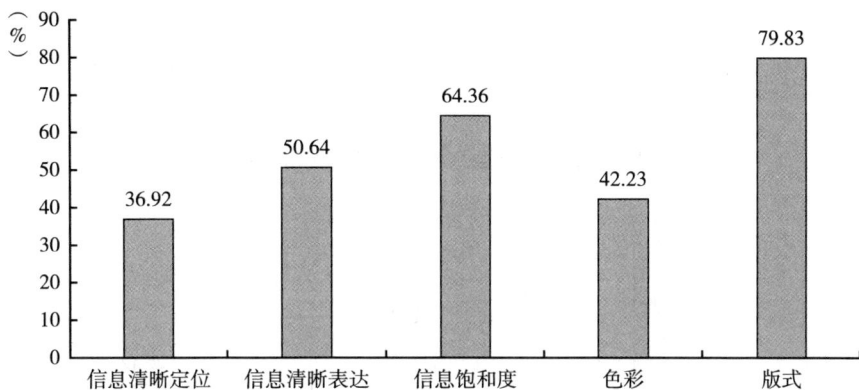

图 11　食品行业企业报告可读性指标覆盖率

4. 绩效可比性

食品行业企业社会责任报告绩效可比性平均得分率为 43.96%，低于中国企业平均水平（44.55%）。其中行业内可比性覆盖率为 52.86%（见图 12），大多数企业在报告中披露了行业内的可比绩效和跨年度绩效，但较少企业有绩效目标实现程度的描述和跨行业报告的可比绩效。

5. 报告创新性

食品行业企业社会责任报告创新性平均得分率为 36.92%，低于中国企业平均水平（37.30%）。报告在内容、结构、形式方面的创新覆盖率分别为 47.16%、32.81%、26.12%（见图 13），说明食品行业企业报告相对更加重视内容上的创新，注重与时代热点相结合，体现行业特色。

6. 报告实质性

食品行业企业社会责任报告实质性平均得分率为 57.63%，略低于中国

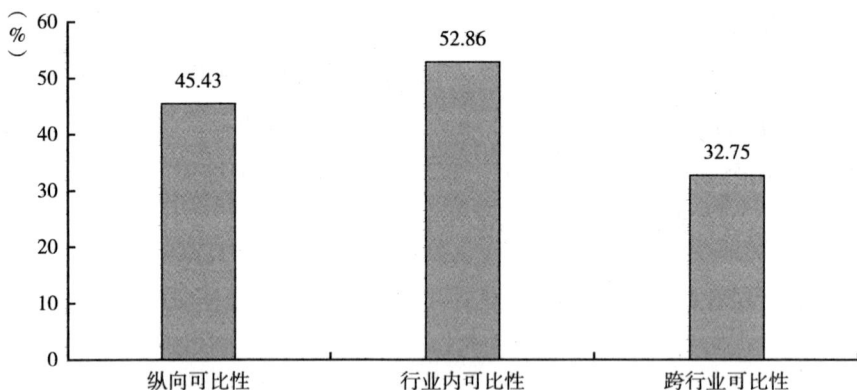

图 12　食品行业企业报告绩效可比性指标覆盖率

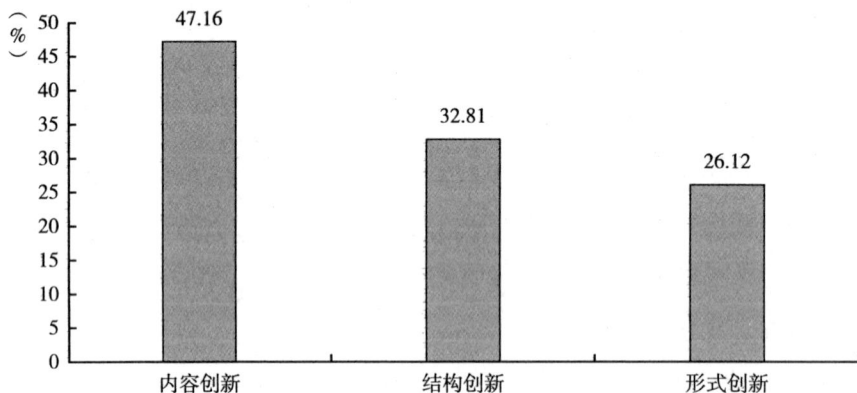

图 13　食品行业企业报告创新性指标覆盖率

企业报告平均得分率（57.67%），实质性较中国企业相对一致。从图 14 可看出食品行业能够识别利益相关方，并较好地披露与利益相关方相关的内容，但在利益相关方沟通渠道和方式、期望与要求方面的披露还有待加强。

三　2019年食品行业企业社会责任报告阶段性特征

（一）报告质量有所提升，整体处于发展阶段

食品行业企业报告的平均得分从去年的 52.74 分，提升到 55.97 分，且

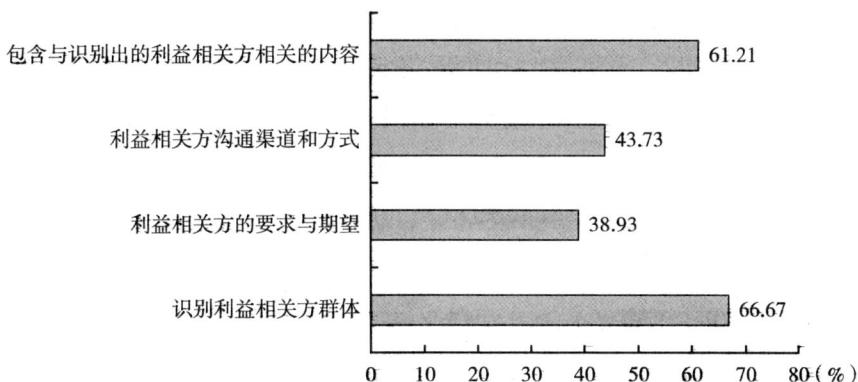

图14　食品行业企业报告实质性指标覆盖率

高于中国企业社会责任报告的平均得分（54.27分），可见食品行业企业报告的整体质量有所提升，说明在食品行业监管越来越严厉以及在对信息透明度要求高的情况下，食品行业在不断加强社会责任工作信息披露的全面性和系统性。另外，可以了解到食品行业企业报告总体上还处于发展阶段，仍有大部分企业对使用社会责任报告作为信息披露方式的认识不足，未能发挥好报告的对外及对内沟通的价值，在报告质量方面还有很大的提升空间。

（二）国有控股企业是发布报告的主力军

在食品行业企业发布的社会责任报告中，国有控股企业发布报告的数量占到总数的45.59%，为31份；其次是民营企业占比29.42%，为20份；中央企业与其他类型的企业占比最低，均为1.47%。这说明国有控股企业比较重视社会责任信息的披露，能够与利益相关方进行更好的沟通与交流，在推动食品行业企业社会责任意识提高方面发挥了表率作用。

（三）报告国际化程度有所提升

作为国民经济发展的重要支柱性行业，食品行业报告也十分重视回应联合国可持续发展目标要求，同时注重发布英文报告，披露国际运营状况，报告国际化程度有明显的提升。

《内蒙古伊利实业集团股份有限公司 2018 年社会责任报告》中披露了公司践行联合国可持续发展目标的绩效数据，同时披露了公司构建面向未来的"共享健康可持续发展（CSD）体系"，即"World Integrally Sharing Health"，简称"WISH"体系，意为"美好生活"，该体系是伊利对标、落实联合国可持续发展目标的重要体现，将所识别出来的 9 个可持续发展重点目标，融入企业可持续发展行动领域。

《雅士利国际控股有限公司 2018 环境、社会及管治报告》中披露雅士利坚守"聚焦全球最好的奶源，专注改善中国母婴营养健康状况，助力中国下一代引领世界"的使命，主动将联合国 2030 可持续目标融入自身业务，形成雅士利 2030 可持续发展方向，并在公司各层级员工中宣传可持续发展理念，致力于实现商业成功的同时为环境和社会注入更多活力，实现"成为中国妈妈和宝宝营养健康全方案的首选品牌"的愿景。

《中粮集团 2018 年社会责任报告》中披露中粮集团将在葡萄牙波尔图大区设立为旗下中粮国际提供共享服务的"卓越中心"，该"卓越中心"为中粮集团的全球粮油糖棉的交易、仓储、物流和加工业务提供统一、专业、透明和标准化的高效服务，为当地创造 400 个新的工作岗位，在服务当地经济发展的同时，也为中葡两国经贸合作树立新的典范。

（四）食品行业企业报告注重供应商和环境议题的披露

食品行业由于其供应链较长，涉及上下游多个行业领域，如农业、畜牧业、渔业、食品工业生产、包装、储运、化学原料和化学制品制造业、餐饮业等，在生产中不可避免地会对环境产生影响，可以看到食品企业在加大力度实现对这些重要利益相关方的议题披露。

《江苏洋河酒厂股份有限公司 2018 年度社会责任报告》中披露，公司倡导"绿色酿造、生态立企"的治理理念，积极打造了用风冷器代替水冷器节水示范项目，光伏发电可再生能源利用示范项目等实现节能降耗，加强过程管控减少浪费，重视末端治理消除污染，实现源头预防及资源节约，通过高效投入确保公司绿色运行。

《周黑鸭国际控股有限公司 2018 年环境、社会及管治报告》中披露，2018 年 6 月周黑鸭上线了企业管理解决方案（SAP）和供应链关系系统协同平台（SRM），SAP 涉及采购业务流程 27 个，打造了集灵活、透明、高效为一体的供应链体系，实现了多层次跨区域供应商协同，持续提升了供应链的质量及效率。

《飞鹤乳业 1962～2018 可持续发展报告》中披露，飞鹤发挥"农牧工"三位一体的产业集群效应，"从规模化种植到科学化种植""从集约化养殖到'以牛为本'精细化养殖""从资源提供商到可持续乳业建设者""从产品销售商到良好市场环境贡献者"四大方面积极采取多种举措，为价值链伙伴赋能，提升乳业核心竞争力。在环境方面，飞鹤从建设第一座工厂开始，就将绿色环保理念融入工厂规划设计、建设、运营全过程，注重运营过程中的生物多样性保护，全面推行绿色生产方式，努力为消费者提供更低碳的产品和服务。

（五）及时呼应国家政策，注重对热点事件的披露

食品企业社会责任报告在响应国家战略、回应热点事件方面的行动披露比较完善。

《广东温氏食品集团股份有限公司 2018 年度社会责任报告》中披露打造精准扶贫的温氏模式：从造血式扶贫迭代乡村振兴，温氏依托产业优势，通过"公司＋农户（或家庭农场）"的温氏模式，与贫困户建立紧密合作的利益联结机制，为广大农户提供一站式养殖业发展支持服务体系，着眼于让贫困人口提高专业技能，帮助合作农户向新型农民蜕变，从而拥有可持续发展能力。

《牧原食品股份有限公司 2018 年社会责任报告》中把全力防治非洲猪瘟设为专题，讲述 2018 年面对中国多地出现非洲猪瘟疫情，对行业发展造成巨大影响的情况下，牧原高度重视非洲猪瘟的防控工作，建立了覆盖全生产链的生物安全体系，从制度建设、风险预警、现场管理、内部培训等多方面发力，确保猪群健康。

四　食品行业企业社会责任报告建议

（一）提高社会责任意识，积极发布企业社会责任报告

数据统计显示①，2018 年，食品工业规模以上企业占全国工业 5.7% 的资产，40793 家规模以上食品工业企业实现主营业务收入 8.1 万亿元，同比增长 5.3%，与食品行业企业数量相比，发布社会责任报告的企业微乎其微。食品行业作为关乎国计民生的重要产业，应更加重视企业社会责任信息的披露，把发布社会责任报告作为企业实践信息披露的重要载体。另外，政府和监管机构对社会责任信息披露的要求也在不断增强，作为与人民群众身体健康和生命安全相关的食品企业应更加重视与外界的沟通与交流，不断提升企业履行社会责任的意识和能力，积极主动披露社会责任目标、实践的计划及绩效信息等多方面的信息。

（二）增加 CSR 专家评价、信息来源等内容，增强报告的可信性

食品企业日常运营中涉及的利益相关方十分广泛，尤其食品企业在食品安全方面暴露出来的负面事件已经屡见不鲜，为更好地树立起食品企业的形象，增强报告内容的客观可信性，使政府、监管机构、消费者、媒体、供应商等各利益相关方对企业的整体情况作出更加准确的判断和评价，促进企业在利益相关方中树立坦诚客观的形象。因此，食品企业需要积极地采取措施增强报告的可信性，如在报告中注重披露重要数据和注明关键信息的出处及来源、邀请社会责任专家对报告进行评价，并结合自身情况等开展报告审验工作等。同时，企业应积极地面对负面事件给企业带来的影响，避免只讲好事，需要把负面事件发生的原因、企业采取的举措等信息

---

① 数据来源：工业和信息化部消费品工业司组织、中国食品科学技术学会等 21 家单位共同编写的《食品工业发展报告（2018 年度）》。

进行披露，展示企业以负责任的态度去正视与解决问题，赢得利益相关方的理解和支持。

（三）增强报告的实质性议题披露

人民日益增长的对美好生活的需要对加强食品安全工作提出了更高的要求，食品安全也被摆在了国家战略层面的高度。食品企业应更加注重食品安全信息系统性的披露，如食品安全管理体系的披露、食品全过程管控情况、食品生产环境、食品储存与运输、食品包装材料方面的信息披露等。通过及时披露利益相关方关注的重要议题，并积极与利益相关方进行充分的沟通与交流，提高报告实质性信息的披露水平，更好地提升公司的社会责任管理水平。

（四）增强报告的可比性，提升企业信息披露水平

食品行业企业社会责任报告绩效可比性低于中国企业平均水平。大多数食品行业企业在报告中未披露绩效目标实现程度和跨行业报告的可比绩效。建议食品行业企业应注重对绩效目标实现程度的描述，以及在榜单排名、跨行业排名等方面信息的披露，帮助企业更好地了解自身在履责实践过程中的成效，清晰地定位企业的履责水平，同时，也便于利益相关方更加全面地了解企业的努力和成绩。

专题报告

Special Reports

B.15

金蜜蜂中国企业性别平等
信息披露研究报告

李 梦 管竹笋

摘 要： 本报告依据联合国妇女署与联合国全球契约办公室共同发起
的"赋权予妇女原则——性别平等带来经济发展"行动倡
议，对收集到的1598份中国企业2019年发布的企业社会责
任报告进行评估和分析，并提出针对性建议。研究发现，中
国企业报告中对性别平等相关信息披露的整体水平较低，并
呈现以下特征：采掘业、批发和零售贸易业企业更重视性别
平等议题披露，企业政策支持性别平等信息披露充分，报告
非常重视员工健康、安全的信息披露。但是，企业普遍在促
进供应链性别平等方面披露不足，关于性骚扰等敏感话题披
露保守，企业开展女性公益项目的披露有待加强。

关键词： 性别平等　赋权予女性　健康保障

中国是世界上人口最多的发展中国家，女性约占 14 亿总人口的一半。促进性别平等和妇女全面发展，不仅对中国的发展有着重要意义，而且对实现联合国可持续发展目标有着特殊影响。麦肯锡全球研究所的报告显示，如果中国女性像男性一样参加到经济活动中来，提高女性劳动力参与率、增加妇女的有偿工作时间、将妇女向生产率更高的部门转移，中国将获得约合 2.6 万亿美元的 GDP 绝对增量。近年来，中国在推动性别平等方面取得了长足的进步。政府将包括性别平等在内的公平正义作为构建社会主义和谐社会的重要内容，努力保障妇女在各个方面享有与男子平等的权利，不断促进妇女的全面发展。[①]

企业作为参与社会实践的重要主体，对促进社会性别平等发挥着不可替代的作用。国家统计局对妇女发展状况的监测显示，到 2017 年末，全国女性就业人员占全社会就业人员的比重为 43.5%；公有制企事业单位中女性专业技术人员为 1529.7 万人，比 2010 年增加 260.3 万人，所占比重为 48.6%，提高了 3.5 个百分点。[②] 由此可见，在政策的引领下，各行各业不断提高性别平等意识，并且在企业内部积极推动性别平等，这成为提高女性经济社会地位与增强企业管理的双赢发展战略。性别平等已逐渐成为企业履行社会责任，促进可持续发展的重要内容，也成为企业社会责任报告披露的重要议题之一。

一　中国企业性别平等信息披露概况

女性在企业发展中发挥着举足轻重的作用，她们在企业的生产、运营、服务等过程中扮演着重要的角色。为了解中国企业性别平等议题的履行情况，本报告依据联合国妇女署与联合国全球契约办公室共同发起的"赋权

---

① McKinsey Global Institute，The Power of Parity：Advancing Women's Equality in Asia Pacific。
② 国家统计局《中国妇女发展纲要（2011～2020 年)》。

予妇女原则——性别平等带来经济发展"行动倡议（以下简称"原则"），对中国企业社会责任报告进行评估。七项原则包括：企业领导者促进性别平等；机会平等、包容和非歧视；健康、安全和不受暴力侵害；教育和培训；企业发展、供应链和营销方式；企业的社区领导力和社区参与；透明度、评估和报告。评估方法共设置了涵盖七项原则在内的12项二级评估指标，具体内容见表1。

表1 赋权予妇女七项原则指标

序号	一级指标	二级指标
1	企业领导者促进性别平等	企业政策支持
2	机会平等、包容和非歧视	同工同酬原则
		招聘中注意性别差异
		女性占比最低数值
		妇女生育、员工抚育子女关爱
3	健康、安全和不受暴力侵害	员工健康保障
		防暴力、性骚扰政策
4	教育和培训	平等的培训机会
		企业促进赋权妇女的案例
5	企业发展、供应链和营销方式	带动伙伴推动性别平等
6	企业的社区领导力和社区参与	推动性别平等的公益项目
7	透明度、评估和报告	公开性别平等的政策和计划

截至2019年10月31日，我们共收集到1598份中国企业2019年发布的企业社会责任报告（含可持续发展报告）。通过评估和分析，发现89.70%的企业在报告中披露了性别平等相关内容，但指标平均覆盖率仅为24.49%。

二 中国企业性别平等信息披露分析

（一）报告总体情况

2019年，中国企业报告中"赋权予女性原则"的平均覆盖率为24.49%，性别平等信息披露的整体水平较低。其中，企业领导者促进性别平等，健康、安全和不受暴力侵害两项原则的覆盖率高于平均水平，企业发展、供应链和营销方式的覆盖率最低，仅为 1.56%。根据行业特征进行比较研究，我们发现批发和零售贸易业对七项原则的信息披露程度最高，有 79.41% 的批发和零售贸易业企业将性别平等纳入企业政策，企业高层予以支持。

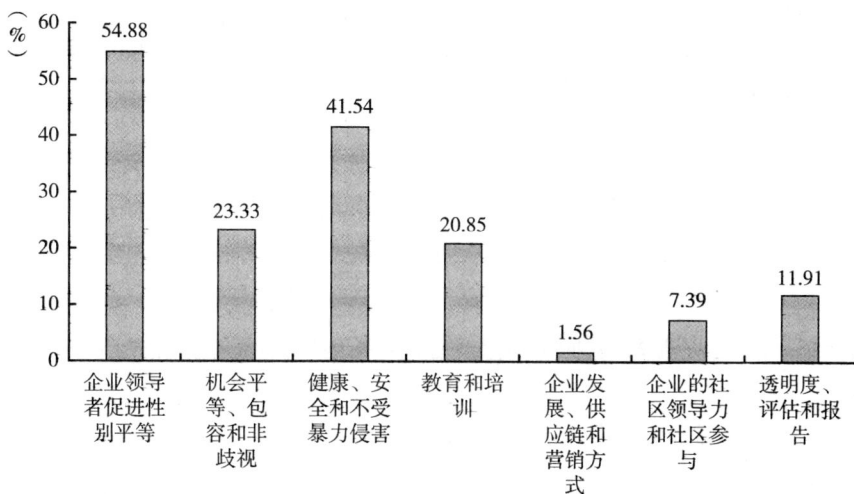

图1 赋权予女性七项原则整体覆盖率情况

（二）具体分析

1. 企业领导者促进性别平等

企业领导者促进性别平等原则的整体覆盖率为 54.88%，说明有超过半数的中国企业注重在报告中披露企业对于性别平等的政策支持。其中，采掘业、制造业、建筑业、交通运输仓储业、信息技术业、房地产业、批发和零售贸易业、社会服务业对该原则的指标覆盖率高于整体覆盖率，可以看出行业之间在领导者促进性别平等原则的披露方面呈现显著的差异。

2. 机会平等、包容和非歧视

机会平等、包容和非歧视原则的整体覆盖率为 23.33%，采掘业企业整

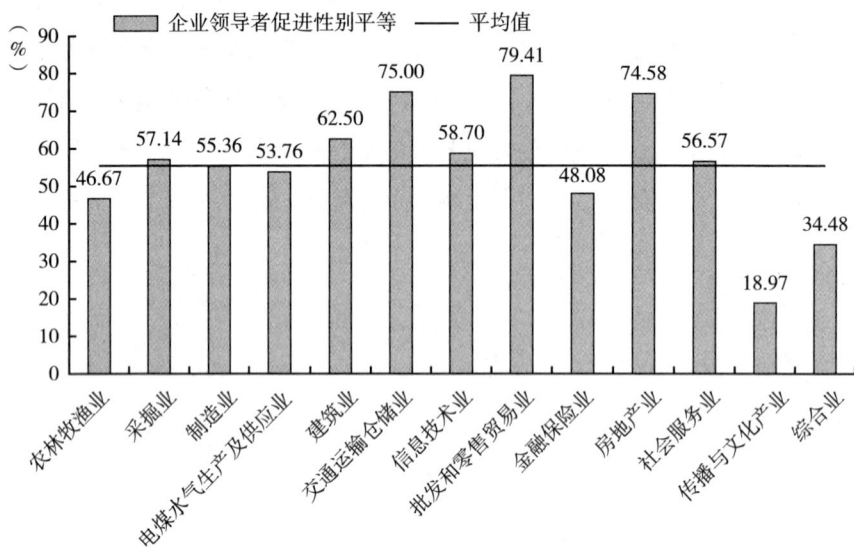

图2 企业领导者促进性别平等原则指标覆盖率

体表现较好。该原则评估从同工同酬原则、招聘中注重性别差距、女性占比最低数值和妇女生育、员工抚育子女关爱四个维度展开。其中,招聘中注意性别差异指标的覆盖率最高,为36.20%,房地产业最注重披露该项指标,表明房地产企业在招聘中比较注意性别差异。女性占比最低数值指标的覆盖率为1.67%,这在一定程度上反映了中国企业对于女性最低人数比例要求的现状。

3. 健康、安全和不受暴力侵害

健康、安全和不受暴力侵害原则的平均覆盖率为41.54%,批发和零售贸易业对该原则的指标覆盖率最高。两个二级指标中,员工健康保障的平均覆盖率为80.99%,明显高于防暴力、性骚扰政策2.22%的覆盖率,说明中国企业更为重视对员工健康保障的披露,对防暴力、性骚扰方面制度及政策的信息披露亟待提升。

4. 教育和培训

教育和培训原则的平均覆盖率为20.85%,采掘业企业在该方面整体表现良

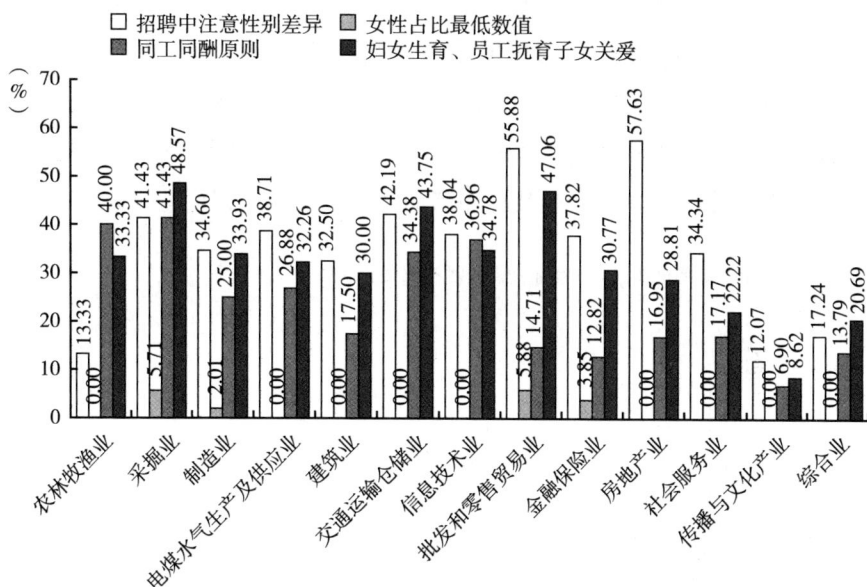

图3　机会平等、包容和非歧视原则二级指标覆盖率

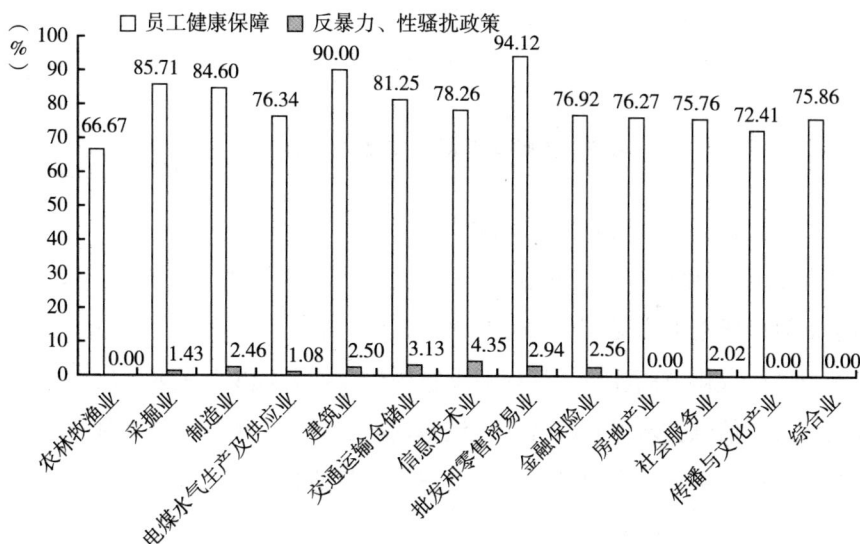

图4　健康、安全和不受暴力侵害原则二级指标覆盖率

好。两个二级指标中，男女员工平等的培训机会指标覆盖率为32.70%，企业披露促进赋权妇女的案例指标覆盖率较低，仅为9.07%。由此可见，中国企业社会责任报告在披露保障女性员工平等参与职业技能培训方面表现良好，而关于性别平等政策所产生的实际可量化的影响方面披露不足，交通运输仓储业企业在女性员工接受教育和培训方面的信息披露更为普遍。

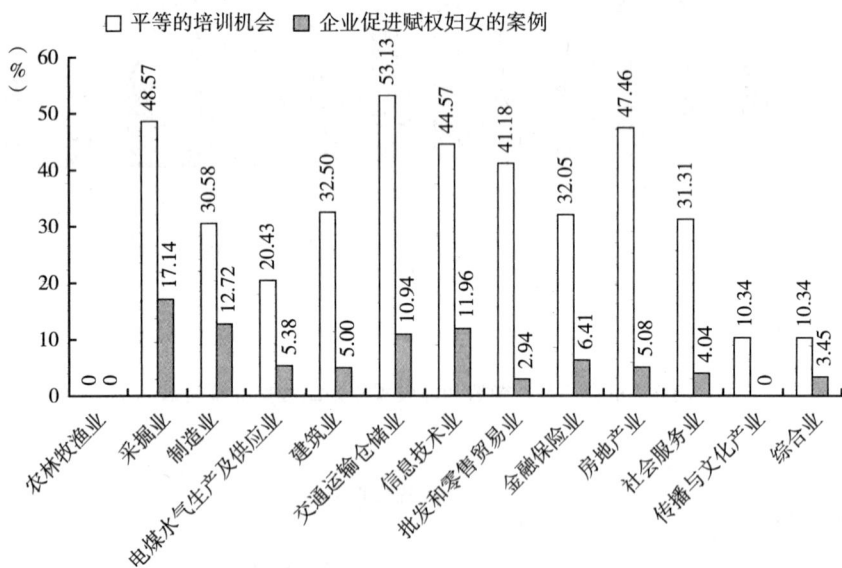

图5　教育和培训原则二级指标覆盖率

5. 企业发展、供应链和营销方式

在2019年中国企业发布的1598份社会责任报告中，仅有25家企业披露了对供应链及相关企业有保护女性员工权益方面的要求，占比1.56%，明确披露要求供应商注重女性权益保护的企业数量较少。披露此项内容的企业大多来自信息技术业和综合业，说明在披露对供应商的保护女性员工权益的要求方面，信息技术业和综合业表现优于其他行业。

6. 企业的社区领导力和社区参与

该项指标的整体覆盖率为7.39%，远低于中国企业关于性别平等信息披露的平均覆盖率24.49%，采掘业企业披露"推进性别平等的公益项目"

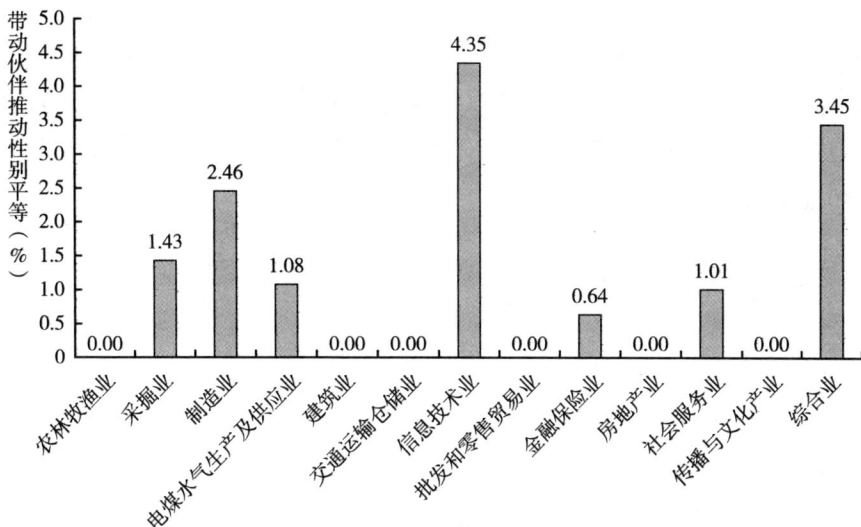

图6　企业发展、供应链和营销方式原则覆盖率

11 家，占比 14.29%，表现最佳。整体来看，中国企业社会责任报告中对企业开展女性公益项目方面的议题重视不够，披露程度亟待提升。

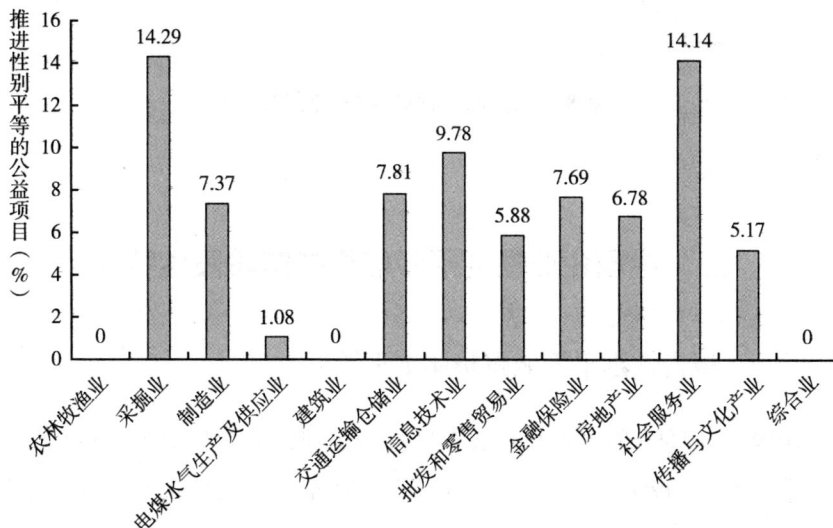

图7　企业的社区领导力和社区参与原则覆盖率

7. 透明度、评估和报告

透明度、评估和报告原则的平均覆盖率为 11.91%，处于较低水平，而批发和零售贸易业对该原则的覆盖率远高于平均水平，为 44.12%。可见，其他企业亟待提升在报告中公开促进性别平等的政策和计划，并对外呈现相应的量化标准。

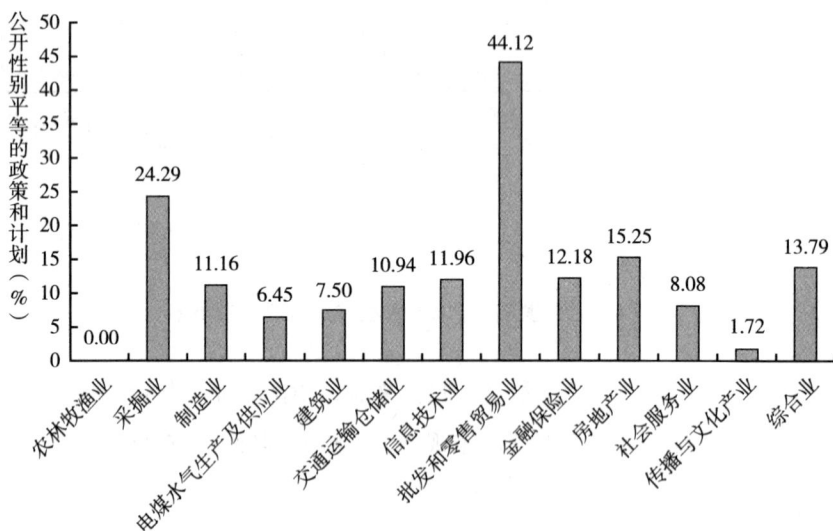

图8 透明度、评估和报告原则覆盖率

三 中国企业性别平等信息披露阶段性特征

（一）报告性别平等披露整体水平较低

2019 年，1598 家企业在社会责任报告中披露关于性别平等信息的平均覆盖率仅为 24.49%。160 家企业的社会责任报告没有体现性别平等相关议题。样本中，覆盖率最高的指标是报告中披露为所有员工提供健康保险的内容，覆盖率为 80.86%；披露企业带动伙伴推动性别平等指标的覆盖率最低，为1.56%。整体来看，中国企业关于性别平等信息的披露较少，覆盖率较低，亟待提升披露的广度和深度。

（二）批发和零售贸易企业更重视性别平等议题披露

研究发现，不同行业间的性别平等议题披露程度差距较大，批发和零售贸易企业更重视性别平等议题披露，在超过半数的二级指标中表现突出，对性别平等内容的披露也更丰富。据了解，我国女性董事比例最高的行业为批发和零售贸易业，企业中女性管理者的比例可能会影响企业有关性别平等议题的披露。

（三）企业政策支持性别平等信息披露充分

企业领导者促进性别平等原则在报告中披露情况最好，覆盖率为54.88%。其中，877家企业在报告中披露将性别平等纳入企业政策；376家企业在相关政策中提到同工同酬原则，577家企业表明在招聘中会注意性别差异。可见，多数企业通过制定企业政策，计划参与推动性别平等工作。

（四）报告重视员工健康、安全的信息披露

健康、安全和不受暴力侵害原则在报告中披露情况较好，覆盖率为41.54%。1292家企业在报告中披露为所有员工提供健康保险，例如社保等，覆盖率达80.86%，这在所有关于妇女权益保护的指标中得分最高，说明企业普遍能够遵守国家法律法规，为女性员工提供基本的健康安全保障。

（五）促进供应链性别平等信息披露不足

有25家企业披露了对供应链及相关企业有保护女性员工权益方面的要求，占比1.56%。评估发现，企业会建立供应商考评及筛选机制，但是在报告中一般只是提到"要求供应商尊重和保障人权"，未深入要求供应商对女性权益保护的层面。作为与上下游供应商联系密切的企业，社会责任报告中关于供应链妇女权益保护信息的披露不足。

（六）企业关于性骚扰等敏感话题披露保守

2012 年，国务院发布的《女职工劳动保护特别规定》第 11 条规定，"在劳动场所，用人单位应当预防和制止对女职工的性骚扰"。评估的报告中，提到"制定了有关性骚扰的政策"的企业仅有 36 家。这说明企业在对保障女性员工权利的信息进行披露时，一些像"性骚扰"之类的敏感话题鲜有披露，企业社会责任报告中关于防止暴力、性骚扰等敏感话题的披露较保守。

（七）企业开展女性公益项目的披露有待加强

企业的社区领导力和社区参与原则的整体覆盖率为 7.39%，在一级指标披露的排名中相对靠后，这在一定程度上说明企业对妇女权益保护相关项目的披露较少。多数企业尚未充分认识到，在报告中披露企业社区领导力和社区参与实践活动，也是非常重要的宣传手段。

四　中国企业性别平等信息披露建议

性别平等问题是考量企业可持续发展能力的一个重要指标，但是，整体上中国企业性别平等实践处于"起步阶段"，鲜有企业针对这一全球性挑战做出回应。为此，在世界经济、社会一体化的新时代，企业应该意识到性别平等的重要性及其对企业业绩和生产力的积极影响，并采取相关措施，增强对性别平等议题的披露，成为有责任、有担当的可持续发展企业。具体建议如下。

（一）关注国际社会以及企业在性别平等方面的趋势，对标行业先进企业报告，扩大性别平等披露范围

中国企业对性别平等的信息披露水平整体偏低，女性已经成为企业的主力军，将性别平等纳入企业发展主流的趋势势不可挡，因此建议企业充分考虑这一利益相关方的诉求，学习先锋企业报告对此议题的披露方法，强化披

露性别平等相关的政策、计划，回应女性利益相关方关注的机会平等、非歧视等议题的诉求。

（二）重视防性骚扰等敏感话题，加深具体议题披露

目前，"平等雇佣""员工健康保障"等相关内容是多数中国企业在报告中披露的主要议题，但对"性骚扰""女性在员工中的最低占比"等敏感但又十分重要的议题披露偏少，建议企业深化细分议题，公开披露企业的实践经验，与内外部利益相关方形成良好的沟通渠道，增强企业对性别平等的认知，构建有利于推动性别平等信息披露的良好环境。

（三）加强女性公益项目的披露，提升公众认知度和企业透明度

在各行各业中，有不少的优秀企业通过一系列的公益活动或项目与女性利益相关方沟通，消除女性发展障碍，为女性赋能。建议企业加强披露在社区开展的女性相关活动，增强公众认同度，同时通过宣传提升企业透明度，将女性权益保护的公益活动开展、宣传、披露作为未来中国企业社会责任报告提升的重要方面。

（四）注重披露企业在供应链中促进性别平等的信息

处理好供应链系统中的性别问题也是企业发挥创新优势，激发多元活力，实现可持续发展的路径之一。建议企业在报告中披露要求业务伙伴和同行努力推动性别平等和包容性、维护女性在产业链的尊严、不被劳动剥削和性骚扰、防止暴力发生等信息，带动供应链上下游企业重视性别平等等议题，消除性别鸿沟，树立良好的责任形象。

参考文献

张娜、关忠良：《我国女性董事现状分析与政策建议》，《中华女子学院学报》2010年第5期。

B.16
金蜜蜂中国企业儿童权利信息披露研究报告

张泽帝　管竹笋

摘　要：　本报告依据联合国儿童基金会、联合国全球契约组织和救助儿童会制定的《儿童权利与企业原则》，以及联合国儿童基金会发布的《可持续性报告中的儿童权利》，对收集到的 1598 份全行业企业 2019 年发布的企业社会责任相关报告，对照八项披露指标进行评估和分析，并提出针对性建议。研究发现，中国各行业企业报告中对儿童权利信息披露的平均水平较低，并呈现以下特征：多数企业披露了儿童权利相关信息、儿童权利信息披露全面性有待提升、使用尊重和支持儿童权利的营销方式的信息披露有缺失、绝大多数企业尚未披露通过安全产品服务支持儿童权利的信息。

关键词：　儿童　《儿童权利与企业原则》　企业报告　披露指标

儿童占世界人口的近 1/3，他们是企业未来的成员，也是现在员工的家人，同时也是消费者，因此，儿童是企业重要的利益相关方。然而由于缺乏公共话语权，他们又是社会中最边缘化和脆弱的社会群体之一，所有的企业都有责任保护、尊重并支持他们的权利。

保护儿童权利是企业社会责任的一项重要议题，也是企业应该披露的重要信息。但是联合国儿童基金会的一项儿童权利报告研究表明："除少数例外情况，对儿童权利相关问题的报告和披露显著滞后。"[1] 多数企业报告对于儿童权利的认识仍处于初期阶段，且其被纳入社会和人权评估框架的分量也较低。此外，报告中所关注的被纳入企业政策和制度的儿童权利通常局限于童工问题，往往忽略了企业对儿童权利的影响会延伸到其他更广泛的层面。

2012 年，为帮助企业理解儿童权利保护各项内容并将其纳入生产经营活动，联合国儿童基金会、联合国全球契约和救助儿童会共同制定了《儿童权利与企业原则》，为企业提供了一个检查自身运营与儿童权利交叉点的基本框架。[2] 2013 年，结合全球报告倡议组织《可持续发展报告指南》，联合国儿童基金会发布了《可持续性报告中的儿童权利》，指导企业更好地披露儿童权利相关信息，加强与利益相关方的沟通。2016 年 12 月，在第九届中国企业社会责任报告国际研讨会上，联合国儿童基金会发布了《可持续性报告中的儿童权利》中文版，更多的中国企业知道了需要披露儿童权利的信息。

企业践行尊重和支持儿童的理念不仅能够推动企业现有的可持续发展，同时还可以保障企业的利益。一方面可以帮助企业完善风险管理，在社会中形成良好声誉，招募到积极的员工，促进人才的培养的延续；另一方面也为企业提供了创新来源，能够开拓新的市场。因此企业将保护儿童权利纳入企业运营中就显得十分重要。

一　研究概况

在 2018 年的基础上，为了更全面地评估企业将儿童识别为利益相关方的程度，以及企业尊重与支持儿童权利的状况，2019 年，金蜜蜂继续将儿

---

[1] 《儿童权利可持续性报告》，《联合国儿童基金会》。
[2] 《儿童权利与企业行为》，《WTO 经济导刊》2016 年 5 月。

童权利纳入报告评估体系中，并将研究对象拓展至全行业领域：农林牧渔业、采掘业、制造业、汽车业、电煤水气生产及供应业、建筑业、交通运输仓储业、信息技术业、批发和零售贸易业、金融保险业、房地产业、社会服务业、传播与文化产业、综合业、非企业组织。

评估依据《儿童权利与企业原则》的综合框架共设置 8 项相关指标，分别为企业战略或制度中承诺保护儿童权利、企业童工状况、保护父母工作者、为青年工作者提供良好工作条件、生产活动中确保儿童安全、生产的产品确保儿童权利、使用尊重和支持儿童权利的营销方式，以及支持社区及政府保护和实现儿童权利。

截至 2019 年 10 月 31 日，我们收集企业发布的社会责任报告或可持续发展报告共计 1598 份。

二　企业儿童权利议题披露情况

（一）全行业披露情况

在对搜集到的 1598 份全行业报告进行评估、分析后，我们发现，有 1182 份报告披露了儿童权利相关信息，占比 74.0%。

具体看八项评估指标，以 1598 份报告为样本，披露了"企业战略或制度中承诺保护儿童权利"的报告占样本总数的 6.92%；披露了"企业童工状况"的报告为 24.32%；披露了"保护父母工作者"的为 36.25%；披露"为青年工作者提供良好工作条件"的为 47.30%；披露"生产活动中确保儿童安全"的为 2.46%；披露"生产的产品确保儿童权利"的为 1.91%、披露"使用尊重和支持儿童权利的营销方式"的为 1.51%；披露"支持社区及政府保护和实现儿童权利"的为 35.69%。

从整体看报告对于八项评估指标的覆盖程度，我们发现仅有 123 份报告披露的信息覆盖半数以上指标，占所有报告比重的 7.70%。而在这些覆盖半数以上指标的报告中，制造业、金融保险业、社会服务业分别占比 37%、

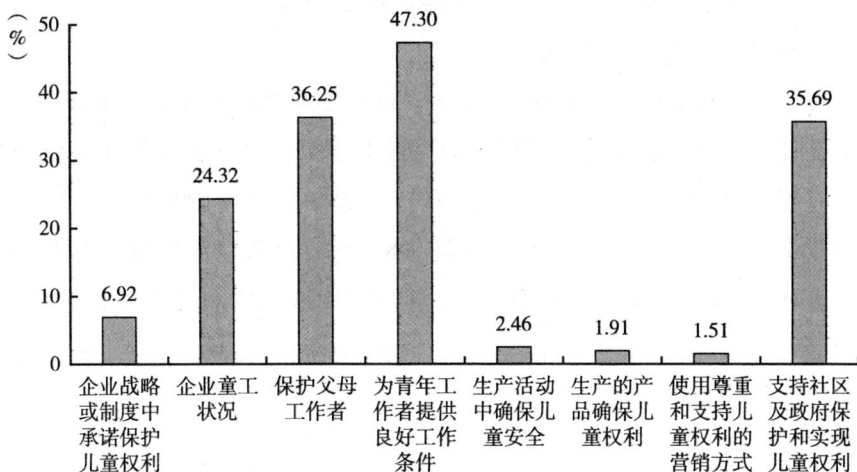

图1 儿童权利信息披露整体情况

12%、11%。农林牧渔业及批发和零售贸易业有关儿童权利信息披露覆盖指标均在半数以下。

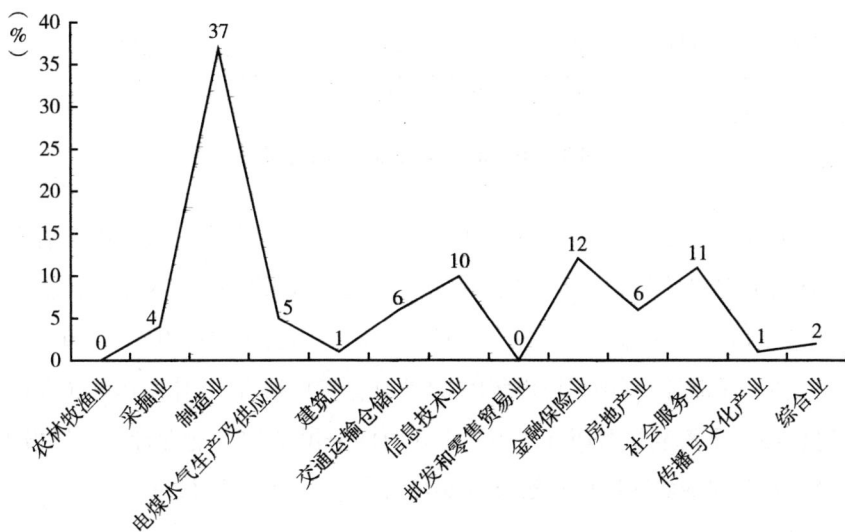

图2 信息披露覆盖半数以上指标的企业行业分布

由此可见，大部分企业报告，尤其是制造业之外的其他行业在儿童权利方面披露的信息少，覆盖面小。

但是值得关注的是，1598 份报告中也有企业保持着很高的披露水平，企业在儿童权利信息披露方面得分最高的五份报告分别为《华润双鹤药业股份有限公司 2018 年企业社会责任报告》，指标覆盖率 100.0%；《2018 吉利控股集团社会责任报告》，指标覆盖率 87.5%；《安徽民航机场集团 2018 社会责任报告》，指标覆盖率 87.5%；《首都机场 2018 社会责任报告》，指标覆盖率 87.5%；以及《中国枫叶教育集团有限公司 2018 环境、社会、管治报告》，指标覆盖率 87.5%。

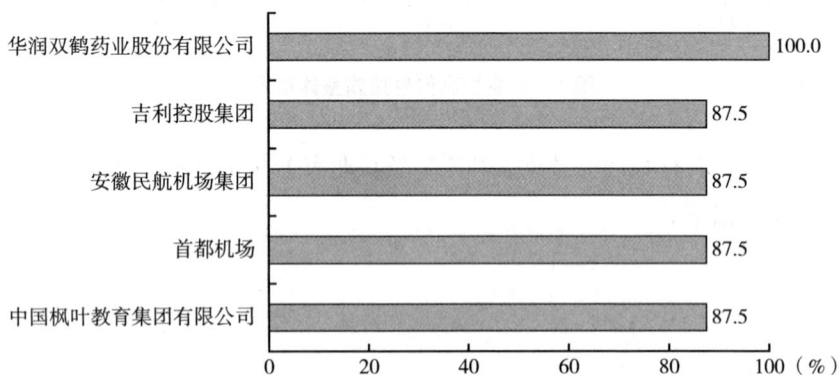

图3　排名前五名公司指标覆盖率

其余披露的信息覆盖75%以上指标的企业报告为：《华为投资控股有限公司 2018 年可持续发展报告》《鸿海精密工业股份有限公司 2018 企业社会责任报告书》《富士胶片（中国）投资有限公司 2018 可持续发展报告》《海南航空 2018 社会责任报告》《阿里巴巴集团 2018 社会责任报告》《中芯国际企业社会责任报告》《上海复星医药（集团）股份有限公司 2018 年企业社会责任报告》《内蒙古伊利实业集团股份有限公司 2018 年年度社会责任报告》。

（二）指标行业对比情况

具体各项指标在各行业的信息披露情况及对比结果如下。

第一，是否在企业战略或制度中承诺支持儿童权利（如将儿童作为实质性主题，体现为企业行为守则或采购原则中将儿童权利与其他企业风险和影响评估进行整合）？

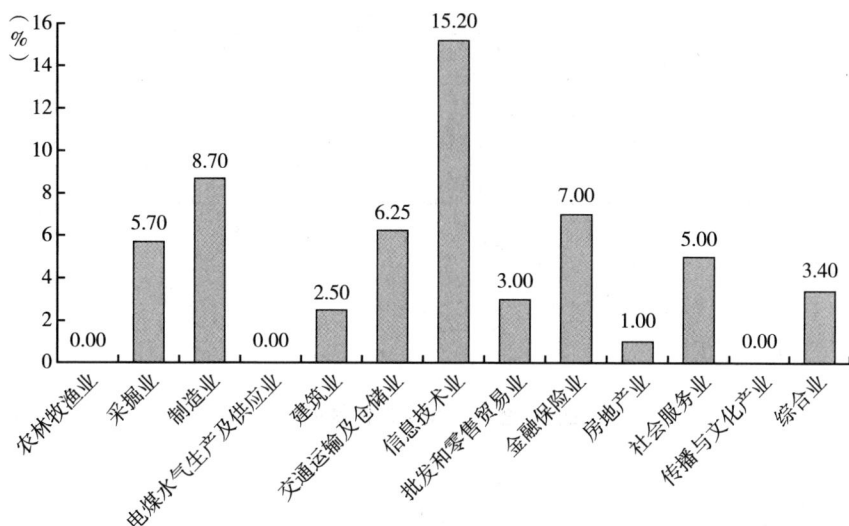

图4　各行业指标一披露情况

总体来说，几乎所有行业对该指标均披露较少，但是从比例看信息技术产业表现稍微突出，每6~7份报告中就有1份披露了该指标信息，而电煤水气生产及供应业则对该指标缺乏重视，行业所有报告中无一涉及。

第二，是否描述了企业童工的状况（如明确最低就业年龄、有核实年龄的程序、有为消除童工采取的行动等）？

各行业报告对于童工问题的信息披露优于指标一，其中房地产业尤为重视，几乎每2~3份报告中就有1份披露该指标，而传播与文化产业报告在全行业中涉及童工指标的披露有待提高。

第三，是否有保护父母工作者的政策（如女员工孕产假、男员工陪产假、灵活工作时间、设置母婴室、提供员工子女托管服务等）？

从整体看全行业报告对于该指标还是有一定关注度。其中，几乎每2份信息技术业的报告中就有1份披露该信息，而农林牧渔业则有所忽略。

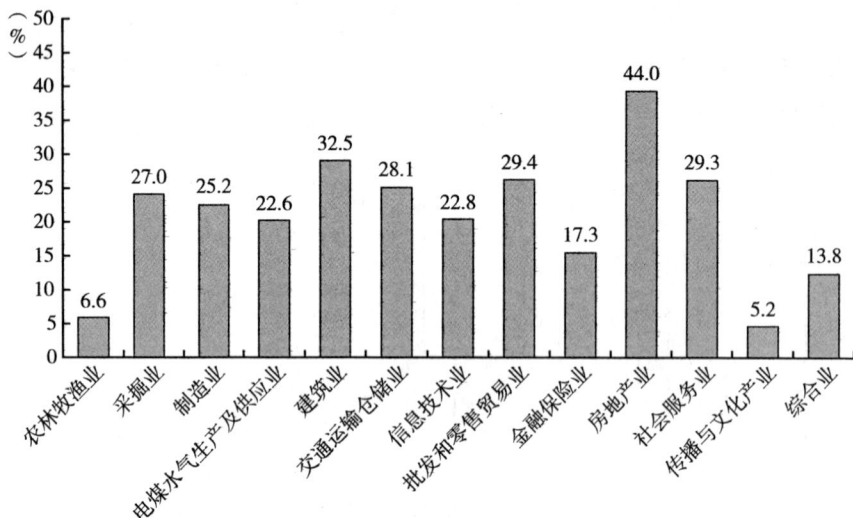

图5　各行业指标二披露情况

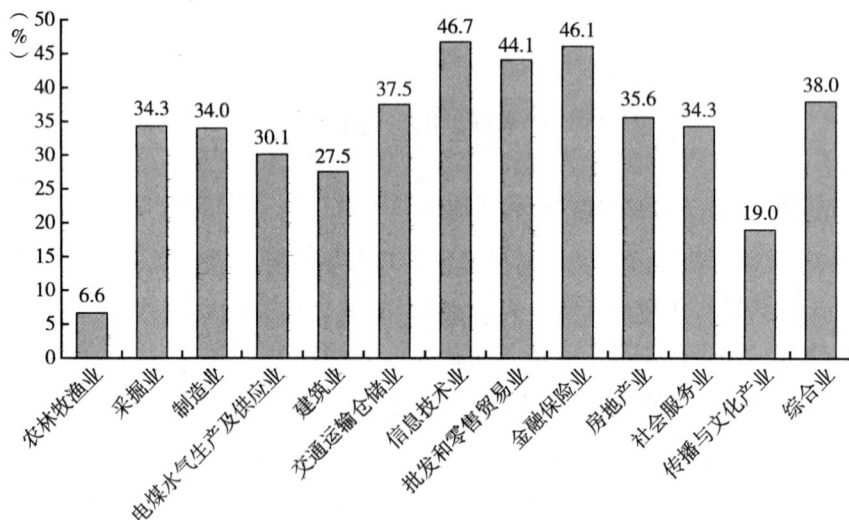

图6　各行业指标三披露情况

第四，是否有为青年工作者提供良好工作条件（如为青年工作者提供良好的工作环境、定向培养青年工作者、促进青年就业和技术提高型学徒项目等）？

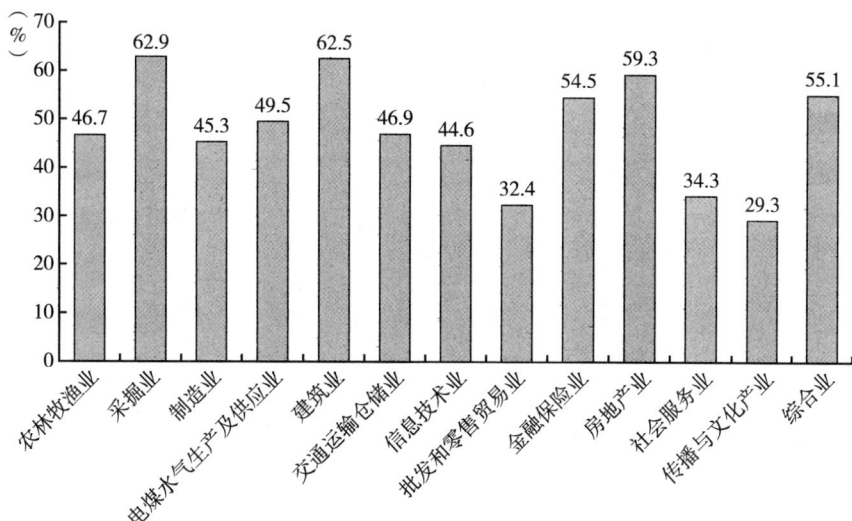

图7　各行业指标四披露情况

由图7可以看出，该指标是所有指标中最受各行业关注，且愿意披露实践结果的。尤其是采掘业，几乎每1～2份报告中就有1份披露该信息。相比之下，传播与文化产业该指标披露率最低。

第五，是否有在企业生产活动中确保儿童安全的政策或活动（如对儿童暴力、儿童剥削和儿童虐待零容忍政策，开展关于儿童安全的培训，对安保人员进行儿童权利培训等）？

报告中对于生产活动中确保儿童安全的举措及行动披露，各行业都不尽如人意，最高的交通运输仓储业也只有7.80%的披露率，特别是有几个行业对这一指标的披露为0。

第六，是否在生产的产品中确保儿童权利（如开展产品和服务的评估和监测，以识别出危害儿童健康和安全的因素；在相关产品说明书、标签和宣传中有针对儿童安全的注意事项等）？

全行业报告对于生产产品确保儿童权利的提及率均低，可能是受业务范围限制，在有相关信息披露的行业中，金融保险业的比例最低，为0.6%。

第七，是否使用尊重和支持儿童权利的营销方式和广告（如不传播与

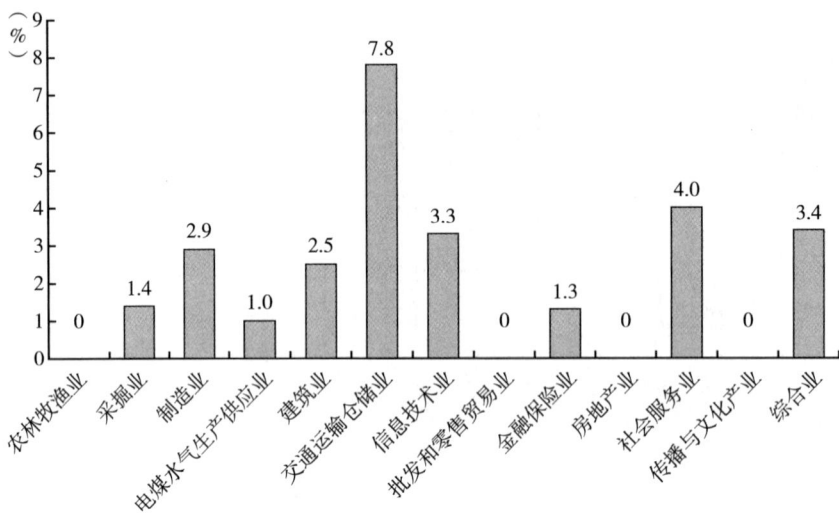

图 8 各行业指标五披露情况

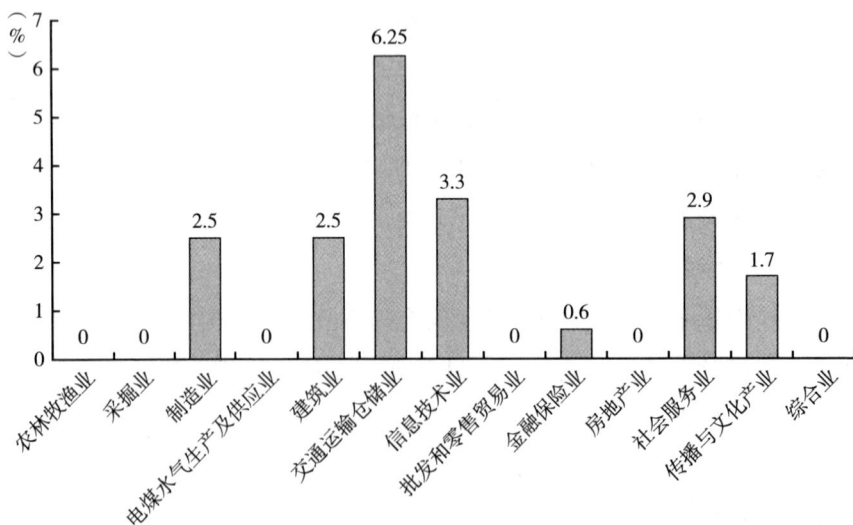

图 9 各行业指标六披露情况

儿童有关的有害和不道德广告；有隐私规范，有儿童数据收集标准等）？

　　该指标同上，样本所涉及的 13 个行业均缺乏一定的披露。传播与文化产

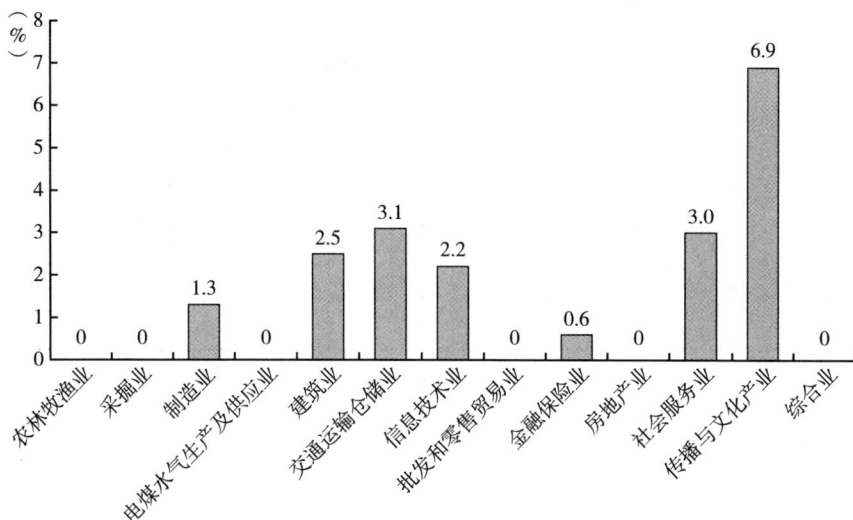

图10 各行业指标七披露情况

业可能出于行业特质，其报告对该指标的提及率高于其他行业，约为7%。

第八，是否有支持社区及政府保护和实现儿童权利的各项措施（如开展儿童权利发展方面的合作项目、与儿童有关的社会责任项目、倡导宣传活动等）？

该指标是继指标二、三、四之后全行业报告信息披露较多的，特别是房地产业，按比例来看每1.8份报告中就会有1份提及企业对于社区及政府保护和实现儿童权利的各项措施所提供的支持。

三 2019年中国企业儿童权利议题披露阶段性特征

（一）儿童权利相关信息的披露受到报告发布企业的广泛关注

企业重视儿童权利，并采取积极的措施尊重与支持儿童权利，有利于儿童的健康成长，也有助于企业保持稳定，实现可持续发展。同时，企业应该意识到，披露与儿童保护相关的信息，可以促使企业以儿童的视角审视企业

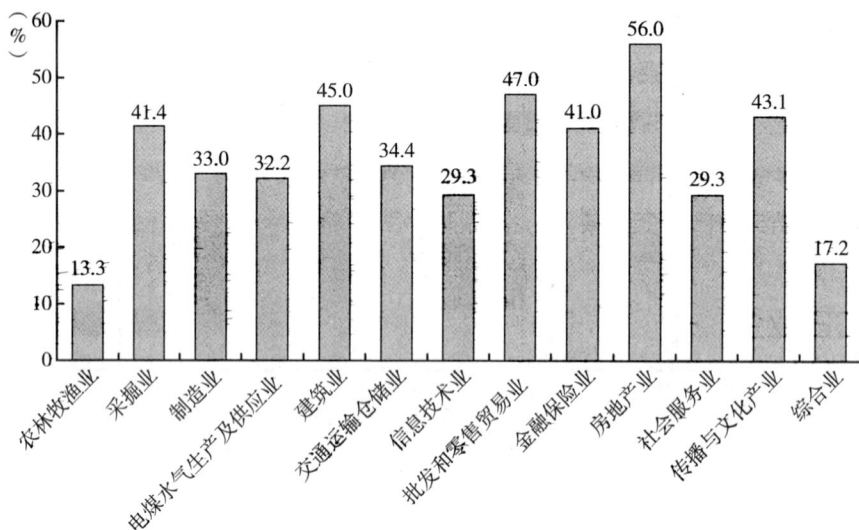

图11　各行业指标八披露情况

可能存在的风险，以便采取改进行动。

在我们搜集到的1598份全行业社会责任相关的报告中，有74%的报告披露了和儿童权利相关的内容，占比较高。这说明多数企业已经识别出儿童为其利益相关方，这是将儿童权利真正融入企业运营的基础。但是这一数据同时又表明有很大的进步空间，这对全行业企业是一种激励，除了常规普遍的信息披露，如果能在儿童权利方面有所注重，那么在报告的信息披露上就会有很大的领先优势。

（二）儿童权利信息披露全面性有待提升，议题偏向性大

74%的企业都披露了和儿童相关的信息，但披露的指标覆盖率不高，多数企业只披露了个别指标。披露较多的指标依次是为青年工作者提供良好工作条件、保护父母工作者、支持社区及政府保护和实现儿童权利的各项措施、企业童工状况，报告披露率分别为47.30%、36.25%、35.69%、24.32%。其余指标披露率仅为个位数，披露的信息量和指标披露全面性都有待提高。

1. 使用尊重和支持儿童权利的营销方式的信息披露有缺失

企业对儿童权利议题的认识有待拓展。尽管有 4 项指标披露率均为个位数，但是"使用尊重和支持儿童权利的营销方式和广告信息"的指标覆盖率最低，为 1.51%，即每 100 份企业报告中只有 1 ~ 2 份有该指标的相关信息。由此可见绝大多数企业对儿童权利的理解还停留在公益层面，或者实际"看得见"的层面，比如工作条件、童工等，而忽视了潜在影响层面。

儿童更容易受到"操控"，一个企业在媒体和宣传渠道中对儿童影响的特别关注会长远地关乎企业在未来所依存的社区状态。要防止广告与营销中出现操纵儿童并使用不真实或带有性特征的身体图像和刻板印象的风险。营销活动还应提高对积极自尊、健康生活方式和非暴力价值观的倡导。① 这些都是各行业在未来的企业实践与报告中可有所推进与提升的关注点。

2. 通过安全产品服务支持儿童权利的信息披露受到忽视

1598 份企业报告中，仅有 30 份报告披露了在生产的产品中确保儿童权利（如开展产品和服务的评估和监测，以识别出危害儿童健康和安全的因素；在相关产品说明书、标签和宣传中有针对儿童安全的注意事项等），占比仅为 1.9%。实际上各行业很多企业在经营活动中可能已经涉及了该指标所指引的儿童权利保护行动，但是由于缺乏对企业尊重与支持儿童权利的系统性认识，因此相关信息披露较少。

3. 为青年提供良好工作条件的信息披露最受重视

在所有议题中只有为年轻工人提供体面工作方面，全行业达到近 50% 信息披露率，有 5 个行业，分别为采掘业、建筑业、金融保险业、房地产业和综合业实现了行业所有社会责任相关报告中披露该指标份数多于未披露报告份数。尤其是采掘业，就其最高的披露比例可以看出，在促进青年体面工作方面，该行业的重视程度最高。

---

① 《打破广告中的性别偏见，让孩子做自己》，《可持续发展经济导刊》2019 年 7 月。

（三）儿童权利信息关注指标行业之间类似但存在差异

通过上述图表所呈现的数据对比可以发现不同的行业一方面可能出于行业自身性质，另一方面可能出于行业内部信息披露习惯，对儿童权利信息指标的选择倾向性还是存在差别。

采掘业最注重为青年提供良好工作条件，以及支持社区及政府保护和实现儿童权利。农林牧渔业与其类似，但与此同时采掘业对于披露保护父母工作者相关信息也有很高的关注。

制造业倾向于披露促进青年体面工作和保护父母工作者的儿童权利信息指标，但是对于营销中的儿童权利保护缺乏认识。社会服务业、金融保险业、电煤水气生产及其供应业和信息技术业与其类似，但是社会服务业对于生产的产品确保儿童权利关注最低，这可能在于行业对"服务"与"产品"之间内涵外延的关系还缺乏深入的认识。此外，电煤水气生产及其供应业对在企业战略中承诺保护儿童权利的指标很"陌生"，样本中没有一份报告有所提及。

四 企业儿童权利信息披露建议

（一）加深对儿童权利内涵的认识，完善相关信息披露

企业在商业活动中涉及的儿童权利问题，不仅仅局限于童工、社区活动、对父母工作者以及青年工人的关爱等方面，企业的产品安全、营销方式、工作场所安全等议题都需要关注其中对儿童权利的尊重和保护。在企业运营中，首先，要将儿童权利保护纳入企业的战略和制度，从管理入手，提高企业儿童权利意识和实践绩效。其次，有必要不断学习优秀的报告，同时兼顾针对性和系统性，多层次多角度地拓展对儿童权利内涵的认识，进而完善报告，把儿童的权利指标全面地纳入报告。与此同时，和利益相关方的沟通也十分重要，有助于及时披露实践进展。

（二）主动应用相关社会责任信息披露规则和工具

企业实施披露"儿童权利及企业原则"各项指标时，可与其他联合国儿童基金会工具结合使用。正如《联合国工商业与人权指导原则》所提，"效用评估中的儿童权利"和"政策和行为守则中的儿童权利"系列工具能指导企业将儿童权利纳入社会和人权影响评估框架。[①]

联合国儿童基金会发布的《可持续性报告中的儿童权利》，是企业披露儿童权利信息最实用的工具，可以帮助企业有方向性地完善信息披露。该工具引导信息披露者关注全球报告倡议（GRI）框架的要素，以及在报告过程中如何与GRI及其他框架（如联合国全球契约下的"进展情况通报"公开披露承诺）保持一致。同时，它还为框架外的特殊儿童权利报告提供指导。

（三）多方联动，倡导更多企业披露儿童权利相关信息

除了企业自身加强能力建设外，儿童权利信息披露水平的提升也需要利益相关方的共同推动。一是政府和行业协会在制定非财务报告信息披露的标准时，将对儿童权利的尊重与支持纳入评价体系，形成一个自上而下的引导，让这种对儿童权利信息披露的重视有一个延伸至企业的有效通道。二是学界、社会机构、国际非政府组织等可以举办相关活动，如主题培训、座谈会等，以多元的形式营造共同参与的氛围，引导企业更加了解儿童权利，更好地披露儿童权利保护信息。三是发挥媒体的积极作用，有意识地在国内传播世界范围优秀的企业报告及实践，树立标杆，激发企业保护儿童权利及披露相关信息的能动性。

---

① 《儿童权利可持续性报告》，联合国儿童基金会。

B.17
金蜜蜂中国企业 SDGs 信息披露研究报告

毕冬娜　贾丽　管竹笋

摘　要： 本报告依据"金蜜蜂企业社会责任报告评估体系 2018"，对 2019 年收集到的 219 份包含有 SDGs 信息的企业社会责任报告进行研究和分析，与 2017、2018 年度同期收集到的包含有 SDGs 信息的企业社会责任报告进行对比，并在此基础上提出相关建议。研究发现，2017～2019 年中国企业社会责任报告中对 SDGs 相关信息披露的整体水平不高，主要呈现以下阶段性特征：企业在社会责任报告中对 SDGs 信息披露整体呈现逐年增长趋势，但整体数量不多；SDGs 信息在企业社会责任报告中的披露形式多集中在 SDGs 实践方面；企业对 SDGs 相关议题的披露主要聚焦于负责任的消费和生产、体面工作和经济增长、气候行动、消除贫困等 4 个目标；企业较少在报告中披露 SDGs 管理情况；企业 SDGs 信息传播总体上呈现渠道相对单一、方式相对简单的特征，传播效果有待进一步提升。

关键词： 联合国 2030 可持续发展议程　SDGs　信息披露　企业社会责任报告

2015 年 9 月，193 个国家在联合国发展峰会上正式通过《联合国 2030 年可持续发展议程》，提出 17 个可持续发展目标，包含 169 个子目标，旨在以综合方式彻底解决社会、经济和环境三个维度的发展问题，转向可持续发展道路。中国政府于 2016 年 9 月发布《中国落实 2030 年可持续发展议程国别方案》，中国企业积极加入旨在推动联合国 2030 可持续发展目标（Sustainable Development Goals，简称 SDGs）最终实现的行动，将企业战略、业务实践与 SDGs 结合起来，实现自身可持续发展。

一　企业 SDGs 信息披露概况

为了解中国大陆企业社会责任报告中披露 SDGs 相关信息的情况，考察企业在 SDGs 管理和沟通领域的实践情况，蓝皮书编委会首次发布本报告。报告依据"金蜜蜂中国企业社会责任报告评估体系 2019"中有关 SDGs 信息披露的专项指标，以 2019 年 1 月 1 日至 10 月 31 日公开发布的 1598 份社会责任报告以及 2017 年度、2018 年度同期搜集到的报告作为研究样本。

SDGs 信息披露评估指标包括"报告中 SDGs 信息呈现形式"、"报告涉及的 SDGs 目标"、"企业 SDGs 管理"和"企业 SDGs 沟通"4 个一级指标和 17 个二级指标，具体见表 1。

表 1　SDGs 信息披露评估指标体系

序号	一级指标	二级指标
1	报告中 SDGs 信息呈现形式	报告编制参考 SDGs
		高层致辞或可持续发展背景分析中提到关注 SDGs
		报告有落实 SDGs 目标的内容
		报告有 SDGs 对标表
2	报告涉及的 SDGs 目标	联合国 2030 可持续发展目标 SDG1 - SDG17
3	企业 SDGs 管理	将 SDGs 融入战略发展目标
		设立落实 SDGs 的计划
		构建 SDGs 指标体系
		开展 SDGs 对标和调研
		建立 SDGs 落实的考核机制
		定期总结 SDGs 实施进展

续表

序号	一级指标	二级指标
4	企业 SDGs 沟通	基于自身优势策划实施 SDGs 主题项目
		召开 SDGs 主题研讨、座谈会
		发布 SDGs 主题视频
		发布与 SDGs 相关报告
		发布与 SDGs 相关倡议
		采用其他方式进行 SDGs 沟通

在 2017 年搜集到的 1490 份报告样本中，共有 152 家企业披露 SDGs 信息，占比 10.20%；在 2018 年搜集到的 1579 份报告样本中，共有 174 家企业披露 SDGs 信息，占比 11.02%；在 2019 年搜集到的 1598 份报告样本中，共有 219 家企业披露 SDGs 信息，占比 13.70%。

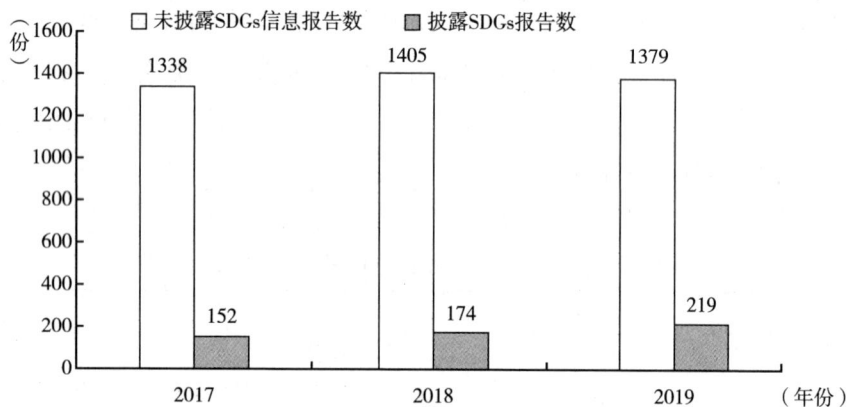

图 1　2017~2019 年披露 SDGs 信息的企业社会责任报告情况

二　企业 SDGs 信息披露分析

（一）总体分析

以下分析以含 SDGs 相关信息社会责任报告为研究对象。从行业类别来看，制造业连续三年保持 SDGs 信息披露报告数量最多，2017 年、2018 年和 2019 年分别有 58 份、49 份和 79 份。除制造业外，2017 年，电力、房地产行业披露 SDGs 信息的报告数量最多；2018 年，信息技术、交通、采掘、电力和房地产行业披露 SDGs 信息的报告数量最多；2019 年，电力、房地产、金融行业披露 SDGs 信息的报告数量最多。通过对披露 SDGs 信息的报告进行整理，筛选出 SDGs 信息披露情况最好的十大行业进行三年趋势对比，详见图 2。

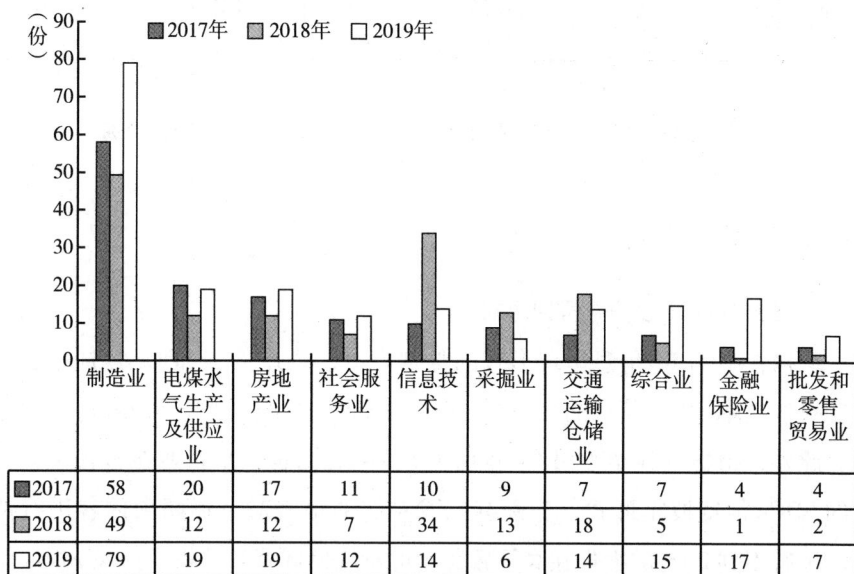

	制造业	电煤水气生产及供应业	房地产业	社会服务业	信息技术	采掘业	交通运输仓储业	综合业	金融保险业	批发和零售贸易业
2017	58	20	17	11	10	9	7	7	4	4
2018	49	12	12	7	34	13	18	5	1	2
2019	79	19	19	12	14	6	14	15	17	7

图 2　2017～2019 年十大行业社会责任报告 SDGs 信息披露情况

从企业类型来看，按照国有、国有控股、中央企业、民营、外资及港澳台和其他，将全部披露 SDGs 信息的报告样本企业划分为 6 个类别，除中央企业外，其他各类型企业社会责任报告 SDGs 信息披露均呈稳步增长趋势。其中，国有控股企业报告数最多，2017～2019 年分别为 50、56 和 62，呈线性增长趋势。其次是国有企业，2017～2019 年分别为 44、41 和 57，增速明显。民营企业、外资及港澳台企业三年来披露 SDGs 信息的报告数量稳步增长。在 96 家中央企业中，2017～2019 年披露 SDGs 信息的报告数有所波动，2018 年出现下滑。

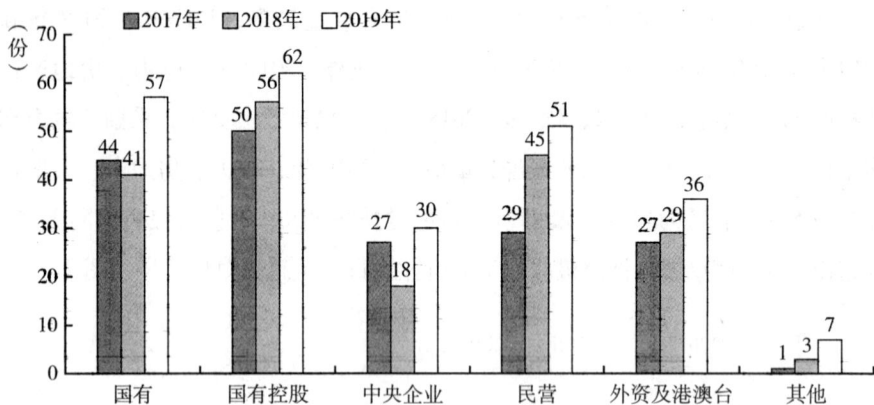

图3 2017～2019年各类型企业社会责任报告SDGs信息披露情况

（二）分类分析

1. 报告中SDGs信息呈现形式

从报告中SDGs信息呈现形式的类别来看，企业落实SDGs目标是社会责任报告披露SDGs信息的最主要形式，超过半数报告对这一内容进行了披露。此外，报告编制参考SDGs和列出SDGs对标表也是企业在报告中较常用的SDGs信息披露形式，分别有三成左右的报告对上述两项内容进行披露。仅有不到20%的报告在高层致辞和可持续发展背景分析中涉及SDGs相关内容，是报告中有关SDGs信息披露相对薄弱的环节。

从年度变化趋势来看，2017年企业在报告中对SDGs相关信息进行披露的比例为三年当中最低，2018年SDGs信息披露总体情况较2017年有明显提升，2019年在2018年基础上，编制参考SDGs和有SDGs对标表两项指标的披露率继续提升，但在高层致辞或可持续发展背景分析中提到关注SDGs、有落实SDGs目标内容两项指标的披露率有所下降。

2. 报告所涉及的SDGs

根据2017～2019年披露SDGs内容的企业报告数量，将17个目标划分为三类：最受企业关注的目标（300份以上）、比较受企业关注的目标（156～200份）和受企业关注程度一般的目标（155份及以下）。

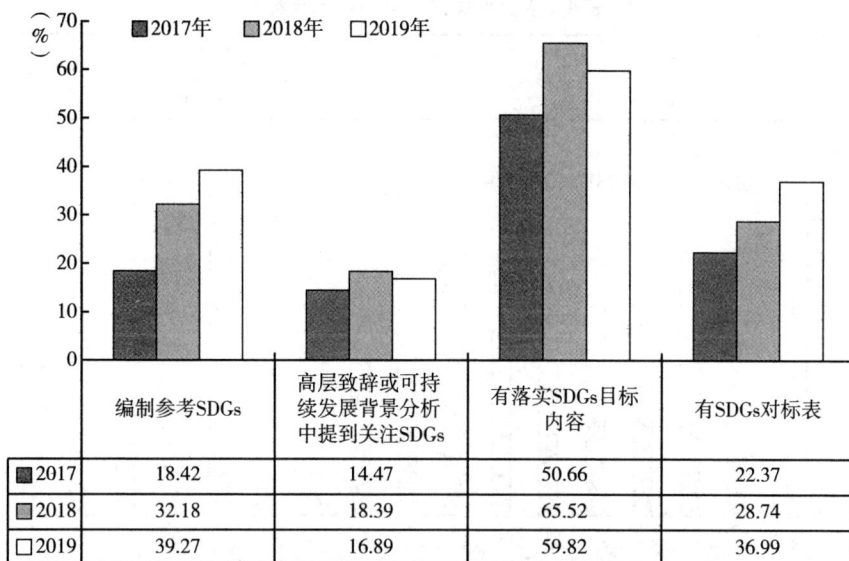

	编制参考SDGs	高层致辞或可持续发展背景分析中提到关注SDGs	有落实SDGs目标内容	有SDGs对标表
2017	18.42	14.47	50.66	22.37
2018	32.18	18.39	65.52	28.74
2019	39.27	16.89	59.82	36.99

图4　2017～2019年企业社会责任报告SDGs信息呈现形式

表2　最受企业关注的目标

SDG1	消除贫困
SDG8	体面工作和经济增长
SDG12	负责任的消费和生产
SDG13	气候行动

表3　比较受企业关注的目标

SDG3	良好健康与福祉	SDG10	缩小差距
SDG4	优质教育	SDG11	可持续城市和社区
SDG5	性别平等	SDG15	陆地生物
SDG6	清洁饮水与卫生设施	SDG16	和平、正义与强大机构
SDG7	廉价和清洁能源	SDG17	促进目标实现的伙伴关系
SDG9	工业、创新和基础设施		

表4 受企业关注程度一般的目标

SDG2	消除饥饿
SDG14	水下生物

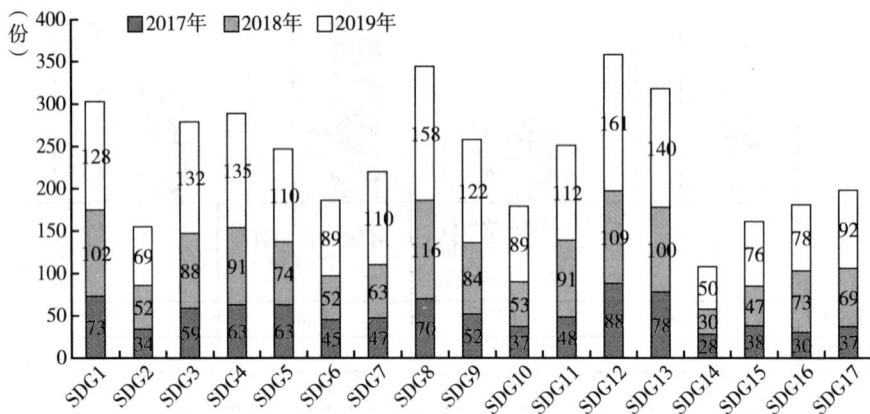

图5 2017~2019年企业社会责任报告对SDGs披露情况

3. 企业SDGs管理信息

从企业在报告中披露SDGs管理信息的方式来看,将SDGs融入战略发展目标是企业最注重披露的信息,披露率在15%~20%,其次是设立SDGs落实的计划、开展SDGs对标和调研,披露率在13%左右;在构建SDGs指标体系、建立考核机制方面,企业较不关注相关内容披露,仅有3.20%的报告披露相关信息;在定期总结SDGs实施进展方面,近年来企业重视程度不断提升,信息披露率从2017年的2.63%提升至2019年的9.13%。

从年度变化趋势来看,2017~2019年企业在报告中对SDGs管理领域的信息披露率呈现整体稳步上升趋势,2018~2019年各项指标较2017年披露率有所提升,但在将SDGs融入战略发展目标、设立SDGs落实的计划、开展SDGs对标和调研3项二级指标中,2019年较2018年出现信息披露率下滑,说明企业对相关领域信息披露的重视程度有所下降。

4. 企业SDGs沟通

2017~2019年企业在报告中对SDGs沟通整体披露较少,从沟通方式来

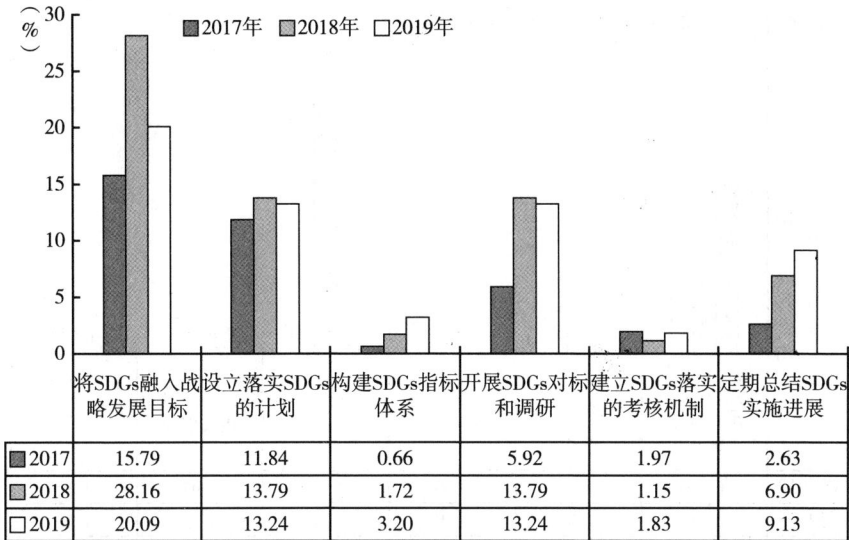

	将SDGs融入战略发展目标	设立落实SDGs的计划	构建SDGs指标体系	开展SDGs对标和调研	建立SDGs落实的考核机制	定期总结SDGs实施进展
2017	15.79	11.84	0.66	5.92	1.97	2.63
2018	28.16	13.79	1.72	13.79	1.15	6.90
2019	20.09	13.24	3.20	13.24	1.83	9.13

图6　2017～2019 年企业社会责任报告 SDGs 管理信息披露情况

看，企业更加重视对基于自身优势策划实施 SDGs 主题项目、发布与 SDGs 相关报告等二级指标进行披露，而对于召开主题研讨会和座谈会、发布视频、加入相关倡议等涉及较为具体的传播与沟通方式，较不注重披露，披露率在 3.20% 以内。

从年度变化趋势来看，在召开 SDGs 主题研讨会和座谈会、发布 SDGs 主题视频、加入与 SDGs 相关倡议 3 个指标方面，2017～2019 年呈现增长趋势，但由于基数过低，总体披露水平不高；值得注意的是，在基于自身优势策划实施 SDGs 主题项目、发布与 SDGs 相关报告等信息披露率较高的两个指标方面，2019 年较 2018 年出现明显下滑趋势。

三　阶段性特征

通过以上分析，我们发现企业在社会责任报告中对 SDGs 信息的披露情况具有以下特征。

第一，越来越多的企业在社会责任报告中披露落实 SDGs 的信息，2017～

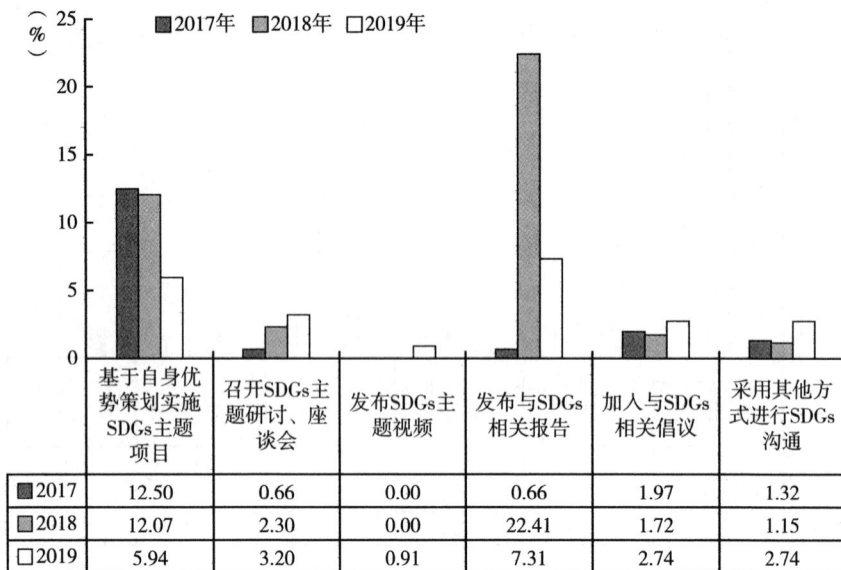

图7 2017～2019年企业社会责任报告SDGs沟通相关信息披露率

2019年SDGs信息披露率从10.20%增长至13.70%，但整体披露率不高。

2017～2019年，企业在社会责任报告中披露SDGs信息整体呈现逐年增长趋势，含SDGs信息的报告在全部报告样本中占比从2017年的10.20%增长到2019年的13.70%（见图8），涨幅为3.5个百分点，体现出企业越来越重视在报告中对SDGs信息进行披露。但目前SDGs信息披露率仍然较低，企业对SDGs的重视程度有待进一步提升。

第二，从报告中SDGs信息的呈现形式来看，过半企业对落实SDGs的实践内容进行了披露，三成企业将SDGs作为报告编制参考、在报告中有SDGs对标表，但在高层致辞和企业可持续发展背景分析中较少涉及SDGs相关信息。

企业在社会责任报告中对SDGs信息披露的呈现形式体现出企业对SDGs的理解和应用方式。超半数企业报告中包括落实SDGs目标的实践，说明目前企业对SDGs信息披露的认识仍处于目标落实层面；仅30%左右的报告含有SDGs对标表、将SDGs纳入报告编制参考，说明SDGs作为报告编

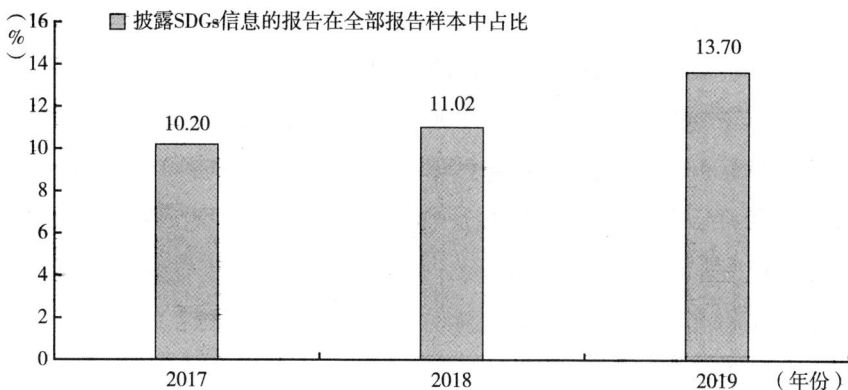

图 8　2017～2019 年企业社会责任报告 SDGs 信息披露率变化情况

制工具的作用尚未充分发挥；在高层致辞或企业可持续发展背景分析中对 SDGs 的提及率在 10% ～20%，体现出现阶段企业将 SDGs 融入公司战略的意识有待提升。

第三，从企业报告所涉及的 SDGs 内容来看，信息披露聚焦于负责任的消费和生产、体面工作和经济增长、气候行动和消除贫困 4 个目标，紧跟当前我国在经济、社会、环境发展领域的热点问题。

在 17 个可持续发展目标中，企业在报告中披露最多的 4 个目标依次分别是 SDG12、SDG8、SDG13 和 SDG1，涉及上述目标的报告三年累计数量均超 300 份。从议题类别角度来看，企业社会责任报告所披露 SDGs 信息多集中在经济维度①，体现出企业较重视自身业务与现阶段我国国情相结合、侧重于在经济层面推进落实 SDGs 目标的现状。此外，生态环境保护也是企业较重视的信息披露领域，但在 SDG1 消除饥饿、SDG14 水下生物两个目标领域，我们的统计数据显示企业较不重视相关信息披露，含消除饥饿和水下生物目标报告的总数少于 155 份，这一情况与上述两个目标自身的特性具有相

---

① 根据 Stockholm Resilience Centre 资料，按照经济、社会、环境三个维度对 17 个目标进行分类，其中，SDG8、SDG9、SDG10、SDG12 属于经济维度，SDG1、SDG2、SDG3、SDG4、SDG5、SDG7、SDG11、SDG16 属于社会维度，SDG6、SDG13、SDG14、SDG15 属于环境维度，SDG17 综合性较强，单列为一类。

关性：SDG2 消除饥饿在中国绝大多数地区已不再具有普遍意义，SDG14 聚焦水下生物的目标则具有一定的地域局限性。

第四，企业较少在报告中披露 SDGs 管理情况，尤其是在 SDGs 融入公司战略发展目标和计划等方面，信息披露率仅为 10% ~ 20%，但在开展对标和调研、定期总结进展方面，近年来企业对相关信息披露的重视程度提升明显。

有 15% ~ 20% 的企业将 SDGs 融入公司战略发展目标，11% ~ 13% 的企业设立有落实 SDGs 的计划，在企业 SDGs 管理二级指标中披露率较高，但整体披露率依然不高；企业在开展 SDGs 对标和调研、定期总结 SDGs 进展方面，2017 ~ 2019 年呈现较明显上升趋势；而在构建 SDGs 指标体系、建立 SDGs 落实的考核机制方面，分别仅有不到 1% 和不到 3% 的企业进行信息披露，体现出企业在 SDGs 体系化管理信息披露方面的短板，有待在今后提高重视程度。

第五，企业对于 SDGs 信息的传播总体上呈现渠道相对单一、方式相对简单的特征，传播效果有待进一步提升。

通过对 2017 ~ 2019 年搜集到的报告进行分析，发现有 10% 左右的企业对基于自身优势策划实施的 SDGs 项目、发布报告等信息进行了披露，而在拍摄视频、召开研讨会和座谈会、发布倡议等与外部利益相关方进行 SDGs 沟通等其他传播方式方面，信息披露率在 3% 以下，表明现阶段企业在社会责任报告中对 SDGs 沟通传播方面的信息披露水平较低，渠道相对单一、方式相对简单，企业对 SDGs 传播信息披露的意识有待加强。

四　建议

第一，多方协同，在现有基础上倡导更多的企业重视 SDGs 相关信息披露，高质量分享践行 SDGs 的各项进展。

面对目前企业在社会责任报告中较少披露 SDGs 信息的情况，建议政府、行业协会、媒体、监管机构等企业利益相关方采取多方联动的方式，倡导和鼓励企业提高 SDGs 信息披露意识，与企业共同携手推动 SDGs 在中国的落实。作为一种实用的报告编制工具，建议企业在报告编制过程中使用

SDGs 工具，在报告内容层面多元化呈现 SDGs 信息，可将其纳入报告编制参考标准、高管致辞、企业可持续发展背景分析，同时系统化梳理企业落实 SDGs 的实践内容，列出逻辑清晰的 SDGs 对标表等。

第二，高位推进，提升企业管理层和战略规划部门对 SDGs 的关注度，从公司整体发展的高度进行 SDGs 信息披露。

针对现阶段企业在 SDGs 融入公司战略相关信息披露较为欠缺的现状，建议企业管理层加深对 SDGs 的理解，主动将其融入公司战略。作为一种有效的管理工具，SDGs 可用于企业风险控制与市场营销等方面，帮助企业在运营实践中规避长期风险、发现新的业务增长点。建议企业管理层和战略规划部门持续关注 SDGs 国家规划进展，将 SDGs 与企业自身发展战略结合起来，进一步提升对 SDGs 信息披露的重视程度，从公司整体发展层面全面系统披露践行 SDGs 进展。

第三，系统落实，加强对企业践行 SDGs 的全流程管理，从计划、落实、总结、改进等方面系统披露 SDGs 管理信息。

针对企业在 SDGs 管理领域信息披露相对薄弱的情况，建议企业重视进一步 SDGs 管理的专业化水平，以科学系统的方式对 SDGs 管理信息进行披露，充分利用社会责任报告与利益相关方就企业助力落实 SDGs 的有关情况进行透明沟通。企业可结合 PDCA 项目管理循环理念，从融入公司战略发展目标、设立落实计划、构建指标体系、开展对标和调研、建立落实考核机制、定期总结 SDGs 进展等各环节形成管理闭环，有针对性地重点提升对构建指标体系和建立考核机制等管理薄弱环节的信息披露。

第四，对接政策，结合国家推进 SDGs 目标的规划、执行进展以及企业自身优势，助力国家目标达成。

中国政府对落实联合国 2030 可持续发展目标高度重视，不仅建立了国家级协调机制，制定了 2030 年可持续发展目标国家规划，还将可持续发展目标纳入"十三五"规划，同时通过精准扶贫、"一带一路"倡议、建设国家可持续发展创新示范区积极推动在更广泛的范围内实现联合国 2030 可持续发展目标。面对企业社会责任报告中所披露 SDGs 内容相对单一的情况，建议企业提高对SDGs作为企业可持续发展战略规划工具这一作用的重视，可参考国家推进SDGs落实的各项规划以及推进执行过程中的痛点、难点，结合企业自身优势，从多领域提高对SDGs的贡献度，助力SDGs国家目标达成。

第五，加强沟通，注重对企业践行SDGs的执行进展进行信息披露，并通过多种方式加强在SDGs领域与各方开展交流与合作。

针对企业对SDGs传播领域信息披露重视程度不够的情况，企业应意识到自身在运营实践中会对利益相关方产生影响，充分利用SDGs这一连接各利益相关方的有效沟通工具，精准梳理利益相关方诉求和关注点，提升企业SDGs传播信息披露意识，通过多种方式与政府、行业协会、国内外NGO组织、监管机构、媒体、社区等利益相关方开展SDGs相关议题的沟通与交流，加入"金蜜蜂全球CSR 2030倡议"等相关倡议①，帮助更多的利益相关方了解企业自身的可持续发展理念以及推进落实SDGs的进展情况，从而在更大范围内获得更广泛的认同，为企业树立积极正面的可持续品牌形象。

---

① 2016年6月，"金蜜蜂全球CSR2030倡议"正式发布。该倡议由《可持续发展经济导刊》（原名为《WTO经济导刊》）发起，全球契约中国网络、国家电网有限公司、中国南方电网有限责任公司、英特尔（中国）有限公司等机构和公司联合发布，截至目前，共有27家企业、2家机构成为该倡议伙伴。

B.18
金蜜蜂中国企业生物多样性
信息披露研究报告

王　影　管竹笋

摘　要： 本报告依据"金蜜蜂企业社会责任报告评估系统2018"，对收集到的1598份企业报告中404份披露了生物多样性相关信息的报告进行评估和研究分析。本报告对企业披露的信息特点进行比较分析，最后在此基础上提出相关建议。研究发现，披露生物多样性信息的报告数量虽逐年增加，但占报告总数的比重仍然不高，行业差别明显，还需政府引导、行业推动、企业实践、社会参与及国际合作等多元力量共同推进生物多样性在中国的主流化，进一步提升中国企业生物多样性信息披露的积极性。

关键词： 中国企业　生物多样性　信息披露

　　生物多样性是人类赖以生存的条件，是经济社会可持续发展的基础，是生态安全和粮食安全的保障。随着生态文明建设的持续推进，越来越多的中国企业意识到生物多样性保护的重要性，将其纳入企业的战略规划和产业链当中。一些中国企业已将生物多样性保护作为履行社会责任或落实2030可持续发展目标的重要内容，通过绿色采购和生产，加强生物多样性保护，转变现有经济模式，获得可持续的发展。比如伊利、百度、金蜜蜂等企业机构，已成为最早一批联合国生物多样性公约《企业与生物多样性承诺书》的签署单位，在推进生物多样性保护和披露履诺进展信息等方面发挥着积极作用。

2019 年 5 月 23 日，在生态环境部与江西省人民政府共同举办的"5·22 国际生物多样性日"宣传活动上，内蒙古伊利实业集团股份有限公司、中国生物多样性保护与绿色发展基金会、北京市企业家环保基金会、中国三峡集团、责扬天下（北京）管理顾问有限公司等 8 家企业作为中国"企业与生物多样性伙伴关系"的成员单位，首批签署了《企业与生物多样性伙伴关系宣言》。宣言中明确提出了"在本单位年度环境报告或（和）社会责任报告中，纳入生物多样性相关活动、进展和绩效等信息"。因此，环境报告、企业社会责任报告或可持续发展报告（以下简称"报告"）作为企业披露生物多样性信息的重要载体，成为解企业开展生物多样性保护状况的重要窗口之一。

一 研究概况

自 2016 年起，我们根据金蜜蜂企业社会责任报告评估体系，持续对在中国大陆发布的各类报告披露的生物多样性信息展开搜集、统计、分类和研究工作。在金蜜蜂企业社会责任报告评估指标中，包含有 4 项生物多样性相关的指标，分别是减少运营对生物多样性影响的措施、生态保护资金、生态系统保护制度和倡导公众采取恢复生态系统的行动。只要报告中对其中一个指标进行了相关信息披露，即认定为有生物多样性信息披露的报告。披露生物多样性相关内容的报告主要分布在制造业、电力、综合、采掘、社会服务、房地产、建筑、信息技术、金融、批零贸易、交通运输、文化、农林牧渔 13 个行业。

截至 2019 年 10 月，我们搜集到中国企业发布的 2018 年社会责任报告、可持续发展报告、环境保护报告等相关报告共计 1598 份，其中有 404 份报告披露了生物多样性相关信息。本研究在一定程度上能够反映当前中国企业参与生物多样性的整体状况，以期为推动生物多样性在中国的主流化，强化中国企业与生物多样性伙伴关系建设，关注并融入生物多样性、2030 可持续发展等国际主流话语体系中带来激励和思考。

二 2019年中国企业生物多样性信息披露情况

（一）报告披露水平整体稳步提升，行业差别明显

总体上看，近四年，中国企业生物多样性信息披露程度有所提升（见图1），但总体水平仍然不高，各行业企业参与生物多样性信息披露的状况差异较大。2019年有404份报告披露，比2018年（336份）增长20.24%，占报告总数的25.28%。其中，采掘、电力、综合、建筑、批零贸易、交通运输等行业披露生物多样性的企业报告占该行业报告总数的百分比较高，分别为66.12%、50.44%、38.64%、38.33%、37.84%和34.12%，如图2所示。

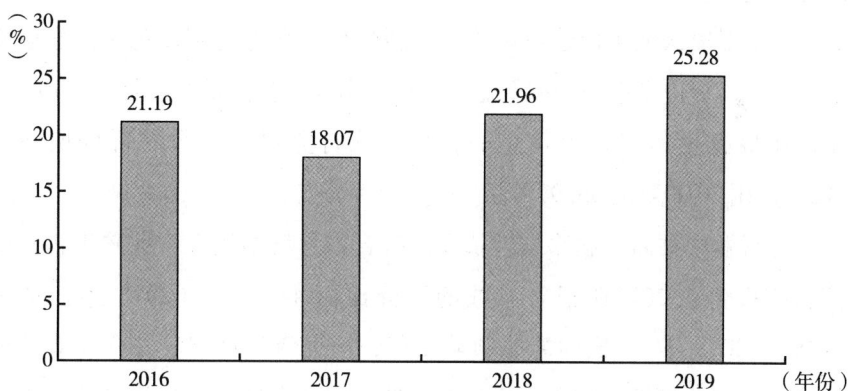

图1 金蜜蜂中国企业社会责任报告评估中披露生物多样性信息的报告占该年度所评报告总数的百分比（2016～2019年）

采掘业对生物多样性的影响是显著的，不仅采掘本身会使生境丧失和破碎化，可能有过度取水、尾矿污染等，而且采掘上游的工程设计、基础建设，下游的煤电、冶炼也会不同程度地给所在区域内的生物多样性和生态系统造成影响。随着生态文明建设的全面开展和绿色发展逐步深入人心，绿色矿山建设也在全面推进。2017年3月，国土资源部、财政部、环境保护部

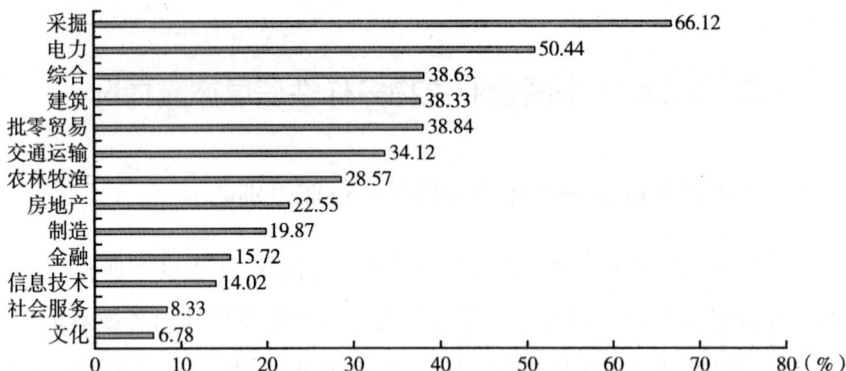

图 2　2019 年金蜜蜂中国企业社会责任报告评估中各行业披露生物多样性信息的报告占该行业报告总数的百分比

等 6 部委联合印发了《关于加快建设绿色矿山的实施意见》，要求加快绿色矿山建设进程，力争到 2020 年，形成符合生态文明建设要求的矿业发展新模式；基本形成绿色矿山建设新格局，新建矿山全部达到绿色矿山建设要求。这进一步促进了中国采掘企业披露生物多样性信息的积极性。2019 年，采掘行业披露生物多样性信息的报告占该行业报告总数的百分比增至 67.12%，比 2018 年的 53.97% 超 13.15 个百分点。

电力行业中披露生物多样性信息的报告数量增幅较大，披露生物多样性信息的报告占该行业报告总数的百分比由 44.63%（2018 年）增至 50.44%（2019 年）。推动能源领域变革，构建清洁低碳、安全高效的能源体系，是能源领域落实十九大精神，践行绿色发展，打赢污染防治攻坚战的重要举措。电力行业在大力发展可再生能源与清洁能源发电技术的同时，也颁布了越来越多且越来越严格的政策来最小化电厂对环境的影响。比如，2015 年 12 月发布的《全面实施燃煤电厂超低排放和节能改造工程工作方案》要求，到 2020 年，全国所有具备改造条件的燃煤电厂力争实现超低排放。

同样得益于政府对行业生态保护标准的严格规范，综合、建筑、批零贸易、交通运输等行业中披露生物多样性的企业报告数量也明显增多。如国家交通运输部发布的《交通运输节能环保"十三五"发展规划》、国家住房城乡建设部发布新修订的《GB/T50378-2014 绿色建筑评价标准》、国家林业和草原局 2018 年制定发布的《国家林业和草原局野生动植物保护类行政许可随机抽查检查工作细则》等，都将生物多样性保护纳入考量范围。

（二）披露"减少运营对生物多样性影响的措施"的企业报告保持较大幅度增长

减少运营对生物多样性影响的措施是 2017 年金蜜蜂企业社会责任报告评估系统中新增的指标。从 2017 至 2019 年，披露"减少运营对生物多样性影响的措施"的企业报告数量持续增长。2019 年有 299 份报告披露，比 2018 年（248 份）增长 20.56 个百分点，占报告总数的 18.71%（如图 3 所示），远高于其他 3 个指标。

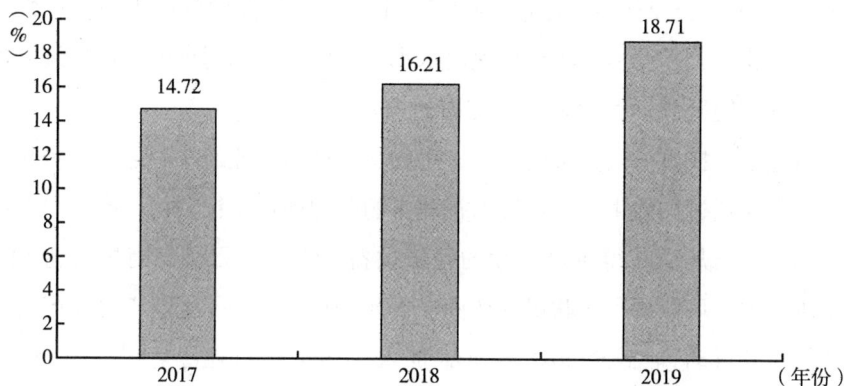

图3　披露减少运营对生物多样性影响的措施的企业报告数量
占本年度所评报告总数的百分比（2017~2019 年）

与内资企业相比，外商投资企业在有关"减少运营对生物多样性影响的措施"方面的披露内容更有计划性且更倾向于披露其中长期目标。例如，佳能提出环境愿景"Action for Green（为绿色而行动）"，并设定 2018~2020 年佳能集团中期环境目标（如图 4 所示），为建设可持续的"兼顾富裕生活与地球环境的社会"提供支持。

佳能集团中期环境目标				
	具体内容	2018-2020年中期目标值	2008-2018年成果	2019-2021年中期目标值
综合目标	每台产品全生命周期CO_2排放改善指数	平均每年降低3%	平均每年降低5%	平均每年降低3%
产品目标	每台产品原材料和使用过程中的CO_2排放改善指数	平均每年降低3%	平均每年降低2%	平均每年降低3%

佳能集团环境目标				
	具体内容	2018目标值	2018年成果	2019年目标值
生产企业目标	生产网点单位产值能源使用量改善指数	每年降低1.2%	降低5.6%	每年降低1.2%
	生产网点单位产值废弃物排放量改善指数	每年降低1%	降低6.0%	每年降低1%
	生产网点单位产值水资源使用量改善指数	每年降低1%	降低2.4%	每年降低1%
	生产网点单位产值化学物质排放量改善指数	每年降低1%	降低6.8%	每年降低1%

图4　佳能集团2018～2020年中期环境目标

为回应利益相关方的关注，对生物多样性有显著影响的行业，比如采掘、电力、建筑和交通运输等行业的企业报告对该项指标的披露较多。中广核集团2018年企业社会责任报告披露了中广核宏达探索应用生物多样性保护技术，建设人工湿地，改善当地河水水质，以及大亚湾核电基地持续开展生态恢复，使得"白鹭归来"等方面的内容。

通过报告披露的实践案例可知，生物多样性与企业经济利益相互依赖和影响。企业通过加强生物多样性保护和生物资源的可持续利用，推进可持续采购和生产，从而获得更可持续的经济效益。例如，万科与阿拉善盟 SEE 生态协会、中城联盟、全联房地产商会等于2016年共同发起"房地产行业绿色供应链行动"。截至2018年底，加入"房地产行业绿色供应链行动"的房地产企业达98家，总销售额约占行业销售额的20%。白名单供应商企业达到575家，现计划在白名单基础上筹备"绿名单"和"黑名单"。该行动通过市场化方式带动绿色生产，以行业联盟的形式推行绿色供应链管理，促使保护环境表现较好的供应商拥有更多的市场空间。

（三）企业对生态保护资金的披露相对保守

从2016至2019年，披露生态保护资金的中国企业社会责任报告数量有所下降。2019年有42份报告披露此项指标，占报告总数的2.63%，比2018

年（49份）减少14.29个百分点（如图5所示）。报告中主要披露了生态保护资金投入的总金额数，较少有各项活动投入的明细款项的披露。

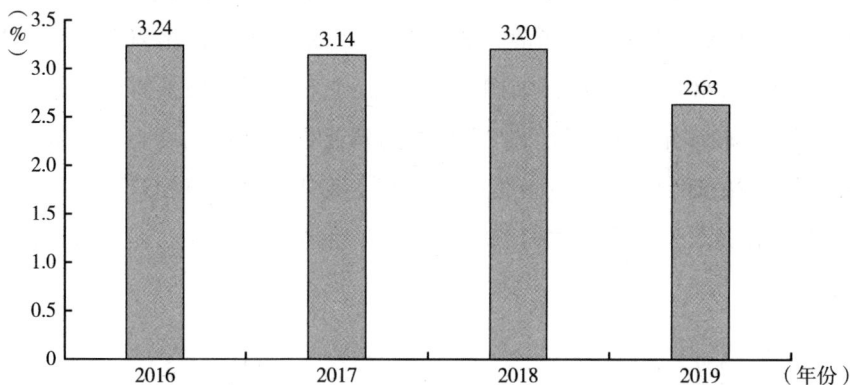

**图5　披露生态保护资金的报告数量占本年度所评报告
总数的百分比（2016～2019年）**

从企业披露的生态保护相关活动可以看出，企业的生态保护资金投入方式逐渐体现出行业及企业特性，更具针对性地推动了生物多样性保护与可持续发展。例如，中国三峡国际巴基斯坦卡洛特水电站项目按照 IFC《环境和社会可持续性绩效6：生物多样性和生物自然资源的可持续管理》要求，计划投资约477万美元量身打造环境保护专项规划。通过前期开展鱼类调查，编写了《生物多样性管理计划》，并已获得 IFC 批准。①

此外，一些企业披露了技术投入、产业投入等有特色的生态保护投入方式。例如，西藏奇正藏药股份有限公司成立"西藏文化传承与保护"专项基金，大力推进藏医药文化保护与传承，同时与原产地农牧民开展合作建立种植基地，对独一味等藏药材进行野生半野生培育，最大限度地保护野生资源，通过资金支持以及技术指导等方式推动植物多样性和生物文化多样性的保护。

---

① 中国三峡集团2019年发布的《中国三峡集团"一带一路"可持续发展报告》。

（四）披露生态系统保护制度的报告数量略有下降

研究发现，披露生态保护制度的中国企业社会责任报告数量略有下降，2019 年有 107 份报告披露，占报告总数的 6.70%，比 2018 年（125份）减少 14.40 个百分点（如图 6 所示）。企业在报告中披露的生态系统保护制度，较多地体现了企业自身生产运营或行业共同的特点。例如，为加速集团内的环保型产品的开发工作，富士胶片集团重新构筑了"环保型产品认定制度"的机制，并于 2018 年度开始运转，以推动环保型产品的创造和公布。

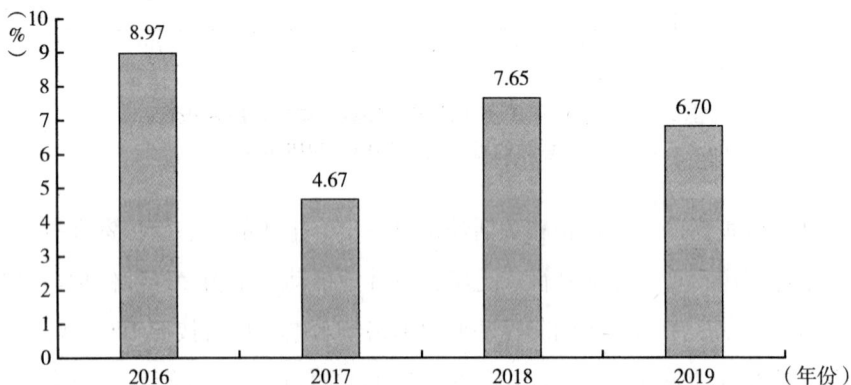

图 6　披露生态系统保护制度的报告数量占本年度
所评报告总数的百分比（2016～2019 年）

近年来，相关行业导则中也较多地纳入了生物多样性原则、标准和指标，在创新性市场中还出现森林碳汇等有利于生物多样性的产品，以绿色金融助力生物多样性保护。例如，在绿色贷款授信管理上，交通银行制定《交银办发〔2018〕109 号关于落实监管要求持续做好绿色信贷工作的通知》，使用"三色七类"环保标志分类方法，从环境和社会风险层面对贷款客户进行分类管理，实行环境和社会风险"一票否决制"，同时支持绿色产业发展，持续加大对节能环保行业、战略性新兴产业的信贷支持。

（五）披露倡导公众保护生态系统的报告数量小幅下降

研究发现，披露倡导公众保护生态系统的报告数量有小幅波动，由189份（2018年）降至178份（2019年），减少5.82个百分点，占报告总数的11.14%（如图7所示）。

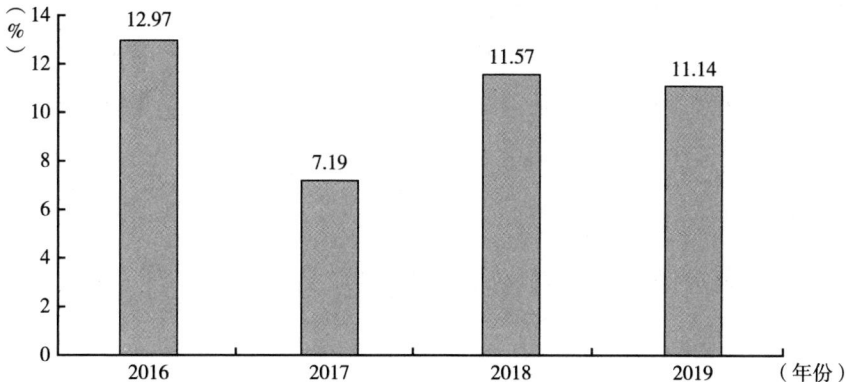

图7　披露倡导公众保护生态系统的报告数量占本年度
所评报告总数的百分比（2016～2019年）

从披露内容上可以看出，企业在倡导生态系统保护方面更重视在国内外传播平台不断扩大披露范围和影响力，以吸引更多的利益相关方参与。例如，自2016年起，中国三峡集团与联合国开发计划署驻华代表处共同发起"三峡·中华鲟全球宣讲大使"项目，计划十年内在全球100个国家的200所高校选拔300名青少年志愿者（又称"宣讲大使"）。志愿者能够深度参与中华鲟放流和沿江科普活动，以便他们今后在各自的高校进行宣讲，在世界范围传播生态保护理念。

还有一些企业通过新媒体平台开展形式多样、生动有趣的生态保护公益活动。例如，"绿动未来"环保公益平台由上汽通用汽车有限公司和中国环境文化促进会联合发起。平台自2015年启动上线以来，累计发布环保公益项目460个，超过百万人参与，形成了如"一杯水的约定""绿色童享""易妈妈绿色植树"等一系列品牌活动。

三 中国企业生物多样性信息披露建议

近年来，披露生物多样性信息的报告数量虽逐年增加，但占报告总数的比重仍然不高，行业差别明显，除对"减少运营对生物多样性影响的措施"的披露保持较大幅度增长外，在生态保护资金、生态系统保护制度和倡导公众采取恢复生态系统的行动方面的披露均有小幅下降，还需政府引导、行业推动、企业实践、社会参与及国际合作等多元力量共同推进生物多样性在中国的主流化，进一步提升中国企业生物多样性信息披露的积极性。具体建议如下。

（一）政府健全相关政策法规，加强企业对生物多样性信息披露的引导

从以上分析发现，政策法规对于企业生物多样性实践以及信息披露有着巨大的推动作用。2010 年，生态环境部（原环境保护部）出台《上市公司环境信息披露指南》，要求火电、钢铁、水泥、电解铝等 16 类重污染行业上市公司应当发布年度环境报告。此外，在社会责任信息披露政策文件中，《GB/T 36001 - 2015 社会责任报告编写指南》、《GB/T 31598 - 2015 大型活动可持续性管理体系要求及使用指南》等多个文件加入生物多样性信息披露方面的要求。在证监会的指导下，证券交易所在促进企业披露环境、社会与治理（ESG）相关信息上扮演了非常重要的角色。因此，建议相关政府部门从规制、推进、监督等方面引导企业参与生物多样性的保护工作，为企业生物多样性信息披露提供有利的政策环境。

（二）行业协会制定行业规则，培养生物多样性信息披露的行业自律，形成企业信息披露的重要推力

行业协会作为连接政府与企业的桥梁和纽带，通过行业规则实行自律管理，培养成员企业的理性自律精神，成为促进企业参与生物多样性的重要力

量。例如，2016 年，中国工业和信息化部发布的《电子信息行业社会责任指南》，明确提出"企业应识别并慎重考虑自身活动及产品/服务可能存在的对生物多样性和生态系统服务能力的潜在消极影响，并应采取有效措施预防和减少不利影响，对造成破坏的予以恢复和补偿"。在此基础上，2017年，中国电子工业标准化技术协会制定了《社会责任治理水平评价指标体系》，规范"怎么评"的重要方法标准，为电子信息企业开展生物多样性信息披露提供了具体可行的操作方法和评价标准。

（三）企业根据自身业务特点，将可持续运营与生物多样性保护相结合，主动提升生物多样性信息披露水平

不管是国际社会，还是国家层面，都将生物多样性丧失与气候变化一起列为当今全球面临的重大挑战。中国致力于推动企业参与生物多样性保护，并将其作为《生物多样性公约》国内履约工作的有机组成部分。在这种大形势下，无论是从企业履行社会责任，还是从企业自身生存与可持续发展的角度，企业参与生物多样性的价值将会日益凸显出来。企业参与生物多样性不仅可以降低商业风险、增加新的商业机会，还可以拓展国际和国内合作，并通过持续的信息披露提升自身的可持续品牌影响力。

（四）提升社会公众生物多样性知识水平，发挥生物多样性保护信息披露的公众监督作用

从社会层面营造有利于企业披露生物多样性信息的外部环境，需要社会公众的广泛理解和参与，充分发挥舆论监督作用，鼓励企业加强生物多样性信息披露。社会公众可以通过绿色消费、绿色投资等方式，用实际行动发挥舆论监督作用。新闻媒体应加大生物多样性知识普及和宣传力度，增强企业参与生物多样性的意识，传播企业的良好实践，提升社会公众关注度和参与度，鼓励和倡导企业参与生物多样性并持续披露生物多样性信息，起到政府、行业组织等都不能替代的作用。

（五）加强中国企业与生物多样性伙伴关系建设，强化公约履行，夯实生物多样性信息披露的基础

通过深化国际交流和合作，引进国外先进的实践经验，参与国际上生物多样性主题活动的中国企业数量明显增加。2018年，在联合国生物多样性大会期间举办的"中国企业与生物多样性"的主题会议上，多家中国企业分享生物多样性保护案例。比如伊利在全球首次发布《伊利2017年生物多样性保护报告》（英文版），披露伊利在生物多样性保护领域的具体实践经验，获得与会各方高度认可。2020年是全球《2011～2020年生物多样性战略计划》的收官之年，也会为世界下一阶段的生物多样性保护制定新的愿景、战略规划和目标。作为2020年《生物多样性公约》第十五次缔约方大会的主办方，中国将与全世界志同道合的国家、企业、组织及公众共同探讨生物多样性保护的发展方向，积极开展中国"企业与生物多样性伙伴关系"建设，推动中国企业讲好"生物多样性故事"，披露中国近年来在生态文明建设中探索出的特色理念和亮点实践，为全球生物多样性保护做出更大的贡献。

案例报告

Case Reports

B.19

《中国南方电网公司 2018社会责任报告》解析

钟 帅 刘 昕

2019 年 5 月 23 日，中国南方电网有限责任公司（以下简称南方电网）发布 2018 年企业社会责任报告（以下简称《报告》），即第 12 份社会责任报告。《报告》以习近平新时代中国特色社会主义思想为指导，全面贯彻落实党中央重大决策部署，紧扣国家战略和公司改革发展大局，讲述南方电网特色履责事迹，积极披露企业履行的政治责任、经济责任、社会责任，全面提升报告的国际化水准。加快建设建成具有全球竞争力的世界一流企业。《报告》连续九年获得中国社科院企业社会责任研究中心五星级（国内最高）评级。

图 1　中国南方电网公司 2018 社会责任报告封面

一　亮点探析

（一）报告主题

南方电网《报告》一以贯之秉承"万家灯火　南网情深"的报告主题，彰显了新时代的新内涵。

响应时代召唤，彰显央企担当。《报告》紧扣奋力推进新时代中国特色社会主义事业的时代召唤，围绕全面贯彻习近平新时代中国特色社会主义思想，践行党的十九大精神，系统回应人民对美好生活的电力需要的履责主线而展开，全面彰显南方电网作为中央企业的新时代使命感和责任担当。

牢记民族使命，实现企业宗旨和愿景。《报告》全方位展示了南方电网"人民电业为人民"的企业宗旨和"国家队地位、平台型企业、价值链整合者"的企业定位。与十九大报告"全党同志一定要永远与人民同呼吸、共命运、心连心，永远把人民对美好生活的向往作为奋斗目标"的要求保持高度一致，立足新时代，实现"成为具有全球竞争力的世界一流企业，为实现'两个一百年'奋斗目标贡献南网力量"的央企愿景。

践行不忘初心，聚焦利益相关方。《报告》主体篇章以"时代有召唤，南网有作为"为主线，紧紧围绕发展企业、服务客户、关爱员工、回馈社会等利益相关方聚焦点，全面系统地回应各利益相关方关注议题。不忘初心，始终如一地服务广东、广西、云南、贵州、海南五省区和港澳地区，牢筑"万家灯火　南网情深"的企业品牌形象，展现"勇于变革　乐于奉献"的南网精神，以南网人的真情，"电"亮万家灯火。

（二）报告框架

2018 年《报告》框架为概览篇、专题篇、主体篇、管理篇和绩效评价篇，相较 2017 年增设了专题篇，深度对标《中国企业社会责任报告指南（CASS – CSR 4.0）》电力供应业指标。电力供应、绿色环保、经营效率、社会和谐四大主体篇披露的电力供应业核心指标的覆盖率为 88.76%，完整性表现领先国内行业。

界定实质性议题优先序，深化报告导读。《报告》延续"倾听、评估、报告"三位一体的导读方式，在为利益相关方提供逻辑清晰、亲近的阅读感的基础上，更加注重细分实质性议题优先序，重点披露、回应利益相关方聚焦的实质性议题，并配以一般议题，充分展现了南方电网对利益相关方诉求回应的实时性和重视度。

新时代新定位，创新业务生态图。《报告》将"国家队地位、平台型企业、价值链整合者"的企业定位以业务生态图的方式展现，同时配以经济价值、社会价值、环境价值等履责议题定量绩效，全面彰显南方电网立足新时代，加快向智能电网运营商、能源产业价值链整合商、能源生态系统服务商转型，努力做新发展理念实践者、国家战略贯彻者、能源革命推动者、电力市场建设者、国企改革先行者，加快建设成为具有全球竞争力的世界一流企业的使命感，直观、全面地令利益相关方了解南方电网致力于当好能源革命推动者的相关积极实践。

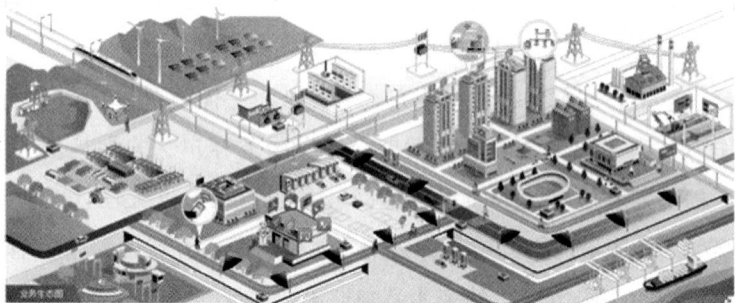

图2 《报告》业务生态图

一以贯之的专题披露形式，凸显年度重点工作。《报告》在"以一流党建引领和保障一流企业建设"专题中深刻地披露了南方电网作为关系国家安全和国民经济命脉的国家队，坚持"央企姓党"，努力成为党和国家最可信赖和依赖的"六个力量"，建设中国特色现代国有企业制度，推动党的建设质量持续提升的履责实践。"为粤港澳大湾区注入绿色新动能"专题披露了南方电网作为地处粤港澳大湾区的国有重要骨干央企，全力服务、全面融入粤港澳大湾区建设，努力在服务大湾区建设中做强、做优、做大，持续优化粤港澳大湾区能源结构和布局，在西电东送、清洁电力、绿色发展等领域的履责成效。"优化营商环境 服务五省区高质量发展"专题重点披露了南方电网在建设现代化经济体系，强化开放型经济和实现高质量发展的重要外部营商环境领域，始终将创新作为发展的第一驱动力，坚持创新引领，切实发挥央企在内外营商环境中的"国家队地位、开放型平台、价值链整合者"的标杆引领作用，以及大力推进优化营商环境举措、刷新电力服务体验、升级获得电力水平，努力当好电力市场建设和国企改革先行者的央企排头尖兵形象。

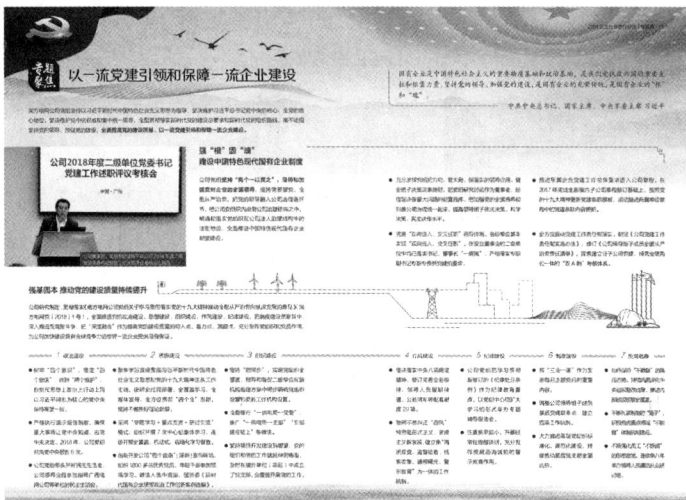

图3 《报告》专题聚焦"以一流党建引领和保障一流企业建设"

新时代新布局，创新主体篇章披露形式。《报告》主体篇章整体延续了南方电网"电力供应、绿色环保、经营效率、社会和谐"四大履责主题的主框架，全面系统地展示了南方电网在四大主题领域的履责实践和绩效。还在主体篇章开篇做了"点睛"创新——在四大主体篇章开篇部分用"时代有召唤 南网有作为"提纲挈领，实质性议题精准对标 SDGs、GRI 等国际标准，配以"与改革同行 书时代答卷"的披露形式，旗帜鲜明地彰显了南方电网贯彻习近平新时代中国特色社会主义思想和党的十九大精神的态度、举措和亮点实践，全力提升核心竞争力、资源配置能力、改革创新能力、党的领导能力，加快建成具有全球竞争力的世界一流企业的决心，切实落实央企的政治担当和时代责任的央企形象。

（三）报告内容

《报告》在内容上紧扣国家的政策，聚焦利益相关方关注的实质性议题，直观、全面、深入地披露了南方电网满足人民对美好生活追求的电力需要的责任担当，在政治担当、责任传播、披露全面等方面均走在国内社会责任报告的前列。

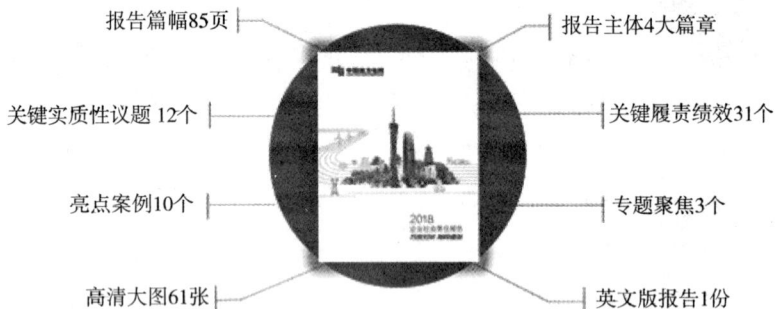

图 4　《南方电网 2018 年社会责任报告》数据速览

报告篇幅85页
报告主体4大篇章
关键实质性议题 12个
关键履责绩效31个
亮点案例10个
专题聚焦3个
高清大图61张
英文版报告1份

政治担当走在前列

- 一以贯之地贯彻落实习近平新时代中国特色社会主义思想和十九大报告精神。
- 坚定不移地提出"时代在召唤　南网有作为"。
- 坚持以人民为中心的思想,"人民电业为人民"这一企业宗旨贯穿全《报告》。
- 紧扣国家战略和改革发展大局,树立央企标杆。

图 5　《报告》"绿色环保"开篇

责任传播走在前列

- 主体篇章开篇总述SDGs可持续发展目标，每个实质性议题精准对标SDGs、GRI等国际标准，向利益相关方精准传递南方电网责任足迹。

- 响应国家"国企开放日"活动，全方位展示南方电网在透明运营、创新发展、优质服务等方面的履责举措和成效，连续六年以"社会责任周"为纽带，持续打造以责任沟通、责任传播为价值桥梁的品牌实践，将平等沟通、全面沟通进行到底。

披露全面走在前列

- 完整性。深度对标《中国企业社会责任报告指南（CASS－CSR 4.0）》暨"中国企业社会责任报告评级专家委员会"《中国企业社会责任报告评级标准（2019）》电力供应业指标，核心指标覆盖率达88.76%，国内领先。

- 可比性。加大关键履责绩效披露，披露了中心城区停电时间（小时/户）、电网建设投资、西电东送电量、清洁能源调度折合减少标准煤、售电量、直接帮助脱贫人口、农网改造升级投资、客户满意度等44个指标连续3年以上的对比数据。

- 平衡性。《报告》披露了"三级以上电力安全事件""二级及以上网络安全事件""人身伤亡事故""客户年平均停电时间"等负面指标信息，平衡性表现领先。

（四）报告设计

持续优化《报告》封面设计。《报告》封面以简洁大方的道路线条寓意西电东送的千里清洁电力通道，以代表性建筑、景点彰显公司服务南方五省区经济社会高质量发展的履责成效，以电动汽车、风能等能源变革图标展现公司紧跟时代发展趋势，加快建成具有全球竞争力的世界一流企业的矢志追求，提升了《报告》的可读性。

创新实质性议题披露形式。首先，《报告》在各主体篇章开篇积极响应和重点回应联合国可持续发展目标SDGs，展现报告的时代性和引领性；其次，针对每项实质性议题，精准对标 SDGs、GRI 等国际标准，并设置"2018 年关键议题管理"，创新议题披露的管理方式，有利于各利益相关方快速准确把握企业履责议题，创新性表现领先。

《报告》图文、时序性设置合理，以高关联性大图冲击并拉近与利益相关方的距离，各主体篇章以时间轴的设计方式予以利益相关方充分的与时俱进感，配以精巧的图标设计，直观展现南方电网一以贯之的履责标杆形象，及其建设并努力建成开放合作、互利共生的具有全球竞争力的世界一流企业的履责历程。

（五）报告传播

责任传播与沟通是南方电网一以贯之的关注点。2013 年以来，南方电网连续六年开展"社会责任周"活动并在活动现场举行《报告》发布。2019 年 5 月 23 日，南方电网首次在广州"南方电网公司 2019 年国企开放日"活动启动会上发布《报告》，以此为南方电网 2019 年责任南网行的新起点，开启新征程。

基于不同利益相关方对《报告》需求的差异性，南方电网总部不仅制作了网络版报告、纸质版报告、英文版报告，还指导下属省级子公司设计 H5 版精编报告，并在微信、互联网上推送报告深度解读文章，帮助利益相关方全面理解、认知南方电网的履责足迹。

- 发布中英文报告（南方电网官网）。
- 发布下属省级子公司 H5 版报告。

二　第三方评价

很高兴看到一本展现南方电网公司推进社会责任工作落地，全面提升履责水平，匹配建成具有全球竞争力的世界一流企业的社会责任报告。一是标准升级，《报告》一改集中对标的传统模式，创新地将联合国 2030 可持续发展目标和《可持续报告指南标准》（GRI 标准）分解、细化到每一个小节中，这使得南方电网公司可以用全球通用的社会责任语言讲述南网履责故事。二是责任升级，《报告》将新时代对企业可持续发展的新要求一以贯之，聚焦"国家队伍"、"平台型企业"和"价值链整合者"的企业定位，展现了公司践行新发展理念、贯彻国家战略，与价值链生态圈全方位融合的责任形象。三是内容升级，《报告》深入披露了南方电网公司在过去的一年中助力打赢三大攻坚战、服务粤港澳大湾区发展、促进清洁能源消纳等方面的责任实践，配以大图、美图和责任绩效数据，立体化呈现了公司2018年在践行五大发展理念、实现高质量发展等方面的责任成效。［殷格非　金蜜蜂智库首席专家、ISO 26000利益相关方全球网络（SGN）联席秘书长］

三　企业名片

（一）企业简介

中国南方电网公司于2002年12月29日正式挂牌成立并开始运作。公司属中央管理，由国务院国资委履行出资人职责。公司负责投资、建设和经营管理南方区域电网，参与投资、建设和经营相关的跨区域输变电和联网工程，服务广东、广西、云南、贵州、海南五省区和港澳地区；从事电力购销业务，负责电力交易与调度；从事国内外投融资业务；自主开展外贸流通经营、国际合作、对外工程承包和对外劳务合作等业务。供电面积100万平方千米。供电人口2.54亿人，供电客户8741万户。2018年全网统调最高负荷1.69亿千瓦，增长3.4%；全社会用电量11628亿千瓦时，增长8.3%。①

公司总部设有22个部门，下设北京代表处、后勤管理中心、年金中心3个直属机构，2家分公司，16家全资子公司，7家控股子公司。职工总数近30万人。②

---

① 中国南方电网公司官方网站。
② 中国南方电网公司官方网站。

（二）发布社会责任报告历史

《报告》自 2018 年 10 月启动编制以来，在总部各部门和分、子公司的鼎力支持和配合下，累计打磨修改完善近 15 稿。南方电网自 2007 年开始发布企业社会责任报告至今，已发布 12 份企业社会责任报告，逐步形成了自身独有的报告编制体系。

南方电网报告编制实施全过程、精细化管理，以报告促进公司责任管理水平提升、履责实践深入开展、责任传播深入人心。以全球先进企业报告为标准，践行"成为具有全球竞争力的世界一流企业"的企业愿景，以及"国家队地位、平台型企业、价值链整合者"的企业定位。

南方电网不仅建立了《南方电网公司社会责任指标体系》（CSG – CSR2.0 社会责任指标体系），更将其与公司运营指标相融合，对关键绩效指标实行动态跟踪，实时掌握和回应利益相关方诉求和期望，持续强化公司综合管理水平和服务能力，努力创建"具有全球竞争力的世界一流"的电网企业。

南方电网不仅重视报告编制，也注重以报告作为与利益相关方沟通的桥梁。2013 年，南方电网将社会责任日升级为社会责任周，每年定期一周在全公司范围内以社会责任报告发布为载体，与利益相关方进行面对面沟通，充分发挥报告的沟通桥梁作用。

南方电网不仅定期发布高质量的社会责任报告，每年还指导下属省级公司乃至地市局发布社会责任实践报告和企业社会责任报告及 H5 版本，如南方电网深圳供电局、南方电网广西电网公司、南方电网广东供电局、南方电网云南电网公司等均编发企业社会责任报告，作为公司企业社会责任履责的有力支撑，引领企业履责形象，树立履责标杆。

B.20
《中国建筑2018可持续发展报告》解析

陈明光 魏冬

2019 年 8 月 29 日，国务院国资委首次在北京举行"中央企业社会责任报告集体发布仪式"。国务院国资委秘书长彭华岗出席并致辞，96 家中央企业、地方国资国企代表、主流媒体等 280 余人参加。中国建筑集团有限公司（以下简称中国建筑）因社会责任工作表现出色，受邀成为 5 家经验交流央企之一。

中国建筑秉持"人类命运共同体"理念，以做大共同利益谋求可持续发展，努力"建证"责任品牌，致力于成为履行全球社会责任的典范、贡献全球可持续发展的典范，为建设世界一流示范企业提供责任支撑，为塑造国家名片、展现中国形象贡献"中建力量"。

中国建筑致力于成为责任沟通典范，以满足政府、股东、客户、伙伴、公众等不同利益相关方信息需求为目标，打造责任沟通体系，以体系聚合力，统合全系统的责任实践与责任沟通活动，实现"聚合一个整体、发出一个声音"，扩大"中国建筑"品牌影响力和美誉度，以世界一流责任品牌助力打造"具有全球竞争力的世界一流企业"。可持续发展报告，是中国建筑与各利益相关方沟通的重要渠道之一。

中国建筑已连续发布 10 份可持续发展报告，报告连续七年获得中国社科院最高评级五星级，获评次数位居行业之首。其中，《中国建筑 2018 可持续发展报告》八大评价指标均达到"全五星"，为行业首份。

一　报告主题

中国建筑报告自 2012 年度起，均设置一个主题。2018 年度报告的主题是"建证·幸福"。在报告中,中国建筑阐释了"建证幸福"的深刻含义:为人民幸福生活而努力奋斗是中国建筑不变的信仰!40年来,中国建筑因改革开放而生,因改革开放而兴,持续将红色基因转化为蓝色力量,走出一条从追赶时代到引领行业的跨越发展之路、从国内建设到全球布局的开放发展之路、从传统优势到转型升级的创新发展之路,建证中国民族从站起来、富起来到强起来的伟大飞跃。

一、建证"改革先锋"。中国建筑以奋斗为本,为"改革"试水,始终做国有企业深化改革的先锋,引领投资建设领域企业乃至国有企业转型升级、实现高质量发展,建证改革开放的成功,为新时代改革开放续写新篇章。

二、建证"国之重器"。中国建筑坚持"六种力量"定位,代表"中国建造"的最高水平,发挥投资、建设、运营、发展全产业链业务优势,贯彻城镇化建设、供给侧改革、"一带一路"倡议等国家重大部署,投资建造了大量关系国计民生的重点工程,为中华民族伟大复兴贡献中建力量,建证大国崛起、人民幸福。

三、建证"天下大器"。中国建筑致力于成为"世界一流示范企业",在全球建造经济体系中占据主导地位、成为"全球建造"的代表,为构建人类命运共同体贡献中建智慧、中建方案和中建模式,建证全人类的幸福。

二 报告架构

报告分为开篇、专题、主体、结尾四个部分。在开篇部分,除了卷首语、年度荣誉、报告编制说明和报告编写流程外,以中国建筑"建证·中国建筑奇迹之旅 大型责任沟通活动巡礼"专栏,展现企业优秀项目及重要年度活动;在专题部分,系统展现中国建筑在同行"改革开放40年"、扶贫攻坚、回应"一带一路"倡议等方面的理念、实践与成绩;在主体部分,与往年一致,系统展示对七大利益相关方的责任担当和成效;在结尾部分,总结、披露社会责任重点指标要素。

（一）开篇部分

在开篇部分，报告设置了"建证 可持续建造"业务生态图，阐释了中国建筑对于"可持续建造"的深度理解和担当。

- 中国建筑是可持续城市与人类住区的规划者
- 可持续设施的建设者
- 可持续建筑的建造者
- 可持续地产的开发者
- 全球可持续城市的建造者

中国建筑也对"可持续建造"，做了庄严的宣誓：

> 我们是中国改革开放40年的建证者，
>
> 走出了一条创业、立业、兴业之路，
>
> 形成投资、建设、运营、发展全产业链业务优势，
>
> 让中国楼、中国路、中国桥、中国港、中国核电等超级工程成为中国一张张闪亮的名片。
>
> 我们以"中国建造"的最高水准，
>
> 打造绿色生态之城、智慧健康之城、可持续发展之城、未来世界之城。
>
> 我们致力成为"世界一流示范企业"，
>
> 引领全球投资建设领域未来发展方向，
>
> 成为"全球建造"的代表者，
>
> 造福人民，造福世界，
>
> 为世界的和平、繁荣、开放、绿色与创新贡献"中建力量"。

在开篇部分，报告还设置了"建证 中国建筑奇迹之旅"专栏，以40余幅照片让读者对奇迹之旅有一个感性的认识。

报告依据惯行体例设置了"数说2018"部分。

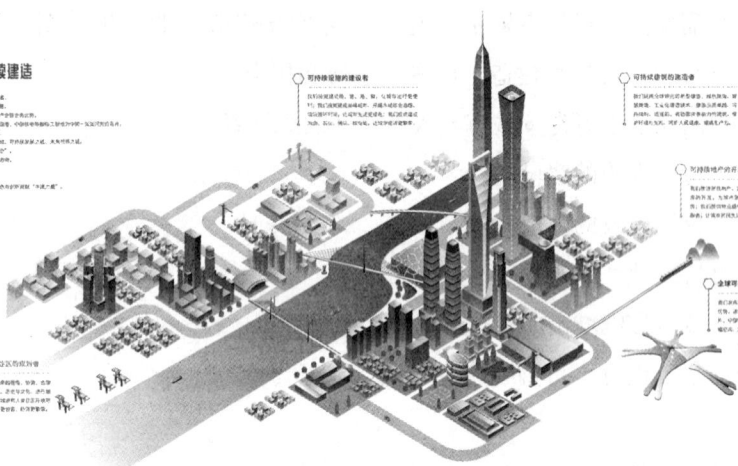

图1　报告设置"建证　可持续建造"业务生态图

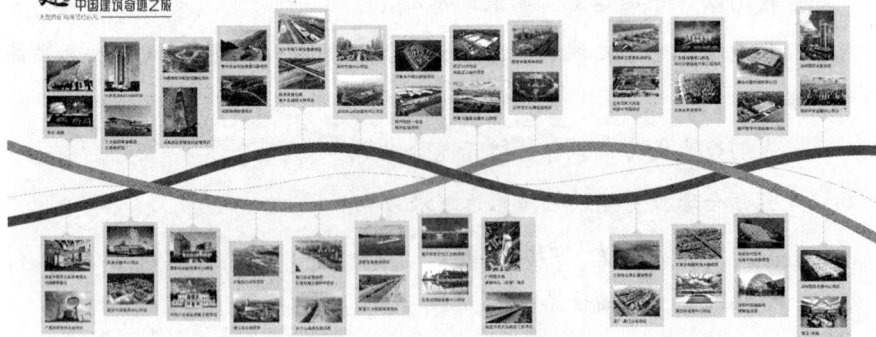

图2　报告设置"建证　中国建筑奇迹之旅"专栏

● 数说2018

数说2018
中国建筑———

经营数据

归属于上市公司股东的净利润	基本每股收益	新签合同额
382.4亿元	**0.87**元	**26,271**亿元

营业收入	利润总额	年度投资额
11,993亿元	**717.9**亿元	**3,908**亿元

反腐演活动	披露信息	建证价值 构建幸福之魂
3项	**128**份	

层层签订责任书	法务培训覆盖约
2.3万份	**10,000**人次

建证品质
兑现幸福之诺

荣获中国建筑工程鲁班奖	荣获国家优质工程奖
34项	**63**项

荣获中国钢结构金奖	荣获全国建筑工程装饰奖	荣获中国安装工程优质奖
69项	**59**项	**27**项

	2015年			2016年			2017年		
	全国	中国建筑	占比	全国	中国建筑	占比	全国	中国建筑	占比
建筑业总产值（亿元）	180,757	6,903	3.82%	193,567	7,602	3.93%	213,944	8,843	4.13%
当年新签建筑业合同额（亿元）	184,339	13,834	7.50%	211,497	18,796	8.89%	254,620	19,162	7.53%
房屋施工面积（万平方米）	1,239,718	100,624	8.12%	1,264,395	107,547	8.51%	1,318,374	121,164	9.19%
房屋竣工面积（万平方米）	420,785	13,441	3.19%	422,382	13,986	3.31%	419,072	17,081	4.08%

注：全国数据来源于国家统计年鉴

10

图3　报告设置"数说2018"

（二）专题部分

专题部分设置了三大专题，从各个角度阐述中国建筑年度重大履责实践。

- 专题一　建证·改革开放伟大历程（大型宣传沟通活动）
- 专题二　建证·脱贫攻坚伟大事业（国家战略）
- 专题三　建证·"一带一路"伟大倡议（国家倡议/"大海外"）

专题一，披露了"建证40年·中国建筑奇迹之旅"大型责任沟通活动。活动以"从深圳速度到雄安质量，见证中国建筑改革发展成就"为沟通主题，围绕利益相关方关注的践行国家战略、助力主场外交、推进重大项目等热点，采用多种沟通和互动模式，使广大利益相关方了解中建、理解中建、支持中建，共同建证中华民族伟大复兴"中国梦"的实现。

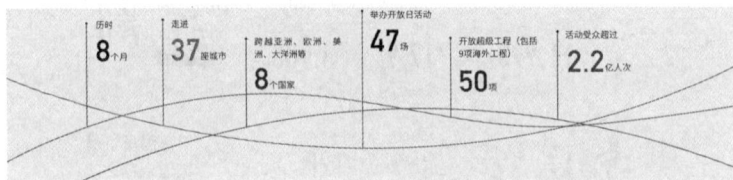

图4 报告披露"建证40年·中国建筑奇迹之旅"大型责任沟通活动

专题二，阐述中国建筑以习近平总书记扶贫重要论述为指导，坚决贯彻党中央关于打好脱贫攻坚战的决策部署，增强扶贫顶层设计，抓好扶贫作风建设，打造扶贫"中建模式"，做到目标明确、任务明确、责任明确、举措明确，精准发力。带动全系统与各地方政府、机构密切合作，形成大扶贫格局，共同打赢脱贫攻坚战。

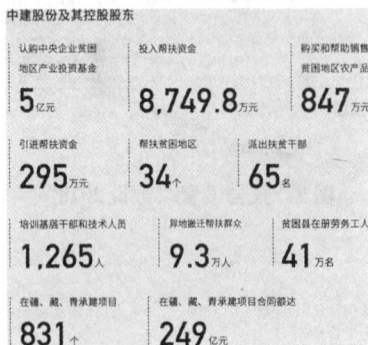

图5 报告披露精准扶贫绩效

专题三，披露了中国建筑推进"大海外"战略，发挥海内外一体化、产业链一体化的竞争优势，大力塑造中国建造名片，不断丰富中国友谊名片，更好展示中国精神名片，做践行"一带一路"倡议的领先者，向着"海外投资建设运营发展一体化服务价值链的组织者和领导者"的目标迈进。

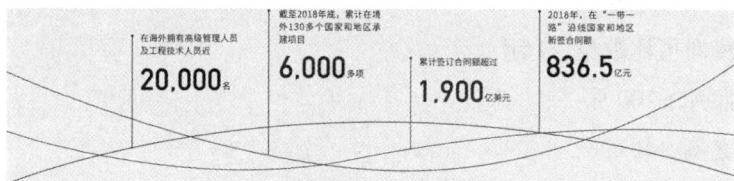

图6　报告披露海外履责绩效

（三）主体部分

主体部分延续了中建"彩虹"报告，系统展示对七大利益相关方的责任担当和成效。报告继续对标联合国2030年可持续发展议程，紧密回应国际标准和倡议，更为广泛、深入地对标联合国2030年可持续发展议程，系统披露中国建筑对国际倡议、标准的践行，增强报告国际性。报告还进一步突出文化融合，落实全国宣传思想工作会议精神，突出中国建筑在全球运营过程中，坚定文化自信，促进文化融合和民心相通的履责实践。

- 建证价值·构建幸福之魂
- 建证品质·兑现幸福之诺
- 建证绿色·挥洒幸福之色
- 建证成长·不负幸福之托
- 建证创新·开辟幸福之路
- 建证共赢·夯实幸福之基
- 建证和谐·情暖幸福之本

三　报告内容

2018年度报告数据速览

- 报告篇幅：106页

- 报告结构：3 个专题 +7 大篇章
- 突出显示数据：29 个
- 纵向可比数据：36 组
- 横向可比数据：1 组
- 照片 >100 张
- 案例 >40 个
- 涉及下属企业 >28 家
- 涉及项目：42 个
- 奖项荣誉：12 个
- 利益相关方引言：10 个

四 报告设计

报告封面采用"红蓝交织的眼瞳"符号作为主元素，寓意中国建筑坚持党的领导，加强党的建设，服务国家战略，持续把政治优势转化为企业的发展优势，把传承于历史文化的"红色基因"转化为企业的"蓝色力量"，建证（见证）改革开放伟大成就，建证（见证）人民美好幸福生活。

报告继续以封面图标为报告主符号，以深浅不一的变化形式使用在各篇章节中，做到全文统一。

五 十年报告编制解读

自 2009 年度首份报告起，中国建筑已经连续发布十份报告。报告沿用"七色"框架，衍生责任篇章；对标全球责任，展现国际风范；契合国家大事，强化政治担当；凸显文化自信，彰显民族文化；坚守责任信仰，生发本源力量。

这十份报告编织起中国建筑十年典范履责的波澜画卷，"建"证了中国建筑十年打造典范报告的匠心之路。这十份报告展现了中国建筑十年传承红

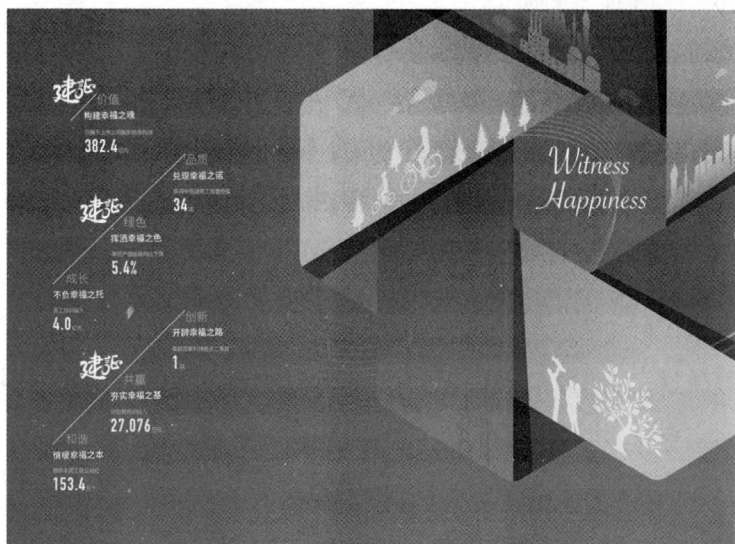

图7　报告篇章页

色基因、凝聚蓝色力量、创建世界一流示范企业的追求与努力，诠释了中国建筑十年对"为人民幸福生活而努力奋斗"信仰的执着与坚守。

（一）建证十年·报告灵魂

十年来，报告不断完善主题。2012 年之后，报告灵魂在一以贯之"拓展幸福空间"企业使命的前提下不断升华。从立足企业到胸怀天下，格局持续宏大；从局限企业要事到紧扣国家时政，立意持续深远；从展现企业使命到延伸企业信仰，理念持续深化。

2012 年：拓展幸福空间

2013 年：拓展幸福空间　共筑梦想家园

2014 年：铸就行业典范　拓展幸福空间

2015 年：信达天下

2016 年：担当时代责任　打造中国名片

2017 年：牢记使命　拓展幸福

2018 年：建证·幸福

（二）建证十年·履责典范

担当责任是中国建筑的文化基因，成为履责典范是中国建筑的不懈追求。十年来，中国建筑把企业发展与社会相结合，让企业发展成果更多更好地惠及全体人民。

- 积极践行"六种力量"，勇担"急难险重"，投身抗击玉树、雅安、九寨沟地震等灾害，承担大量援建任务。
- 高质量完成北京雁栖湖 APEC 国际会议中心、G20 杭州峰会会场等项目，服务大国主场外交。
- 先后承建援柬埔寨体育场、援菲律宾戒毒中心、巴新布图卡学园等援建项目，塑造国家名片。
- 践行"精准扶贫"，构建和谐社会，平均每年为农民工提供约 108 万个工作岗位。

（三）建证十年·奋斗篇章

中国建筑持续将红色基因转化为蓝色力量，发挥投资、建设、运营、发

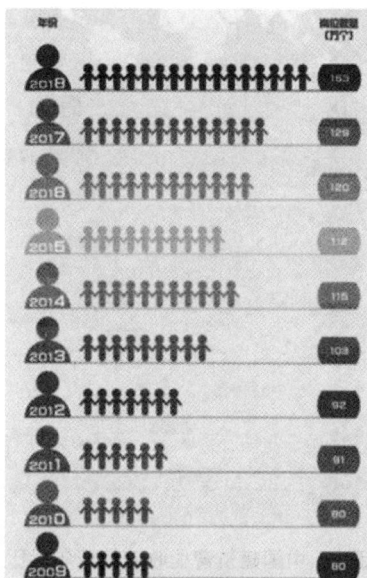

图8　为农民工提供就业岗位

展全产业链业务优势，走出一条从追赶时代到引领行业的跨越发展之路、从国内建设到全球布局的开放发展之路、从传统优势到转型升级的创新发展之路，为利益相关方拓展幸福空间，为构建"人类命运共同体"贡献央企力量。

十年来，报告书写了无愧于时代的奋斗篇章，"建"证中国建筑强"根"固"魂"，积极践行高质量发展要求，坚定推进质量变革、效率变革、动力变革，实现发展方式从规模速度型转向质量效率型，发展动力从要素投入转向创新驱动，发展成为全球最大投资建设集团，形成投资、建设、运营、发展全产业链，实现业务覆盖城市建设的全部领域和项目建设的每个环节。

十年来，中国建筑营业收入由2009年的2604亿元，提升到2018年的11993亿元。

十年来，中国建筑在《财富》"世界500强"的排名由2009年的292位，提升到2018年的23位。

图9　中国建筑营业收入的历年对比

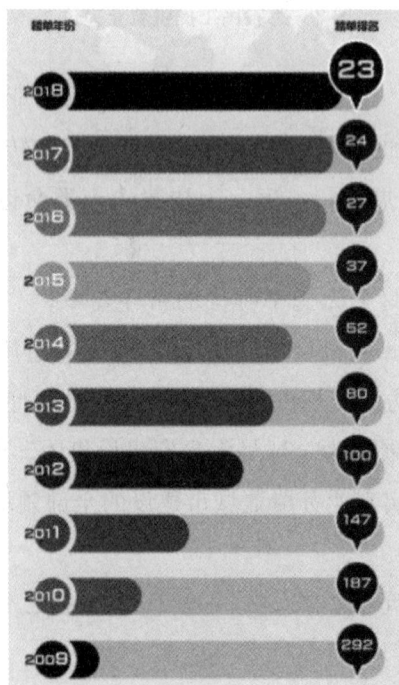

图10　中国建筑在《财富》世界 500 强的历年排名

十年来，中国建筑争做践行"一带一路"倡议的领先者，发挥海内外一体化、产业链一体化的竞争优势，为全球奉献精品工程、打造地标建筑，推进政策沟通、贸易畅通、设施联通、民心相通，塑造中国建造名片、丰富中国友谊名片、展示中国精神名片。

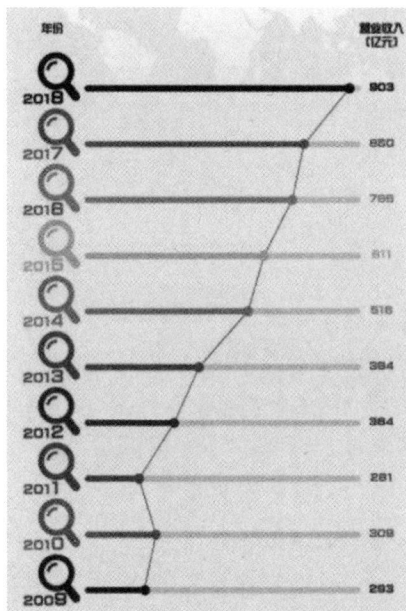

图11　中国建筑境外营业收入的历年对比

十年来，中国建筑以"中国建造"的最高水准，打造绿色生态之城、智慧健康之城、可持续发展之城、未来世界之城，让中国楼、中国路、中国桥、中国港、中国核电等超级工程成为中国一张张闪亮的名片。

十年间，十份典范责任报告建证着中国建筑成为"国之重器""天下之大器"的履责典范，兑现着十年前的责任承诺。

十年后，中国建筑将围绕庆祝新中国成立70周年和建设世界一流示范企业，书写责任新篇章。

未来，中国建筑将以创建"世界一流企业"为核心，以全球拓展为方向，以打造责任品牌为依托，在继续深化品牌引领型社会责任推进模式的基础上，强化"建证·幸福"全球行动，打造永续的全球标杆品牌，助力塑造共商共建共赢的中国名片。中国建筑可持续发展报告将记录企业更有质量、更加平衡、更可持续、更加包容、更有温度的发展，"建"证其开启迈向"世界一流"的新征程！

B.21
《交通银行2018社会责任报告》解析

林仁超 何洋

2019 年 3 月 29 日，交通银行股份有限公司（以下简称"交行"）公开发布第 13 份企业社会责任报告——《交通银行 2018 社会责任报告》（以下简称"报告"）。报告详细披露了交行在助力扶贫攻坚、对接国家战略、支持实体经济、践行普惠金融、坚持绿色发展、打造幸福企业、推动社会和谐等方面的履责实践。交行将报告作为与政府、股东、客户、员工、合作伙伴、社区等利益相关方的沟通工具，在内容的实质性、设计的创新性等方面，持续提升报告编制质量。交行 2017 年度社会责任报告荣获"金蜜蜂 2018 优秀社会责任报告"榜单的"领袖型企业奖"。

一 亮点简析

（一）报告框架

立足银行业发展的时代背景和环境，结合国家"十三五"规划五大发展理念与交行的企业发展战略，以及《中国银行业金融机构企业社会责任指引》的信息披露要求，通过议题识别，聚焦扶贫攻坚、经济发展、普惠金融、生态文明、员工发展和社区奉献等主要方面，搭建交行 2018 年社会责任报告框架，披露交行履责实践。

报告框架整体分为开篇、专题、主体、结尾四个部分。主体部分延续了往年框架，系统展示了对政府、股东、客户、合作伙伴、环境、员工、社会大众等核心利益相关方的履责实践和成效。

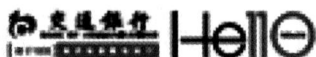

图1　报告封面

- 深化改革　助经济高质量发展
- 创新引领　描绘普惠金融蓝图
- 绿色金融　推进生态文明建设
- 携手共进　构建交行幸福家园
- 为爱聚能　助力社会和谐发展

（二）报告内容

报告积极回应社会关切，将国家、社会、行业、企业和普通消费者关注的议题作为重点的披露内容，如"落实定点扶贫""助力'一带一路'建设""支持'走出去'""支持实体经济""改善民生""扶持小微企业""关注三农发展""优化金融服务""开展绿色运营"等。

开篇部分主要介绍公司治理的基本情况、社会责任管理内容和关键绩效。董事长和行长致辞引领了报告信息披露的方向。

展示国有大行精准扶贫之效。"聚焦'一号工程 打好扶贫攻坚战,'"专题披露了交行深入贯彻落实党的十九大关于脱贫攻坚的战略部署以及习近平总书记关于脱贫攻坚的系列重要讲话精神，落实《中共中央国务院关于打赢脱贫攻坚战的决定》和《关于打赢脱贫攻坚战三年行动的指导意见》文件要求，积极发挥自身金融专业优势，创新扶贫模式，扎实推进甘肃省天祝县、山西省浑源县和四川省理塘县定点扶贫，取得了显著成效。报告还通过"扶贫地图"的形式创新呈现交行各省直分行的扶贫工作亮点。

把握金融与经济的共生共荣关系。"深化改革 助经济高质量发展"章节主要介绍交行在对接国家战略、服务实体经济、倾力改善民生等方面的措施和成效，以体现交行为经济发展提供金融支持，满足人民对美好生活追求的责任担当。在对接国家战略方面，交行通过结合金融专业优势支持"一带一路"建设和"走出去"战略，贡献自贸区发展，积极对接京津冀、长三角、雄安新区、粤港澳大湾区等国家重大战略机遇；在服务实体经济方面，交行大力支持民营企业，促进产业转型升级；在倾力改善民生方面，交行搭建面向行业应用的互联网金融服务平台，着力让医疗服务更便捷、让住房改善有保障、让学校管理更便利。

提升社会各阶层和群体对金融服务的可获得性。"创新引领 描绘普惠金融蓝图"章节主要介绍交行在扶持小微企业、关注三农发展和提升金融服务水平方面付出的努力和取得的效果。交行通过降低小微企业融资成本，创新产品和服务模式，主动减费让利，简化流程，打通金融活水流向小微企业的"最后一公里"；通过创新服务三农模式、支持农业特色产业和村镇银行的发展，以提高金融资源在农村的覆盖率；通过创新产品服务、提升消费体验、保护客户权益、开展公众教育等方式，增强金融服务能力。

利用金融杠杆引领绿色发展新浪潮。"绿色金融 推进生态文化建设"章节主要介绍交行在绿色金融、绿色服务、绿色运营、绿色公益等方面的行动和收获。交行积极管理环境风险，紧跟国家绿色信贷政策，支持绿色产业发展，主动参与对外交流，助力行业健康发展；努力创新绿色产品，提升服务质量，减少资源浪费；坚持负责任地绿色采购，在业务办公中注重资源节

图2 蓝气球公益活动

约和可持续利用；以绿色理念为指导，着力引导全行上下开展绿色公益实践。

构建新时代的企业"家文化"。"携手共进　构建交行幸福家园"章节主要介绍交行致力于打造多元、包容的工作环境，并通过推进人才队伍建设、畅通职业发展通道和完善培训培养体系等方式，帮助员工发展。同时，报告还介绍了交行以"家文化"为文化建设方略，构建新时代员工福利体系，关心员工身心健康，维护员工工作生活平衡，实现提高员工获得感和幸福感。

凝聚社区发展爱的力量。"为爱聚能　助力社会和谐发展"章节主要介绍了交行继续推动公益管理的规范化建设，在交行成立110周年之际，打造了公益品牌"Blue 蓝气球公益"。除此之外，报告重点介绍了交行在敬老公益、特教事业两方面的付出和成效，以及交行积极鼓励员工参与志愿活动，支持员工为社会进步贡献自身力量。

（三）报告内容

2018 年度报告数据速览

- 报告篇幅：100 页
- 报告结构：开篇 +1 个专题 +5 大主体篇章 +结尾
- 披露 2018 年度数据：超过 300 项（含下属单位履责绩效）
- 披露关键绩效：62 项
- 照片：63 张
- 亮点案例：34 个
- 奖项荣誉：20 项
- 利益相关方评价：3 条

报告可信度高

报告表达中立、客观，披露了"员工流失率"等负面数据信息，引用了企业客户、媒体等外部利益相关方的评价。除此之外，报告聘请了普华永道对交行 2018 年度关键绩效数据进行第三方审验，并附独立鉴证报告，有效提升了报告的可信性。

内容实质性强

报告全面披露了交行在履行经济责任、环境责任和社会责任方面的履责实践和成效，有效回应了各利益相关方的期望和诉求，具有很强的广度和深度。

在广度方面，报告主体部分可识别出政府、出资人、员工、客户、环境、社区、供应商、社会组织、金融机构、监管机构等利益相关方群体，并指出了其要求与期望，以及沟通的渠道和方式。对于核心利益相关方，报告全面、系统披露了交行的履责实践。例如，针对投资者，报告详细披露了交行与投资者的沟通渠道和履责绩效，提升了企业运营的透明度；针对普通消费者，报告从渠道建设、产品创新、消费体验、投诉解决、权益保障、金融知识普及等维度，全面介绍了交行提升金融消费者服务的理念和实践，促进了消费者对交行的认同。

在深度方面，报告注重对标 ESG 议题管理信息披露的要求，披露总结性和管理类信息，从管理到行动立体呈现交行围绕各议题的发展推进，让读者了解交行对实现可持续发展的考量与具体管理实践。例如，针对 ESG 指标"A1 排放物"，报告详细披露了交行通过强化内部管理系统、增强废物排放管理、提升污染防治能力等措施开展能源节约和降低废弃物排放，并呈现了交行温室气体排放、汽车尾气排放等数据，内容翔实，数据丰富，可为业内典范；针对 ESG 指标"B7 反贪污"，报告披露了交行在风险管理、反腐败、反商业贿赂管理，以及反欺诈、反洗钱管理等方面的管理和实践，有效回应了 ESG 管理要求。

（四）报告设计

报告严谨规范、彰显国际化。以蓝色气球为主体图形，报告封面突出交行"Blue 蓝气球公益"特点，描绘出来的上海地标性建筑突出地域属性，奔跑而来的孩童阐述出"为爱聚能 点蓝未来"的责任实践。在内页设计方面，报告应用气球或简易图形进行图文的呈现，设计简约、清爽，具有悦读性。

图3　报告章节开篇页

（五）报告传播

基于对各利益相关方信息需求的系统分析，交行编制了中英文纸质版和电子版报告、H5版精编报告，并充分利用企业内刊、新媒体等方式，提升报告传播力度。

- 企业官网：发布社会责任报告新闻，在官网"关于我们"栏目专设"社会责任报告"链接，供读者浏览与下载报告。

- 微信公众号：撰写社会责任报告文章，总结提炼报告的亮点实践和关键绩效，向外界传递交行的社会责任理念和付出的努力，促进报告传播。

- 参与外部评选：通过参与外部社会责任奖项评选，传播交行社会责任报告，提升交行社会责任的外部影响力。例如，参与"中国银行业社会责任工作百佳评估""2019年度中国益公司评选"等。

二　专家点评

《交通银行2018社会责任报告》系统展示了交行在2018年积极把握经济结构调整升级带来的发展机遇，在"创新、协调、绿色、开放、共享"新发展理念的指导下，发挥自身金融专业优势服务社会，持续壮大企业内生增长动力与能力、引领行业高质量发展、提升国内外影响力的创新实践。报告展现了交行对可持续发展的持续探索和积极实践，以及为落实可持续发展目标（SDGs）做出的努力和贡献。

打造了企业履行社会责任可借鉴的方案。报告结合ESG指引要求、参照GRI报告标准撰写，对具行业和交行特色的实质性议题进行了系统性披露，全面展示指标数据，为企业履行社会责任、贡献可持续发展目标提供了可借鉴的实践方案。

体现企业对社会责任理解的广度和深度。报告披露了交行通过对可持续发展背景和趋势的研究，结合银行业特性和自身金融优势，形成先进的社会责任理念、管理机制和实践网络。报告中既有对企业依法合规运营的总结、对创新智慧金融发展的思考、对产品服务质量的追求，也有业务运营与环境保护、企业发展和员工成长及社区和谐之间的平衡，体现了交行对社会责任理解的广度和深度。（于志宏　《可持续发展经济导刊》杂志社社长兼主编）

三　企业名片

（一）企业简介

交行始建于1908年，是中国历史最悠久的银行之一，也是近代中国的发钞行之一。交行总行设在上海市，是中国第一家全国性的国有股份制商业银行和主要金融服务供应商，集团业务范围涵盖商业银行、证券、信托、金融租赁、基金管理、保险、离岸金融服务等。截至2018年12月31

日，交行境内分行机构 238 家，其中省分行 30 家，直属分行 7 家，省辖行 201 家，在全国 239 个地级和地级以上城市、163 个县或县级市共设有 3241 个营业网点，在 16 个国家和地区设立了 22 家境外分（子）行及代表处，境外营业网点共 66 个（不含代表处）。交行旗下拥有 7 家非银子公司，包括全资子公司交银金融租赁有限责任公司、中国交银保险有限公司、交银金融资产投资有限公司，控股子公司交银施罗德基金管理有限公司、交银国际信托有限公司、交银康联人寿保险有限公司、交银国际控股有限公司。此外，交行还是江苏常熟农村商业银行股份有限公司的第一大股东、西藏银行股份有限公司的并列第一大股东，战略入股海南银行股份有限公司，控股 4 家村镇银行①。

2018 年，交行已连续十年跻身《财富》（FORTUNE）世界 500 强，营业收入排名第 168 位；《银行家》（The Banker）全球 1000 家大银行一级资本排名第 11 位②。

（二）发布企业社会责任报告历史

交行社会责任工作在境内银行中起步较早，在完成 "A＋H" 上市后的 2006 年，交行就启动了社会责任管理工作，发布了社会责任战略宣言："以和谐诚信为基石，不断追求自身的超越，与社会共同发展。" 随后，交行提出社会责任愿景：作为 "公众持股银行" 积极履行现代企业公民责任，实现广大股东、客户、员工等所有利益相关方利益的最大化，在履行社会责任方面达到国际一流水准③。2007 年，交行在银行同业中首批发布《企业社会责任报告》，以后每年定期发布报告，到 2019 年发布《交通银行 2018 社会责任报告》，已连续发布 13 年。未来，交行将探索企业履行社会责任的特色实践，发布履责专项报告，提升社会责任信息披露的精准性。

---

① 交通银行官方网站。
② 交通银行官方网站。
③ 交通银行官方网站。

B.22

后 记

自 2003 年成立以来，责扬天下始终致力于推动中国社会责任与可持续事业的发展，开展了一系列企业社会责任理论和实务研究，社会责任报告是其中的重要研究内容。自 2009 年系统开展社会责任报告研究至今，已有十一个年头。

得益于历年来报告研究工作团队的持续付出和不懈努力，金蜜蜂中国社会责任报告数据库已初具规模。截至 2019 年 10 月 31 日，金蜜蜂中国社会责任报告数据库收录了中国大陆 2001～2019 年发布的 16000 余份社会责任报告、报告评估数据及报告指数数据。这为我们研究中国社会责任报告整体发展情况提供了强大的基础。

本书旨在为从事社会责任工作和关注企业社会责任报告的利益相关方提供信息支持，以更加清晰地呈现中国企业社会责任报告的发展历史、现状和未来趋势，为下一步工作提供参考和依据。

本书的基础理论和研究方法是"中国企业社会责任报告理论模型"，以及据此搭建的"金蜜蜂中国企业社会责任报告评估体系"和"金蜜蜂中国企业社会责任报告指数"，由殷格非、于志宏、管竹笋研究制定。而本书能够继续出版的重要基础是责扬天下全体员工对报告的系统搜集和评价。16000 余份报告，每份报告都要通过近百个指标进行解构和评价，工作量巨大。

本书内容结构由殷格非、于志宏、管竹笋共同确定，他们同时承担了本书的整体指导工作。报告搜集工作主要由李若楠、全素、邬莎莎、刘恩蓓和贾丽执行。总报告由殷格非、管竹笋、贾丽、李若楠、全素撰写。

分报告中，"中央企业社会责任报告研究"由柴子淇、管竹笋撰写；"在华外商投资企业社会责任报告研究"由乔童、姜龙、吴亚楠、林波、管竹笋撰写；"内地在香港联交所上市公司社会责任报告研究"由王丹励、雷晓宇、王雯、管竹笋撰写；"上海市属国有企业社会责任报告研究"由刘思汝、吴琰、何洋、代奕波撰写；"深圳市属国有企业社会责任报告研究"由张溥津、管竹笋撰写。

行业报告中，"采掘行业企业社会责任报告研究"由邬莎莎、张生柱、管竹笋撰写；"汽车行业企业社会责任报告研究"由任翔、张洁、管竹笋撰写；"电力行业企业社会责任报告研究"由林仁超、侯淑银、李梦涵、黄坤、蒋波、代奕波撰写；"建筑业企业社会责任报告研究"由崔娟、贾丽、管竹笋撰写；"信息通信技术行业企业社会责任报告研究"由陈晓宁、张锐、郭静、张蕊、林波撰写；"银行业金融机构企业社会责任报告研究"由祝安琪、周梦、蒋波、管竹笋撰写；"房地产行业企业社会责任报告研究"由卢自强、管竹笋撰写；"食品行业企业社会责任报告研究"由马小娟、付宇杰、林波、管竹笋撰写。

专题报告中，"企业性别平等信息披露研究报告"由李梦、管竹笋撰写；"企业儿童权利信息披露研究报告"由张泽帝、管竹笋撰写；"企业SDGs信息披露研究报告"由毕冬娜、贾丽、管竹笋撰写；企业"生物多样性信息披露研究报告"由王影、管竹笋撰写。

案例报告中，"《中国南方电网公司2018社会责任报告》解析"由钟帅、刘昕撰写；"《中国建筑2018可持续发展报告》解析"由陈明光、魏冬撰写；"《交通银行2018社会责任报告》解析"由林仁超、何洋撰写。

2019年截至10月31日中国企业社会责任报告名单由李若楠、刘恩蓓整理完成。

本书的顺利出版离不开社会科学文献出版社的大力支持，以及全体编辑为本书出版付出的辛勤劳动，在此致以诚挚的谢意。

鉴于本书中企业社会责任报告搜集的来源主要是互联网、报告集中发布会等公开渠道，难免存在个别遗漏，敬请读者谅解、指正。

责扬天下（北京）管理顾问有限公司

2019年11月

Abstract

In January 2018, GoldenBee (Beijing) Management Consulting Co., Ltd. issued its first GoldenBee CSR Blue Book to analyze the overall CSR reporting development systematically in China in 2017, and put forward corresponding recommendations. Following the research methods of the GoldenBee CSR Blue Book 2017, we have systematically analyzed the CSR reports of companies in China from January 1 to October 31, 2019 and compile the *GoldenBee Research on Corporate Social Responsibility Reporting in China* (2019). The research report consists of the general report, theme report, industry report, feature report and case report.

Based on the GoldenBee Corporate Social Responsibility Report Assessment System 2018, the general report is compiled according to an overall study on the quality of CSR reporting in 2019 from three levels of basic information, core content and basic principles, and six dimensions, namely materiality, completeness, credibility, readability, comparability and innovativeness. Including the research results since 2009, the general report analyzes the overall development trend of CSR reporting in China from 2009 to 2019, and the development characteristics are summarized with suggestions for improvement.

The sub report selects enterprises with different ownerships as research objects, separately interprets the annual characteristics of their CSR reports, and analyzes the development trend of their report indexes, facilitating different audiences to understand the CSR reporting development for specific types of enterprises. In 2019, besides the analysis of CSR reports released by central State-owned Enterprises (SOEs), foreign-invested companies in China, Mainland enterprises listed on SEHK, and Shanghai municipal state-owned enterprises. This report adds a special research report on Shenzhen municipal state-owned enterprises.

The industry report selects eight industries as research objects, namely mining industry, auto industry, power industry, construction industry, ICT industry, banking industry, real estate and food industry in China and analyzes their unique characteristics and development trends in the framework, core issues, management approaches, presentation forms, etc., providing reference for audiences in different industries.

The special report includes four reports and is greatly different from that of last year. The first is the research reports on information disclosure of gender equality and children's rights extending its coverage from ICT companies to companies in China. Second, the research reports on information disclosure of SDGs and biodiversity are included.

Case report is a summary of excellent corporate social responsibility report released in China. This year, we select three high-quality CSR reports released in 2019 by China Southern Power Grid, CSCEC, and Bank of Communications as the research objects and systematically analyze their characteristics in terms of theme, framework, content, design and communication. Their highlights are also analyzed from the perspective of experts, providing more specific reference and guidance for other enterprises.

The appendix lists of the CSR reports released from January 1 to October 31 in 2019. We collected the information from the open channels.

Keywords: Social Responsibility; CSR Report Assessment System; Report Index

Contents

I General Report

Abstract: Based on the GoldenBee CSR Report Assessment System 2018
(GBEE - CRAS2018), 1598 Chinese corporate social responsibility (CSR)
reports released by companies in China from January 1 to October 31, 2019 are
collected and assessed in this research. In combination of the research results since
2009, the characteristics of CSR reporting in China in 2019 can be concluded as
follows: more than 80% of the reports are issued by listed companies; the
numbers of "Social Responsibility Reports" still dominates, and the proportion of
"Environmental, Social and Governance Reports" reaches a new height; the total
number of reports increases substantially year on year, and the comprehensive
index of the reports keeps at 1300 points with a year-on-year quality improvement;
more reports disclose stakeholder information, such as the government,
employees, environment, community and customers; reports from central SOEs
have always been in the leading position while quality of reports from private
companies, foreign-invested companies and Hong Kong, Macao and Taiwan
companies grow rapidly; the number of reports issued by Chinese companies listed
in the Fortune Global 500 and China's top 500 companies has reached a historical
height, and the reporting quality is significantly higher than the average level of

Chinese enterprises; the report level of Mainland companies listed in Hong Kong is significantly higher than that of Mainland companies listed on Shanghai and Shenzhen exchanges.

Some suggestions are put forward, such as promoting all China's top 500 companies to release corporate social responsibility reports, strengthening the regulation and guidance of social responsibility information disclosure by listed companies, establishing a market mechanism that encourages enterprises to disclose high-quality social responsibility information, enhancing the materiality, credibility and comparability of reports, enhancing information disclosure of social responsibility management, and giving play to the role of CSR report as an "international language", etc.

Keywords: CSR Report; China's Top 500 Companies; Listed Companies

Ⅱ Sub Reports

B. 2 GoldenBee Research on CSR Reports of Central

SOEs in China *Chai Ziqi, Guan Zhusun* / 068

Abstract: Based on the GBEE – CRAS2018, 72 CSR reports released by the central SOEs under the supervision of the State-owned Assets Supervision and Administration Commission of the State Council (SASAC) in 2019 are collected, assessed and analyzed in this research, and suggestions are proposed accordingly. It is found that the reporting quality of the central SOEs is excellent as a whole with some stage characteristics, such as disclosing CSR planning with characteristics, positively responding to great concerns of the society, referring to the mainstream reporting standards and guidance, and diverse demonstration forms.

Keywords: Central SOEs; CSR Report; Corporate Responsibility

B. 3　GoldenBee Research on CSR Reports of
Foreign-invested Companies in China

Qiao Tong, Jiang Long, Wu Yanan, Lin Bo and Guan Zhusun / 086

Abstract: Based on the GBEE − CRAS2018, 128 CSR reports released by the foreign-invested companies in China in 2019 are collected, assessed and analyzed in this research, and suggestions are proposed accordingly. It is found that the materiality, innovativeness, readability, credibility, completeness and comparability of these reports are higher than the overall CSR reporting quality in China. The reports have the following stage characteristics: the reporting quality keeps the same level as that of last year; reports take more diverse standards and guidelines as references, and some leading enterprises take SDGs as the compilation basis; the disclosure of localized management systems and information about the linkage of business with China's major strategies is highlighted; more information on supply chain issues, like paying attention to the qualification requirements of suppliers, is disclosed; more information on community issues, like community communication and participation, is disclosed; the negative information about a company's CSR performance is objectively disclosed, indicating the credibility of these reports enhanced.

Keywords: Foreign-invested Companies in China; SDGs; Localized Management; Supplier Qualification; Community Communication and Participation

B. 4　GoldenBee Research on CSR Reports of Mainland
Companies Listed in Hong Kong

Wang Danli, Lei Xiaoyu, Wang Wen and Guan Zhusun / 105

Abstract: Based on the GBEE − CRAS2018, 354 CSR reports released by the Mainland companies listed in the Stock Exchange of Hong Kong Ltd. (SEHK) are collected and assessed in this research. It is found that the overall reporting quality is higher than the overall CSR reporting quality in China, and the reports have the following stage characteristics: senior leaders of the company pay more and more attention to social responsibility; reporters pay attention to the disclosure of identification process of important topics, and emphasize the stakeholder engagement in this process; reporters pay attention to and actively respond to the requirements of ESG guide of SEHK. In the environmental field, more information related to environmental pollution and resource consumption is disclosed with high proportion of issues such as emissions and resource. In social field, issues such as employees and community investment, are highlighted, and the level of quantitative information disclosure needs to be improved. More reporters pay attention to performance comparability to further improve their performance management level and keep disclosing the supply chain information as the previous years.

Keywords: ESG Guide; Listed Company in SEHK; ESG Governance; Environmental Information Disclosure

B. 5　GoldenBee Research on CSR Reports of Shanghai Municipal State-owned Enterprises

Liu Siru, Wu Yan, He Yang and Dai Yibo / 123

Abstract: Based on the GBEE – CRAS2018, 32 CSR reports released by the Shanghai municipal state-owned enterprises are collected, assessed and analyzed in this research. After annual comparison and comparison with the average level of companies all over China and the level of central SOEs, the stage characteristics of these reports are summarized with relevant suggestions for the reporting preparation. It is found that the report number and quality have gradually improved, and a regular mechanism for report releasing has been initially established. The reports show obvious industry characteristics. However, there is still much room for improvement in social responsibility management and report innovation. The Shanghai municipal state-owned enterprises need to further enhance the institutionalized and standardized social responsibility information disclosure, closely combine their business with the sustainable development background, national development strategy and the overall orientation of Shanghai urban development, and disclose higher quality social responsibility information on the basis of fully identifying the demands of stakeholders, so as to enhance the core competitiveness of enterprises.

Keywords: Shanghai Municipal State-owned Enterprises; CSR Report; Information Disclosure

B. 6   GoldenBee Research on CSR Reports of Shenzhen Municipal State-owned Enterprises

Zhang Pujin, Guan Zhusun / 140

Abstract: Based on the GBEE – CRAS2018, 18 CSR reports released by the state-owned enterprises under the supervision of the Shenzhen SASAC in 2019 are collected, assessed and analyzed in this research, and suggestions are proposed accordingly. It is found that the overall reporting quality is excellent and higher than the overall CSR reporting quality in China, especially in terms of innovativeness and readability. The reports also show the social responsibility concept with industry characteristics and actively respond to social hot spots.

Keywords: Shenzhen Municipal State-owned Enterprises; CSR Report; Corporate Information Disclosure

Ⅲ   Industry Reports

B. 7   GoldenBee Research on CSR Reports of the Mining Industry in China

Wu Shasha, Zhang Shengzhu and Guan Zhusun / 153

Abstract: Based on the GBEE – CRAS2018, 72 CSR reports released by

Chinese mining enterprises are collected, assessed and analyzed, and suggestions are proposed accordingly. It is found that the reports have the following stage characteristics: The reports are in the "catch-up" stage and there is still room for improvement in reporting quality; reporters emphasize to promote the standardized work safety, building a safety culture in an all-round way; the environmental information disclosure is more comprehensive, highlighting the index of the ecosystem protection; reporters actively participate in poverty alleviation by giving full play to their professional advantages; more reporters respond to the Belt and Road initiative, and pay attention to overseas community communication.

Keywords: Mining Industry; Poverty Alleviation; Environmental Management; Work Safety

B. 8   GoldenBee Research on CSR Reports of the

Automobile Industry in China

Ren Xiang, Zhang Jie and Guan Zhusun / 170

Abstract: Based on the GBEE − CRAS2018, 40 CSR reports released by Chinese automobile manufacturing enterprises in 2019 are collected, assessed and analyzed, and suggestions are proposed accordingly. It is found that the number of reports in automobile industry has increased compared with 2018; a majority of the reports are released by SOEs and state-controlled enterprises and the enthusiasm of private companies to release reports has been improved; compared with other industries, the information disclosure of automobile manufacturing industry focuses on sustainable products and services, supply chain, environment and other social hot topics.

Keywords: Automobile Industry Enterprise; Sustainable Products and Services; Supply Chain; Environment

B. 9　GoldenBee Research on CSR Reports of the Power Industry in China

Lin Renchao, Hou Shuyin, Li Menghan,

Huang Kun, Jiang Bo and Dai Yibo / 187

Abstract: Based on the GBEE - CRAS2018, 84 CSR reports released by Chinese power enterprises in 2019 are collected, assessed and analyzed, and suggestions are proposed accordingly. It is found that the completeness, credibility, readability, comparability, innovativeness and materiality of these reports are significantly higher than the average reporting level of companies in China, and have the following obvious characteristics: SOEs account for more than 80% of the total reporters in the power industry; the number of reporters who disclose social responsibility management information increases; the innovativeness is significantly improved; their special reports highlight industry-specific issues or respond to social hot spots; more reporters pay attention to poverty alleviation by power supply.

Keywords: Power Industry Enterprises; State-owned Enterprises; Social Responsibility Management; Special Report; Poverty Alleviation by Power Supply

B. 10　GoldenBee Research on CSR Reports of Construction Industry in China

Cui Juan, Jia Li and Guan Zhusun / 205

Abstract: Based on the GBEE -CRAS2018, 58 CSR reports of construction companies are assessed and analyzed in this research with recommendations. It is found that the overall reporting quality realizes leapfrog development from "development" stage to "catch-up" stage. The key issues disclosed also tend to be stable, but there are still some problems. It is suggested that the issuance of CSR report should be included in the relevant selection activities of construction industry, and more construction companies should be encouraged to issue CSR reports. Reporters need to strengthen the identification and prioritization of material topics, improve the pertinence of reports, and enhance the internationalization to establish better dialogue with overseas stakeholders; the information disclosure is not objective enough and reporters should communicate with stakeholders in a sincere and transparent manner.

Keywords: Construction Companies; CSR Report; Internationalization; Materiality

B. 11　GoldenBee Research on CSR Reports of ICT

　　　Industry in China

Chen Xiaoning, Zhang Rui, Guo Jing, Zhang Rui and Lin Bo / 222

Abstract: Based on the GBEE - CRAS2018, 117 CSR reports released by Information and Communications Technology (ICT) companies in 2019 are assessed and analyzed in this research with targeted recommendations. It is found that the credibility, comparability, innovativeness and materiality of the reports are higher than the average CSR reporting quality in China. The reports show the following stage characteristics: the reporting quantity and quality tend to be stable, and the whole industry is in the "catch-up" stage; most enterprises have established the regular mechanism of CSR report release; technical innovation, e-waste and other industry characteristic topics are the key disclosure contents of reporters; reporters highlight its response to the national strategies of poverty alleviation and pollution prevention, etc.

Keywords: ICT Companies; Technological Innovation; Empowerment; National Strategy

B. 12 GoldenBee Research on CSR Reports of Banking Industry in China

Zhu Anqi, Zhou Meng, Jiang Bo and Guan Zhusun / 242

Abstract: Based on the GBEE − CRAS2018, 60 CSR reports issued by banking enterprises in 2019 are assessed and analyzed in this research with targeted recommendations. It is found that the overall reporting quality of banking industry is higher than the average CSR reporting quality in China, but the reports is in the development stage as a whole; the credibility, comparability and innovativeness of the reports have been improved steadily, but the completeness, readability and materiality have declined to some extent; reporters focus on the disclosure of social hot topics such as serving the real economy, helping local economic development, and special topics such as financial technology and green finance.

Keywords: Banking Enterprises; Internationalization; Real Economy; Financial Technology; Green Finance

B. 13 GoldenBee Research on CSR Reports of Real Estate Industry in China

Lu Ziqiang, Guan Zhusun / 259

Abstract: Based on the GBEE − CRAS2018, 102 CSR reports issued by real estate companies in 2019 are assessed and analyzed in this research with targeted recommendations. It is found that the overall number of CSR reports in this industry keeps stable growth, and private companies and state-owned holding companies maintain their pioneering position in reporting. The overall reporting quality is at the development stage, and the information disclosure features real estate industrial style with better readability and innovativeness. There is still much room for improvement in terms of information disclosure of supplier issues, eco-environmental protection, etc.

Keywords: Real Estate; CSR Reports; Score Rate of Report Evaluation; Green Building

Abstract: Based on the GBEE − CRAS2018, 68 CSR reports from food industry are collected, assessed and analyzed. The research includes general description of these reports, the comparison, analysis, evaluation and judgment of reporting quality and relevant recommendations. It is found that the CSR reports of food companies are in the development stage as a whole. The internationalization has been improved, and the information of employees, customers, the environment and suppliers is relatively comprehensive. However, more efforts are made for information disclosure so as to improve the reporters' CSR awareness and constantly increase the reporting credibility.

Keywords: Food Companies; Social Responsibility; Food Safety

Ⅳ   Special Reports

Abstract: Based on the Women's Empowerment Principles—Equality Means Business, a joint initiative of UN Women and the UN Global Compact, 1598 CSR reports issued by companies in China in 2019 are collected, assessed and analyzed with targeted recommendations in this research. It is found that the overall level of information disclosure on gender equality among companies in China is relatively low with the following characteristics: mining, wholesale and retail trade companies pay more attention to the disclosure of gender equality issues, and corporate policies support the full disclosure of gender equality information. The reporters attach great importance to the information disclosure of employees' health and safety. However, they generally lack of disclosure in promoting gender equality in the supply chains. The disclosure of sensitive topics such as sexual harassment is conservative. The disclosure of women's public welfare projects needs to be strengthened.

Keywords: Gender Equality; Women Empowerment; Health Protection

B. 16 GoldenBee Research Report on Information Disclosure of Children's Rights of Companies in China

Zhang Zedi, Guan Zhusun / 302

Abstract: Based on the Children's Rights and Business Principles, jointly initiated by UNICEF, the UN Global Compact and Save the Children Fund, and the Children's Rights in Sustainability Reporting issued by UNICEF, 1598 CSR reports issued by all industries in 2019 are collected, assessed and analyzed by mapping with eight disclosure indicators and targeted recommendations are proposed in this research. It is found that the average level of information disclosure of children's rights in China is relatively low with the following characteristics: most companies disclose information about children's rights, but the comprehensiveness of information disclosure on children's rights needs to be improved. There is a lack of information disclosure on the marketing methods that respect and support children's rights. Most companies have not yet disclosed information that supports children's rights through safety product services.

Keywords: Children's Rights; Child Rights and Business Principles; Business Reports; Disclosure Indicators

B. 17　GoldenBee Research Report on SDGs Information

　　　　Disclosure of Companies in China

Bi Dongna , Jia Li and Guan Zhusun / 316

Abstract: Based on the GBEE-CRAS2018, 219 CSR reports released in 2019 with SDGs related information are assessed, analyzed and compared with the same kind of reports released in same period of 2017 and 2018 in this research, with targeted recommendations accordingly. It is found that the overall level of SDGs disclosure in the reports of companies in China in 2017 −2019 is low, with following stage characteristics: the SDGs disclosure in the CSR reports shows a year-on-year growth trend, but the total number is small; the SDGs disclosure in CSR reports mostly focuses on the SDGs practice and related topics focuses on responsible consumption and production, decent work and economic growth, climate action, and ending poverty. It is seldom to disclose the management of SDGs in the reports; the dissemination of SDGs generally presents the characteristics of relatively single channel with simple mode, and the dissemination effect needs to be further improved.

Keywords: The 2030 Agenda for Sustainable Development; SDGs; information disclosure; CSR report

B. 18　GoldenBee Research Report on Bio-diversity

　　　　Information Disclosure of Companies in China

Wang Ying , Guan Zhusun / 329

Abstract: Based on the GBEE − CRAS 2018, 404 CSR reports that disclose biodiversity related information are collected, assessed and analyzed. This report makes a comparative analysis on the information disclosed by reporters, and finally proposed relevant suggestions accordingly. It is found that although the number of reports disclosing biodiversity information is increasing year by year, the proportion is still low. There are obvious industry differences, and multiple forces, such as governmental guidance, sector propelling, enterprise implementation, social involvement and international cooperation, jointly promoted the mainstreaming of biodiversity in China, and further enhanced the corporate enthusiasm in China for biodiversity information disclosure.

Keywords: Companies in China; Biodiversity; Information Disclosure

V   Case Reports

权威报告·一手数据·特色资源

皮书数据库
ANNUAL REPORT(YEARBOOK)
DATABASE

当代中国经济与社会发展高端智库平台

所获荣誉

- 2016年，入选"'十三五'国家重点电子出版物出版规划骨干工程"
- 2015年，荣获"搜索中国正能量 点赞2015""创新中国科技创新奖"
- 2013年，荣获"中国出版政府奖·网络出版物奖"提名奖
- 连续多年荣获中国数字出版博览会"数字出版·优秀品牌"奖

成为会员

通过网址www.pishu.com.cn访问皮书数据库网站或下载皮书数据库APP，进行手机号码验证或邮箱验证即可成为皮书数据库会员。

会员福利

- 已注册用户购书后可免费获赠100元皮书数据库充值卡。刮开充值卡涂层获取充值密码，登录并进入"会员中心"—"在线充值"—"充值卡充值"，充值成功即可购买和查看数据库内容。
- 会员福利最终解释权归社会科学文献出版社所有。

数据库服务热线：400-008-6695
数据库服务QQ：2475522410
数据库服务邮箱：database@ssap.cn
图书销售热线：010-59367070/7028
图书服务QQ：1265056568
图书服务邮箱：duzhe@ssap.cn

社会科学文献出版社 皮书系列
SOCIAL SCIENCES ACADEMIC PRESS (CHINA)

卡号：719684265689
密码：

S 基本子库
UB DATABASE

中国社会发展数据库（下设 12 个子库）

全面整合国内外中国社会发展研究成果，汇聚独家统计数据、深度分析报告，涉及社会、人口、政治、教育、法律等 12 个领域，为了解中国社会发展动态、跟踪社会核心热点、分析社会发展趋势提供一站式资源搜索和数据分析与挖掘服务。

中国经济发展数据库（下设 12 个子库）

基于"皮书系列"中涉及中国经济发展的研究资料构建，内容涵盖宏观经济、农业经济、工业经济、产业经济等 12 个重点经济领域，为实时掌控经济运行态势、把握经济发展规律、洞察经济形势、进行经济决策提供参考和依据。

中国行业发展数据库（下设 17 个子库）

以中国国民经济行业分类为依据，覆盖金融业、旅游、医疗卫生、交通运输、能源矿产等 100 多个行业，跟踪分析国民经济相关行业市场运行状况和政策导向，汇集行业发展前沿资讯，为投资、从业及各种经济决策提供理论基础和实践指导。

中国区域发展数据库（下设 6 个子库）

对中国特定区域内的经济、社会、文化等领域现状与发展情况进行深度分析和预测，研究层级至县及县以下行政区，涉及地区、区域经济体、城市、农村等不同维度。为地方经济社会宏观态势研究、发展经验研究、案例分析提供数据服务。

中国文化传媒数据库（下设 18 个子库）

汇聚文化传媒领域专家观点、热点资讯，梳理国内外中国文化发展相关学术研究成果、一手统计数据，涵盖文化产业、新闻传播、电影娱乐、文学艺术、群众文化等 18 个重点研究领域。为文化传媒研究提供相关数据、研究报告和综合分析服务。

世界经济与国际关系数据库（下设 6 个子库）

立足"皮书系列"世界经济、国际关系相关学术资源，整合世界经济、国际政治、世界文化与科技、全球性问题、国际组织与国际法、区域研究 6 大领域研究成果，为世界经济与国际关系研究提供全方位数据分析，为决策和形势研判提供参考。

法律声明